SPSS PASW 시계열 수요예측 II

Demand Forecasting Of Time Series II

정동빈 지음

한나래아카데미

SPSS(PASW) 시계열 수요예측 II

지은이 | 정동빈
펴낸이 | 한기철

2010년 4월 15일 1판 1쇄 인쇄
2010년 4월 25일 1판 1쇄 발행

펴낸곳 | 한나래출판사
등록 | 1991. 2. 25 제22-80호
주소 | 서울시 서대문구 냉천동 182 냉천빌딩 4층
전화 | 02-738-5637 · 팩스 | 02-363-5637 · e-mail | hannarae07@unitel.co.kr
www.hannarae.net

필름출력 | 남양프로세스 · 인쇄 및 제책 | 상지P&B

국립중앙도서관 출판시도서목록(CIP)

(SPSS PASW) 시계열 수요예측 = Demand forecasting of time series. 2 /
정동빈 지음. -- 서울 : 한나래출판사, 2010
422p.; 26cm. -- (SPSS 아카데미 시리즈)

색인수록
ISBN 978-89-5566-101-9 94310 : ₩25000
ISBN 978-89-5566-051-7(세트)

에스피에스에스[SPSS]
시계열 분석[時系列分析]

413.8-KDC5
519.5-DDC21 CIP2010001277

Preface

우리 삶은 수요와 공급의 원칙에 따라서 끝없는 의사결정의 연속이라고 해도 과언이 아니다. 더 나아가 국가 및 기업입장에서 미래 수요량을 정확하게 예측할 수만 있다면 국민의 복지와 기업의 비용손실 최소화와 최대 이윤창출에 기여할 것이다. 물론 이러한 수요예측을 주먹구구식으로 대충 어림잡아 할 수는 없을 것이다. 잘못된 수요예측은 상상할 수 없는 결과를 초래할 것이기 때문에다. 따라서 숫자, 문자, 화상, 소리 등으로 표현되는 정보를 과학적이고 합리적인 방법론에 근거하여 적절하게 적용시켜 미래의 미지의 현상을 좀 더 정확하게 예측하는 편이 훨씬 나을 것이다.

이 책의 내용은 수요예측에 주요한 도구로 사용되는 다변량 시계열 데이터 분석을 단순히 기계적으로 나열하고자 하지 않고 단계별로 진척해 나가는 실전적인 방식으로 설명하였다. 현실에 관련된 수요예측을 직접적으로 이해 및 적용하기 위해서 PASW 17.0(또는 18.0)을 응용하도록 하였다.

1부에서는 다변량 시계열 수요예측 분석방법으로 사용되는 개입모형과 동적회귀모형의 기본적이고 필수적인 사항을 체계적으로 숙달시키는데 초점을 두었으며, 2부에서는 1부에서 소개된 수요예측방법을 사례분석을 통해 응용하여 실제 상황에서 적용하게끔 하였다. 이를 통해서 수요예측 문제를 해결하기 위한 분석방법을 자연스럽게 숙지하게 하였으며, 보다 난이도가 높은 문제도 매우 단순한 분석으로 해결해 나가는 방법을 자연스럽게 깨우치게 될 것으로 기대한다.

끝으로 이 책을 집필하기 위한 동기부여를 마련해 준 오랜 시간에 걸쳐 졸업한 수많은 제자들, 한나래출판사 관계자분들과 지난 10여 년 동안 저자의 강의를 수강해 주신 여러 기업체, 학계 등에 계신 분들께 진심 어린 감사의 말씀을 전한다.

2010년 4월

정동빈

|차|례|

Table of Contents

1 이론편

|앞|서|일|러|두|기|

수요예측은 국가, 산업체 및 기업의 입장에서 과거의 경험이나 해당 시장자료를 기초로 하여, 제품의 공급과 수요 간의 인과관계를 파악하여 미래의 일정기간 동안 소비자에게 판매되는 제품의 수량 또는 매출액 규모를 추측하는 것으로 이해할 수 있다. 기업의 경우 예상한 수요보다 실제 수요가 적을 경우 과잉투자에 대한 손실과 재고에 대한 부담을 안게 될 것이며, 반면에 실제 수요보다 예상한 수요가 적을 경우 고객을 다른 기업에 빼앗기기 때문에 판매기회를 놓치게 될 것이다.

따라서 기업경영에 관련된 예산편성, 재무계획, 인사계획, 설비투자계획, 생산 계획, 구매계획 및 재고계획 등은 과거의 경험이나 시장자료를 기초로 하여 미래의 수요를 정확히 예측되어야 할 것이다. 특히 고객-소매상-도매상-부품/자재/운송 협력업체 등 공급활동에 관련된 연쇄구조(supply chain) 전반을 최적화하는 해결책의 하나로 수요예측을 고려할 수 있으며, 신제품의 도입시 잠재 시장규모에 대한 예측은 신제품의 수익성을 평가하는 근거가 되고 있다.

수요예측은 기업활동에 있어서 언제 신제품을 생산할 것인가? 제품을 어떻게 설계할 것인가? 가격은 어느 정도로 해야 할 것인가? 생산계획은 무엇에 근거하여 어떻게 세워야 할 것인가? 고려하는 1차 또는 2차 공략시장을 어떻게 점유 및 확보해야 할까? 앞으로의 수요는 어떤 방향으로 변화할 것인가? 등을 고려하며, 주요 전략변수의 의사결정에 중요한 기초자료를 제공해 준다.

수요예측 방법은 기존의 제한된 정보에 근거하여 제품의 수요예측 오차를 최소화할 수 있는 방법을 모색하는 것으로, 크게 정성적(qualitative) 방법과 정량적(quantitative) 방법으로 구분할 수 있다. 정성적 방법은 과거 시장자료가 없거나, 예측대상이 아직 도입되지 않거나, 수리적으로 모형화가 불가능한 상황에서 사용된다. 이 경우 수요자의 선호 및 구매의사를 직접 조사하는 시장조사법과 관련 분야의 전문가들의 의견을 수집, 분석 및 종합정리하여 예측하는 주관적 예측법(subjective estimation)이 있다. 특히 주관적 예측법 중 대표적으로 조직 내의 전문가들의 직관력을 이용한 의견수집을 종합하는 과정을 반복하여 예측하는 델파이(delphi) 방법이 많이 사용된다. 신제품과 같이 예측하고자 하는 제품의 과거 시장 자료가 존재하지 않는 경우, 유사제품의 수요패턴과 보급상황을 고려하거나 선진국의 사례를 비교하여 원하는 수요를 유추하는 비교유추법(analogy)을 고려한다.

반면에 정량적 방법은 과거 시장 자료를 근거로 통계분석을 하여 미래의 수요패턴을 예측하는 방법이다. 크게 시계열모형, 인과모형 및 성장곡선모형 등으로 구분할 수 있다. 시계열 분석방법이란 동일한 시간 간격으로 측정된 과거 수요값들이 존재할 경우, 시간의 흐름에 나타난 시계열의 패턴을 파악하여 그 패턴이 미래에도 계속 적용되는 가정에서 예측하는 방법이다. 대표적으로 사용되는 일변량 모형으로 ARIMA모형과 지수평활법이 있으며, 이는 정동빈(2009)[1]에서 자세히 다루었다.

누적 수요량의 궤적이 성정 곡선과 비슷하게 완만한 S자형 곡선으로 나타날 때, Bass모형, 로지스틱(logistic) 회귀모형, Gompertz곡선모형 등이 있으며, 이는 과거에 존재하지 않은 신제품 또는 서비스 수요를 예측할 때 유용하게 사용될 수 있으나 수요예측 기간이 길어질수록 현실적인 적용이 어려워진다는 특징이 있다.

---

1) 정동빈 (2009). ≪시계열 수요예측 I≫, 한나래아카데미.

마지막으로 인과분석은 관심 있는 수요에 영향을 주는 요인들을 파악 및 선택하여, 그들 간의 인과관계를 규명함으로써 미래 수요값을 산출하는 방법이다. 여기에서 관심 있는 수요를 종속(또는 반응, 또는 출력)변수, 수요에 영향을 미치는 요인(들)을 독립(또는 설명, 또는 입력)변수라고 한다. 이에 관련된 대표적인 분석으로는 회귀분석과 횡단면분석 등이 있다. 특히 넓은 의미에서 장기 수요예측 방법으로서 사용되는 회귀분석 역시 시계열 분석방법으로 간주할 수 있다.

다변량 시계열분석

우리의 삶은 항상 시간과 더불어 영위하고 있으며, 이 시간의 흐름에 따라 무수히 많은 자료가 발생한다. 이때 어느 한 시점에서 발생한 사건은 다른 시점에서 발생한 사건들과 흔히 관계가 있을 수 있다. 여기에서 시간의 흐름에 따라 발생하는 자료에 대해서 시간이 차지하는 역할을 정확히 이해하지 못하면, 기업의 경영 의사결정 및 국가 및 공공의 정책결정을 내리는 데 적절치 못한 정보를 산출하여 큰 문제를 야기할 수 있을 것이다.

이 책에서는 크게 두 개의 다변량 시계열 모형 즉, 개입모형과 동적 회귀모형에 대해 다룬다. 우선 정동빈(2009)[2]에서는 예측할 변수 하나를 선정한 후 해당 변수의 과거 자료를 근거로 해당 변수의 미래 관측값을 예측하는 일변량(또는 단변량) 시계열 분석방법으로 두 개의 모형(ARIMA모형과 지수평활법)을 다룬 바 있다. 이때 일변량 시계열에 영향을 줄 수 있는 사건(들)(예: 파업, 자연재해, 정책변경, 전쟁, 유가 인상, 바겐세일 등)이 발생하였을 경우, 이러한 외적인 요인(들)의 효과를 일변량 시계열에 포함시켜 모형을 구축하는 소위 개입모형(intervention model)을 1장에서 다룰 것이다. 또한 예상치 못한 사건이 발생하거나 자료를 기재할 때 오류 등으로 이상값이 발생할 경우, 이상값의 효과를 개입모형에 추가시켜 모형의 정확도를 높일 수 있다.

통상적으로 사용하는 선형회귀모형의 가정은 입력변수(들)와 출력변수

2) 정동빈 (2009), ≪시계열 수요예측 I≫, 한나래아카데미.

동일 시점에서만 출력과 입력의 선형관계에 관심을 갖는다. 이때 오차항들은 평균이 '0'이며 분산이 상수인 정규분포를 하는 확률변수이며 독립이라고 가정한다(백색잡음). 물론 여기에서 출력변수는 입력변수에 의해 영향을 받지만, 입력변수는 출력변수에 영향을 받지 않는다는 가정이 숨겨져 있다. 그러나, 이러한 기존 회귀모형의 가정을 좀 더 완화시켜, 출력변수(Y_t)가 하나 이상의 입력변수의 동일한 시점의 값($X_{1t}, X_{2t}, \cdots$)뿐만 아니라 과거시점값($X_{1,t-1}, X_{1,t-2}, \cdots, X_{2,t-1}, X_{2,t-2}, \cdots$)과의 관계를 선형함수식으로, 또한 오차항계열끼리의 관계를 서로 독립이 아닌 시간구조관계(즉, ARIMA모형)로 표현할 수 있다. 이때 두 가지 요소를 합한 것을 소위 동적회귀모형(dynamic regression model) 또는 전이함수모형(transfer function model)이라 부르며 2장~5장에 걸쳐 이 모형을 구축하는 방법에 대해 자세히 다루기로 한다. 개입의 효과를 표현하는 개입변수를 입력변수로 간주하면, 개입모형 역시 넓은 의미에서 동적회귀모형의 특수한 형태로 이해하면 될 것이다.

일변량 시계열 분석과 마찬가지로, 다변량 시계열에서도 이산형(discrete) 자료 또는 연속형(continuous) 자료 모두 적용할 수 있다. 이산형 자료는 정수만으로, 연속형 자료는 분수로 측정된다. 예를 들면, 모 자동차 제조사에서 새롭게 출시한 차량모델의 판매 차량대수는 이산형 자료로, 이 차량모델에 대한 매출액은 연속형 자료로 간주할 수 있다.

1부의 목표는 주어진 데이터세트를 사용하여 입력변수($X_{1t}, X_{2t}, \cdots$)와 출력(Y_t) 사이의 관계를 통계적인 모형으로 구축하여 출력변수에 대한 예측값을 산출하는 데 있다.

1장 개입모형과 이상값

Demand Forecasting of Time Series

1.1 언제 개입모형을 사용하는가?

다음에 주어진 몇 가지 사례를 통해서 개입모형이 요구되는 상황을 살펴보기로 하자.

배경예제 1.1

여러 경제지표 중 환율(exchange rate)은 외환의 가격으로 외국화폐의 수요와 공급에 따라서 결정된다. 외국상품의 가격이 상승하면 수요의 법칙에 따라서 외국상품에 대한 수요량이 감소하고 외환에 대한 수요량도 감소하게 된다. 따라서 다른 조건이 일정하다는 가정에서 환율이 상승하면 외환에 대한 수요량이 감소된다. 반면에 환율이 하락하면 외환의 수요량이 증가하게 된다.

이러한 면에서 환율은 여러 가지 경제면 즉, 국제수지, 물가, 경제성장 등에 큰 영향을 미치는 변수로 간주되고 있으며, 경제정책의 수립이나 경제 예측과정에서 매우 중요한 비중을 차지하고 있다. 따라서 환율에 대한 적절한 모형을 구축하여 복잡하게 얽힌 경제현상을 설명하고 정확한 예측을 할 수만 있다면, 환율에 관련된 모든 재화 및 서비스 관련된 수요를 예측하는데 많은 정보를 줄 수 있을 것이다.

다음 주어진 자료는 1990년 2월부터 2005년 4월까지의 대미달러 환율을 시계열도표로 나타낸 것이다(배경예제1-1.sav).

1997년 11월부터 대미환율이 걷잡을 수 없을 정도로 치솟고, 그 이후의 전반적인 수준이 그전에 비해서 월등히 증가하고 있음을 확인할 수 있다. 이는 IMF 구제금융 한파가 시작한 시점이 1997년 말이라는 것을 감안하면, 앞 시계열도표에 나타난 사실을 짐작할 수 있을 것이다.

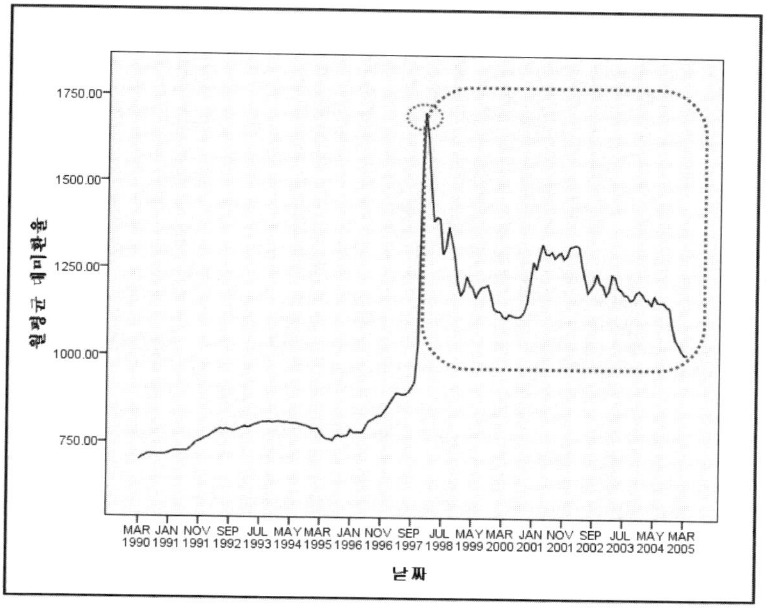

[그림 1.1] 대미환율의 시계열도표

배경예제 1.2

다음에 주어진 시계열도표는 1990년 1분기부터 2004년 4분기까지의 국내 가구당 월평균 통신비를 나타낸 것이다(배경예제1-2.sav). 전반적으로 수준이 증가하고, 특히 2000년부터 증가폭이 눈에 띌 만큼 월등히 커짐을 확인할 수 있다. 이는 2000년부터 국내 이동통신업체의 본격적인 디지털화, 광대역화, 고속화 인터넷 보급화, 통합적인 애플리케이션화 등에 기인하는 것으로 파악되었다. 다시 말해서 IT업체의 획기적인 기술개발과 지속적인 정보화로 인해서 통신비가 2000년부터 급격하게 증가하는 것으로 설명할 수 있다.

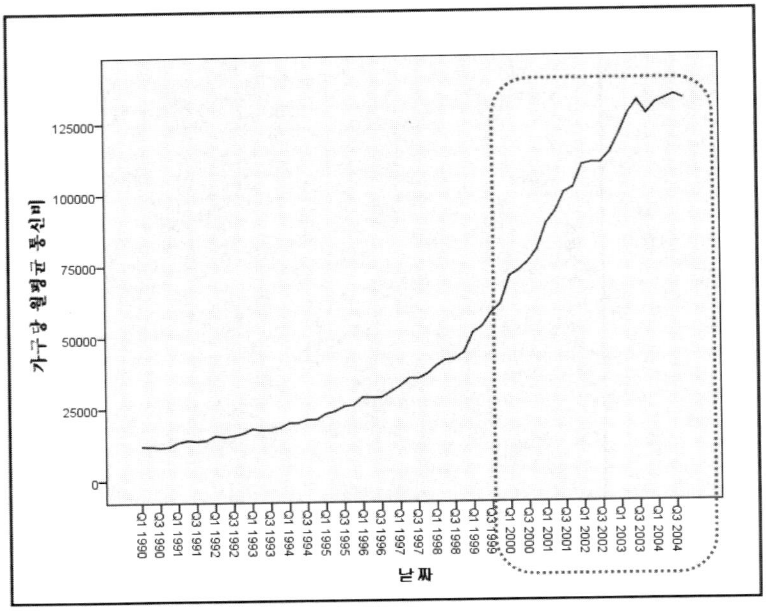

[그림 1.2] 가구당 월평균 통신비의 시계열도표

배경예제 1.3

다음 주어진 자료는 1969년부터 1978년까지 월별로 조사한 항공기로 운송한 화물량이다(배경예제1-3.sav). 전반적으로 추세가 증가하는 패턴이며, 매년 8월에는 큰 값을, 매년 2월에는 작은 값이 반복되는 계절적 변동이 존재하고 있음을 발견할 수 있다. 눈 여겨 보아야 할 점은 1978년 3월에 해당하는 관측값이 갑자기 작은 값을 갖는다는 것이다. 그래서 그 이유를 조사해 본 결과 그 당시에 파업으로 인하여 화물을 운송하는 데 지장을 주었던 것이다.

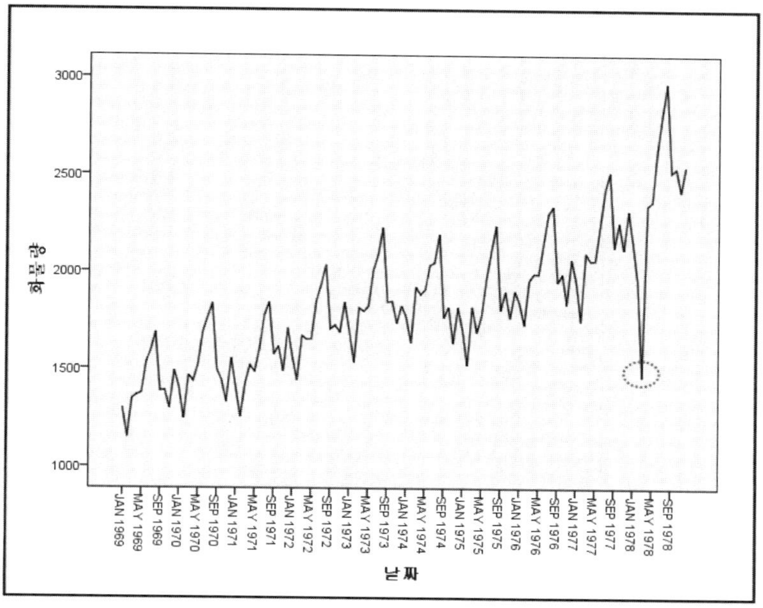

[그림 1.3] 항공기 화물량의 시계열도표

배경예제 1.4

Cincinnati Bell 전화회사는 과도한 전화번호 안내서비스 횟수를 줄이기 위해서 1974년 3월부터 새로운 내부방침을 시행하기로 했다. 이 방침에 따르면, 1974년 3월부터는 사용자가 전화번호 안내서비스를 매달 3통화까지는 무료로 사용할 수 있지만 그다음 통화부터는 20센트를 추가로 부과하기로 한다는 것이다. 다음은 1962년 1월부터 1976년 12월까지의 전화번호 안내서비스의 월별 1일당 평균 통화수를 시계열도표로 나타낸 것이다(배경예제1-4.sav).

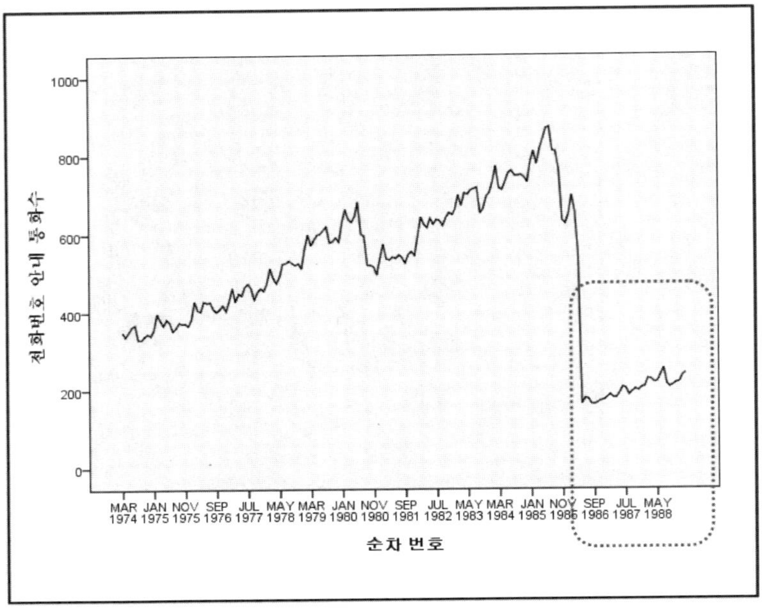

[그림 1.4] 전화 안내서비스 통화수의 시계열도표

앞 시계열도표를 통해 1974년 3월부터 전화번호 안내서비스 횟수가 눈에 띄게 감소하여, 취해진 방침이 효과를 거두고 있음을 알 수 있다.

4개의 배경예제를 통해서 외적 사건(예: 파업, 자연재해, 정책변경, 전쟁, 유가인상, 바겐세일 등)으로 인해 주어진 시계열이 영향을 받을 수 있음을 알았다. 다시 말해서, 시계열 내 존재하는 패턴을 심각하게 바꿀 수 있으며 시계열 모형으로부터 산출된 예측값들의 정확도에 영향을 미칠 수 있을 것이다. Glass(1972)[1]는 이러한 요인을 개입(intervention)이라 명명하였으며, 시계열자료에 영향을 미칠 사건의 발생시점과 그 원인이 분명하게 규명되어야 한다는 점에서 차후에 다룰 이상값(outlier)과 차이가 있다.

일단 개입이 발생하면, 개입에 해당하는 시점의 관측값이 개입이 발생하기 전에 해당하는 관측값들에 비해 월등히 큰 값 또는 작은 값을 갖는 경향을 쉽게 발견할 수 있다. 더불어 개입으로 인해서 개입 발생시점 이후

1) G. V. Glass (1972), "Estimating the effects of Intervention into a Nonstationary Time Series," *American Educational Research Journal*, vol. 9, pp.463~477.

에 발생하는 관측값들에 영향을 미칠 수 있게 된다. 또한 개입이 시계열의 정상적인 패턴을 변화시켜 시계열 모형을 구축을 하는 데 어려움을 줄 수 있다.

Box와 Tiao(1975)[2]는 이러한 개입요소의 영향을 모형에 포함시켜 보다 더 현실적이며 예측의 정확도를 높일 수 있는 개입모형(intervention model)을 처음으로 제시하였다. 그렇다면 개입은 어떤 형태가 있을까?

1.2 개입의 유형

1.2.1 펄스개입

시계열 변수들은 수많은 개입들을 포함할 수 있다. 여기에서 자주 사용되는 몇 가지 형태에 초점을 맞추도록 한다. 처음 다룰 형태는 펄스(pulse)개입이다. 펄스개입은 [배경예제 1.3]에서 살펴본 바와 같이, 출력변수의 수준에서 일시적으로 영향을 주는 사건을 의미한다. 만일 펄스개입이 $t=i$시점 동안 발생한다고 가정하면 펄스입력변수 X_t 는 다음과 같이 정의된다.

$$X_t = \begin{cases} 0, & t \neq i \\ 1, & t = i \end{cases}$$

이때 X_t 는 이분형 변수이며, i시점에만 X_t 가 'on'되는 것을 의미한다.

펄스개입의 간단한 예로써 학교에 매일 출석하는 학생 수를 들 수 있다. 만일 폭설과 같은 자연재해가 발생하면 당일 등교학생 수는 현격히 감소할 것이며, 폭설이 멈춘 다음 날 등교학생 수는 평상시처럼 될 것이다. 이 경우 학생 출석에 영향을 미친 폭설의 효과를 이분형인 펄스 개입변수로 표현할 수 있다. 다음은 대표적으로 고려할 수 있는 펄스개입의 유형들이다.

---

2) G. E. P. Box & G. C. Tiao, (1975), "Intervention Analysis with Applications to Economic and Environmental Problems," *Journal of the American Statistical Association*, vol. 70, pp.70～79.

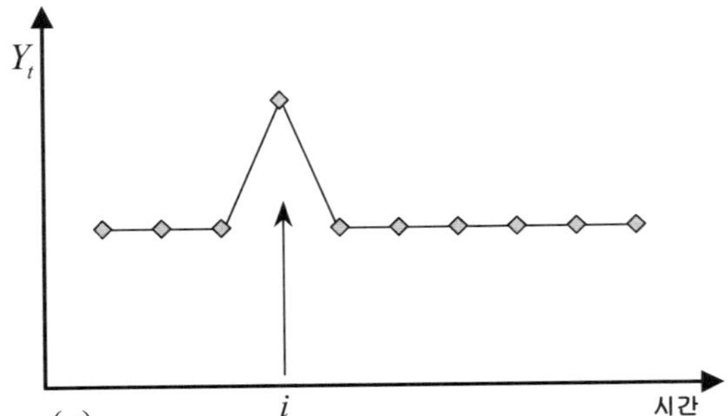

(a)

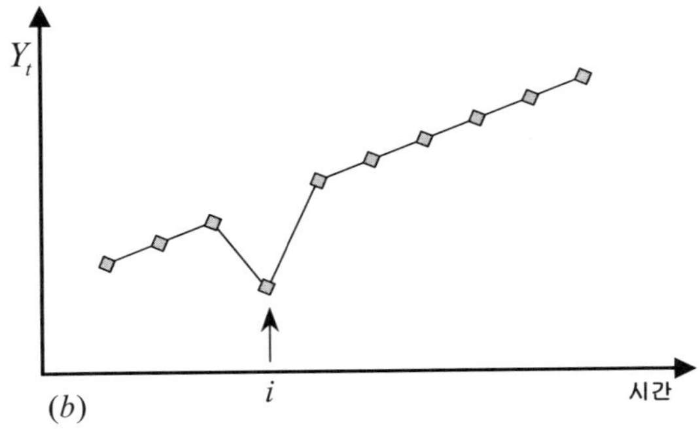

(b)

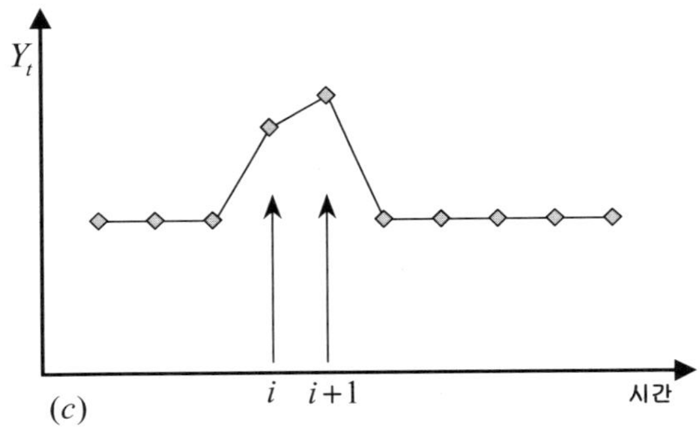

(c)

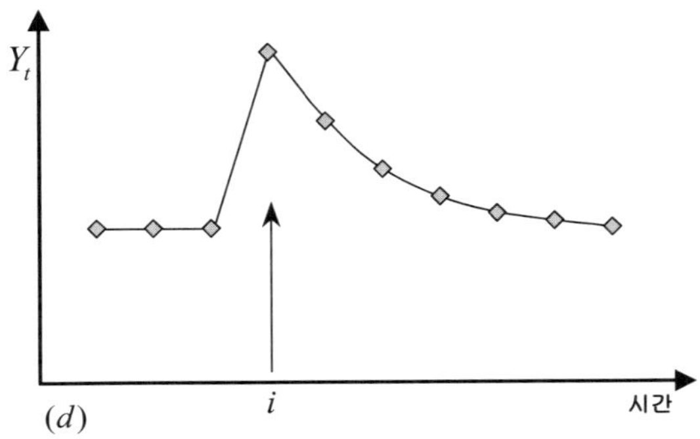

(d)

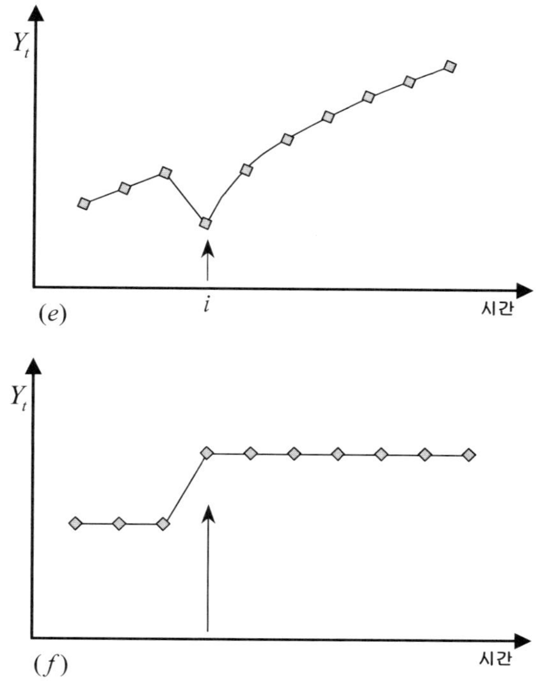

[그림 1.5] 펄스개입의 여러 가지 형태

1) 1시점의 일시적 반응

[그림 1.5(*a*)]는 시계열 Y_t에 펄스개입 효과를 나타낸 것 중 하나이며, Y_t는 $t=i$시점에서 펄스개입 효과를 제외하고는 평균이 정상적이다. 참고로 [그림 1.5]에서 제시한 6개 형태 모두 Y_t의 수준에 대해 개입의 효과에 초점을 두기 위해 Y_t의 확률적 변동을 무시하기로 한다. $t=i$시점에서 Y_t는 고정된 수준에서 위(또는 아래)로 이동한다. 그리고, i시점 이후부터는 앞과 같이 고정된 수준으로 되돌아간다. 즉, 1시점 반응이다.

[그림 1.5(*b*)]는 평균이 비정상적인 시계열에서 펄스개입이 발생한 형태이다. $t=i$시점 전까지 시계열 Y_t가 증가(또는 감소)하다가 i시점에서 펄스개입으로 인하여 아래(또는 위)로 내려간다. i시점 이후 시계열의 수준이 비정상적인 특징을 그대로 유지한다.

2) 여러 시점의 일시적 반응

펄스개입은 여러 시점에서 발생할 수 있다. 즉, $t=i$시점에서 펄스개입이 일어나 i시점뿐만 아니라 i시점 이후에서도 반응을 일으킬 수 있다. [그림 1.5(*c*)]는 개입의 효과를 제외하고는 평균이 정상적인 예이다.

시계열 Y_t가 $(i+1)$시점까지 개입이 계속 반응한다는 점을 제외하고는 [그림 1.5(*a*)]와 동일하다. 더불어 $t=i+1$시점의 반응이 $t=i$시점보다 더 큰 (또는 작은)값을 갖는다.

[그림 1.5(*d*)]에 나타난 시계열은 i시점 이후에도 동적인 반응이 지속되는 형태이다. [그림 1.5(*e*)]의 시계열 Y_t는 $t=i$시점 이후 펄스개입에 동적으로 반응하여 $i+1$, $i+2$, … 시점 이후 반응이 감소하는 패턴을 갖는 점을 제외하고는 [그림 1.5(*b*)]와 같이 평균이 비정상적이 된다. 그리고, 펄스개입에 대한 Y_t의 반응이 소멸될 때 Y_t의 수준이 비정상적인 특징을 다시 유지한다.

마지막으로 [그림 1.5(*f*)]에 나타난 펄스개입은 펄스(일시적 변화)라기보다는 계단(지속적 변화) 형태를 갖는다.

1.2.2 계단개입

개입에서 자주 사용되는 또 다른 유형은 계단(step)개입이다. 이 개입은 Y_t의 수준에서 지속적인 변화를 일으킨다고 간주된다. $t=i$시점에서 계단개입은 다음과 같이 정의된다.

$$X_t = \begin{cases} 0, & t < i \\ 1, & t \geq i \end{cases}$$

계단개입의 지속적인 특징은 i시점에서 시작해 지속적으로 X_t가 'on' 되는 것이다. 즉, X_t는 i시점과 그 이후의 시점들에서 '1'의 값을 갖는다.

편의상 펄스개입과 계단개입을 구분하기 위해 '지속적'이란 용어를 사용한다. 그러나, 계단개입이 말 그대로 반드시 지속적일 필요는 없다. 예를 들어, '계엄령'이라는 개입이 i시점에서 발생할 때 주류소비량의 형태는 [그림 1.6(*a*)]와 [그림 1.6(*b*)]에 나타난 것과 같을 것이다. 그러나, $t=i+3$ 시점에서 계엄령이 해제되면 계단개입의 효과는 [그림1.6(*b*)]와 같은 형태로 소멸된다. 이를 개입변수(X_t)로 정의하면 다음과 같다.

$$X_t = \begin{cases} 0, & i > t > i+2 \\ 1, & t = i, i+1, i+2 \end{cases}$$

이 경우 개입을 정책실행이 바뀔 때까지 Y_t에 미치는 지속적 효과로 간주할 수 있다. 다음 주어진 예들에서 각 계단개입을 문자 그대로 '지속적'이라고 가정하자.

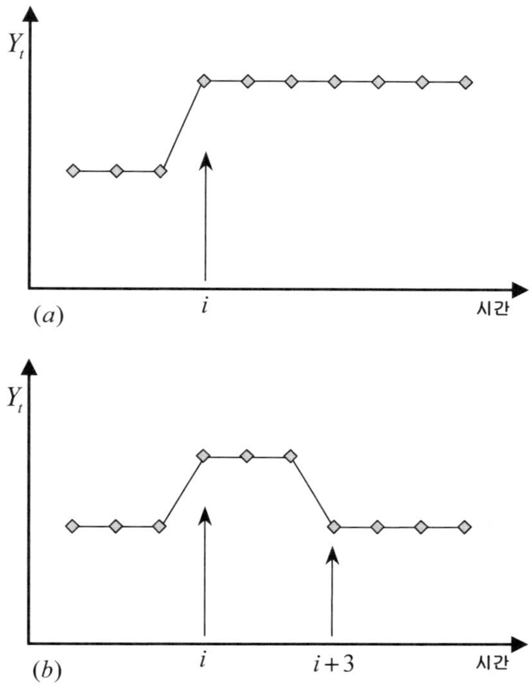

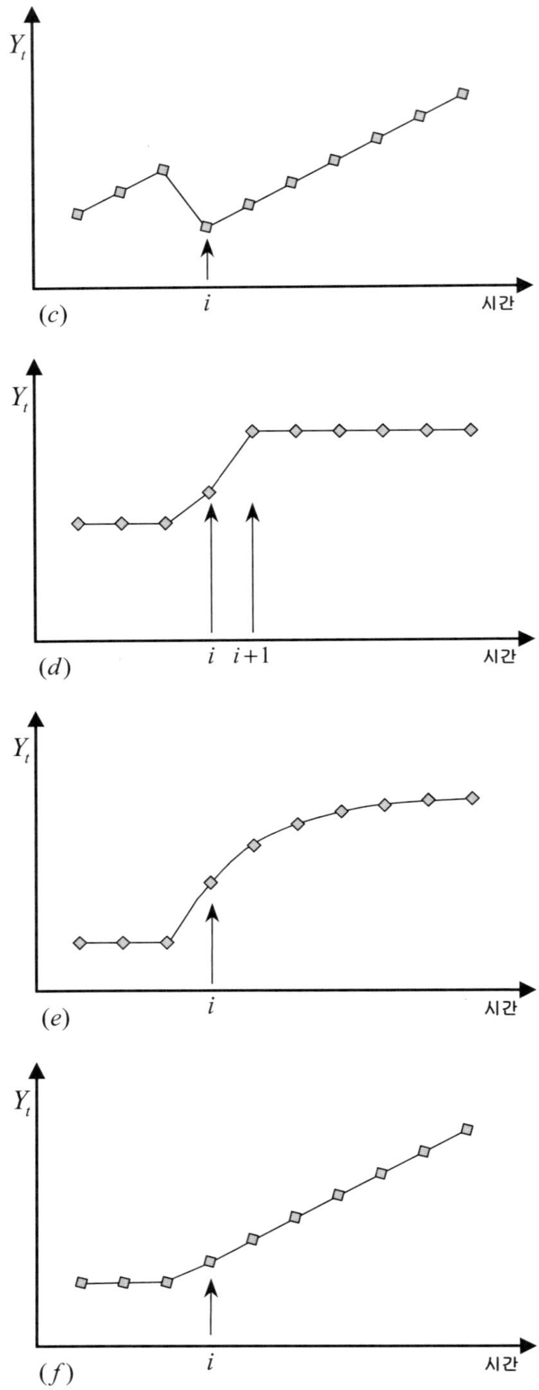

[그림 1.6] 계단개입의 여러 가지 형태

1) 1시점의 지속적 반응

평균이 정상적인 시계열은 [그림 1.6(a)]와 같이 계단개입에 영향을 받을 수 있다. i시점 전까지 수준이 고정되고, i시점부터 위로 상승(또는 아래로 하강)한다. 이 상승하는 형태가 '지속적'이므로 Y_t는 i시점 이후부터 새로운 수준에 놓이게 된다.

[그림 1.6(c)]는 평균이 비정상적인 시계열에 계단개입이 발생한 경우이다. i시점 전까지의 수준이 증가(또는 감소)하다가 i시점에서 일어난 개입 때문에 아래로 떨어진다(또는 위로 오른다). i시점 이후 비정상적 패턴이 계속되지만 i시점 전보다 낮은(또는 높은) 새로운 수준이 계속 지속된다. 이는 펄스개입이 Y_t 수준의 단지 한 시점에만 영향을 주는 [그림 1.6(b)]와 차이가 있다.

2) 여러 시점의 지속적 반응

계단개입은 동적인 효과를 나타낸다. [그림 1.6(d)]는 이를 보여주는 예이다. 즉, Y_t는 i시점에서 발생한 계단개입을 제외하면 평균이 정상적이다. 계단개입에 관련된 또 다른 동적인 반응으로 [그림 1.6(e)]를 고려할 수 있다. 즉, Y_t가 i시점에서 증가(또는 감소)한 후 계열 수준의 평균이 비정상적으로 증가(또는 감소)한다. 마지막으로 [그림 1.6(f)]는 계단이라기보다는 경사모양을 한다. 일반적으로 경사모양은 흔하지 않고 자료계열을 재정의할 때 발생한다. $t=i$시점에서 경사효과가 시작할 때, 다음과 같은 개입변수를 정의한다.

$$X_t = \begin{cases} 0\,, & t < 1 \\ t-i+1, & t \leq i \end{cases}$$

다시 말해서, X_t는 $t=i$시점부터 선형으로 증가한다.

1.3 개입모형의 표기법

개입이 M번 발생했다는 가정에서 개입모형을 다음과 같이 표현할 수 있다. 참고로 개입모형은 2장에서 다룰 동적회귀모형의 특수한 형태이다.

$$Y_t = C + \sum_{i=1}^{M} \alpha_i X_{i,t} + N_t \qquad [1.1]$$

이때 C는 상수항, α_i 는 $X_{i,t}$ 의 계수, N_t 는 오차항 시계열이다.

정동빈(2009)[3]에서 언급한 바와 같이, N_t 는 ARIMA$(p,d,q)(P,D,Q)_s$ 메커니즘으로 다음과 같이 나타낼 수 있다.

$$\phi_p(B)\Phi_P(B^s)\nabla^d \nabla_s^D N_t = \Theta_Q(B^s)\theta_q(B)\epsilon_t$$

여기에서, $\Phi_P(B^s) = (1 - \Phi_s B^s - \Phi_{2s} B^{2s} - \cdots - \Phi_{Ps} B^{Ps})$

$\nabla_s^D = (1 - B^s)^D$

$\Theta_Q(B^s) = (1 - \Theta_s B^s - \Theta_{2s} B^{2s} - \cdots - \Theta_{Qs} B^{Qs})$

$\nabla^d = (1 - B)^d$

$\phi(B) = (1 - \phi_1 B - \phi_2 B^2 - \cdots - \phi_p B^p)$

$\theta(B) = (1 - \theta_1 B - \theta_2 B^2 - \cdots - \theta_q B^q)$

ϵ_t 는 백색잡음이다.

또는

$$N_t = \frac{\Theta_Q(B^s)\theta_q(B)}{\phi_p(B)\Phi_P(B^s)\nabla^d \nabla_s^D}\epsilon_t \qquad [1.2]$$

이다. [1.2]식을 [1.1]식에 대입하여 다시 정리하면 다음과 같다.

3) 정동빈 (2009), ≪시계열 수요예측 I≫, 한나래아카데미.

$$Y_t = C + \sum_{i=1}^{M} \alpha_i X_{i,t} + \frac{\Theta_Q(B^s)\theta_q(B)}{\phi_p(B)\Phi_P(B^s)\nabla^d \nabla_s^D}\epsilon_t \qquad [1.3]$$

예제 1.1

> 주어진 시계열에서 시점 t_1, t_2 $(t_1 < t_2)$에서 각각 펄스개입(X_{1t}, X_{2t})이 발생하고 오차항이 AR(1) 메커니즘을 따를 때, 이를 개입모형으로 다음과 같이 표현할 수 있다.
>
> $$Y_t = C + \alpha_1 X_{1t} + \alpha_2 X_{2t} + \frac{1}{(1-\phi_1 B)}\epsilon_t$$

1.4 가구당 월평균 통신비 자료를 이용한 개입모형의 구축

PASW 17.0(또는 18.0)을 사용하여 개입모형을 구축하는 과정을 설명하기 위해서 [배경예제 1.2]에서 다룬 월평균 통신비 시계열자료를 예로 들기로 한다(배경예제1-2.sav 참고).

1.4.1 1단계: 개입유형의 식별

개입모형 [1.3]식에서 개입부분을 식별하는 한 방법은 관련된 이론(경제학, 물리학, 심리학, 기상학, 사회학 등)에 근거한 가설을 이용하여 개입에 대한 명백한 단서를 찾을 수 있다. 관련된 이론을 찾지 못하더라도 개입이 끼친 영향을 어느 정도 짐작할 수 있다.

[그림 1.2]에서 살펴본 바와 같이, 국내 이동통신업체의 본격적인 디지털화, 광대역화, 고속화 인터넷 보급화의 시발점으로 판단되는 2000년 1분기(41번째 시점)부터 급속히 통신비의 지출이 증가하며, 이 시점 이후에도 꾸준히 '기술개발과 정보의 대중화'의 영향을 지속적으로 받고 있음을 시각적으로 확인할 수 있다. 따라서 이 경우 이러한 영향을 계단개입으로 간주할 수 있으며, 이를 다음과 같이 계단함수의 형태로 정의할 수 있다.

$$X_t = \begin{cases} 0, & t < 2000\text{년 } 1\text{분기} \\ 1, & t \geq 2000\text{년 } 1\text{분기} \end{cases} \qquad [1.4]$$

따라서 통신비 시계열자료에 큰 영향을 미치는 '기술개발과 정보의 대중화'라는 외적인 사건개입을 식별함으로써, 이 사건의 효과를 나타낼 수 있는 변수를 ARIMA모형에 포함시켜 더 정확도 있는 모형 즉 '개입모형'을 구축해야 할 것이다. [1.3]식에 근거하여 월평균 통신비 시계열자료에 해당하는 임시적 모형을 다음과 같이 고려할 수 있다.

$$Y_t = C + \alpha_1 X_t + N_t \qquad [1.5]$$

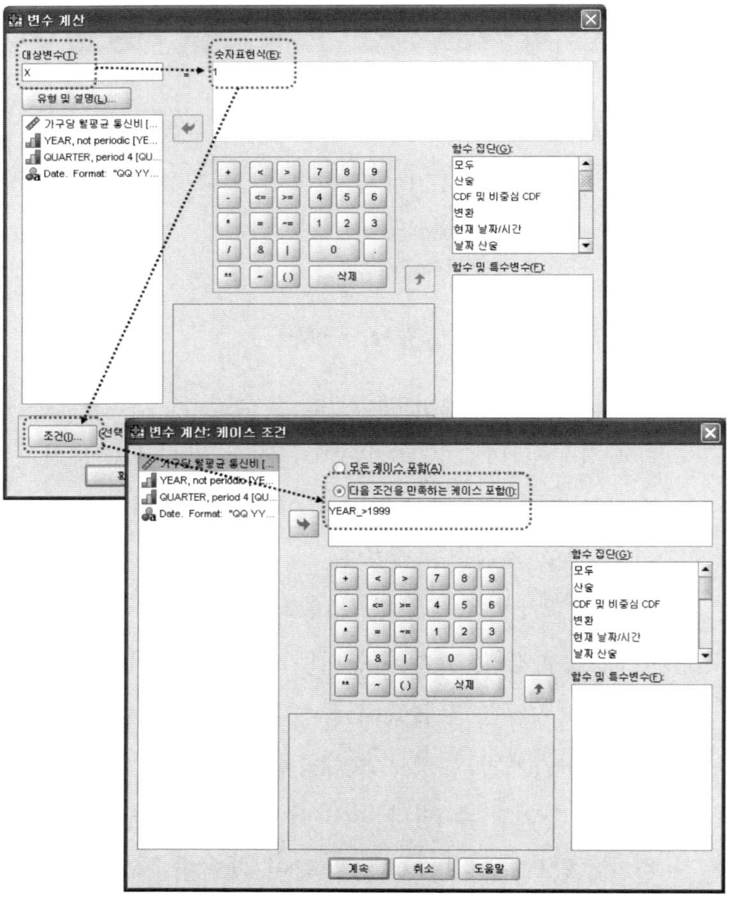

앞에서 정의한 계단개입변수(X_t)를 PASW 17.0(또는 18.0)에서 'X' 라는 가변수로 만들기 위해서는 '배경예제1-2.sav' 파일을 읽은 후, PASW Statistics Data Editor에서 변환(T) ▸ 변수계산(C)... 을 선택하고 다음을 지정한다.

그리고, "변수 계산" 대화상자에서 붙여넣기(P) 단추를 클릭하고 난 후, 다음 주어진 Syntax Editor에서 'COMPUTE X=0.'을 입력하고 명령문을 실행한다. 참고로 이 명령문을 입력하는 이유는 첫 관측값부터 개입이 시작되기 바로 직전인 1999년 4분기까지 개입변수 X에 해당하는 값을 '0'으로 지정하기 위함이다.

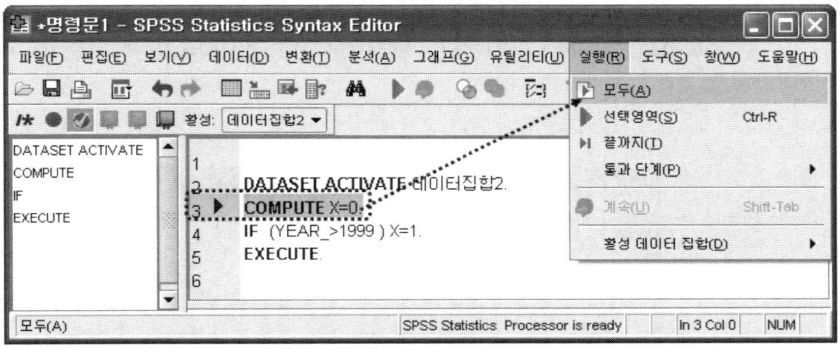

PASW Statistics Data Editor에서 2000년 1분기(41번째 관측값)부터 마지막 관측값까지 '1' 이고, 나머지 케이스는 '0'으로 가변수 X에 저장되어 있는 것을 확인할 수 있다.

1.4.2 2단계: 개입 직전까지의 오차항에 대한 ARIMA모형 식별

월평균 통신비 시계열자료를 개입모형으로 구축하는 과정에서, 오차항(N_t)에 대한 ARIMA모형을 식별하기 위해서 관측값(Y_t)에 대한 ARIMA모형을 사용하면 문제가 발생한다. 왜냐하면 Y_t 에 대해 임시적으로 구축된 모형에 '기술개발과 정보의 대중화'란 개입효과가 포함되어 있고, 이 개입이 시계열 내에 존재하는 자기상관패턴들을 변화시킬 수 있기 때문이다. 물론 개입효과는 개입이 갖는 특성에 따라 미미하거나 클 수도 있다. 이런 문제를 피하기 위해서 개입이 발생한 바로 직전시점까지 해당하는 자료만을 사용하여 Y_t 에 대한 ARIMA모형을 식별해야 할 것이다. 물론 Y_t 에 대한 ARIMA모형을 식별하기 위해서는 개입이 발생하기 전까지 충분한 수의 관측값이 존재해야 할 것이다. 월평균 통신비 시계열자료의 $t=41$시점에서 개입이 발생하였다. 따라서 Y_t 를 ARIMA모형으로 식별하기 위해서는 개입이 발생하기 바로 전까지의 40개 관측값만을 사용한다. 원칙적으로 ARIMA모형을 구축하기 위해서는 (Box와 Jenkins[4]가 제안한) 최소 50개 이상의 관측값이 필요하지만, 원활한 전개를 위해서 그대로 진행하기로 한다.

이를 PASW 17.0(또는 18.0)을 사용하여 개입이 발생하기 바로 직전인 1999년 4분기까지 해당하는 케이스만을 선택하기 위해서는, PASW Statistics Data Editor에서 데이터(D) ▸ 케이스 선택... 을 선택하고 다음을 지정한다.

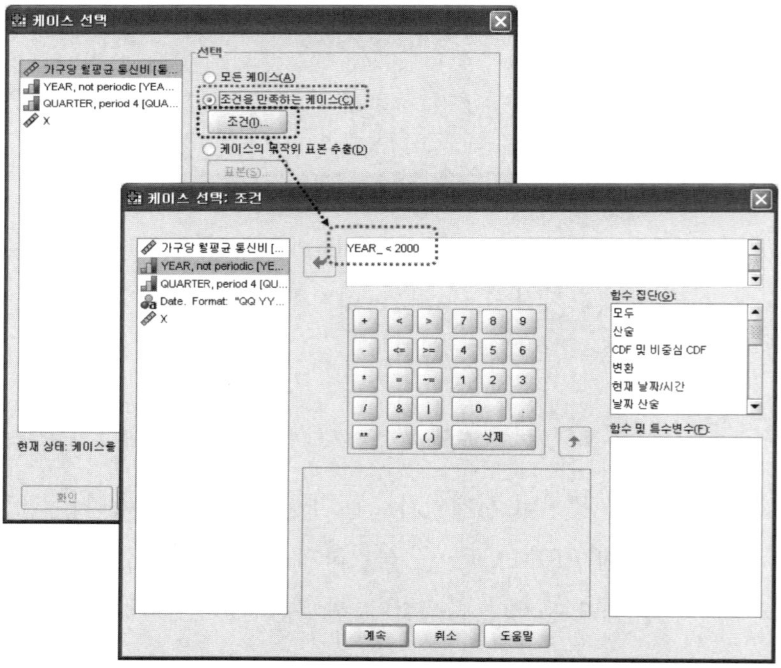

4) G. E. P. Box, G. M. Jenkins, & G. C. Reinsel (1994), *Time Series Anaysis: Forecasting and Control*, 3rd ed. New Jersey: Prentice Hall.

참고로 앞에 입력된 명령문 ‘YEAR_ < 2000’을 주어진 관측값에 적용시켜 첫 관측값부터 1999년 4분기까지 관측값만을 선택하게 된다. 그 결과 PASW Statistics Data Editor에 ‘0’과 ‘1’로 구성된 ‘filter_$’라는 변수가 생성된다. 물론 처음부터 1999년 4분기까지의 관측값들은 ‘1’로, 나머지는 ‘0’으로 입력된다.

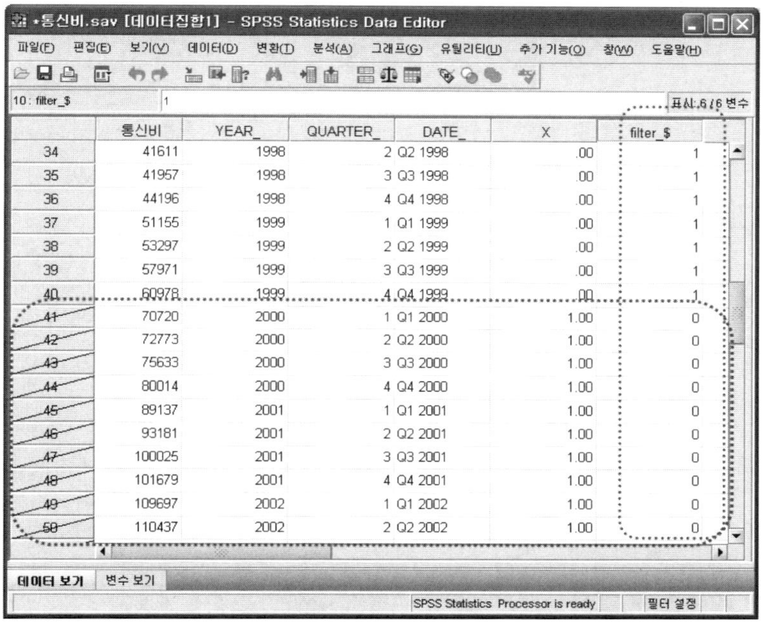

	통신비	YEAR_	QUARTER_	DATE_	X	filter_$
34	41611	1998	2	Q2 1998	.00	1
35	41957	1998	3	Q3 1998	.00	1
36	44196	1998	4	Q4 1998	.00	1
37	51155	1999	1	Q1 1999	.00	1
38	53297	1999	2	Q2 1999	.00	1
39	57971	1999	3	Q3 1999	.00	1
40	60978	1999	4	Q4 1999	.00	1
41	70720	2000	1	Q1 2000	1.00	0
42	72773	2000	2	Q2 2000	1.00	0
43	75633	2000	3	Q3 2000	1.00	0
44	80014	2000	4	Q4 2000	1.00	0
45	89137	2001	1	Q1 2001	1.00	0
46	93181	2001	2	Q2 2001	1.00	0
47	100025	2001	3	Q3 2001	1.00	0
48	101679	2001	4	Q4 2001	1.00	0
49	109697	2002	1	Q1 2002	1.00	0
50	110437	2002	2	Q2 2002	1.00	0

이제 선택된 첫 40개 관측값에 근거한 ARIMA모형을 식별해야 할 것이다. PASW 17.0(또는 18.0)의 팝업메뉴에서 자기상관함수를 출력하기 위해서는, 분석(A) ▸예측 ▸자기상관(A)을 선택하여 “자기상관(A)” 대화상자를 연다.

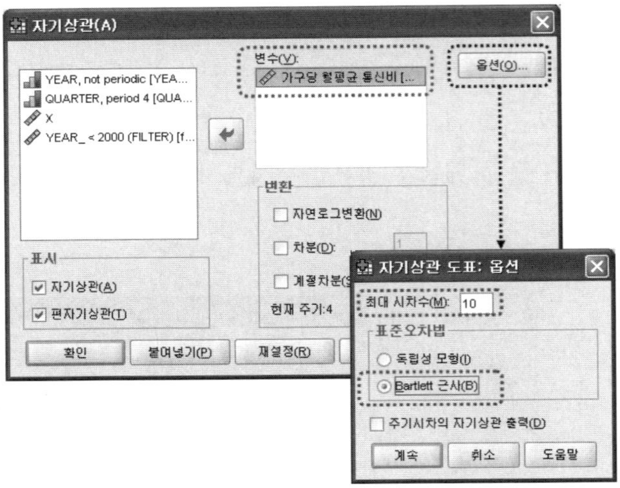

그리고, 변수 '가구당 월평균 통신비'를 '변수(V):' 란으로 이동시킨 후, '옵션(O)' 단추를 누른 후 40개 관측값의 1/4에 해당하는 '10'개의 시차를 '최대 시차수(M):' 란에 입력한다. 그리고 표준오차법에서 'Bartlett 근사(B)'를 선택한다. 다음 주어진 자기상관함수를 살펴보면, 급격히 감소하기보다는 서서히 감소하는 형태이다. 참고로 자기상관계수를 시차순으로 살펴보면 '0.89, 0.79, 0.70, 0.60, 0.54' 등이다.

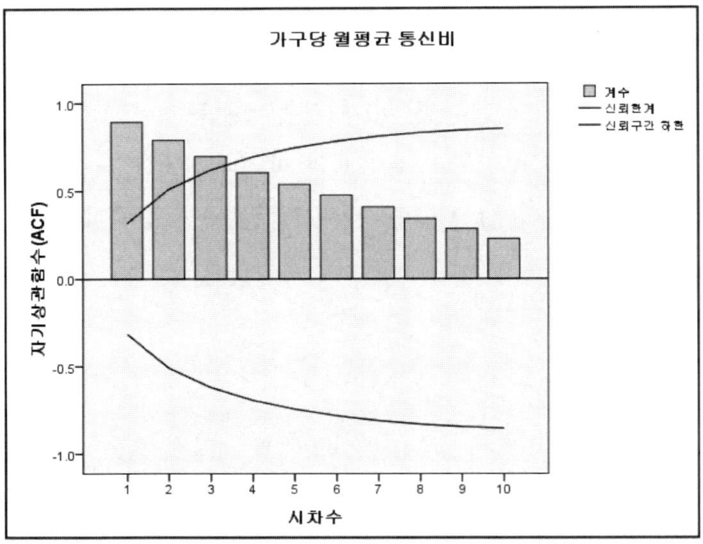

[그림 1.7] 자기상관함수-1

[표 1.8] 자기상관함수-2

자기상관					
계열:가구당 월평균 통신비					
			Box-Ljung 통계량		
시차	자기상관	표준 오차 오류	값	자유도	유의확률
1	.893	.158	34.377	1	.000
2	.789	.255	61.919	2	.000
3	.697	.310	83.954	3	.000
4	.604	.347	100.973	4	.000
5	.537	.372	114.813	5	.000
6	.475	.391	125.953	6	.000
7	.407	.405	134.385	7	.000
8	.341	.415	140.486	8	.000
9	.284	.422	144.861	9	.000
10	.227	.427	147.751	10	.000

이러한 사실은 가구당 월평균 통신비의 시계열도표 [그림 1.2]에서 첫 40개의 관측값이 증가하는 패턴 즉, 평균이 비정상적임을 뒷받침해 준다. 따라서 시계열의 평균을 정상적으로 만들기 위해서 비계절적인 1차 차분 $(d=1)$을 실시해야 할 것이다. 비계절적인 1차 차분을 PASW 17.0(또는 18.0)에 적용시키기 위해서는, 아래와 같이 "자기상관(A)" 대화상자의 '변환' 란의 '차분(D):'을 체크한다. 물론 다른 절차는 앞과 동일하다.

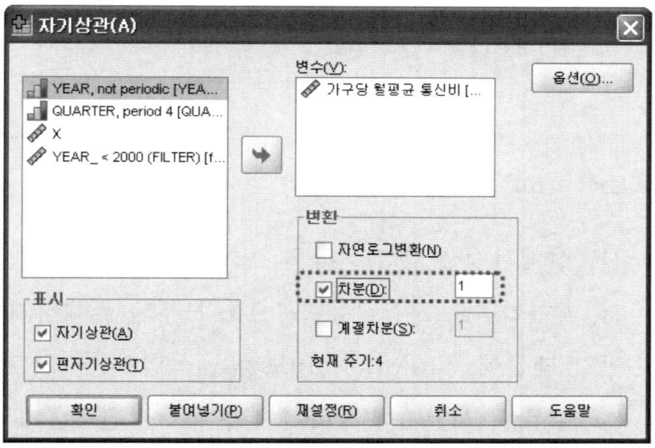

다음은 첫 40개 관측값을 비계절적 1차 차분 후 계산한 자기상관함수와 편자기상관함수이다. 두 개의 상관함수([그림 1.9]와 [그림 1.10]) 모두 95%

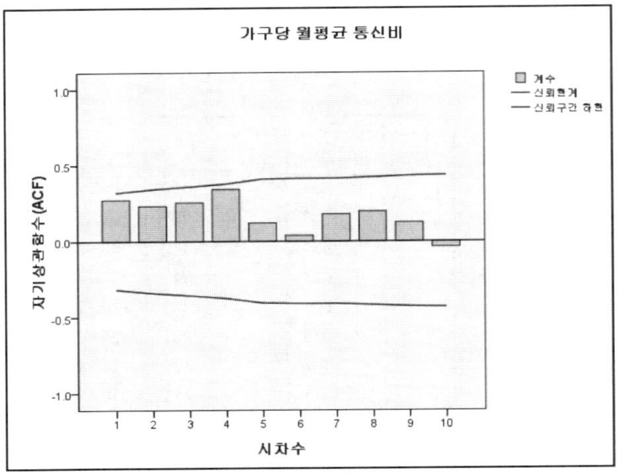

[그림 1.9] 비계절적 1차 차분 후 자기상관함수

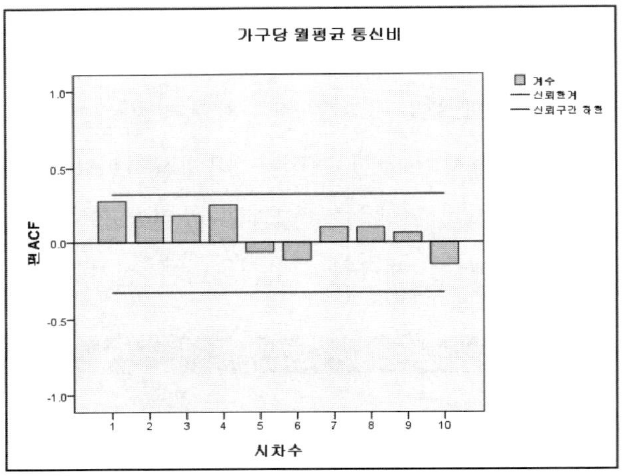

[그림 1.10] 비계절적 1차 차분 후 편자기상관함수

신뢰한계선 밖으로 튀어나온 스파이크를 하나도 발견할 수 없다. 다시 말해서, 자기회귀요소와 이동평균요소 모두가 존재하지 않는 것으로 판단할 수 있기 때문에, ARIMA(0,1,0)모형을 식별할 수 있다.

따라서 개입이 발생하기 직전까지의 관측값에 대해서 비계절적 1차 차분을 취한 후 임의보행모형(random walk model)을 식별할 수 있다. 참고로, ARIMA모형을 구축하기 위한 전반적인 자세한 설명은 정동빈(2009)[5]을 참고하기 바란다.

1.4.3 3단계: 개입모형의 추정, 모형검진, 재식별 및 예측

지금까지 개입의 시점과 그 형태를 파악한 후 개입이 발생하기 전까지의 시계열 자료를 이용하여 ARIMA모형을 식별하였다. 이제는 식별된 ARIMA(0,1,0)모형에 가변수(X_t)를 포함시킨 새로운 모형인 소위 개입모형을 구축해야 한다. 즉,

$$Y_t = C_0 + C_1 X_t + \frac{1}{(1-B)} \epsilon_t \qquad [1.6]$$

이다. 여기에서 X_t는 계단함수이다.

통신비 시계열자료의 첫 40개 관측값에 근거하여 ARIMA(0,1,0)모형을 식별하였다. PASW 17.0(또는 18.0)을 사용하여 개입모형을 추정하기 위해서 다음 주어진 과정을 따른다.

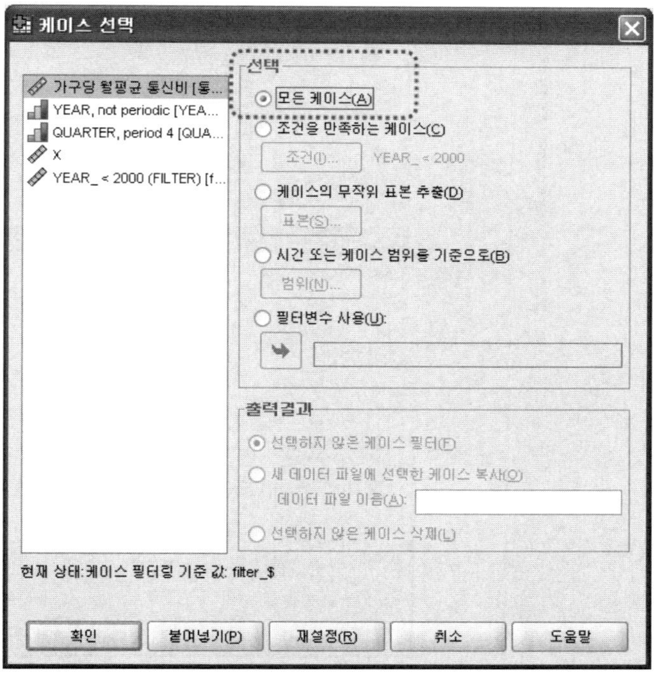

5) 정동빈 (2009), ≪시계열 수요예측 I≫, 한나래아카데미.

계단개입변수 X를 모든 관측값에 적용하기 위해 PASW Statistics Data Editor에서 데이터(D) ▸ 케이스 선택... 을 선택한 후, "케이스 선택" 대화상자에서 '모든 케이스(A)'를 체크한다. 이는 모든 관측값에 근거한 개입모형을 구축하기 위함이다.

다음으로 선택된 모든 관측값에 근거하여 펄스 개입변수(X)를 모형에 포함시켜 모형을 추정한다. PASW 17.0(또는 18.0)에서 분석(A) ▸ 예측 ▸ 모형 생성(C)... 을 선택하여 "시계열 모형 생성기" 대화상자가 나타나면, 변수 '통신비'와 'X'를 '종속변수(D):' 란과 '독립변수(I):' 란으로 각각 이동시킨다. '방법(M):' 란을 누른 후 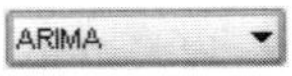 단추를 선택한다.

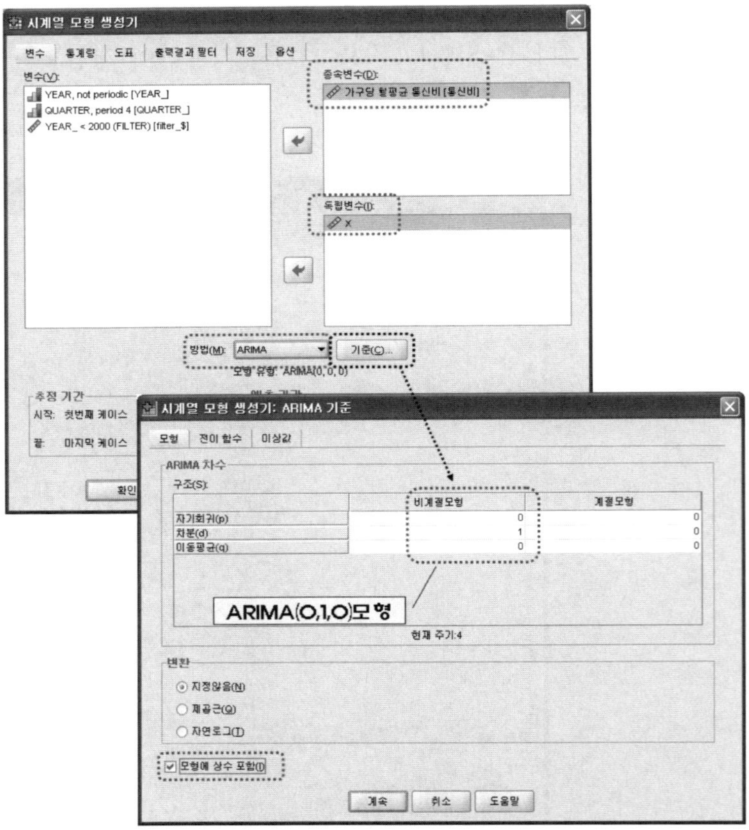

그리고, "ARIMA 기준" 대화상자에서 '비계절모형' 란과 '차분(d)'에

교차되는 부분에 '1'을 입력한다. 이는 ARIMA(0,1,0)모형을 추정함을 지정하는 것이다. 추가로 좌측상단의 '통계량' 단추를 누른 후, '개별모형의 통계량' 란에서 '모수추정값(p)'을 체크한다.

[표 1.11] 개입모형 [1.6]식의 추정결과

ARIMA 모형 모수							
				추정값	SE	t	유의확률
가구당 월평균 통신비-모형_1	가구당 월평균 통신비	상수항		1255.769	390.277	3.218	.002
		차분		1			
	X	분자	시차 0	2319.981	670.322	3.461	.001

또한 추정된 개입모형([표 1.11] 참고)이 타당한지 여부를 검진하기 위해서 잔차를 사용한 상관함수와 Box-Ljung통계량을 살펴볼 필요가 있다.

우선 "시계열 모형 생성기" 대화상자 상단의 '저장' 단추를 누른 후, '변수 저장' 란에서 '잡음 잔차'를 체크하여 PASW Statistics Data Editor에 'NResidual'이라는 변수로 저장하게 한다.

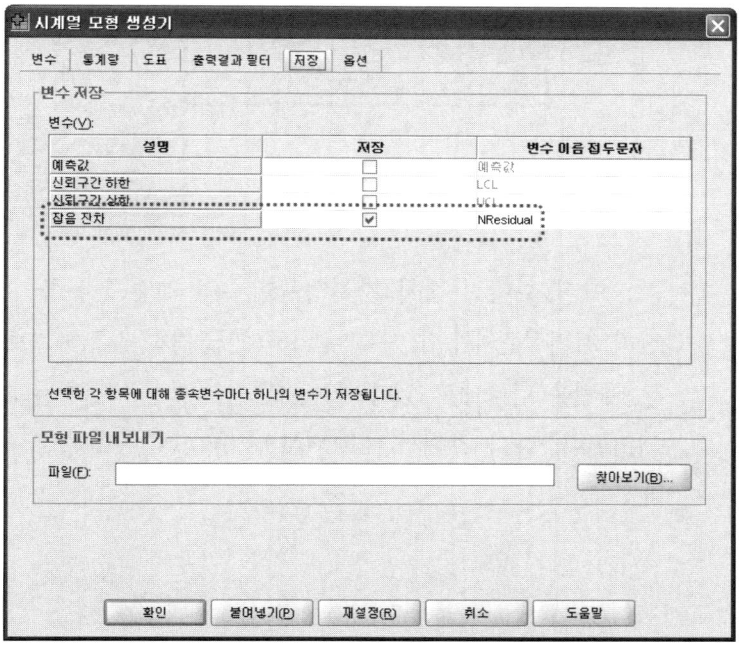

지금까지 고려한 개입모형 [1.6]식을 추정한 후, 생성된 잔차의 독립성을 점검하기 위해서 다음과 같이 두 개의 잔차 상관함수를 계산할 수 있다.

PASW 17.0(또는 18.0)의 팝업메뉴에서 2개의 잔차 상관함수를 출력하기 위해서는, 앞에서와 마찬가지로 분석(A) ▸ 예측 ▸ 자기상관(A)을 선택하여 "자기상관(A)" 대화상자를 연다. 그리고 관측값 대신 생성된 잔차인 'NResidual_통신비_모형_1'을 '변수' 란으로 이동시키며, "자기상관 도표: 옵션" 대화상자의 '최대 시차수(M):' 란에 총 관측값(60)의 25%에 해당하는 '15'를 입력한다.

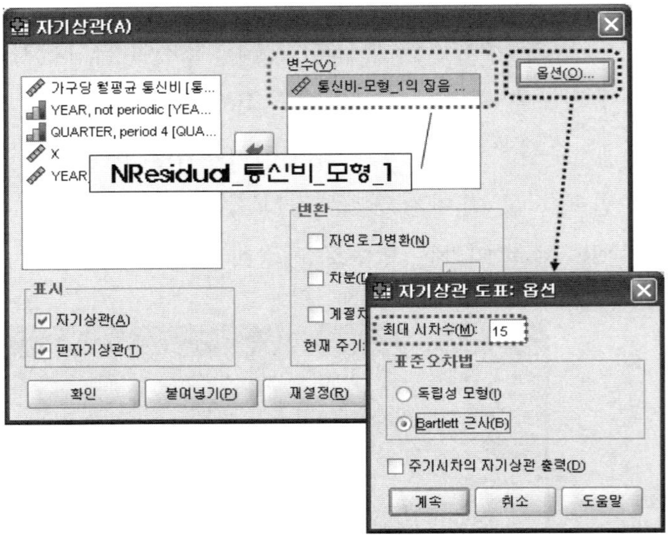

아래 주어진 잔차 자기상관함수의 계절시차 중 '4'와 '8'에 해당하는 잔차 자기상관계수가 매우 유의하며, 급격히 감소하기보다는 오히려 증가하는 패턴을 나타내고 있다. 이는 일단 계절적 1차 차분($D=1$)을 취해야 함을 의미한다. 다시 말해서, ARIMA(0,1,0)(0,1,0)$_{12}$모형으로 재식별해야 한다.

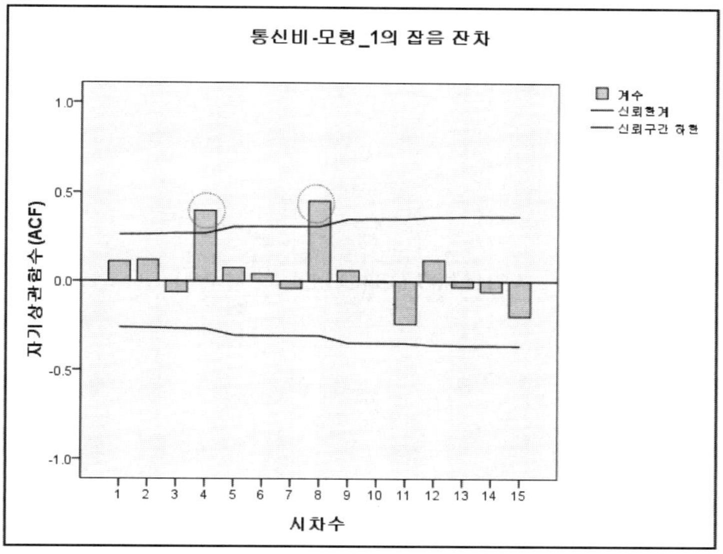

[그림 1.12] 개입모형 [1.6]식에 근거한 잔차 자기상관함수

ARIMA(0,1,0)(0,1,0)$_{12}$모형으로 재추정하기 위해서는 아래와 같이, "시계열 모형 생성기: ARIMA 기준" 대화상자의 'ARIMA 차수' 란에 순차적으로 값을 입력한다. 이에 해당하는 개입모형은 다음과 같다.

$$Y_t = C_0 + C_1 X_t + \frac{1}{(1-B)(1-B^{12})}\epsilon_t \qquad [1.7]$$

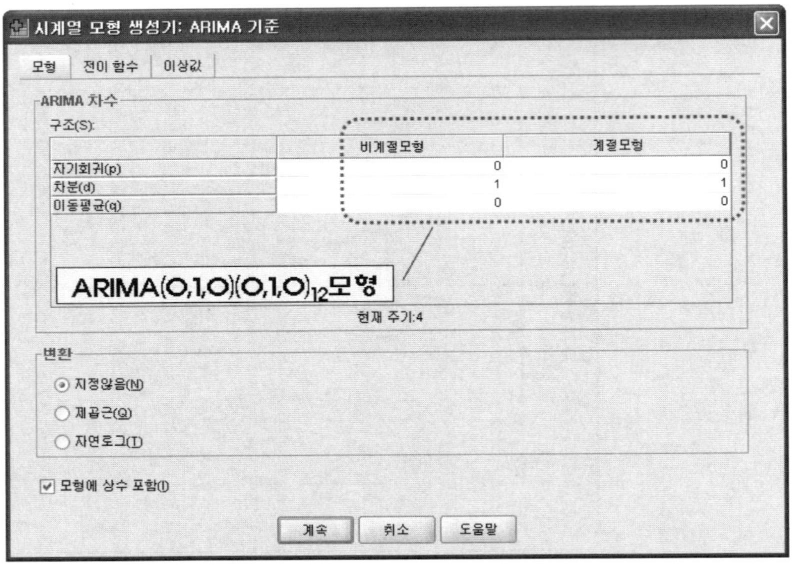

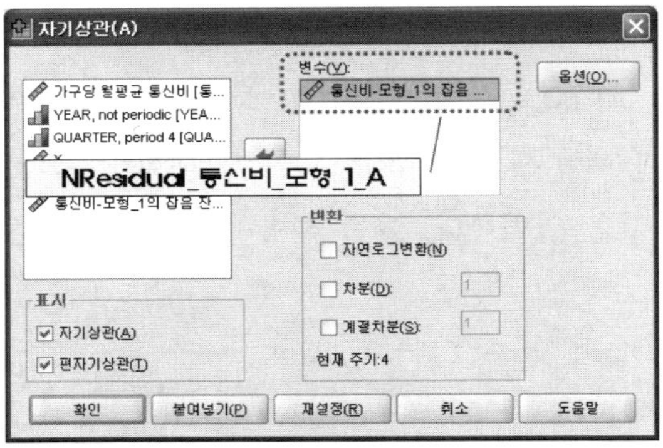

마찬가지로 개입모형 [1.7]식에 근거하여 생성된 잔차 'NResidual_통신비_모형_1_A'에 대한 자기상관함수([그림 1.13])와 편자기상관함수([그림 1.14])를 살펴보자. 잔차 자기상관함수에서 계절시차 '4'와 '8'의 자기상관계수가 더 이상 증가하는 패턴을 발견할 수 없다. 계절적 평균의 정상성을 만족시켜 보인다.

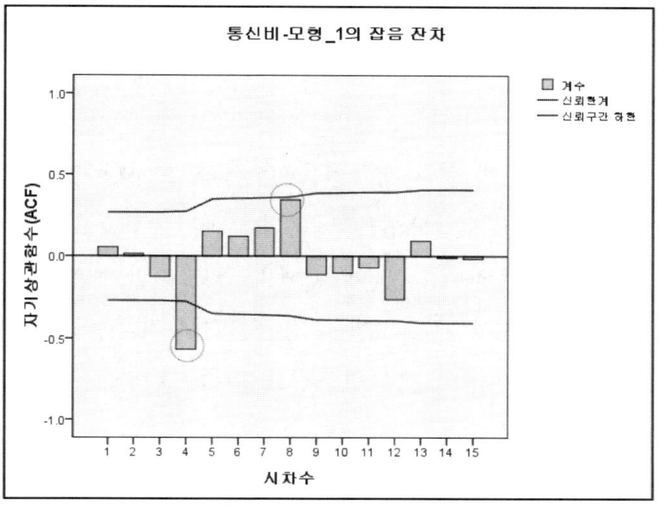

[그림 1.13] 개입모형 [1.7]식에 근거한 잔차 자기상관함수

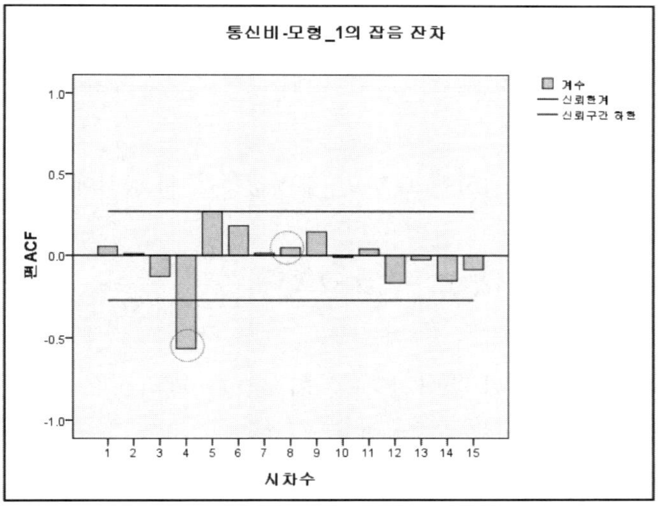

[그림 1.14] 개입모형 [1.7]식에 근거한 잔차 편자기상관함수

우선 두 개의 잔차 상관함수의 계절시차 '4'와 '8'에 초점을 맞추어 살펴보면, 편자기상관함수가 자기상관함수에 비해 상대적으로 절단형태로 간주할 수 있다. 즉, 차수가 '1'인 자기회귀모형인 $AR(1)_{12}$모형을 재식별할 수 있다. 이를 수학식으로 표현하면 다음과 같다.

$$Y_t = C_0 + C_1 X_t + \frac{1}{(1-\Phi_{12}B^{12})(1-B)(1-B^{12})}\epsilon_t \qquad [1.8]$$

두 번에 걸쳐 재식별을 한 결과, 오차항이 ARIMA(0,1,0)(1,1,0)$_{12}$모형으로 식별된 개입모형을 다음과 같이 추정할 수 있다. 상수항에 대한 p값(0.057)이 유의수준 5%에 비해 다소 크지만, 모형에서 엄격하게 제외시킬 만한 정도는 아니다. 또한 추정된 자기회귀계수의 절대값(약 0.63)이 '1'보다 훨씬 작기 때문에 정상성조건을 만족시킨다.

[표 1.15] 개입모형 [1.8]식의 추정결과

ARIMA 모형 모수

				추정값	SE	t	유의확률
가구당 월평균 통신비-모형_1	가구당 월평균 통신비	상수항		425.128	218.055	1.950	.057
		차분		1			
		AR, 계절	시차 1	-.626	.120	-5.235	.000
		계절차분		1			
	X	분자	시차 0	-832.819	377.580	-2.206	.032

[표 1.15]에 나타난 추정값들을 [1.8]식에 대입하면 다음과 같다.

$$Y_t = 425.13 - 832.82 X_t + \frac{1}{(1+0.63B^{12})(1-B)(1-B^{12})}\epsilon_t \qquad [1.9]$$

다음에 주어진 잔차 자기상관함수([그림 1.16])를 통해서 오차항에 대한 ARIMA모형이 적절함을 확인할 수 있다. 추정된 잔차 상관계수 모두가 신뢰한계선 안에 있기 때문에 "백색잡음의 독립성"을 만족하기 때문이다.

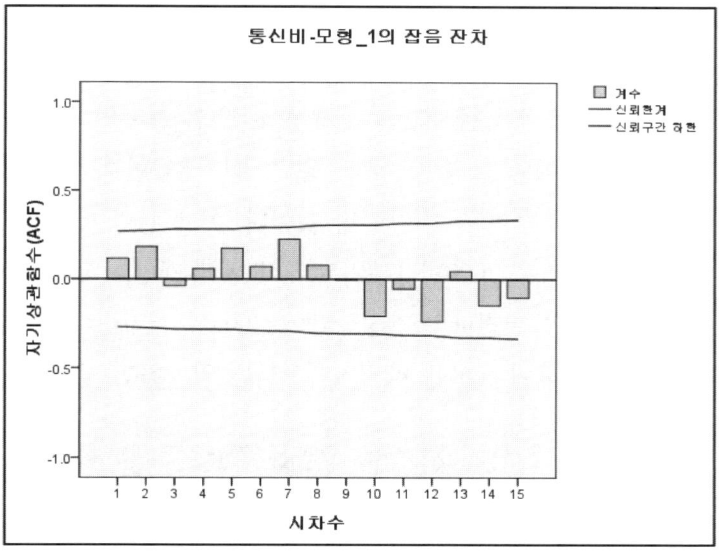

[그림 1.16] 개입모형 [1.9]식에 근거한 잔차 자기상관함수-1

[표 1.17] 개입모형 [1.9]식에 근거한 잔차 자기상관함수-2

자기상관

계열:통신비-모형_1의 잡음 잔차

시차	자기상관	표준 오차 오류	Box-Ljung 통계량		
			값	자유도	유의확률
1	.116	.135	.783	1	.376
2	.183	.137	2.766	2	.251
3	-.037	.141	2.847	3	.416
4	.059	.141	3.062	4	.547
5	.174	.142	4.970	5	.419
6	.071	.146	5.295	6	.507
7	.226	.146	8.628	7	.280
8	.079	.152	9.049	8	.338
9	-.004	.153	9.050	9	.433
10	-.206	.153	12.018	10	.284
11	-.054	.158	12.223	11	.347
12	-.237	.158	16.327	12	.177
13	.045	.165	16.479	13	.224
14	-.146	.165	18.110	14	.202
15	-.102	.167	18.930	15	.217

추가로 [표 1.17]에 주어진 Box-Ljung통계량에 대한 p값 모두가 유의수준 5%보다 월등히 크기 때문에 재차 "백색잡음의 독립성"을 확인할 수

있다.

마지막 단계로 개입모형 [1.9]식에 근거한 향후 1년(2005년 1분기부터 4분기까지)에 대한 예측값을 구해보자. 우선 종속변수인 월별 통신비를 예측하기 위해서는 설명변수로 사용된 계단개입변수 X의 향후 1년 동안 4개의 미래 관측값이 주어져야 할 것이다. 이에 관련한 한 예로써 만일 이 통신비 자료의 경우 2000년 1분기부터 발생한 개입이 향후 2005년 내내 지속적으로 영향을 미친다고 가정한다면, 2005년 개입변수(X)에 해당하는 4개의 미래 관측값이 'on'에 해당하는 '1'을 입력하면 될 것이다.

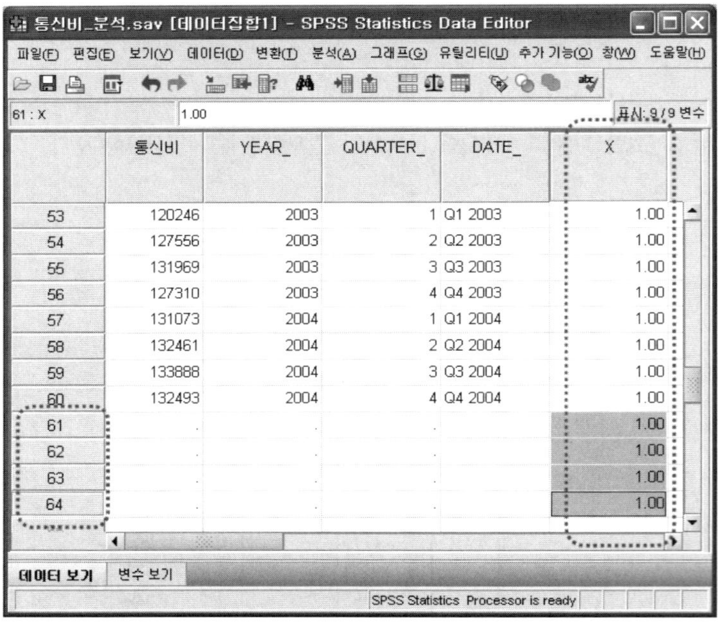

	통신비	YEAR_	QUARTER_	DATE_	X
53	120246	2003	1	Q1 2003	1.00
54	127556	2003	2	Q2 2003	1.00
55	131969	2003	3	Q3 2003	1.00
56	127310	2003	4	Q4 2003	1.00
57	131073	2004	1	Q1 2004	1.00
58	132461	2004	2	Q2 2004	1.00
59	133888	2004	3	Q3 2004	1.00
60	132493	2004	4	Q4 2004	1.00
61	.	.	.		1.00
62	.	.	.		1.00
63	.	.	.		1.00
64	.	.	.		1.00

그리고, 데이터(D) ▸ 날짜 정의(A)...를 선택한 후, 첫 관측값인 '1990년 1분기'부터 날짜를 다시 정의해야 한다.

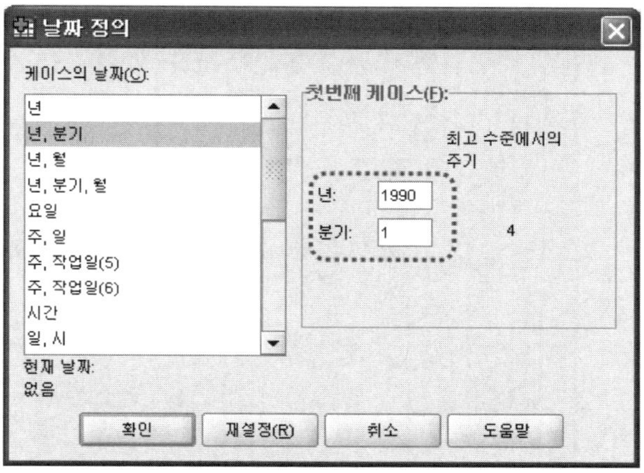

그 결과 PASW Statistics Data Editor에 변수 'YEAR_'와 'DATE_'에 4개의 값이 추가된 것을 아래와 같이 확인할 수 있다.

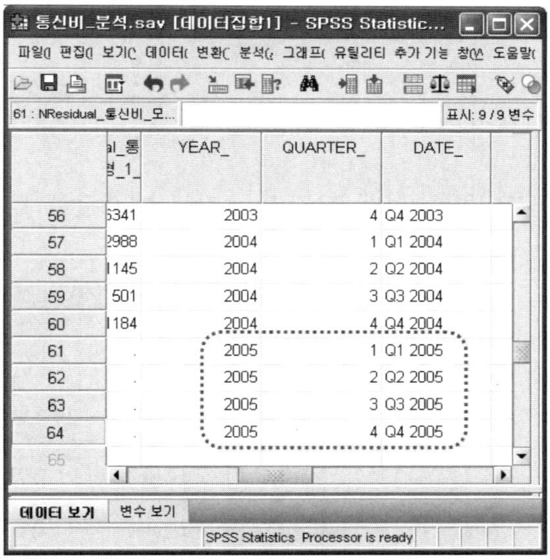

그 다음단계로, "시계열 모형 생성기" 대화상자 상단의 '저장' 단추를 누른 후, '변수(V):' 란의 '예측값'을 체크함으로써, Data Editor에 '예측값_통신비_모형_1'이라는 변수를 자동적으로 저장하고, 추가로 예측기간을 설정하기 위해서 '옵션' 단추를 누른 후, '예측기간' 란에 마지막 예측시점인 2005년 4분기에 해당하는 '2005'와 '4'를 입력한다.

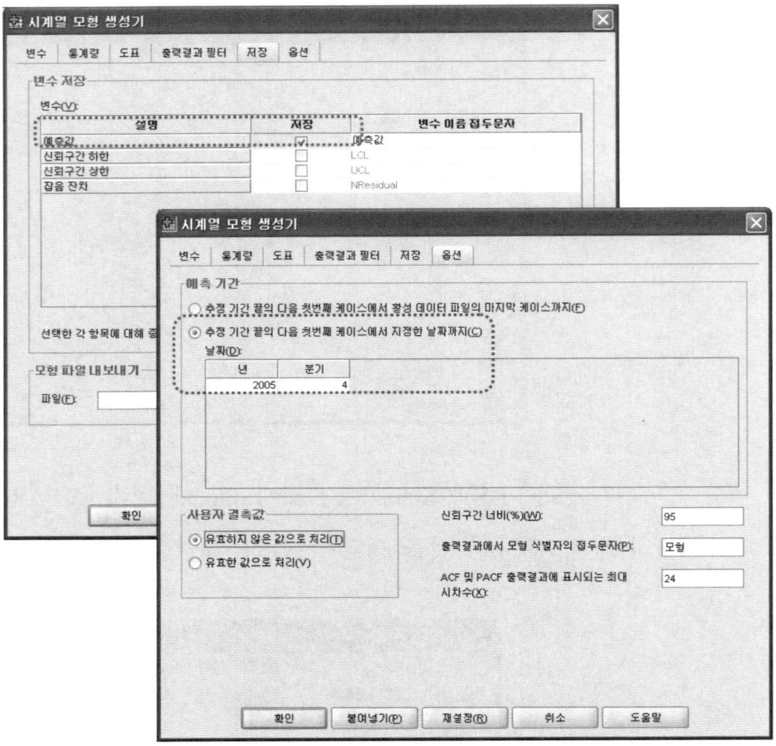

그 결과 아래와 같이, 4개의 예측값을 얻을 수 있다.

[그림 1.18] 개입모형 [1.9]식에 근거한 향후 1년 예측값

만일 관측값과 [1.9]식에 근거하여 생성된 적합값들과 어느 정도 일치하며, 4개의 예측값이 어떤 패턴으로 움직일 것인지를 시각적으로 나타내고자 할 때, "순차도표" 대화상자에서 변수 '통신비'와 '예측값'을 '변수(V):' 란으로, 'DATE_'를 '시간축 설명(A):' 란으로 이동시킨다.

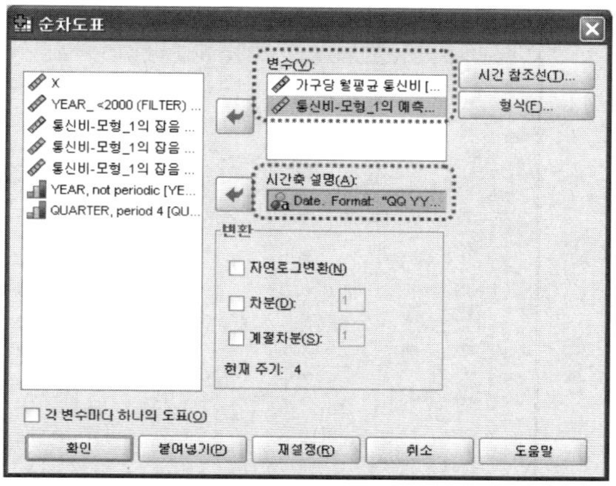

아래 주어진 그림을 통해서 관측값과 적합값이 거의 일치하며, 향후 3분기까지 통신비가 증가하다가 4분기에 다소 감소하는 패턴을 확인할 수 있다([그림 1.19]의 작은 직사각형 참고).

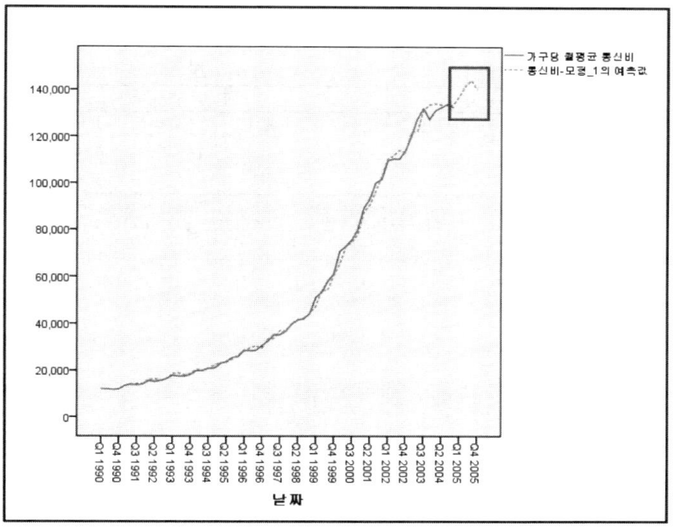

[그림 1.19] 관측값과 개입모형 [1.9]식에 근거한 향후 1년 예측값-1

물론 예측값을 Statistics Viewer에 출력하고 싶으면, "시계열 모형 생성기" 대화상자 상단의 '통계량' 단추를 누른 후 '예측값 표시(S)'를 체크하면 된다.

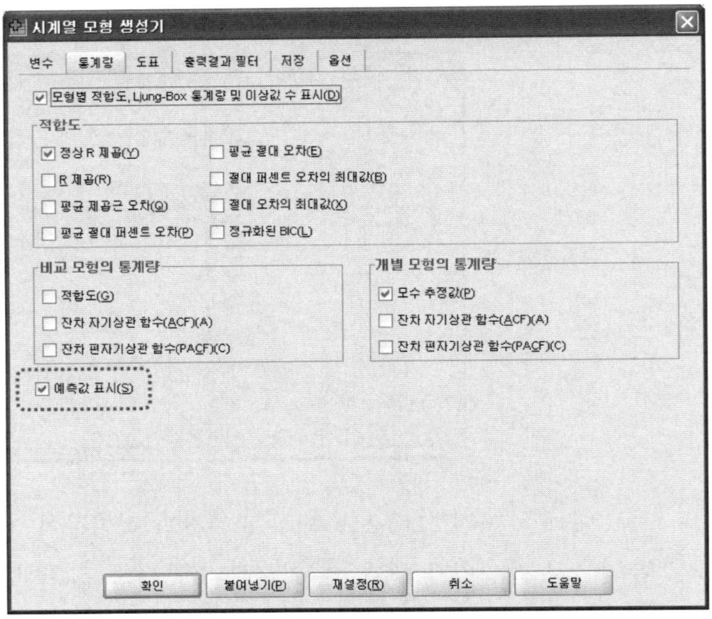

[표 1.20] 관측값과 개입모형 [1.9]식에 근거한 향후 1년 예측값-2

예측

모형		Q1 2005	Q2 2005	Q3 2005	Q4 2005
가구당 월평균 통신비-모형_1	예측	137246	141679	144313	140211
	UCL	141296	147407	151328	148312
	LCL	133195	135951	137298	132111

각 모형에서 예측은 요청한 추정 주기의 범위에서 결측이 없는 마지막 값 다음에 시작하고 모든 예측변수의 결측이 없는 값의 마지막 주기 또는 요청한 예측 주기의 끝 날짜 중 먼저 나온 시점에서 끝납니다.

1.5 다중개입과 혼합개입

1.5.1 다중개입

우선 다른 시간대들에서 여러 개의 개입이 발생하는 다중개입에 대해 고려해보자. 예를 들어, 주어진 시계열 자료에 대해 $t=i1$시점에서 펄스개입, $t=i2$시점에서 계단개입, $t=i3$시점에서 펄스개입이 발생했다고 하자. 다음 그림은 이 세 개의 개입에 대해 Y_t의 반응을 나타내고 있다.

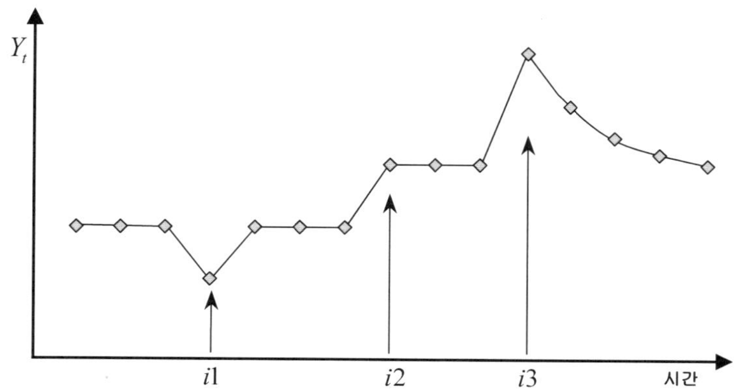

[그림 1.21] 다중개입의 예

첫째 개입과 셋째 개입은 펄스개입이므로 다음과 같이 정의한다.

$$X_{1,t}=\begin{cases}0, & t=i1\\ 1, & t=i1\end{cases}$$

$$X_{3,t}=\begin{cases}0, & t\neq i3\\ 1, & t=i3\end{cases}$$

둘째 개입은 계단개입이므로 다음과 같이 정의된다.

$$X_{2,t}=\begin{cases}0, & t<i2\\ 1, & t\geq i2\end{cases}$$

앞 그림에서 보는 바와 같이, $t=i1$시점에서 일어난 첫 번째 펄스개입은 한 시점의 효과를 나타내며, $t=i2$시점에서 일어난 계단개입은 즉각적인 반응이 나타나며 그 효과가 지속되고, $t=i3$시점에서 일어난 두 번째 펄스개입은 지수적으로 감소시키는 동적인 영향을 미친다. 3개의 개입이 포함된 개입모형을 다음과 같이 표현할 수 있다.

$$Y_t = C + \alpha_1 X_{1,t} + \alpha_2 X_{2,t} + \alpha_3 X_{3,t} + N_t$$

물론 시계열 자료에서 서로 다른 형태의 개입들의 조합을 갖는 다중개입이 발생할 수 있다. 어떤 형태의 다중개입에 관계없이 이에 관련된 개입모형을 다루는 방법은 동일하다. 즉, 다중개입을 구성하는 개입들 각자의 형태를 파악한 후, 개입모형에 개입을 하나씩 포함시켜 가법적 형태를 만들면 된다.

1.5.2 혼합개입

다중개입의 특이한 형태로 혼합개입을 들 수 있다. 주어진 사건 하나가 몇 개의 개입효과를 유발시킬 수 있다. 예를 들어, 모 샴푸회사에서 판매촉진을 위해 6월 한 달 동안 특정 샴푸를 염가판매를 한다고 하자. 이때 서로 다른 형태의 세 가지 서로 다른 집단을 고려할 수 있다.

■ 새롭게 형성된 지속적 구매자

이 형태의 구매자들은 6월 이전에 특정 샴푸를 구매하지 않았지만, 염가판매 때문에 6월 한 달 동안 30,000개를 구매한다. 이들은 6월 이전에 사용한 다른 샴푸보다 특정 샴푸를 선호하여, 6월 이후에도 특정 샴푸의 가격이 원래 가격으로 인상되더라도 계속해서 30,000개의 샴푸를 구매한다. 이 형태는 계단 개입변수로 표현되는 지속적인 반응이다.

$$X_{1,t} = \begin{cases} 1, & t \geq i \\ 0, & t < i \end{cases}$$

여기에서 i 는 6월을 나타낸다.

■ 새롭게 형성된 일시적 구매자

이 형태의 구매자들은 6월 한 달 동안 80,000개의 특정 샴푸를 구매하고, 그후 몇 달 동안 계속 특정 샴푸를 구입하다가 이전에 사용한 샴푸로 서서히 구매 위치로 다시 이동한다. 6월 이후에 이 그룹에 속한 구매자들은 전달 판매량의 50%만을 특정 샴푸를 구입한다. 이는 펄스 개입변수로 표현되는 일시적 반응이다.

$$X_{2,t} = \begin{cases} 1, & t = i \\ 0, & t \neq i \end{cases}$$

여기에서 i는 6월을 나타낸다.

■ 기존 구매자

이 그룹에 속한 구매자들은 6월 한 달 동안 특정 샴푸를 염가로 구매하여 비축한다. 구매자들이 향후 세 달($t=i+3$시점)까지 샴푸를 사들여 재고에 쌓아두므로 구입량이 적어진다. 만일 구매자들이 6월 한 달 동안 75,000개를 추가로 구입하고, 7월($i+1$시점)부터 10월($i+3$시점)까지 구입량이 25,000개를 덜 구매한다고 가정하자. 이는 일시적 반응이므로, 새롭게 형성된 일시적 구매자와 같이 펄스개입함수로 간주할 수 있다.

$$X_{2,t} = \begin{cases} 1, & t = i \\ 0, & t \neq i \end{cases}$$

여기에서 i는 6월을 나타낸다.

다음 그림은 앞에서 언급한 3개의 유형을 나타내 주는 예이다. 새로운 지속적 구매자에 대한 반응은 6월($t=i$)에서 맨 아래에 그려진 계단개입을 나타낸다. 5월($t=i-1$시점) 이후의 수준이 6월($t=i$시점) 이전 달들의 수준보다 30,000개 높다. 새롭게 형성된 일시적 구매자의 반응은 6월($t=i$시점)에서 가운데 놓여 있는 선으로 나타난 시계열이다. 6월($t=i$시점) 동안의 수준이 그 이전의 수준보다 80,000개 높고, 그 이후의 시점($t>i$)수준은 새로운 지속적 구매자의 최고값을 향해 감소한다. 기존 구매자의 반응은 6월($t=i$)에서 맨 위에 놓여 있는 계열을 나타낸다. 6월($t=i$시점)에서 가장 큰 값을 가지며,

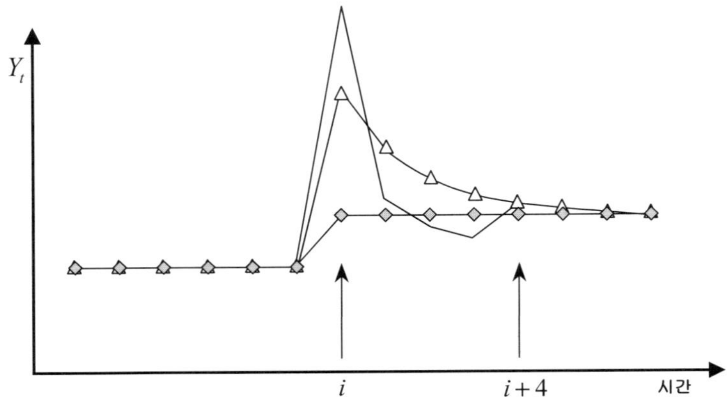

[그림 1.22] 혼합개입의 예

이 시점에서 새롭게 형성된 일시적 구매자의 반응보다 75,000개 더 많은 값을 갖는다. 7월($t=i+1$시점)에 구매한 양은 6월($t=i$시점)의 것보다 75,000개 만큼 감소하고, 그 이후에 구매자의 재고량이 감소하기 때문에 25,000개씩 계속 감소한다. 따라서, 관측된 자료계열은 새롭게 형성된 일시적 구매자의 반응과 같이 지수적 감소형태를 따르지 않는다(설명을 단순화하기 위해 확률적 변동은 무시한다). 즉, 7월($t=i+1$시점)에서 새롭게 형성된 일시적 구매자의 반응보다 25,000개 더 적어진다. 8월($t=i+2$시점)에서 25,000개가 추가로 감소하며, 9월($t=i+3$시점)에서 25,000개가 또 감소한다. 이 계열은 새롭게 형성된 일시적 구매자의 반응형태를 따르지 않고, $t=i+2$, $t=i+3$시점에서 새롭게 형성된 일시적 구매자의 반응보다 더 작은 값을 갖는다. 마지막으로, $t=i+4$시점에 해당하는 관측값은 새롭게 형성된 일시적 구매자의 반응과 같이 감소하는 패턴을 따른다. 결과적으로 관측된 계열이 새롭게 형성된 지속적 구매자의 반응에 나타난 계단함수 값에 수렴한다.

혼합개입 역시 다중개입의 경우와 마찬가지로, 각 개입요소에 대한 개입유형을 파악하고, 이 요소들을 개입모형에 포함시키면 된다.

지금까지 살펴본 개입모형구축을 위한 일반적인 로드맵을 정리하면 다음과 같다.

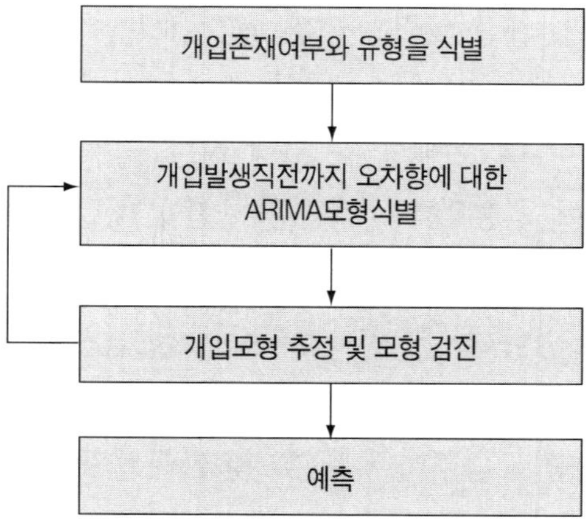

[그림 1.23] 개입모형구축 로드맵

1.6 이상값과 이상값 유형

1.6.1 이상값

1.1절부터 1.4절까지 외적인 사건 즉, 개입을 이분형(0 또는 1) 입력변수(들)로 표현한 개입모형을 다루었다. 이 경우 사건(들)의 존재여부와 발생시기가 알려져 있었다. 그러나, 초기에 사건(들)이 발생하더라도 분석자에게 알려지지 않는 경우가 종종 있다. 사실 모형을 적합 후 생성된 잔차를 조사함으로써 상대적으로 작거나 큰 잔차를 종종 발견할 수 있다. 이로써 외적인 사건이 존재할 수 있다는 가능성을 발견할 수 있으며 이상값으로 간주한다. 예상치 못했거나 제어할 수 없는 사건이 발생하거나 자료를 기재할 때 오류 등이 이상값이 발생하는 원인이다.

그렇다면 이상값을 탐색하는 이유는 무엇일까? 첫째, 자료의 메커니즘을 잘 이해할 수 있다. 왜 개입과 이상값을 탐색하는 데 힘들어할까? 우선 이들을 통해서 고려하는 계열을 잘 이해할 수 있게 된다. 이상적으로 시계열 내 확인된 외적사건을 설명 및 해석할 수 있다. 시간의 흐름에 따라 생성된 시계열을 고찰함으로써 탐색한 사건을 납득할 만하게 설명할 수 있을 것이다. 예를 들면, 파업이 발생하면 선적량 계열의 일시적인 감소를 발견할 수 있다. 따라서 이를 통해서 분석자에게 주어진 시계열에 대한 메커니즘을 더 잘 이해할 수 있게 된다.

어느 경우에는 탐색한 사건에 대한 명확한 설명을 찾지 못할 수도 있다. 예를 들어, 이상값(들)은 자료 내에 추적되지 않는 입력기입오차에 기인할 수 있다. 물론 몇몇 탐색된 사건(들)은 단지 자료의 변화된 움직임에 지나지 않는 경우도 있다. 그렇다면, 이렇게 탐색된 사건(들)이 설명되지 않는다면 어떻게 다루어야 할까? 몇몇 분석자들은 드러난 사건을 표현하기 위해서 2장에서 다룰 동적회귀모형의 한 요소로 포함시키는 것을 원하기도 한다. 아무튼 적어도 관심을 둘 가치가 있는 특정 관측값(들)에 대한 정보를 얻을 수 있다.

둘째, 모형을 더 잘 표현하고 추정할 수 있다. 개입과 이상값(들)으로 인하여 시계열 내에 존재하는 상관패턴이 심하게 변할 수 있다. 개입과 이상값(들)의 속성에 따라 이러한 영향이 작을 수도 있고 심할 수도 있다. 몇몇 이러한 효과는 Guttman과 Tiao(1978)[6], Chang과 Tiao(1983)[7]에서 다룬다. 외적인 사건을 ARIMA모형 또는 동적회귀모형으로 더 잘 표현할 수 있으며, 또한 더 나은 모수의 추정값을 얻을 수 있다.

셋째, 더 나은 예측값을 얻을 수 있다. 외적사건(들)은 시계열모형으로부터 산출된 예측값의 정확도에 영향을 줄 수 있다. 보통은 이러한 영향은 미미하지만 사건의 발생시기와 사건의 속성에 따라서 커질 수 있다.

원인을 확인할 수 있는 사건이 재발하였다면, 개입모형이나 동적회귀모형을 사용하여 다시 사건이 발생한다는 조건하에서 예측값을 산출할 수 있을 것이다. 예를 들어, '동일한 강도의 노동파업이 내년 2분기에 재발한다면 생산량은 어떻게 될까?' 라는 질문이 이에 해당할 것이다. 만일 과거에 발생한 파업의 효과를 개입모형 또는 동적회귀모형 내의 개입요소로 추

6) I. Guttman, & G. C. Tiao (1978). "Effect of Correlation on the Estimation of a Mean in the Presence of Spurious Observations," *The Canadian Journal of Statistics*, 6, 229～247.

7) I. Chang, & G. C. Tiao (1983). "Estimation of Time Series Parameters in the Presence of Outliers," *Technical Report 8*, Statistical Research Center, University of Chicago.

정할 수 있다면, 유사한 파업이 미래에 발생한다는 가정을 모형에 포함시켜 예측값을 산출해야 할 것이다.

1.6.2 이상값 유형

만일 원시계열 z_t를 관측하는 대신 원시계열에 오염된 항 $f(t)$가 합쳐진 오염된 시계열 Y_t를 다음과 같이 관측되었다고 가정해보자.

$$Y_t = f(t) + z_t \qquad [1.10]$$

여기에서 $f(t)$는 외적사건을 나타내는 함수이다. 실제로 오염된 항 $f(t)$는 셀 수 없는 다양한 형태를 갖는다.

1) **가법적 이상값**(additive outliers, AO)

[1.10]식에서 $f(t) = w_{AO} X_t$ 라고 하면, 다음과 같이 오염된 시계열을 얻게 된다.

$$Y_t = w_{AO} X_t + z_t \qquad [1.11]$$

여기에서 $X_t = \begin{cases} 0, & t \neq T \\ 1, & t = T \end{cases}$ 이다. 이는 1시점 사건으로 Y_t가 사건이 발생한 시점을 제외하고 원시계열 z_t에 영향을 주지 않는다. 즉, 시점 $t = i$에서 $w_{AO} > 0$이면 Y_t가 w_{AO}만큼 위로, $w_{AO} < 0$이면 w_{AO}만큼 아래로 이동한다. 이러한 외적사건을 가법적 이상값(additive outlier, AO)이라 하며, 주된 원인은 자료를 잘못 입력하는 실수에 기인한다.

AO를 시각적으로 설명하기 위해서, 다음과 주어진 그림과 같이 시점 $t = i = 30$에서 $w_{AO} = 6.0$인 오염된 시계열 Y_t를 살펴보자. 즉, 시계열 Y_t는 AO가 발생한 시점 $t = i = 30$을 제외한 z_t와 동일하다. [그림 1.24]에서 점선으로 표시된 시계열 Y_t를 살펴보면 $t = 30$에서 증가하는 것을 알 수 있다.

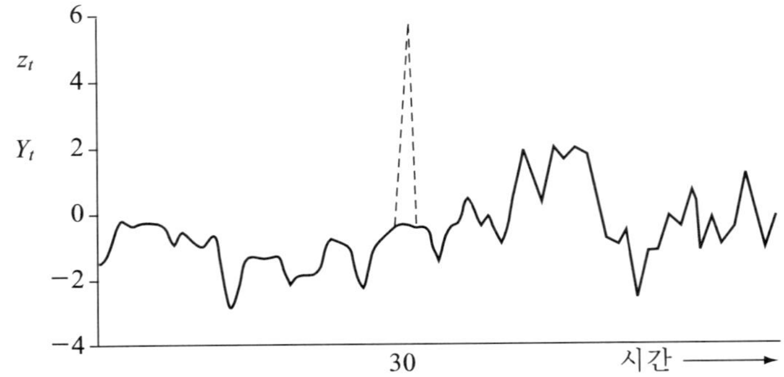

[그림 1.24] AO의 예

AO가 발생시점을 알고 있거나(즉, $t=i$가 알려져 있거나), AO가 발생한 시점 $t=i$을 임시적으로 식별한다면, 개입모형 또는 동적회귀모형 안에 AO 효과의 크기(w_{AO})를 추정할 수 있다. 한 예로 [1.12]식에서 z_t를 AR(1) 프로세스로 대치하면 모형은 다음과 같이 표현할 수 있다.

$$Y_t = w_{AO} X_t + \frac{1}{1-\phi_1 B} \epsilon_t \qquad [1.12]$$

여기에서 첫 번째 항은 계수는 w_{AO}, 입력변수는 X_t인 개입항이다. 두 번째 항은 z_t를 AR(1) 프로세스로 표현한 백색잡음항이다. 물론 보통 AO가 언제 발생할지는 모르지만, AO 사건이 발생하는 시기를 어떻게 식별하는지를 고려해야 할 것이다.

따라서 [1.11]식의 z_t 를 일반화시켜 ARIMA$(p,d,q)(P,D,Q)_s$ 프로세스로 다음과 같이 나타낼 수 있다.

$$Y_t = w_{AO} X_t + \frac{\theta(B^s)\theta(B)}{\phi(B^s)\phi(B)\nabla s^D \nabla^d} \epsilon_t \qquad [1.13]$$

2) **수준이동**(level shift, LS)

수준이동은 계단함수를 연상하면 된다. 계단함수의 효과가 사건이 발생한 시점부터 지속적으로 시계열을 변화시킨다. 즉, 만일 오염된 시계열 Y_t가 $t=i$까지는 원시계열 z_t와 동일하고, 시점 i이후(즉, $t \geq i$)에 대해서 $w_{LS} > 0$일 때 Y_t가 위로 상승, $w_{LS} < 0$일 때는 Y_t가 아래로 하강하는 형태를 가지면, 계단개입 또는 영구수준이동 개입이 존재한다. 이를 수식으로 표현하면 다음과 같다.

$$Y_t = \frac{w_{LS}}{1-B} X_t + z_t \qquad [1.14]$$

여기에서 $X_t = \begin{cases} 0, & t < T \\ 1, & t \geq T \end{cases}$ 이다.

LS효과를 시각적으로 설명하기 위해서, 다음과 같이 시점 $t=i=30$에서 $w_{LS}=6.0$만큼 수준이동(LS)한 오염된 시계열 Y_t를 살펴보자. 다시 말해서, 수준이동(LS)이 발생하기($t=i=30$) 직전까지 Y_t는 원시계열 z_t와 동일하고, 그 이후(즉, $t \geq 30$)부터는 6단위만큼 증가한다. 따라서 $t=1,\cdots,29$에 대해서 Y_t는 z_t와 동일하지만, 시점 30이상부터는 점선으로 원시계열 z_t보다 6단위만큼 상승되어 있음을 확인할 수 있다([그림 1.25] 참고).

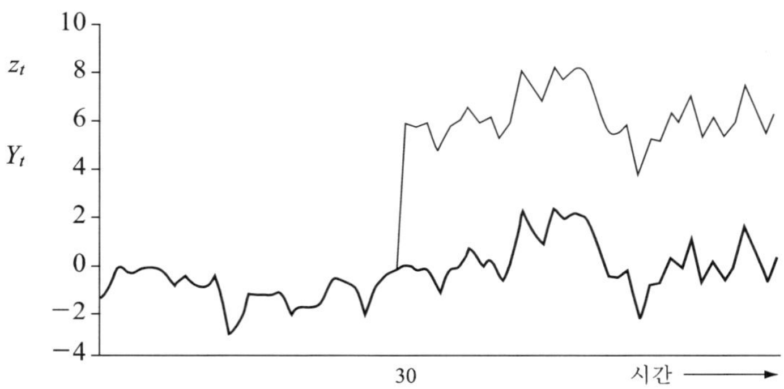

[그림 1.25] LS의 예

앞에서 살펴본 두 개의 시계열도표에서 각각 AR(1) 프로세스 또는 백색잡음이 존재함에도 불구하고 LS효과와 AO효과는 쉽게 구분할 수 있었다. 그러나 다른 상황(w_s 또는 w_A가 상대적으로 작거나, 백색잡음의 분산(σ_ϵ^2)이 매우 크거나, z_t의 ARIMA 패턴으로 말미암아 LS 효과 또는 AO 효과가 모호할 경우)에서 LS 효과 또는 AO효과는 발견하기가 쉽지 않을 수 있다. 따라서 자료를 시각적으로 판단하는 방법에 의존하지 않고 보다 객관적인 탐색방법을 사용하는 것이 유용할 것이다.

만일 LS효과가 발생한 시점을 알거나(즉, $t=i$가 알려져 있거나), LS가 발생한 시점을 임시적으로 식별할 수 있다면, 동적회귀모형 안에 LS 효과의 크기(w_{LS})를 추정할 수 있을 것이다. 한 예로 z_t가 AR(1) 프로세스를 따른다면, [1.14]식은 다음과 같이 표현된다.

$$Y_t = \frac{w_{LS}}{1-B} X_t + \frac{1}{1-\phi_1 B} \epsilon_t \qquad [1.15]$$

[1.15]식의 첫 번째 항은 개입항이며, 두 번째 항은 AR(1)프로세스와 동일한 교란항이다. 마찬가지로 z_t를 일반화시켜 ARIMA$(p,d,q)(P,D,Q)_s$로 나타내면 다음과 같다.

$$Y_t = \frac{w_{LS}}{1-B} X_t + \frac{\theta(B^s)\theta(B)}{\phi(B^s)\phi(B)\nabla s^D \nabla^d} \epsilon_t \qquad [1.16]$$

3) **일시적 변화**(temporary/transient change, TC)

TC의 경우 만일 오염된 시계열 Y_t가 시점 $t=i$의 바로 전까지 원시계열 z_t와 동일하며, 시점 $t=i$에서 $w_{TC}>0$일 때 Y_t가 위로 상승, $w_{TC}<0$일 때는 Y_t가 아래로 하강하며, 이후 이러한 상승(하강)효과가 감쇠효과(δ)만큼 지수적으로 감소한다. 이를 수식으로 표현하면 다음과 같다.

$$Y_t = \frac{w_{TC}}{1-\delta B} X_t + z_t, \quad 0<\delta<1 \qquad [1.17]$$

TC효과를 시각적으로 설명하기 위해서, 다음과 같이 시점 $t=i=30$

에서 $w_{TC}=6.0$, $\delta=0.7$인 오염된 시계열 Y_t를 살펴보자. 시점 $t=i=30$ 직전까지 Y_t는 원시계열 z_t와 동일하고, 그 이후(즉, $t \geq 30$)부터는 z_t 보다 $\delta^{t-i}w_T$만큼 크다. 다시 말해서, $t=1,...,29$에 대해서 Y_t는 z_t와 동일하지만, Y_t는 시점 $t=i=30$에서 $0.7^0(6)=6$, $t=31$에서 $0.7^1(0.6)=4.2$, $t=32$에서 $0.7^2(6)=2.94$만큼 z_t보다 크다. 따라서 TC효과는 오염된 시계열 Y_t가 원시계열 z_t와 차이가 없을 때까지 점차적으로 감소한다. 아래 주어진 [그림 1.26]에서 보는 바와 같이, 점선(Y_t)은 시점 $t=i=30$으로부터 멀어질수록 실선(z_t)에 서서히 가까워지고 있다.

물론 감쇠효과가 '0'과 '1'에 가까워질수록 각각 AO와 LS가 됨을 [1.17]식을 통해서 확인할 수 있다.

TC효과가 발생한 시기를 알고 있거나(즉, $t=i$가 알려져 있거나), TC가 발생한 시점 $t=i$을 임시적으로 식별한다면, 동적회귀모형 내 TC효과의 크기(w_{TC})를 추정할 수 있다. [1.17]식을 확장시키기 위해서 다음과 같이 원시계열 z_t을 $ARIMA(p,d,q)(P,D,Q)_s$ 프로세스로 나타낼 수 있다.

$$Y_t = \frac{w_{TC}}{1-\delta B}X_t + \frac{\theta(B^s)\theta(B)}{\phi(B^s)\phi(B)\nabla s^D \nabla^d}\epsilon_t \qquad [1.18]$$

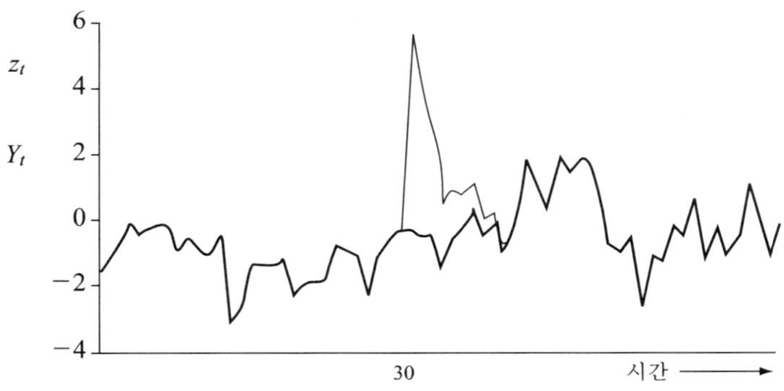

[그림 1.26] TC의 예

4) 혁신적 이상값(innovational outlier, IO)

혁신적 이상값은 앞에서 다룬 TC와 마찬가지로 이상값이 발생한 시점부터 지속적으로 관측값에 영향을 미치는 이상값으로 일반적인 형태는 다음과 같이 표현할 수 있다.

$$Y_t = \frac{\theta(B^s)\theta(B)w_{IO}}{\phi(B^s)\phi(B)\nabla s^D \nabla^d} X_t + \frac{\theta(B^s)\theta(B)}{\phi(B^s)\phi(B)\nabla s^D \nabla^d} \epsilon_t \qquad [1.19]$$

또는

$$Y_t = \frac{\theta(B^s)\theta(B)}{\phi(B^s)\phi(B)\nabla s^D \nabla^d} (w_{IO} X_t + \epsilon_t) \qquad [1.20]$$

[1.18]식의 TC를 [1.19]식의 IO와 비교하면, TC는 IO의 특이한 경우임을 알 수 있다. 백색잡음 ϵ_t를 때때로 '혁신계열'이라 부르며, 또한 [1.20]식을 통해서 사건 X_t의 효과는 시점 $t=i$에서 w_I만큼 백색잡음 ϵ_t에 더해져 있음을 알 수 있다. 즉, 원시계열 z_t를 ARIMA$(p,d,q)(P,D,Q)_s$ 모형으로 나타내어 이상값이 발생한 이후의 모든 관측값에 영향을 주는 것으로 이해하면 될 것이다.

5) 계절가법(seasonal additive, SA)

시점 $t=T$에서 계절가법(SA) 이상값이 발생한다고 가정하면, 관측된 시계열은 다음과 같이 나타낼 수 있다.

$$Y_t = \frac{w_{SA}}{1-B^s} X_t + \frac{\theta(B^s)\theta(B)}{\phi(B^s)\phi(B)\nabla s^D \nabla^d} \epsilon_t \qquad [1.21]$$

여기에서 $X_t = \begin{cases} 0, & t = T+ks,\ k \ge 0 \\ 1, & \text{나머지} \end{cases}$ 이다.

6) **국소추세**(local trend, LT)

시점 $t=T$에서 LT 이상값이 발생한다고 가정하면, 관측된 시계열은 다음과 같이 나타낼 수 있다.

$$Y_t = \frac{1}{(1-B)^2} w_{LT} X_t + \frac{\theta(B^s)\theta(B)}{\phi(B^s)\phi(B)\nabla s^D \nabla^d} \epsilon_t \qquad [1.22]$$

여기에서 $X_t = \begin{cases} t+1-T, & t \geq T \\ 0, & \text{나머지} \end{cases}$ 이다.

7) **연속적인 가법적 이상값**(AO patch)

AO patch는 두 개 이상의 AO 이상값들이 연속해서 발생한 것으로 이상값 발생시점에 따라 이상값 영향이 다르게 나타난다. 시점 $t=T$에서 길이가 k인 연속적인 AO가 존재한다면, 관측된 시계열은 다음과 같이 표현할 수 있다.

$$Y_t = \sum_{i=1}^{k} w_i X_{T-1+i}(t) + \frac{\theta(B^s)\theta(B)}{\phi(B^s)\phi(B)\nabla s^D \nabla^d} \epsilon_t \qquad [1.23]$$

가면효과(masking effect) 때문에 하나씩 이상값을 탐색할 때 연속적인 AO를 찾기 매우 어렵다. 이것이 연속적인 AO와 개별적 AO의 차이점이다. 따라서 지금까지 다룬 7개의 이상값 중에서 시점 $t=T$에서 연속적인 AO를 제외한 다른 6개의 이상값을 다음과 같이 요약할 수 있다.

$$Y_t = wL_o(B) X_t + \frac{\theta(B^s)\theta(B)}{\phi(B^s)\phi(B)\nabla s^D \nabla^d} \epsilon_t \qquad [1.24]$$

$$\text{여기에서 } L_o(B) = \begin{cases} 1 & , \quad O = AO \\ \dfrac{1}{\pi(B)} & , \quad O = IO \\ \dfrac{1}{1-B} & , \quad O = LS \\ \dfrac{1}{1-\delta B} & , \quad O = TS, \\ \dfrac{1}{1-B^s} & , \quad O = SA \\ \dfrac{1}{(1-B)^2} & , \quad O = LT \end{cases}$$

$$\pi(B) = \frac{\phi(B^s)\phi(B)\nabla s^D \nabla^d}{\theta(B^s)\theta(B)} \text{ 이다.}$$

1.7 이상값 효과를 추정하는 방법

모형 및 모형 안에 표현된 모수(들)과 이상값의 유형과 발생시점을 안다고 가정할 때 이상값의 크기정도를 추정하고 검정통계량을 살펴보자. 본 절에서 다룰 결과는 이상값 탐색을 하는 데 사용되는 절차의 중간단계로만 사용할 수 있다. 이상값의 최종 추정값은 모든 이상값에 포함된 모든 모수를 동시에 고려하여 추정한 모형에서 구해진다.

1.7.1 연속적인 AO가 아닌 결정적인 이상값

시점 T에서 연속적인 AO를 제외한 6개의 결정적 이상값에 대해서, $\hat{\epsilon}_t$를 잔차, $x_t = \pi(B)L(B)X_t$ 라고 하면([1.24]식 참고),

$$\hat{\epsilon}_t = wx_t + \epsilon_t \qquad [1.25]$$

가 된다. [1.25]식의 이상값들에 대한 모수는 시점 T에서 x_t에 대한 $\hat{\epsilon}_t$를 단순 선형회귀를 사용하여 추정할 수 있다.

$j = AO, LS, TC, IO, SA, LT$에 대해서, 시점 T에서 이상값이 존재하는지 여부를 검정하기 위한 검정통계량은 다음과 같다.

$$\lambda_j(T) = \frac{w_j(T)}{\sqrt{Var(w_j(T))}} \qquad [1.26]$$

이상값이 존재하지 않는다는 귀무가설하에서 $\lambda_j(T)$는 모형과 모형모수가 알려져 있다는 가정에서 표준정규분포를 따른다.

1.7.2 연속적인 AO

시점 T에서 시작하여 길이가 k인 연속적인 AO에 대해서, $i=1$에서 k까지 $x_i(t;T) = \pi(B)X_{T+i-1}(t)$이라고 하면, 잔차는 다음과 같다.

$$\hat{\epsilon_t} = \sum_{i=1}^{k} w_i(T)x_i(t;T) + \epsilon_t \qquad [1.27]$$

따라서 이 경우 다중선형회귀를 사용하여 모형을 적합할 수 있다. 마찬가지로, 이상값 존재여부를 검정하는 검정통계량은 다음과 같다.

$$\chi^2(T) = w'_i(T)\,x_i(t;T) + \epsilon_t \qquad [1.28]$$

만일 모형과 모형모수가 알려져 있다고 가정하면, $\chi^2(T)$는 귀무가설 $w_1(T) = \cdots = w_k(T) = 0$하에서 자유도가 k인 카이제곱분포를 따른다.

PASW 17.0(또는 18.0)에서 자동적으로 이상값을 탐색하는 과정을 나타낸 로드맵은 TSMODEL Algorithms[8]의 13쪽을 참고하길 바란다.

8) http://support.spss.com/ProductsExt/SPSS/Documentation/Statistics/algorithms/14.0/tsmodel.pdf

2장 동적회귀모형

Demand Forecasting of Time Series

본 장에서는 예측할 수요예측 변수(Y_t)는 하나이고, 변수 Y_t의 미래의 움직임을 예측하거나 과거 움직임을 설명하는 데 도움이 되는 하나 이상의 변수들($X_{1t}, X_{2t}, \cdots$)이 존재하는 상황을 고려한다. 편의상 변수 Y_t를 출력변수(output), 그리고 변수들($X_{1t}, X_{2t}, \cdots$)을 입력변수(input)라고 한다.

이때 출력변수(Y_t)와 하나 이상의 입력변수들(X_{1t}, X_{2t}, $\cdots$) 사이의 관계를 선형인 수학식으로 나타낸 동적회귀모형(dynamic regression model)을 다루기로 하자. 물론 여기에서 다룰 출력변수와 입력변수(들) 모두 등간격인 이산형 시간구간(equally spaced, discrete time intervals)으로 이뤄진 관측값들이다.

동적회귀모형은 피드백이 존재하지 않는다고 가정한다. 즉, 입력변수(들)의 현재시점의 값(X_t)이 출력변수의 과거시점의 값($Y_{t-1}, Y_{t-2}, \cdots$)과 아무런 관련이 없고, 출력변수가 입력변수와 동일한 시점에서 관계가 있다면 입력변수(들)가 출력변수에 영향을 주지만 역은 성립하지 않는다는 의미이다. 이를 그림으로 표현하면 다음과 같다.

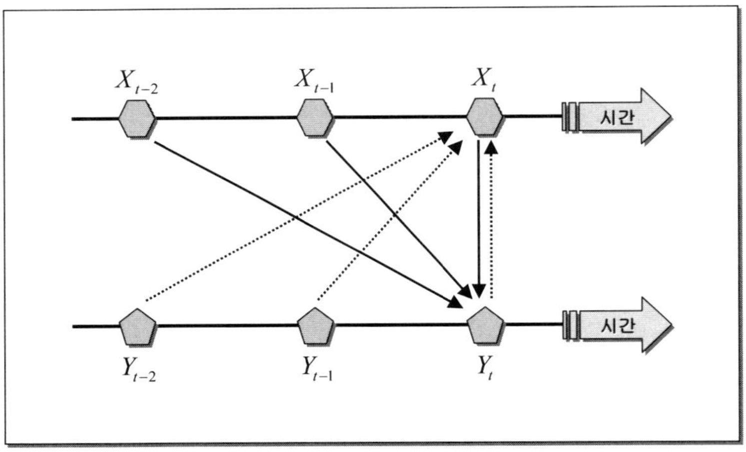

[그림 2.1] 동적회귀모형에서 입력(X_t)과 출력(Y_t)의 시간구조관계

직선은 X의 현재시점의 값(X_t) 또는 과거시점 값($X_{t-1}, X_{t-2}, \cdots$)이 Y의 현재시점의 값(Y_t)에 대해 통계적으로 영향을 미친다는 표시이며, 점선은 Y의 현재시점의 값(Y_t)과 과거시점 값(Y_{t-1}, $Y_{t-2}, \cdots$)이 X의 현재시점의

값인 X_t 에 영향을 미치지 않는다는 표시이다.

참고로 1장에서 다룬 개입모형 역시 개입변수(가변수)를 출력변수에 영향을 미치는 입력변수로 간주하면, 동적회귀모형의 특수한 형태가 된다. 여기에서 동적회귀모형이라는 용어는 오차항이 ARIMA모형으로 표현되는 회귀모형을 말한다. 왜냐하면 Y_t 가 부분적으로 오차항의 과거시점의 값들에 따라 달라질 수 있기 때문이다. 또한 동적회귀모형은 입력변수의 과거시점의 값들과 관련이 있을 수 있다.

입력변수의 현재시점의 값과 과거 관측값들이 출력변수와 관계가 있다는 근거는 기술적, 심리적 및 인습적인 이유에 기인한다. 예를 들어, 은행금리(입력변수)가 떨어지면, 기업경영자들은 은행에서 융자금을 늘려 투자를 할 것이다. 경영자들은 우선 입력변수의 변화를 인식하고, 적절한 양의 투자액 및 건설계약을 결정하고 신상품을 생산 및 유통될 때까지 기다려야 할 것이다. 따라서 현재시점의 투자비(출력변수)는 은행금리(입력변수)의 앞 시점 변화량들에 서서히 반응할 것이다. 이는 출력변수의 현재시점의 값은 입력변수의 과거시점의 값들과 연관이 있음을 의미한다.

2.1 입력변수의 시차들을 선형으로 표현한 전이함수

2.1.1 전이함수와 임펄스 반응함수

우선 설명을 단순화하기 위해 입력변수가 하나만 존재하는 경우를 다루기로 하자. 즉, Y_t 가 X_t 에 따라 달라진다면 다음과 같이 표현할 수 있다.

$$Y_t = f(X_t) \qquad [2.1]$$

이때 X_t 의 변화의 효과가 $f(\cdot)$로 표현되어 Y_t 에 전이된다고 하여 함수 $f(\cdot)$를 전이함수(transfer function)라고 한다. 간단한 예로 $Y_t = 2X_t$ 를 고려해보면, X_t 가 1단위 변화할 때 같은 시점에서 즉각적으로 Y_t 는 2단위 변화한다. $f(\cdot)$가 X의 현재시차 또는 과거시차의 선형함수인 경우에 초점을 둔다. 즉, Y_t가 입력변수의 현재시점 값(X_t)과 과거시점의 값 ($X_{t-1}, X_{t-2}, \cdots$) 의 선형결합으로 표현된다고 가정하자. 모형을 구축하는 단계에서 주어진 자료에 대해 $f(\cdot)$의 적절한 형태를 찾는 것은 중요한 부분일 것이다.

만일 X_t의 값과 함수 $f(\cdot)$가 알려져 있으면, Y_t의 값들은 [2.1]식에 따라 오차없이 예측할 수 있다. 그러나, 일반적으로 입력변수(들)의 변화뿐만 아니라 Y_t의 변동을 일으키는 여러 요인들이 존재한다. 이러한 요인들을 자기상관이 존재하는 확률적인 오차항계열(N_t)로 포착할 수 있다. N_t는 Y_t의 변동을 설명하는데 입력변수(들)를 제외한 나머지 모든 효과이다. 입력-출력관계에 가법적으로 상수항(C)을 포함시킬 수 있다. 상수항은 제거된 모든 입력변수(들)를 제외한 Y_t의 전반적 수준에 주는 효과를 포착하는 완충작용을 하는 항이다. 따라서 다음과 같은 회귀모형을 고려할 수 있다.

$$Y_t = C + f(X_t) + N_t \qquad [2.2]$$

[2.2]식에서 X_t가 변할 때, Y_t의 반응이 특정시점에서 모두 나타날 이유는 없다. 대신에 Y_t는 여러 시점들에 걸친 X_t의 변화에 반응할 수 있다. 시차들끼리의 관계를 선형함수로 가정하면, 전이함수 $f(X_t)$는 다음과 같이 현재시점 및 과거시점들의 입력변수의 선형결합으로 나타낼 수 있다.

$$\begin{aligned} Y_t &= f(X_t) \qquad [2.3] \\ &= \nu_0 X_t + \nu_1 X_{t-1} + \nu_2 X_{t-2} + \cdots \end{aligned}$$

또한, [2.3]식을 후향연산자(B)를 사용하여 다음과 같이 나타낼 수 있다.

$$Y_t = \nu(B) X_t \qquad [2.4]$$

여기에서,

$$\nu(B) = \nu_0 + \nu_1 B + \nu_2 B^2 + \nu_3 B^3 + \cdots \qquad [2.5]$$

이며, 후향연산자는 $B^k X_t = X_{t-k}$ 로 정의된다. [2.4]식은 X_t 의 변화와 Y_t 의 변화 사이의 관계를 입력시차들의 선형결합으로 간단히 표현한 것이다. $\nu(B)$ 에서 ν 가중값들($\nu_0, \nu_1, \cdots$) 각각을 임펄스 반응가중값(impulse response weight), ν 가중값들 전부를 임펄스 반응함수(impulse response function)라 부르며, $\nu(B)$ 는 시간의 흐름에 따라 주어진 X_t 의 변화에 대해 Y_t 가 어떻게 반응하는지를 나타낸다. ν 가중값들 각각은 주어진 시차들에서 Y_t 가 X_t 의 변화에 어떻게 반응하는지를 나타낸다. ν 가중값들의 부호와 크기는 이를 나타낸다. 즉, X_t 가 변할 때 Y_t 가 증가(ν 가 양의 부호) 또는 감소(ν 가 음의 부호), 많이(큰 ν 가중값들) 또는 적게(작은 ν 가중값들) 함을 의미한다. 참고로 임펄스 반응함수를 그래프로 표현하면 더 쉽게 이해된다.

실제로 주어진 자료에 대한 전이함수가 선형이 아닐 수 있다. 그러나, 다음과 같은 이유로 전이함수를 선형으로 가정하여 사용한다.

1) 통계적 분석을 매우 단순화시킨다.
2) 상대적으로 단순화시킴에도 불구하고, 선형모형은 광범위한 상황에서 유용하다.
3) 선형모형은 첫 번째 취할 절차이자 유용한 근사방법으로 사용된다.

[2.3]식에서 계수 ν_0 는 Y_t 가 X_t 의 변화에 어떻게 반응하는지를 나타내는 가중값이며, 계수 ν_1 은 Y_t 가 X_{t-1}(X_t 의 1시점 앞)의 변화, 계수 ν_2 는 Y_t 가 X_{t-2} (X_t 의 2시점 앞)의 변화에 어떻게 반응하는지를 나타내는 가중값이다. 이론적으로는 나열된 시차반응은 무한한 크기를 가질 수 있다(ν_∞). 이는 Y_t 의 현재 수준은 무한히 먼 과거에서 일어난 X_t 의 변화에 반응할 수 있다는 의미이다.

ν 가중값들은 양 또는 음의 부호를 갖는다. $k=1,2,\cdots$에 대한 ν_k의 절대값이 클수록 X_{t-k}의 변화에 Y_t의 반응이 더 크다. 예를 들어, 모회사에 추가로 10억 원의 광고비를 추가시키면 해당 달의 추가판매(X_t)가 없을 수 있고($\nu_0=0$), 다음 달에 20억 원의 추가판매(X_{t-1})가 있을 수 있고($\nu_1=2$), 두 번째 달에 매출액(X_{t-2})의 손실이 10억 원($\nu_2=-1$)이 발생할 수 있다.

2.1.2 무반응시간

Y_t가 X_t의 변화에 즉각적으로 반응하지 않을 수 있다. 즉, 첫 몇 개의 ν 가중값들이 '0'이 될 수 있다. 예를 들어, X_t를 아스피린 복용량, Y_t는 두통의 상태라고 하자. 일반적으로 아스피린은 복용하자마자 두통을 멈추게 하는 효능은 없다. 아스피린이 몸에 흡수된 지 한 시간 정도 경과되어야 두통수준에 영향을 미친다. 매 5분마다 Y_t를 측정한다면, 아스피린을 복용한 바로 그 시점에서 통증에 아무런 변화가 없고($\nu_0=0$), 역시 5분 후 또는 10분 후에도 두통의 수준에 영향을 주지 않았다($\nu_1=\nu_2=0$). 나머지 ν 가중값들도 이런 형태로 표현할 수 있다. ν_0부터 시작하여 ν 가중값들이 '0'인 가중값들의 수를 무반응시간(dead time)이라고 하며, 이를 b로 나타낸다. 광고비 자료에서 ν_0로 시작하여 ν 가중값들이 '0'인 것은 하나(ν_0) 이므로, b는 '1'이 되며, 아스피린 예에서는 $\nu_0=\nu_1=\nu_2=0$ 이고 $\nu_3\neq 0$ 이므로 b는 '3'이 된다.

2.2 Koyck모형

실제상황에서 자주 발생하는 전이함수 즉, $\nu(B)X_t$ 형태에 대해 살펴보기로 하자. 특히 여기에서 소개할 사항들은 전이함수와 동적회귀모형을 전개하는데 중요한 개념이 된다.

[2.4]식에서 $\nu(B)$는 무한개의 ν 가중값들을 가질 수 있다. 실제상황에서는 표본크기가 제한되어 있기 때문에, ν 가중값들의 수가 많을수록 이들을 추정하는 데 심각한 문제가 발생한다. 그렇다면 이 문제를 어떻게 해결해야 될까? 한 방법으로 임펄스 반응함수인 $\nu(B)$의 ν 가중값들이 특이한 패턴을 따를 때, 단지 몇 개의 모수만을 추정하여 $\nu(B)$를 나타내면 된다. 즉, 모수를 절약한(parsimonious) 형태로 표현할 수 있다. 우선 특이한 형태를 소개하며, 이를 2.3절에서 일반화하기로 한다.

2.2.1 ν 가중값들이 지수적으로 감소하는 형태

여기에서 소개할 모형을 "Koyck모형"이라고 부르며, 이는 Koyck(1954)[1]가 고안한 것이다. δ는 $0<|\delta|<1$을 만족하는 상수이며, 무반응시간은 '0'(즉, $b=0$), $\nu(B)$의 ν 가중값들이 다음과 같이 서로 연관되어 있다고 가정한다.

$$
\begin{aligned}
\nu_1 &= \delta\nu_0, \\
\nu_2 &= \delta\nu_1, \\
\nu_3 &= \delta\nu_2, \\
&\cdots \\
\nu_k &= \delta\nu_{k-1}, \quad k=1,2,3,\cdots
\end{aligned}
\tag{2.6}
$$

ν 가중값들($\nu_1, \nu_2, \cdots$)은 앞 시점 반응에 상수(δ)를 곱한 값이 된다. 이 ν 가중값들은 지수적으로 감소한다. 예를 들어, $\nu_0=1$, $\delta=0.5$이면 다음과 같은 패턴을 얻을 수 있다.

$$
\begin{aligned}
\nu_1 &= 0.5(1)=0.5, \\
\nu_2 &= 0.5(0.5)=0.25, \\
\nu_3 &= 0.5(0.25)=0.125, \\
&\cdots
\end{aligned}
$$

1) L. M. Koyck (1954), *Distributed lags and Investment Analysis*, New York: North-Holland.

다음 주어진 그래프는 $\nu_0 = 1$, $\delta = 0.5$ 인 임펄스 반응함수를 나타낸 것으로, ν 가중값들이 지수적으로 감소하는 패턴임을 알 수 있다.

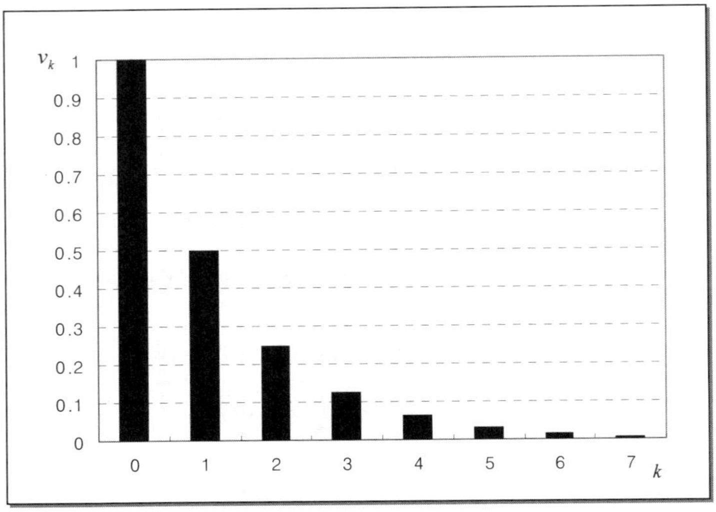

[그림 2.2] 임펄스 반응함수 그래프

Koyck 시차패턴에서 ν_0 를 제외한 모든 ν_k 는 ν_{k-1} 과 관련이 있다. 사실 ν_0 와 δ 만을 알면 모든 ν 가중값들을 알 수 있다. 다시 말해서, 다음과 같이 ν_1 을 제외한 ν 가중값들을 축차적으로 계산할 수 있다.

$$\nu_2 = \delta\nu_1 = \delta^2\nu_0,$$

$$\nu_3 = \delta\nu_2 = \delta^3\nu_0,$$

$$\nu_4 = \delta\nu_3 = \delta^4\nu_0,$$

$$\cdots$$

앞 패턴을 간략히 표현하면 다음과 같다.

$$\nu_k = \delta^k\nu_0, \quad k \ge 0 \qquad [2.7]$$

여기에서 ν_0 는 감소형태에 대한 시작값(start-up value), δ 는 감소율(decay rate)을 나타낸다. 실제로 δ 와 ν_0 을 추정할 수 있으면 [2.7]식을 사용하여 다른 추정된 ν 가중값들을 찾을 수 있다.

실제로 여러 형태의 ν 가중값 패턴이 존재한다. 실제상황에서 [2.7]식의 패턴이 주어진 자료에 대해 옳은지 여부는 확실히 알 수는 없다. 사실 여러 가지 형태의 임펄스 반응함수 $\nu(B)$ 를 고려할 수 있으며, [2.7]식의 패턴은 그중 하나이다. 그러나, 실제상황에서는 몇 개의 패턴만이 자주 발생하며, 이에 관련된 여러 유형의 ν 가중값 패턴은 2.3절에서 상세히 다루기로 한다. 본 절에서 관심을 두어야 할 점은 "만일 ν 가중값들이 실제로 [2.7]식의 패턴을 따른다면, [2.4]식에서 언급한 전이함수를 더 모수가 절약된 어떤 형태로 나타낼 수 있으며, 전이함수 [2.4]식의 모수가 단지 δ 와 ν_0 일까?"이다.

2.2.2 Koyck모형의 모수가 절약된 형태

본 절에서 모수가 δ 와 ν_0 만을 포함한 Koyck모형을 사용하여 전이함수를 찾아보자. 우선 전이함수 [2.4]식에 [2.7]식의 주어진 ν 가중값들을 대입하면,

$$Y_t = \nu_0 X_t + \delta\nu_0 X_{t-1} + \delta^2 \nu_0 X_{t-2} + \cdots \qquad [2.8]$$

가 된다. Y_{t-1} 에 대한 반응은 어떻게 될까? 우선 [2.8]식에 t 대신 $(t-1)$ 을 대입하면,

$$Y_{t-1} = \nu_0 X_{t-1} + \delta\nu_0 X_{t-2} + \delta^2 \nu_0 X_{t-3} + \cdots \qquad [2.9]$$

이 된다. 다음은 [2.9]식의 양변에 δ 를 곱하면,

$$\delta Y_{t-1} = \delta\nu_0 X_{t-1} + \delta^2 \nu_0 X_{t-2} + \delta^3 \nu_0 X_{t-3} + \cdots \qquad [2.10]$$

이 된다. [2.8]식에서 [2.10]식을 빼면,

$$Y_t - \delta Y_{t-1} = \nu_0 X_t \text{ 또는 } Y_t = \nu_0 X_t + \delta Y_{t-1} \qquad [2.11]$$

이 된다. [2.11]식에서 추정할 모수가 ν_0와 δ뿐이다. ν_0와 δ를 추정한 후에 [2.7]식을 사용하여 나머지 ν 가중값들을 추정할 수 있다. 즉, ν 가중값들이 [2.7]식에서 언급한 패턴을 따르면, [2.11]식과 같이 단지 몇 개의 모수만이 포함된 전이함수로 표현할 수 있다. ν 가중값들이 [2.7]식의 패턴을 따르면 [2.11]식이 결코 [2.10]식보다 정보를 덜 갖는 것이 아니다. [2.4]식에는 무한개의 가중값들($\nu_0, \nu_1, \cdots$)이, [2.11]식은 단지 두 개의 모수만이 필요하다. 추정할 모수의 수가 적을수록, 모형을 추정하는 단계에서 제한된 표본을 더 효율적으로 사용할 수 있다. 그리고, 모수가 적은 모형은 더 정확한 예측값을 얻는 경향이 있다.

2.2.3 무반응시간 $b > 0$인 Koyck모형

무반응시간(b)이 '0'이 아닌 경우 Koyck모형을 고려해보자. 만일 무반응시간이 '3'이며, 3 이후에 ν가중값들이 지수적으로 감소하는 형태라고 하면 ν가중값들은 다음과 같다.

$$\begin{aligned}
\nu_0 &= 0, \\
\nu_1 &= 0, \\
\nu_2 &= 0, \\
\nu_3 &\neq 0, \\
\nu_4 &= \delta\nu_3, \\
\nu_5 &= \delta^2\nu_3, \\
&\cdots \\
\nu_k &= \delta^{k-b}\nu_3, \quad k > 3
\end{aligned} \qquad [2.12]$$

[2.12]식에서 ν_3은 감소형태에 대해 시작값, δ는 감소율을 나타낸다. 전이함수 [2.4]식에 [2.12]식에 주어진 ν 가중값들을 대입하면,

$$Y_t = \nu_3 X_{t-3} + \delta \nu_3 X_{t-4} + \delta^2 \nu_3 X_{t-5} + \cdots \qquad [2.13]$$

이 된다. [2.13]식에서 시점 하나를 늦추고 양변에 δ를 곱하면,

$$\delta Y_{t-1} = \delta \nu_3 X_{t-4} + \delta^2 \nu_3 X_{t-5} + \delta^3 \nu_3 X_{t-6} + \cdots \qquad [2.14]$$

이 된다. [2.13]식에서 [2.14]식을 빼면,

$$Y_t - \delta Y_{t-1} = \nu_3 X_{t-3} \quad \text{또는} \quad Y_t = \nu_3 X_{t-3} + \delta Y_{t-1} \qquad [2.15]$$

이 된다. $b=0$인 전이함수 [2.11]식과 $b=3$인 전이함수 [2.15]식은 근본적으로 동일한 구조이며, 단지 감소패턴이 시작되는 시작계수(start-up coefficient)만이 다를 뿐이다. 즉, [2.11]식의 시작계수는 ν_0, [2.15]식은 ν_3이다.

2.2.4 응용사례

다음은 150개 관측값으로 이뤄진 어떤 생산품의 매출액(Y_t)[2]자료이다.

2) G. E. P. Box, G. M. Jenkins & G. C. Reinsel (1994), *TIME SERIES ANALYSIS: Forecasting and Control*, 3rd ed., Prentice Hall.

[그림 2.3] 매출액에 대한 시계열도표

다음은 매출액자료를 예측하는 데 유용하다고 판단되는 150개 관측값으로 이뤄진 선행지표(X_t) 시계열자료이다. 물론 매출액자료와 동일한 시점에서 관측되었다.

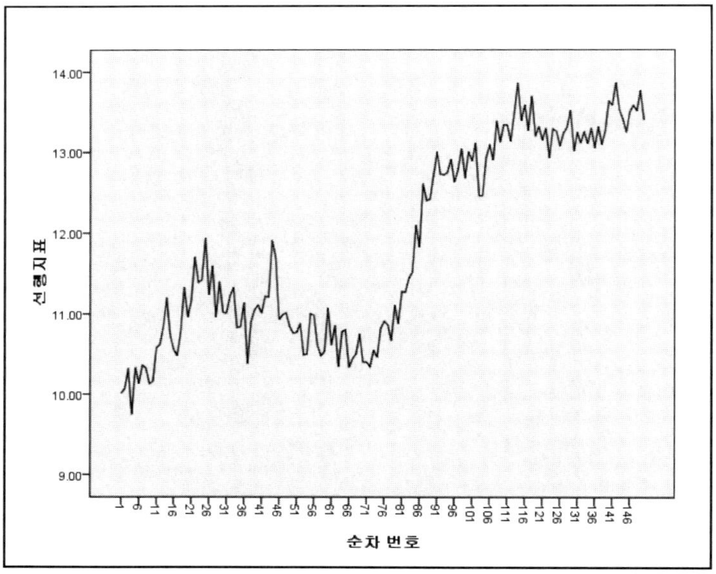

[그림 2.4] 선행지표에 대한 시계열도표

매출액과 선행지표 자료를 사용하여 앞에서 설명한 것을 적용해보기로 하자. 3.2.4절에서 자세히 살펴보겠지만, 이 자료에 대한 전이함수는 Koyck모형으로 잘 설명되며, 자료를 비계절적 1차 차분$(d=1)$을 실행한 후 $b=3$인 형태라고 가정하자. 또한 최종모형은 $\nu_3(B)\nabla X_t$ 형태의 전이함수이며, 임펄스 반응함수 $\nu(B)$는 [2.12]식에서 언급한 패턴을 따른다고 하자.

모형 [2.15]식을 1차 차분한 식인 $\nabla Y_t = \nu_3 \nabla X_{t-3} + \delta \nabla Y_{t-1}$에서 두 모수$(\nu_3, \delta)$를 추정하기 위해서 우선 X_{t-3}과 Y_{t-1}에 해당하는 변수를 생성해야 할 것이다(xt3, yt1).

팝업메뉴에서 변환(T) ▸ 변수 계산(C)을 선택한 후, "변수계산" 대화상자의 '대상변수(T):' 란과 '숫자표현식(E):' 란에 각각 'xt3'과 'LAG(xt,3)'을 입력하여 실행하면 X_{t-3}이 생성된다. 동일한 방법으로 'yt1'과 'LAG(yt,1)'을 입력하여 Y_{t-1}을 생성한다.

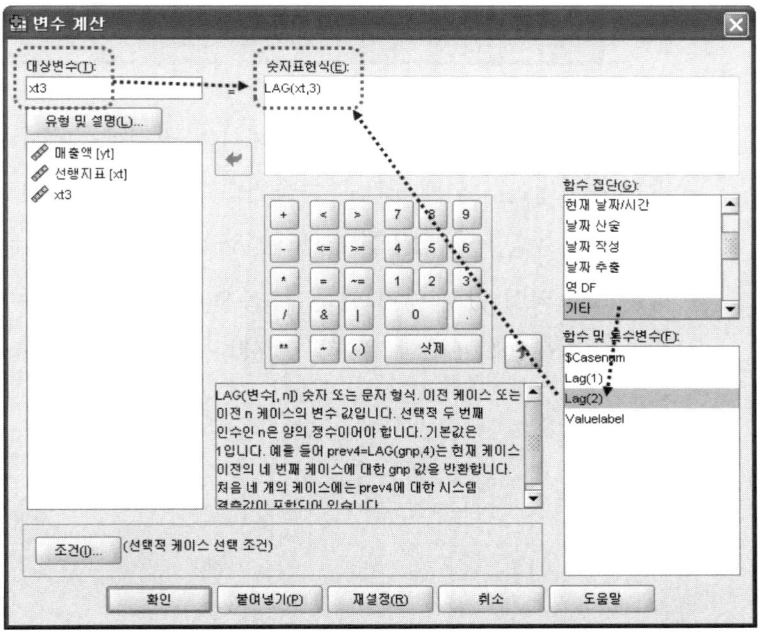

다음 단계로 팝업메뉴에서 변환(T) ▸ 시계열변수 생성(M)을 선택한 후, "시계열 변수 생성" 대화상자에서 다음과 같이 지정한다. 이 절차를 통해서

3개의 변수(Y_t, X_{t-3}, Y_{t-1})를 각각 비계절적 1차 차분($d=1$)시킨 변수를 재생성할 수 있다(yt_1, xt3_1, yt1_1).

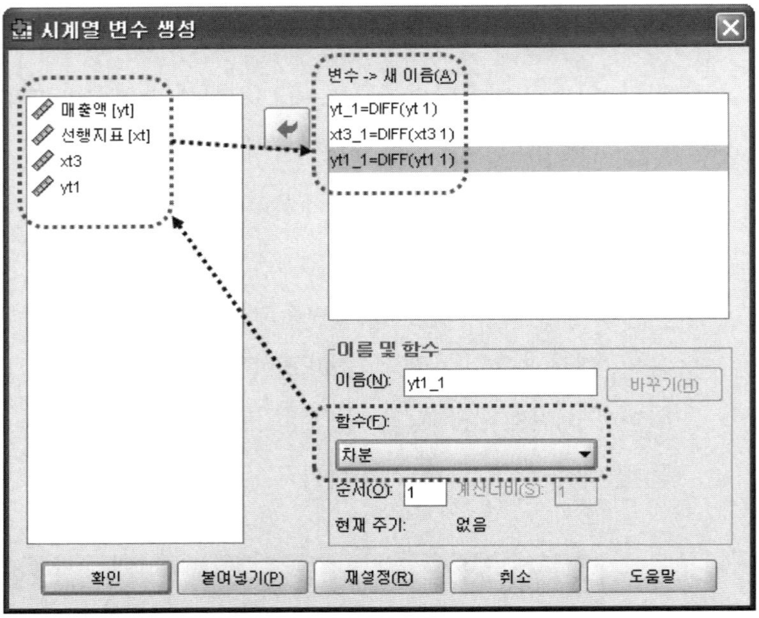

두 개의 모수를 추정하기 위해서는 팝업메뉴에서 분석(A) ▸ 회귀분석(R) ▸ 선형(L)을 선택하고, '종속변수' 란에 'yt_1'을, '독립변수' 란에 'xt3_1'과 'yt1_1'을 삽입한다. 또한 $\nabla Y_t = \nu_3 \nabla X_{t-3} + \delta_1 \nabla Y_{t-1}$ 에 상수항이 포함되어 있지 않기 때문에 '옵션(O)...' 단추를 누른 후, '방정식에 상수항 포함(I)'에 표시된 체크를 없앤다.

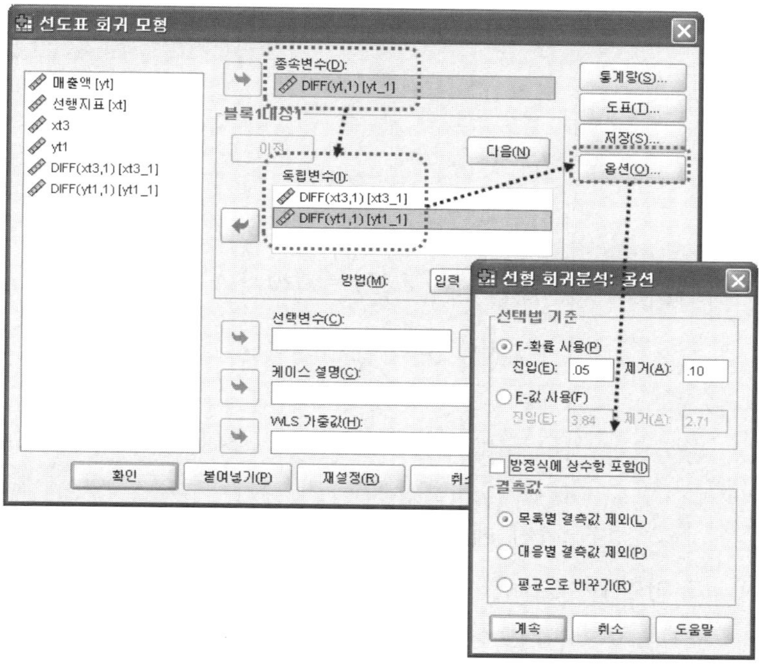

1차 차분된 자료를 사용하여 추정한 결과 $\hat{\nu}_3 = 4.57$, $\hat{\delta} = 0.70$을 얻을 수 있다. 따라서 상수항과 오차항이 제거된 [2.15]식에 근거한 전이함수는 다음과 같다.

$$\nabla Y_t = 4.57 \nabla X_{t-3} + 0.70 \nabla Y_{t-1}$$

[표 2.5] 전이함수의 추정결과

계수a,b

모형		비표준화 계수 B	비표준화 계수 표준 오차 오류	표준화 계수 베타	t	유의확률
1	DIFF(xt3,1)	4.572	.101	.958	45.078	.000
	DIFF(yt1,1)	.697	.021	.697	32.819	.000

a. 종속변수: DIFF(yt,1)

b. 원점을 통한 선형 회귀

[2.12]식을 통해서 전이함수의 $\hat{\nu}$ 가중값들은 다음과 같다.

$$\hat{\nu}_0 = 0,$$

$$\hat{\nu}_1 = 0,$$

$$\hat{\nu}_2 = 0,$$

$$\hat{\nu}_3 = 4.57,$$

$$\hat{\nu}_4 = (0.70)(4.57) = 3.20,$$

$$\hat{\nu}_5 = (0.70)^2(4.57) = 2.24,$$

$$\cdots$$

$$\hat{\nu}_k = (0.70)^{k-3}(4.57), \quad k > 3 \qquad [2.16]$$

지금까지 매출액(Y_t)과 선행지표(X_t)자료에 대한 동적회귀모형의 전이함수부분(즉, 회귀부분)만을 고려하였다. 이 자료에서는 자기상관된 오차항과 '0'이 아닌 상수항을 포함시킨다.

2.3 후향연산자를 이용한 전이함수

2.3.1 후향연산자를 이용한 Koyck모형

Koyck모형은 전이함수들의 족(family)에 속하는 단지 하나의 모형에 불과하다. 전이함수는 후향연산자(B)를 사용하여 [2.11]식과 [2.12]식을 달리 표현할 수 있다. 예를 들어, 후향연산자를 사용하여 다음과 같이 [2.11]식을 표현할 수 있다.

$$(1 - \delta B)\, Y_t = \nu_0 X_t \qquad [2.17]$$

[2.17]식을 $(1 - \delta B)$로 나누면,

$$Y_t = \frac{\nu_0}{1 - \delta B} X_t \qquad [2.18]$$

가 된다.

이때 [2.18]식은 $b=0$이고 $\nu(B)=\dfrac{\nu_0}{(1-\delta B)}$ 인 Koyck모형이 된다. [2.18]식에서 $\nu_0(=\nu_0 B^0)$ 는 B에 대해 차수가 '0', $(1-\delta B)$ 는 B에 대해 차수가 '1'인 다항식이다. 여기에서 유의할 점은 [2.7]식에 나타난 특수한 ν 가중값 패턴을 사용하여, $\nu(B)$ 의 무한개 ν 가중값들을 두 개의 모수 (ν_0, δ) 로 대치시킬 수 있다는 점이다.

매출액과 선행지표 자료에 대해 두 모수의 추정값($\widehat{\nu_3}=4.57$, $\hat{\delta}=0.70$)을 구했다. [2.15]식을 사용하면 전이함수는 다음과 같이 표현할 수 있다.

$$\nabla Y_t - 0.70\nabla Y_{t-1} = 4.57\nabla X_{t-3}$$

이를 후향연산자를 사용하면,

$$(1-0.70B)\nabla Y_t = 4.57B^3\nabla X_t$$

가 된다. 그리고 양변에 (1−0.70B)로 나누면, 다음과 같이 다항식 형태의 전이함수를 얻게 된다.

$$\nabla Y_t = \frac{4.57B^3}{1-0.70B}\nabla X_t \quad \text{또는} \quad \nabla Y_t = \frac{4.57}{1-0.70B}\nabla X_{t-3}$$

2.3.2 후향연산자를 이용한 임펄스 반응함수

임펄스 반응함수인 $\nu(B)$ 의 일반형태는 다음과 같다.

$$\nu(B) = \frac{\omega(B)B^b}{\delta(B)} \qquad [2.19]$$

여기에서,

$$\omega(B) = \omega_0 + \omega_1 B + \omega_2 B^2 + \cdots + \omega_h B^h \qquad [2.20]$$

$$\delta(B) = 1 - \delta_1 B - \delta_2 B^2 - \cdots - \delta_r B^r \qquad [2.21]$$

이며, B^b 는 무반응시간을 반영하는 구성요소이다. [2.18]식은 $b=0$, $r=1$, $h=0$, $\omega_0=\nu_0$ 에 해당한다.

임펄스 반응함수 [2.19]식을 사용하여 다양한 임펄스 반응패턴을 단지 몇 개의 모수만으로 포착할 수 있다. 임펄스 반응함수로 무한개의 모형을 표현할 수 있지만 실제로 발생하는 모형은 몇 개 되지 않는다. 이런 점을 고려하면 주어진 자료에 대해 적절한 모형을 식별하는 것이 더욱 손쉬워진다.

(*a*) $\dfrac{\omega_0}{1-\delta_1 B}$, $b=0$, $h=0, r=1$

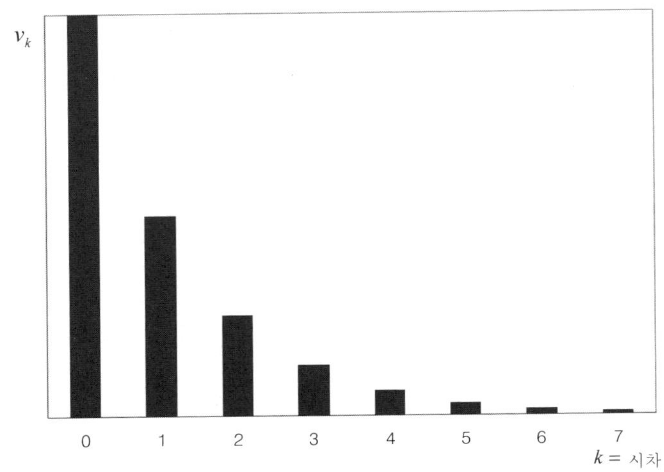

(*b*) $(\omega_0+\omega_1 B)\,B$, $b=1$, $h=1, r=0$

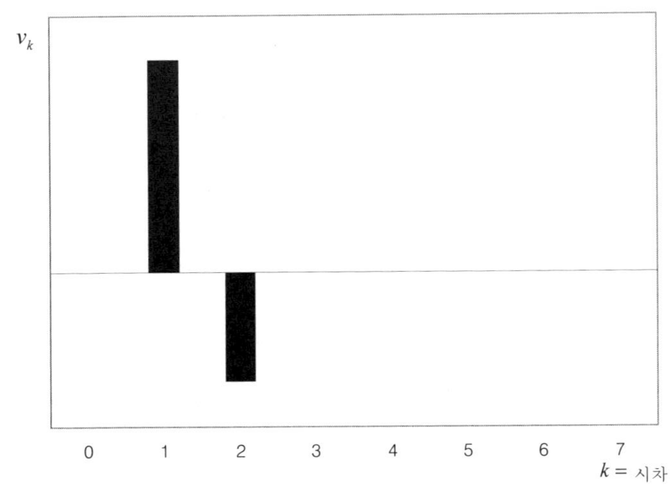

(c) $\dfrac{(\omega_0+\omega_1 B)\ B}{1-\delta_1 B-\delta_2 B^2}$, $b=1,\ h=1, r=2$

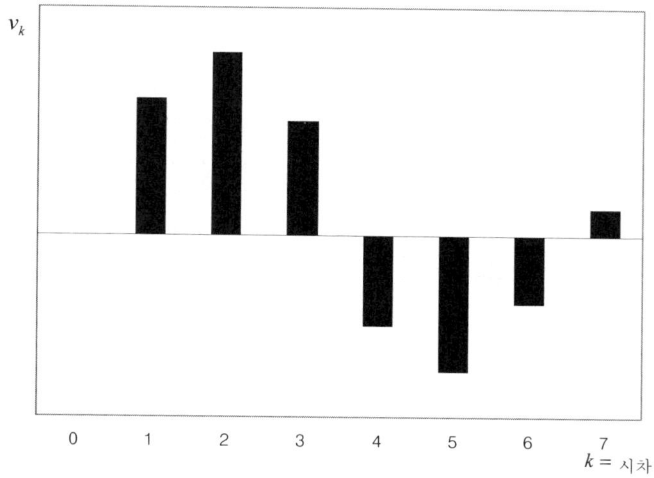

[그림 2-6] 임펄스 반응함수와 이에 관련된 그래프

[그림 2-6(*a*)]에 나타난 Koyck모형은 실제상황에서 자주 발생하는 임펄스 반응패턴 유형들 중 하나다. [그림 2-6(*b*)와 (*c*)] 역시 흔히 발생하는 임펄스 반응 가중값 패턴과 각각의 패턴에 관련된 전이함수를 나타낸다. 다른 형태의 임펄스 반응함수 형태와 이와 관련된 전이함수는 다음 장에서 다루기로 한다.

[그림 2-6]에 나타난 바와 같이, [2.19]의 분자($\omega(B)B^b$) 와 분모($\delta(B)$)를 사용하여 임펄스 반응패턴을 명확하게 표현할 수 있다.

1) 분자요소들 중 B^b 는 무반응시간을 포착한다. [그림 2-2(*a*)]에서 무반응시간은 '0'이다. 따라서 ν 가중값들 중 '0'인 것은 하나도 없다. 즉, '0'이 아닌 가중값을 갖는 첫 시차는 '0'이다($\nu_0 \neq 0$). [그림 2-6(*b*)]와 [그림 2-6(*c*)]에서 무반응시간은 '1'이다. 따라서 '0'을 갖는 가중값은 하나이며($\nu_0=0$), 첫 번째 0이 아닌 가중값을 갖는 시차는 '1'에서 발생한다($\nu_1 \neq 0$).
2) 분자요소들 중 $\omega(B)$ 는 임펄스 반응함수 그래프에서 (감소하는 패턴이

아닌) 패턴이 없는 스파이크들과 감소하는 패턴의 시작값(들)을 포착한다. [그림 2-6(a)]는 순수 Koyck모형으로 처음부터 끝까지 감소하는 패턴을 발견할 수 있다. [2.7]식과 관련하여, 이 경우 계수 $v_0(=\omega_0)$는 감소패턴의 시작값이다. [그림 2-6(b)]에는 패턴이 없는 스파이크가 두 개 있고 감소하는 패턴은 발견할 수 없다. 즉, 임펄스 반응함수의 분자요소들 중 $\omega(B)$는 두 개의 패턴이 없는 스파이크를 표현하기 위해 두 개의 계수(ω_0, ω_1)가 필요하다. 반면에 [그림 2-6(c)]에서는 패턴이 없는 값들을 발견할 수 없다. '시차 1과 2'에 해당하는 첫 두 개의 ν 가중값들은 다음 시차들부터 나타나는 감소형태에 대해 시작값(들)이 된다. 즉, 이들은 전이함수의 분자에서 계수ω_0와 ω_1으로 표현된다.

3) [2.19]식의 분모부분($\delta(B)$)은 감소하는 패턴을 나타낸다. [그림 2-6(a)]에서 $r=1$이다. 이는 임펄스 반응가중값들이 단순 지수적 감소패턴이라는 사실을 의미한다. [2.7]식과 [2.12]식에서 언급한 바와 같이, 계수 δ_1은 감소율을 나타낸다. 반면에 [그림 2-6(b)]에서는 $r=0$이다. 이는 ν 가중값들에 감소패턴이 존재하지 않음을 나타낸다. 따라서 [2.19]식의 분모항은 '1.0'이 된다. [그림 2-6(c)]에서 $r=2$이다. 이것은 나머지 ν 가중값들이 혼합(compound) 지수적 감소패턴 또는 진폭이 감소하는(damped) 사인곡선의 형태를 의미한다.

2.3.3 안정성 조건

X_t가 유한(finite)하고 지속적으로 변화할 때, Y_t 역시 유한하게 변하는 안정적인 모형을 고려하는 것이 합당하다. $g=\nu_0+\nu_1+\nu_2+\cdots$ 가 수렴할 때만 g는 유한하며, 이를 전이함수관계가 안정하다고 한다. 이를 일반화하여 표현하면, $|B|\leq 1$에 대해 $\nu(B)=\nu_0+\nu_1 B+\nu_2 B^2+\cdots$ 이 수렴하면 g는 유한하다. [2.19]식에서 $\nu(B)=\dfrac{\omega(B)B^b}{\delta(B)}$ 이므로, 안정성을 만족하기

위해서는 $|B| \leq 1$ 에 대해 $\frac{\omega(B)B^b}{\delta(B)}$ 는 유한해야만 한다. 따라서, 임펄스 반응함수 [2.19]식의 분모에서 안정성을 만족시키기 위해 어떤 조건들이 δ 계수들 사이에서 필요한지를 알아보아야 할 것이다. 따라서 안정성조건을 살펴보기 위해서 특성방정식 $\delta(B) = 0$ 을 고려한다. 안정성조건을 만족하기 위해서는 특성방정식의 모든 근들이 단위원 바깥에 놓여야만 한다. $r=1$인 Koyck모형에서 안정성을 만족하기 위한 조건은

$$|\delta_1| < 1 \qquad [2.22]$$

이다. 안정성조건 [2.22]식은 직관적으로도 납득할 만하다. [2.7]식과 [2.12]식에서 살펴본 바와 같이 δ_1 은 감소율이다. 즉, [2.12]식의 무반응시간에 해당하는 가중(ν_b)을 제외한 모든 시점들의 반응은 앞 시점 반응에 δ_1 을 곱한 것과 같다. 각 시점의 새로운 반응(ν_k)은 바로 앞 시점의 반응(ν_{k-1}) 보다 절대값이 작게 되기 때문에 시차가 커짐에 따라 Y_t 에 추가된 반응은 '0'으로 접근한다. 그러나, $|\delta_1| \geq 1$ 이 되면, Y_t 에 추가된 반응들은 시차가 커짐에 따라 '0'으로 감소하지 않는다.

그렇다면, $r=2$에 대한 안정성조건은 무엇인가? 다음 주어진 세 가지 조건을 모두 만족해야만 한다.

$$|\delta_1| < 1, \quad \delta_2 + \delta_1 < 1, \quad \delta_2 - \delta_1 < 1 \qquad [2.23]$$

$r > 2$인 상황은 실제로 거의 발생하지 않지만, 특성방정식 $\delta(B) = 0$ 의 근을 찾기 위한 프로그램을 사용하면 간편하다. 추정된 δ 가중값들을 사용하여 원점에서 근의 거리를 찾을 수 있다. 전이함수의 반응이 안정하기 위해서는 이 모든 거리의 절대값 '1.0'보다 반드시 커야만 한다.

2.3.4 ω와 δ가중값들으로 ν가중값들을 찾는 방법

추정된 모형에 대한 ω 가중값들과 δ 가중값들이 주어져 있을 때, 이에 대응

하는 ν 가중값들을 찾을 수 있다. 우선 [2.19]식을 다음과 같이 표현할 수 있다.

$$\delta(B)\nu(B) = \omega(B)B^b \qquad [2.24]$$

다음 단계로 [2.24]식에서 B에 대한 멱(power)이 같은 계수들을 묶어 각각 '0'으로 놓으면 다음을 얻을 수 있다.

$$\nu_j = 0, \quad j < b \qquad [2.25]$$

$$\nu_j = \sum_{i=1}^{r} \delta_i v_{j-i} + \omega_{j-b}, \quad j \geq b$$

여기에서 $j-b > h$이면 $\omega_{j-b} = 0$ 이다.

[2.25]식을 사용하여, 추정된 매출액과 선행지표 자료에 근거하여 얻은 $\hat{\nu}$ 가중값들을 구해보자. $\nabla Y_t = 4.57 \nabla X_{t-3} + 0.70 \nabla Y_{t-1}$ 이므로 $b=3$ $\widehat{\omega_0} = 4.57$, $\widehat{\delta_1} = 0.70$ 가 된다. 이 예를 [2.24]식에 적용시키면,

$$(1-\widehat{\delta_1}B)(\widehat{\nu_0} + \widehat{\nu_1}B + \widehat{\nu_2}B^2 + \widehat{\nu_3}B^3 + \cdots) = \widehat{\omega_0}B^3 \qquad [2.26]$$

이 된다. [2.26]식을 펼쳐서 같은 항끼리 묶으면

$$\widehat{\nu_0} + (\widehat{\nu_1} - \widehat{\delta_1}\widehat{\nu_0})B + (\widehat{\nu_2} - \widehat{\delta_1}\widehat{\nu_1})B^2 + (\widehat{\nu_3} - \widehat{\delta_1}\widehat{\nu_2})B^3 + \cdots = \widehat{\omega_0}B^3 \qquad [2.27]$$

이 된다. 이제 [2.27]식에서 B에 대한 멱(power)이 같은 계수들을 모아서 각각 '0'으로 놓으면,

$$\widehat{\nu_0} = 0,$$
$$\widehat{\nu_1} - \widehat{\delta_1}\widehat{\nu_0} = 0,$$
$$\widehat{\nu_2} - \widehat{\delta_1}\widehat{\nu_1} = 0,$$
$$\widehat{\nu_3} - \widehat{\delta_1}\widehat{\nu_2} = \widehat{\omega_0},$$

$$\cdots$$

$$\widehat{\nu_k} - \widehat{\delta_1}\,\widehat{\nu_{k-1}} = 0, \quad k > 3 \qquad [2.28]$$

이 된다. [2.28]식에 주어진 첫 세 개의 방정식으로부터 $\widehat{\nu_0} = \widehat{\nu_1} = \widehat{\nu_2} = 0$ 임을 알 수 있다. $\widehat{\nu_3} = \widehat{\omega_0} = 4.57$ 이며, 나머지 방정식($k > 3$) 으로부터 $\widehat{\nu_k} = \widehat{\delta_1}\,\nu_{k-1} = 0.70\,\hat{\nu}_{k-1}$ 이 된다. 즉, $\widehat{\nu_4}$=(0.70)(4.57)=3.20, $\widehat{\nu_5}$=(0.70)(3.20)=2.24 등을 계산할 수 있다. [2.28]식을 사용하여 추정된 $\hat{\nu}$ 가중값들은 앞에서 Koyck 패턴을 근거로 계산한 값 즉, [2.16]식과 같게 된다.

2.3.5 다중입력변수

지금까지는 입력변수가 하나만 존재하는 전이함수를 고려하였다. 이를 입력변수가 2개 이상인 다중입력변수로 쉽게 확장시킬 수 있다. 예를 들어, 입력변수가 두 개 ($X_{1,t}$, $X_{2,t}$)인 경우를 고려하면 다음과 같은 전이함수를 얻을 수 있다.

$$\begin{aligned} Y_t &= \nu_1(B)X_{1,t} + \nu_2(B)X_{2,t} \\ &= \frac{\omega_1(B)B^{b_1}}{\delta_1(B)}X_{1,t} + \frac{\omega_2(B)B^{b_2}}{\delta_2(B)}X_{2,t} \end{aligned} \qquad [2.29]$$

앞 [2.29]식을 확장시켜, M개의 입력변수를 고려하면 다음과 같은 식을 얻게 된다.

$$\begin{aligned} Y_t &= \sum_{i=1}^{M} \nu_i(B)X_{i,t} \\ &= \sum_{i=1}^{M} \frac{\omega_i(B)B^{b_i}}{\delta_i(B)}X_{i,t} \end{aligned} \qquad [2.30]$$

2.4 완전 동적회귀모형

[2.30]식은 입력변수가 M개, 전이함수가 M개 포함된 모형이다. 완전 동적회귀모형은 단지 상수항(C)과 오차항을 [2.30]식에 포함시키면 된다.

$$Y_t = C + \sum_{i=1}^{M} \frac{\omega_i(B)B^{b_i}}{\delta_i(B)} X_{i,t} + N_t \qquad [2.31]$$

여기에서 오차항은 ARIMA 메커니즘으로 표현되는 시간구조를 갖기 때문에

$$\Phi(B^s)\phi(B)\nabla_s^D \nabla^d N_t = \Theta(B^s)\theta(B)\epsilon_t$$

또는

$$N_t = \frac{\Theta(B^s)\theta(B)}{\Phi(B^s)\phi(B)\nabla_s^D \nabla^d}\epsilon_t \qquad [2.32]$$

가 된다. [2.32]식을 [2.31]식에 대입하면, 다음과 같이 완전 동적회귀모형을 얻을 수 있다.

$$Y_t = C + \sum_{i=1}^{M} \frac{\omega_i(B)B^{b_i}}{\delta_i(B)} X_{i,t} + \frac{\Theta(B^s)\theta(B)}{\Phi(B^s)\phi(B)\nabla_s^D \nabla^d}\epsilon_t \qquad [2.33]$$

완전 동적회귀모형은 다음과 같이 여러 형태의 모형을 포함한다.

2.4.1 다중회귀모형

우선 시계열자료에 대해 두 개의 독립변수($M=2$)를 포함하는 다중회귀모형을 고려할 수 있다.

$$Y_t = C + \omega_{1,0}X_{1,t} + \omega_{2,0}X_{2,t} + \epsilon_t \qquad [2.34]$$

통상적으로 다중회귀모형을 만족하기 위해서는 $b_1 = b_2 = h_1 = h_2$

$= r_1 = r_2 = 0$, $N_t = \epsilon_t$ (즉, 자기상관패턴이 존재하지 않음)이면 된다.

2.4.2 입력변수의 시차들과 관련된 회귀모형

하나의 독립변수의 시차들과 종속변수와의 관계를 나타낸 회귀모형으로, 흔히 계량경제분야에서 고려되는 모형이다. 이를 식으로 표현하면

$$Y_t = C + \omega_0 X_t + \omega_1 X_{t-1} + \omega_2 X_{t-2} + \cdots + \epsilon_t \qquad [2.35]$$

가 된다. 즉, 입력변수가 하나($M=1$), $N_t = \epsilon_t$ 인 동적회귀모형이 된다. 이때 $b=0$, $r=0$이 되고, h는 [2.35]식의 우변에서 $\omega_0 X_t$ 를 제외한 입력변수의 시차수가 된다.

2.4.3 오차항이 자기상관된 회귀모형

예를 들어, 모형 [2.35]식에서 오차항계열(N_t)이 AR(1) 프로세서를 따르면 다음과 같은 식으로 표현된다.

$$Y_t = C + \omega_0 X_t + \omega_1 X_{t-1} + \omega_2 X_{t-2} + \cdots + N_t \qquad [2.36]$$

여기에서,

$$(1 - \phi_1 B) N_t = \epsilon_t \quad \text{또는} \quad N_t = \frac{1}{1 - \phi_1 B} \epsilon_t \qquad [2.37]$$

가 된다. N_t 에 대해 [2.37]식을 [2.35]식에 대입하면 다음과 같다.

$$Y_t = C + \omega_0 X_t + \omega_1 X_{t-1} + \omega_2 X_{t-2} + \cdots + \frac{1}{1 - \phi_1} \epsilon_t \qquad [2.38]$$

이는 동적회귀모형에서 $\phi(B) = (1 - \phi_1 B)$, $\theta(B) = 1$, $\phi(B^s) = 1$, $\theta(B^s) = 1$, $b = r = d = D = 0$, h는 [2.38]식의 h와 동일하다.

3장 동적회귀모형의 구축: 모형식별

Demand Forecasting of Time Series

입력변수가 하나만이(X_t) 포함된 동적회귀모형은 다음과 같이 표현된다.

$$Y_t = C + \nu(B) X_t + N_t \qquad [3.1]$$

여기에서 X_t 는 입력변수, Y_t 는 출력변수, C는 상수항, $\nu(B) X_t$ 는 전이함수, N_t 는 확률적인 오차항계열이다. 이때 N_t 는 서로 자기상관되어 있고, X_t 와 독립이라는 가정에 유의한다.

이때 적절한 모형을 찾기 위해 필요한 작업은 다음과 같다.

1) 모수를 절약한 임펄스 반응함수$\left(\nu(B) = \dfrac{\omega(B) B^b}{\delta(B)}\right)$를 구한다.

2) 오차항계열(N_t)에 대해 모수가 절약된 ARIMA모형 $\left(\dfrac{\theta(B^s)\theta(B)}{\phi(B^s)\phi(B)\nabla_s^D \nabla^d}\epsilon_t\right)$를 구한다. 물론 여기에서 ϵ_t 는 평균이 '0'이고 정규분포를 따르는 백색잡음이다.

1)과 2)를 만족하는 모형을 구축하기 위한 첫 작업은 자료패턴에 근거하여 하나 이상의 동적회귀모형을 임시로 식별하는 것이다. 두 번째 작업은 식별된 모형(들)의 모수들을 추정하고, 마지막으로 모형의 타당성을 검진한다. 만일 임시로 식별된 모형이 타당하지 않으면, 고려한 다른 임시모형을 재식별한다. 만족스러운 모형을 찾으면, 이 모형을 사용하여 예측값을 구한다.

본 장에서는 모형구축의 첫 단계인 모형식별에 초점을 둔다. 그리고, 4장에서는 모형검진과 재식별, 5장에서는 모형추정 및 예측을 다룬다. 본 장의 끝 부분에서 추가적으로 다른 식별방법을 다루기로 한다.

모형식별을 하기 전에 우선 짚고 넘어가야 할 몇 가지 예비절차를 고려해보자.

3.1 동적회귀모형식별 전 예비작업

3.1.1 이상값(들) 탐색 및 자료입력오류 수정

첫 단계로 주어진 자료를 플롯하여 눈에 띄는 이상값(들)을 조사한다. 이상값(들)은 전반적인 자료패턴에서 벗어난 자료점(들)을 의미한다. 이상값은 자료를 잘못 기재하거나 1장에서 다룬 "개입"(즉, 식별 가능한 외적인 사건(들)) 때문에 발생한다. 이미 1장에서 다룬 바와 같이, 개입은 변수를 재정의, 노동파업, 공학의 프로세서에서 발생하는 제어장치의 손상, 경영상의 정책결정, 자연재해, 법안의 변경 등을 예로 들 수 있다. 출력계열의 이상값(들)은 또한 입력변수들의 변화에 의해 발생할 수 있다.

이상값에 관한 사항은 시계열분석에서 중요하다. 이상값(들)은 자료의 움직임에서 발생하는 변화의 원인들을 규명하는 단서가 된다. 이를 통해 모형과 예측값들을 향상시킬 수 있다. 어떤 모형구축단계에서든지 이상값을 찾고 처리하는 데 고심해야 한다. 모형식별 전 준비작업으로 특이한 관측값(들)을 탐색하는 데 촉각을 곤두세워야 한다.

잘못 기재된 관측값들을 수정해야 한다. 반면에 입력변수들의 변화에 의해 발생된 출력계열 내 이상값(들)은 동적회귀모형으로 설명하면 된다. 즉, 출력변수가 갖는 값이 입력변수로 설명되면, 더 이상 이상값이 아니다. 출력계열에 여전히 남아 있는 이상값들은 1장에서 다룬 개입분석을 한다.

매출액과 선행지표 두 계열 모두 명백하게 나타난 이상값(들)은 찾을 수 없다. 그러나, 저축률 자료를 살펴보면 시점 $t=82$에 해당하는 관측값은 다른 자료들로부터 크게 벗어나 있다. 원자료를 점검해본 결과 이 관측값은 잘 기재되었다. 1장에서 논의한 바와 같이, 이 이상값은 외적인 사건(새로운 세금반환 법안) 때문에 발생하였다. 이미 1장에서 동적회귀모형의 특수한 형태인 개입모형을 사용하여 외적인 사건이 미치는 효과의 크기를 추정한 바 있다.

입력계열에서 이상값(들)이 발생하거나 또는 수준이 변한 것을 출력계열과 동일한 방법으로 다룰 수 있다. 그러나, 이러 현상을 설명하기 위해 동적회귀모형에 매달릴 수는 없다. 왜냐하면 쌍방향이 아닌 일방 관계를 가정하기 때문이다. 다시 말해서, “입력계열의 변동은 출력계열의 변동을 설명할 수 있지만, 반대는 성립하지 않는다”는 가정 때문이다. 따라서 입력계열에서 발생한 이상값을 설명하기 위해서는 1장에서 다룬 개입분석에 더 큰 비중을 두어야 할 것이다.

3.1.2 정상적인 분산을 만들기 위한 변수변환

계열의 분산이 자료의 전반적인 수준에 대해 일정한지 여부를 조사해야 한다. 매출액계열 및 선행지표계열을 보면 이들의 분산은 일정해 보인다. 반면에 다음 주어진 정부예산자료를 살펴보면 시간의 흐름에 따라 분산이 증가하는 것을 알 수 있다.

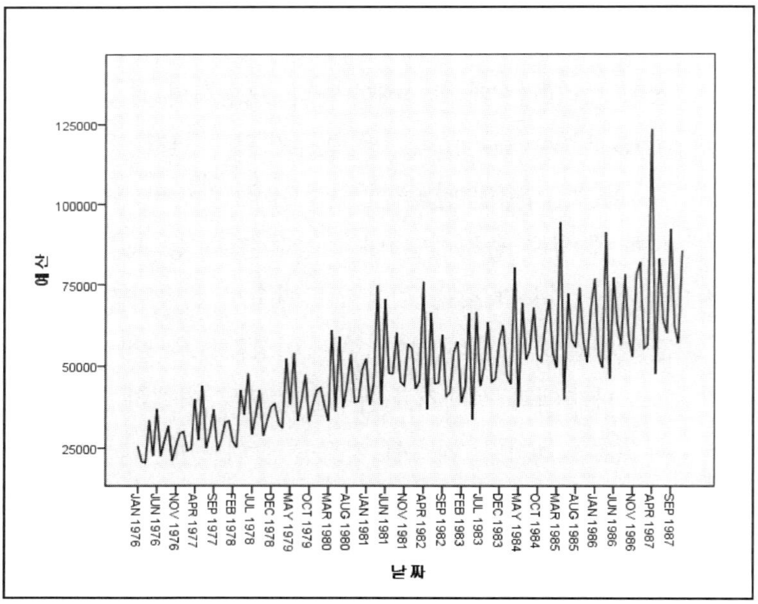

[그림 3.1] 정부예산에 대한 시계열도표

분산을 정상적으로 만들기 위해 자료를 변환시킨다. 예를 들어 원계열에 자연로그 또는 근호를 취해 정상적인 분산을 만든다. 이런 형태의 변수변환은 다음 주어진 Box-Cox 멱변환(Box와 Cox)[1]의 특별한 경우이다.

$$Z_t' = \frac{Z_t^{\lambda} - 1}{\lambda} \quad [3.2]$$

여기에서 λ 는 실수이며, 음의 부호를 가지면 안 된다. 만일 Z_t 의 몇 개 값들이 음의 부호를 가지면, Z_t 에 일정한 양의 값을 더하여 모두 양수로 만든다. 멱변환 중 $\lambda=0.5$인 경우 근호변환이 된다. Z_t^{λ} 로부터 1을 뺀 후 λ 로 나눈다고 하더라도 계열분산의 시간구조를 변화시키지 않는다. [3.2]식을 사용하면 첫째, λ 가 음수라도 자료의 순서를 변화시키지 않고, 둘째 $\lambda \rightarrow 0$인 경우에도 연속하며 이는 자연로그 변환이 된다.

시계열의 수준이 증가함에 따라 분산이 증가하면 $\lambda < 1$, 시계열의 수준이 증가함에 따라 분산이 감소하면 $\lambda > 1$을 만족하는 λ 값이 필요하다. 자료를 플롯하여 시각적으로 분산의 정상성을 점검하는 작업은 복잡한 방법을 사용하여 [3.2]식에서 λ 를 찾는 방법보다 간편하며 해석이 용이하다. 예를 들면, $\lambda=0.54$보다는 $\lambda=0.5$(근호변환)를, $\lambda=-0.08$보다는 $\lambda=0$(자연로그 변환)을 선택한다.

매출액자료와 선행지표 자료 각각의 분산이 정상적으로 보이므로 변수변환이 필요하지 않지만, 정부예산자료는 자연로그변환이 필요하다.

3.1.3 ARIMA모형

동적회귀모형을 구축하기 전에 출력계열과 입력계열에 대해 ARIMA모형을 구축할 필요가 있다. 이때 ARIMA모형을 고려하는 점은 다음과 같다.

1) ARIMA모형을 사용하여 출력계열의 예측값을 얻을 수 있다. 만일 동적회귀모형이 출력자료를 적합시키지 못하거나 ARIMA모형보다 더 좋은 예측값을 갖지 못하면 동적회귀모형을 고려할 가치가 없다.

---

1) G. E. P. Box, & D. R. Cox (1964), "An Analysis of Transformation," *Journal of the Royal Statistical Society, Series B*, 26, 211~243; discussion 244~252.

물론 몇몇 경우에서 예측하는 것보다 출력변수의 행태를 설명하기 위해 입력변수들의 역할을 평가하는 데 더 관심이 있다. 이 경우 동적회귀모형이 자료를 잘 적합시키지 못하거나 ARIMA모형보다 더 좋은 예측값을 얻지 못하더라도 동적회귀모형을 사용한다.

2) 출력계열을 예측하는 데 입력계열의 예측값들이 필요하므로, ARIMA모형은 입력계열을 예측하는 데 사용된다.
3) 입력계열에 대해 ARIMA모형을 구축하여 동적회귀모형을 진단하고, 예측표준오차, 신뢰구간을 계산하는 데 필요한 정보를 얻을 수 있다.

2장에서 매출액(Y_t)과 선행지표(X_t)에 대해 다음 주어진 ARIMA모형을 구축할 수 있다. 자세한 분석과정은 정동빈(2009)[2]을 참고하기 바란다.

$$(1-0.880\,B)\nabla Y_t = (1-0.642\,B)\hat{\epsilon_t} \qquad [3.3]$$

$$\nabla X_t = (1-0.448\,B)\hat{\epsilon_t}$$

3.1.4 관련된 이론을 고려

동적회귀모형에 어떤 입력변수를 포함시킬지 여부를 결정하는 데 자료에 관련된 이론 또는 경험이 필요할 수도 있다. 중요하게 관련되어 있다고 판단되는 모든 입력변수를 모형에 포함시켜야 한다. 만일 출력변수와 관련된 입력변수(들)를 제외시키고, 모형 내에 포함된 입력변수 간에 서로 상관되었다면, 동적회귀모형에 근거하여 얻어진 추정된 계수들은 추정값이 갖는 불편성과 일치성을 만족하지 못한다.

몇몇 경우에 있어서 우선적으로 입력변수(들)와 출력변수 사이의 관계가 갖는 성질에 대해 알고 있어야 한다. 이는 물리학 또는 공학에서 자주 언급하는 "출력변수와 입력변수를 연결시키는 물리적 메커니즘을 이해한다"는 것을 의미한다. 또한 경제이론 역시 이런 관계의 성질을 제시한다.

2) 정동빈 (2009), ≪시계열 수요예측 I≫, 한나래아카데미.

즉, 적어도 출력변수의 수준이 입력변수의 수준과 관련이 있거나 출력변수의 수준이 입력변수의 변화에 관련이 있다는 것을 확신할 수 있어야 한다.

3.1.5 피드백 점검

동적회귀모형을 구축하는 데 중요시 여기는 가정은 출력변수의 과거값들부터 입력변수들의 현재시점의 값까지 연관되는 피드백이 없다는 것이다. 입력변수들이 확률적일 때 피드백이 발생할 가능성이 있다. 예를 들어, 모기업의 분기별 생산품의 매출액(Y_t)이 다음과 같은 메커니즘으로 현재시점과 과거시점의 분기별 광고지출비(X_t, X_{t-1}, X_{t-2})에 관련되어 있다고 하자.

$$Y_t = C + \nu_0 X_t + \nu_1 X_{t-1} + \nu_2 X_{t-2} + N_t \qquad [3.4]$$

매출액을 올리기 위해 다음과 같이 광고지출비를 늘릴 수 있다.

$$X_t = C^* + w_1 Y_{t-1} + M_t \qquad [3.5]$$

앞 식과 같이 X_t가 Y의 과거시점의 값(Y_{t-1})에 반응한다면, Y의 과거시점부터 현재시점(X_t)까지 연관되는 피드백이 존재한다. 이때 추정된 동적회귀모형의 계수들이 일치성을 만족하지 못한다. 피드백은 매출액과 광고비 자료 예에서 제시한 바와 같이, 논리적인 인과관계를 반영한다. 이 책에서는 단일식 형태의 동적회귀모형만을 다루며, 피드백이 포함된 다중방정식 형태의 모형(예: VAR모형 등)은 생략하기로 한다.

3.2 선형전이함수의 식별방법

본 절에서는 현재시차와 과거시차가 포함된 입력변수와 출력변수와의 관계를 고려할 때, 모형에 필요한 입력시차(들)가 생략되거나 오차항 간에 자기상관될 때 발생하는 문제를 포함한 모형식별방법에 대해 다루기로 한다.

여기에서 고려하는 방법은 Box 외 2인(1994)[3]가 제시하는 방법과 차이는 있지만 근본적인 개념은 같다. 특히, 입력변수가 두 개 이상 존재할 때 비교적 쉽게 사용할 수 있는 장점이 있다.

여기에서 제시하는 실전적 분석전략은 단일식 형태의 선형전이함수를 사용하여 [2.5]식의 ν 가중값들과 오차항의 상관패턴을 파악하기 위해 임시로 사용할 하나 이상의 자기회귀항을 추정하는 것이다. 이를 선형전이함수(linear transfer function)이라 부르기로 한다. 이 분석전략은 다음 주어진 로드맵으로 간단히 요약할 수 있다.

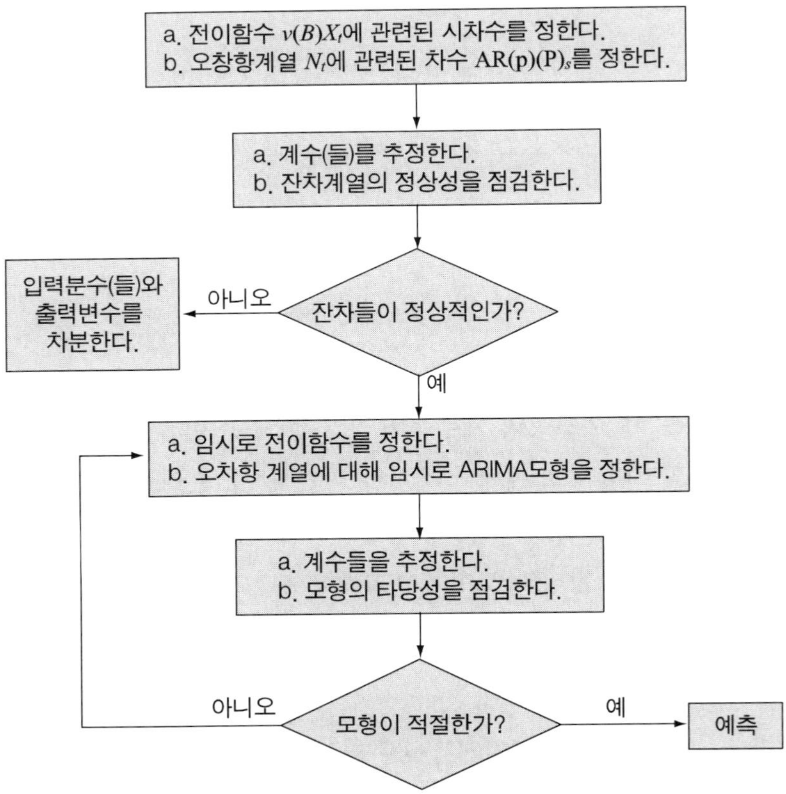

[그림 3.2] 선형전이함수모형 구축 로드맵

---

3) G. E. P. Box, G. M. Jenkins, & G. C. Reinsel (1994), *TIME SERIES ANALYSIS: Forecasting and Control*, 3rd ed., Prentice Hall.

동적회귀모형을 식별하는 방법은 ARIMA모형을 식별하는 것과 유사하다. 우선 자료의 패턴에 대한 단서를 줄 수 있는 여러 개의 통계량 즉, 추정된 ν가중값들과 추정된 오차항계열에 대한 자기상관함수와 편자기상관함수를 계산한다. 그리고 전이함수는 모수가 절약된 현재시차와 과거시차(들)가 포함된 입력변수로, 오차항 계열은 모수가 절약된 ARIMA모형으로 임시로 선택한다. 추정단계(4장) 및 검진단계(5장)에서 얻은 정보에 근거하여 임시로 구축된 모형을 필요에 따라 수정한다.

3.2.1 선형전이함수

선형전이함수를 식별하는 첫 단계는 입력변수의 최대시차(k)까지 포함한 임시모형을 다음과 같이 추정한다.

$$
\begin{aligned}
Y_t &= C + \nu(B) + N_t \qquad [3.6] \\
&= C + \nu_0 X_t + \nu_1 X_{t-1} + \nu_2 X_{t-2} + \cdots + \nu_k X_{t-k} + N_t
\end{aligned}
$$

앞에서 언급한 바와 같이 모형 [3.6]식을 선형전이함수(linear transfer function)라고 부른다. 일반적으로 이 접근방법에서 $\nu(B)$의 차수(k)는 임의로 선택한다. 어느 정도의 ν 가중값들이 모형을 설명하는 데 중요한지를 모르기 때문에 선형전이함수 방법은 잠재적 약점이 있다. k는 X_t가 변할 때 Y_t가 반응할 거라고 예상되는 가장 긴 시차를 의미한다.

$(k+1)$개의 모수가 포함되어 있기 때문에, 모형 [3.6]식을 추정하는 것은 모수가 절약된 전이함수를 추정하는 것에 비해 더 많은 자유도가 손실된다. 그러나, 모형식별을 시작할 때 어떤 모형이 적절한지 모르는 경우가 흔히 있다. 모형 [3.6]식을 추정함으로써 ν 가중값들의 추정값을 구한 후, 추정된 ν 가중값 패턴과 몇 개의 이론적인 ν 가중값 패턴들을 비교하여 임시로 전이함수를 식별한다. 이는 3.3절에서 다루기로 한다.

3.2.2 오차항을 자기회귀구조로 대신 사용

선형전이함수를 구축하는 방법으로 다음과 같이 자기상관패턴이 존재하는 오차항계열(N_t)을 가능한 차수가 낮은 자기회귀모형으로 근사시킨다.

$$(1-\Phi_s B^s)(1-\phi_1 B)N_t = \epsilon_t \quad \text{또는}$$

$$N_t = \frac{1}{(1-\Phi_s B^s)(1-\phi_1 B)}\epsilon_t \qquad [3.7]$$

[3.7]식에서 $p=P=1$이다. 대표본일 경우 차수가 높은 자기회귀모형으로 대신 사용할 수 있다(예: $p=2$와 $P=1$ 또는 $p=P=2$). [3.7]식에서 ϵ_t는 서로 상관되지 않은 백색잡음이지만, 오차항의 시간구조를 단지 대용시킨 것에 불과하기 때문에 실제로 잔차계열 $\hat{\epsilon}_t$는 여전히 자기상관되어 있을 수 있다.

임시로 고려한 선형전이함수모형 내의 오차항계열(N_t)을 ARIMA모형으로 표현하면 몇 가지 장점이 있다. 만일 오차항이 서로 자기상관되었다면 회귀계수의 추정값은 비효율적(inefficient)이며 t-검정값은 무의미하다. 그러나, 이때 계산된 t-검정값을 사용하여 입력변수의 어떤 시차들을 모형에 포함시킬지 여부를 결정한다. N_t를 ARIMA모형으로 표현하면 ν 가중값들의 추정값을 더 효율적으로 만들고 더 정보를 갖는 t-통계량값을 얻을 수 있다.

그렇다면 왜 ARIMA모형에서 유독 $AR(p)(P)_s$모형을 대신 사용할까? 만일 N_t의 평균이 비정상적이면 적어도 추정된 자기회귀계수(들)를 사용하여 평균이 비정상임을 부분적이라도 포착할 수 있을 것이다. 결국 차분연산자 $\triangle=(1-B)$와 $\triangle^s=(1-B^s)$는 $\phi_1=\Phi_s=1$인 자기회귀 연산자이다. 이 경우 모형 [3.7]식을 사용하여 오차항을 ARIMA모형으로 나타냄으로써, 임시로 고려한 동적회귀모형에 이를 포함시킨다. 실제로 오차항이 정상적일 때 대부분 자기회귀모형의 차수가 작기 때문에, 모형 [3.7]식과 같이 차수가 작은 자기회귀모형을 사용하여 오차항의 구조를 적절하게 표현할 수 있다. 만일 오차항 패턴을 차수를 작은 이동평균으로 나타낼 수 있다면, 자기회귀항으로 대체할 수 있다. 왜냐하면, 가역적인 이동평균 프로세서는 무한 고차를 갖는 자기회귀 프로세서와 동일하기 때문이다. 가역적 모형을 자기회귀형태로 전환된 모형의 계수들은 먼 과거값으로 감에 따라 값이 매우 작아진다. 따라서 이동평균모형은 차수가 큰 자기회귀모형으로 잘 근사된다.

[3.7]식을 [3.6]식에 대입하면, 다음과 같이 임시로 고려한 선형전이함수모형으로 표현된다.

$$Y_t = C + \nu_0 X_t + \nu_1 X_{t-1} + \cdots + \nu_k X_{t-k} + \frac{1}{(1-\Phi_s B^s)(1-\phi_1 B)} \epsilon_t \quad [3.8]$$

[3.8]식에서 ϵ_t 는 서로 상관되지 않은 백색잡음이지만, 만일 N_t 가 $AR(1)(1)_s$ 프로세서 이외의 다른 프로세서를 따른다면, 잔차계열($\hat{\epsilon}_t$)은 어느 정도 자기상관될 수 있다.

3.2.3 차분

만일 오차항계열(N_t)의 평균이 비정상적이면 출력변수와 입력변수(들) 모두 차분을 취한다. N_t 의 추정값($\hat{N}_t$)의 자기상관함수를 조사함으로써 N_t 의 비정상성 여부를 결정한다. 이때 추정된 오차항계열($\hat{N}_t$)은 다음과 같이 계산한다.

$$\hat{N}_t = Y_t - \hat{C} - \hat{\nu}(B) X_t \quad [3.9]$$

예를 들어, [3.8]식에서 X 의 최대시차(k)가 2인 경우, 3개의 추정값이 각각 $\hat{C} = 10$, $\hat{\nu}_0 = 4$, $\hat{\nu}_1 = -3$, $\hat{\nu}_2 = 2$ 라고 하자. 물론 이 추정값들을 [3.9]식에 대입시켜 다음과 같이 $\hat{N}_t$ 값들을 구한다.

$$\hat{N}_1 = Y_1 - 10 - 4X_1 - 3X_0 - 2X_{-1}$$

$$\hat{N}_2 = Y_2 - 10 - 4X_2 - 3X_1 - 2X_0$$

$$\widehat{N}_3 = Y_3 - 10 - 4X_3 - 3X_2 - 2X_1$$

$$\cdots$$

$$\widehat{N}_n = Y_n - 10 - 4X_n - 3X_{n-1} - 2X_{n-2}$$

이 경우 X_0 와 X_{-1} 이 관측되지 않기 때문에 $\widehat{N}_1$ 과 $\widehat{N}_2$ 를 계산할 수 없다. 따라서 $(n-k)$개의 값들만을 얻을 수 있다. d, D, p, P의 값에 따라 $(n-k)$개보다 훨씬 적은 오차항 값들을 얻을 수 있다.

$\widehat{N}_t$ 에 대한 자기상관함수를 계산하고, 이 함수가 '0'으로 어느 정도 빨리 감소하는지를 검토해야 한다. 만일 자기상관함수가 '0'으로 서서히 감소하는 패턴이면, 오차항계열의 평균이 비정상적임을 암시한다. N_t 의 평균이 비정상적이라고 판단되면 출력계열을 포함하여 모든 입력계열을 차분한다. 예를 들어, N_t 의 평균이 비정상적이어서 정상적으로 만들기 위해 비계절적 1차 차분$(d=1)$이 필요하다고 가정하자. 이때 차분된 오차항인 $\eta_t = \triangle N_t$ 를 고려한다. 이를 다시 쓰면 $N_t = \eta_t / \triangle$ 가 된다. 이를 [3.6]식에 대입하여 다시 표현하면,

$$\triangle Y_t = C + \nu(B) \triangle X_t + \eta_t \qquad [3.10]$$

가 된다. 계열이 차분되었기 때문에 [3.10]식의 C는 [3.6]식의 C와 다르지만, $\nu(B)$는 모형을 차분하더라도 동일하다. 그러나, 차분되었을 때 ν 가중값들의 추정값은 달라진다.

차분 후에 임시로 고려한 선형 전이함수모형을 재추정해보자. 이때 차분된 오차항 ARIMA 패턴에 자기회귀항을 포함시킨다. 이제 차분된 출력계열 및 입력계열에 대해 분석해보자. 예를 들어, 비계절적 1차 차분된 오차항계열$(\eta_t = \triangle N_t)$을 $\mathrm{AR}(1)(1)_s$ 모형으로 적합시키면 다음과 같다.

$$(1 - \Phi_s B^s)(1 - \phi_1 B)\eta_t = \epsilon_t \quad \text{또는}$$

$$\eta_t = \frac{1}{(1-\Phi_s B^s)(1-\phi_1 B)}\epsilon_t \qquad [3.11]$$

이다. [3.11]식을 [3.10]식에 대입하여 다음과 같이 임시로 고려한 선형 전이함수모형을 얻을 수 있다.

$$\Delta Y_t = C + \nu_0 \Delta X_t + \nu_1 \Delta X_{t-1} + \cdots + \nu_k \Delta X_{t-k} + \frac{\epsilon_t}{(1-\Phi_s B^s)(1-\phi_1 B)} \qquad [3.12]$$

임시로 [3.12]식의 백색잡음항(ϵ_t)끼리는 서로 독립이지만 잔차계열($\hat{\epsilon_t}$)은 여전히 자기상관될 수 있다. 자료가 차분되었기 때문에 [3.12]식의 C, ϕ_1, Φ_s 값들은 달라질 수 있다.

[3.12]식의 계수들을 추정한다. 그다음 차분된 자료에 대한 추정된 오차항계열을 다음과 같이 구축한다.

$$\hat{\eta_t} = \Delta Y_t - \hat{C} - \hat{\nu}(B)\Delta X_t$$

그리고 자기상관함수가 급격히 감소하는지 여부를 조사한다. 만일 오차항계열(η_t)의 평균이 여전히 정상적이지 않으면(즉, 자기상관함수가 서서히 감소하는 형태이면), 출력계열 및 입력계열들을 추가로 차분을 실시한다.

$\hat{\eta_t}$ 의 자기상관함수에서 계절시차($s, 2s, 3s, \cdots$)의 스파이크들이 서서히 감소하는 형태이면, 비계절적 차분($d=1$)뿐만 아니라 계절적 차분($D=1$)을 실시한다. 이 경우 오차항계열은 새로운 차분형태인 $\eta_t = \Delta_s \Delta N_t$ 가 된다. 이를 다시 표현하면 $N_t = \dfrac{\eta_t}{\Delta_s \Delta}$ 가 되며, 이를 [3.6]식에 대입하면 다음과 같다.

$$\Delta_s \Delta Y_t = C + \nu(B)\Delta_s \Delta X_t + \eta_t \qquad [3.13]$$

차분된 오차항계열(η_t)을 $AR(1)(1)_s$ 모형으로 나타내면,

$$(1-\Phi_s B^s)(1-\phi_1 B)\eta_t = \epsilon_t \quad \text{또는}$$

$$\eta_t = \frac{1}{(1-\Phi_s B^s)(1-\phi_1 B)}\epsilon_t \qquad [3.14]$$

가 된다. [3.14]식을 [3.13]식에 대입하여 다음과 같이 또 다른 선형 전이함수모형을 얻을 수 있다.

$$\triangle_s \triangle Y_t = C + \nu_0 \triangle_s \triangle X_t + \nu_1 \triangle_s \triangle X_{t-1} + \cdots + \nu_k \triangle_s \triangle X_{t-k} + \frac{1}{(1-\Phi_s B^s)(1-\phi_1 B)}\epsilon_t \qquad [3.15]$$

[3.12]식에 계절적 1차 차분($D=1$)을 취했기 때문에, [3.15]식의 C, ϕ_1, Φ_s 값들은 [3.12]식의 것들과 다르다. 모형 [3.15]식을 추정한 후, 새롭게 추정된 오차항($\hat{\eta}_t = \nabla_s \nabla Y_t - \hat{C} - \hat{\nu}(B) \nabla_s \nabla X_t$)의 자기상관함수가 서서히 감소하는지 여부를 확인한다. 만일 추정된 오차항이 비정상적이면 추가적인 차분을 실시한다. 오차항이 정상적으로 될 때까지 이와 같은 작업을 반복 실행한다.

일단 오차항계열이 정상적이 되면, 임펄스 반응함수인 $\nu(B) = \frac{\omega(B)B^b}{\delta(B)}$ 을 임시로 식별하기 위해 추정된 가장 최근의 ν 가중값들을 조사한다. 또한 정상적인 오차항계열(η_t)을 ARIMA모형으로 임시로 식별하기 위해 가장 최근에 추정된 오차항($\hat{\eta}_t$)의 자기상관함수와 편자기상관함수 등을 조사한다.

3.2.4 응용사례

앞 절에서 언급한 선형전이함수 식별방법을 매출액 및 선행지표 자료에 적용시켜 보자. $k=15$, $p=1$, $P=0$으로 고정시키고, [3.6]식과 [3.7]식을 합쳐 다음과 같이 선형 전이함수모형을 추정한다.

$$Y_t = C + \nu_0 X_t + \nu_1 X_{t-1} + \cdots + \nu_{15} X_{t-15} + \frac{1}{1-\phi_1 B}\epsilon_t \qquad [3.16]$$

이 경우 계절적 패턴이 존재하지 않기 때문에 임시로 사용할 계절적 자기회귀항은 [3.16]식에 포함시키지 않았다.

상수항을 포함한 18개의 계수$(C, \nu_0, \cdots, \nu_{15}, \phi_1)$를 추정하기 위해, 우선 16개 입력변수$(X_t, X_{t-1}, \cdots, X_{t-15})$를 다음과 같이 단계적으로 하나씩 생성한다(xt1, xt2, ⋯, xt15). PASW 17.0(또는 18.0)을 사용하여 15개의 입력변수를 생성하기 위해서는 다음과 같이, 팝업메뉴에서 파일(F) ▸ 새 파일(N) ▸ 데이터(D)를 선택한 후, "PASW Statistics Syntax Editor" 대화상자에서 다음과 같이 명령문을 입력한다. 그리고, 팝업메뉴에서 실행(R) ▸ 모두(A)를 선택하여 명령문을 실행한다.

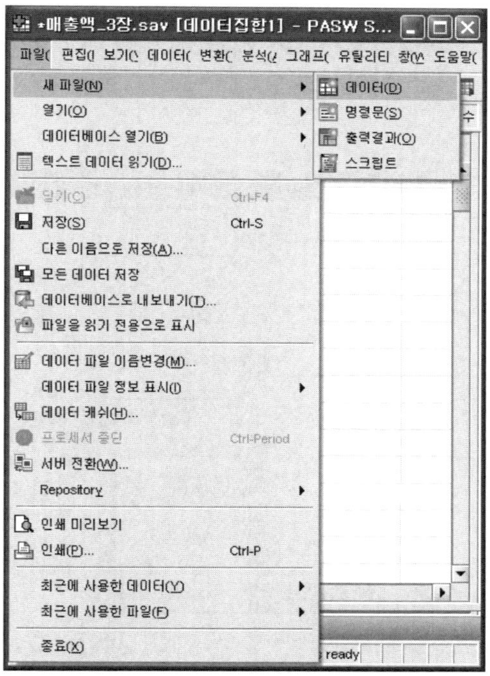

한 예로 'COMPUTE xt1=LAG(x1,t) .'는 X_{t-1}을 생성하라는 명령문이다.

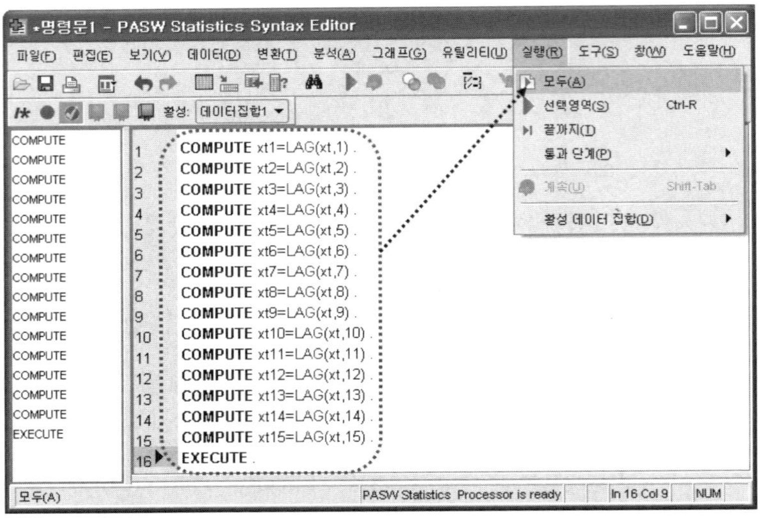

다음 단계로 DATA Editor에서 분석(A) ▸ 회귀분석(R) ▸ 선형(L)을 선택한 후, "선도표 회귀 모형" 대화상자의 '종속변수' 란으로 'yt'를, '독립변수' 란으로 선행지표(X_t)와 새로 생성된 15개의 입력변수(xt1, xt2,···, xt15)를 이동시킨다.

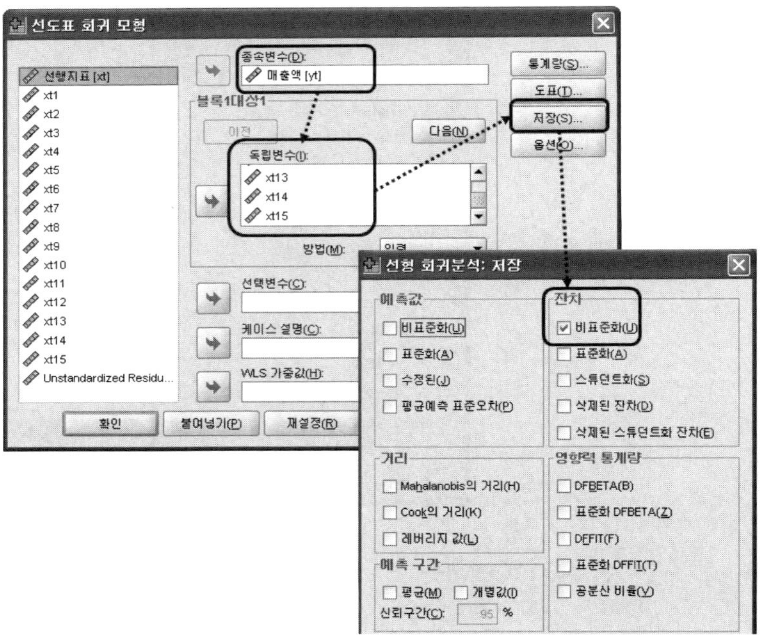

그리고 [저장(S)...] 단추를 누른 후, '잔차' 란에서 '비표준화'를 체크한다. 이는 15개의 입력변수에 대해 매출액을 회귀적합시킨 후 잔차를 생성하기 위함이다. 이미 앞에서 언급한 바와 같이, 생성된 잔차계열($\hat{N}_t$)이 정상적인지 여부를 자기상관함수를 구하여 판정할 수 있다. 여기에서 유의할 점은 PASW 17.0(또는 18.0)에서 [3.16]식을 적합시킬 절차는 존재하지 않기 때문에 오차항계열(N_t)항을 자기회귀구조로 표현할 수 없다. 따라서 16개의 입력변수와 출력변수(Y_t) 간의 관계를 선형회귀모형을 적합시킨 후에 생성된 잔차($\hat{N}_t$)를 사용하여 평균의 정상성 즉, 비계절적 및 계절적 차분 여부를 점검하기로 한다.

팝업메뉴에서 분석(A) ▸ 예측 ▸ 자기상관(A)을 선택한 후, "자기상관(A)" 대화상자에서 생성된 잔차인 'RES_1'을 '변수(V):' 란으로 이동시킨다. 그리고, [옵션(O)...] 단추를 누른 후, 계절적인 변동을 살피기 위해서 '최대 시차수(M):' 란에 '24'를 입력시킨다.

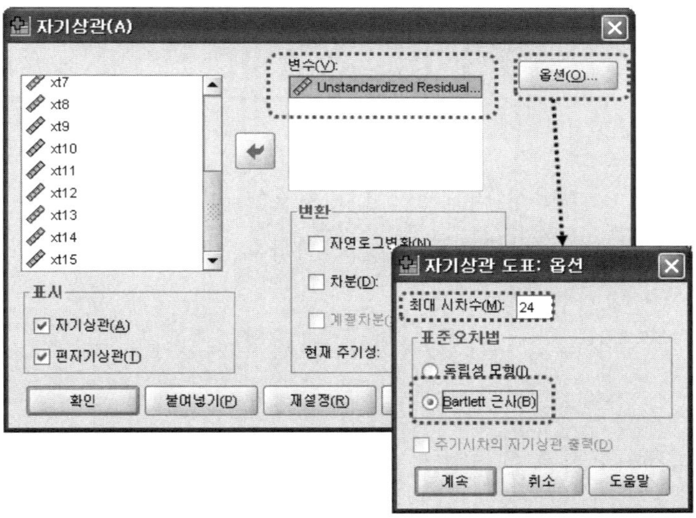

그 결과, 아래와 같이 자기상관함수는 '0'으로 서서히 감소하는 형태이며, 이는 추정된 오차항의 평균이 비정상적임을 의미한다.

[표 3.3] 자기상관함수

자기상관

계열:Unstandardized Residual

시차	자기상관	표준 오차 오류	Box-Ljung 통계량		
			값	자유도	유의확률
1	.894	.086	110.284	1	.000
2	.846	.139	209.887	2	.000
3	.797	.173	298.845	3	.000
4	.745	.198	377.104	4	.000
5	.719	.218	450.673	5	.000
6	.680	.235	517.055	6	.000
7	.615	.249	571.773	7	.000
8	.578	.260	620.437	8	.000
9	.523	.269	660.521	9	.000
10	.494	.277	696.646	10	.000
11	.452	.283	727.142	11	.000
12	.402	.289	751.498	12	.000
13	.356	.293	770.738	13	.000
14	.335	.296	787.926	14	.000
15	.303	.299	802.033	15	.000
16	.280	.301	814.198	16	.000
17	.254	.303	824.349	17	.000
18	.223	.304	832.188	18	.000
19	.172	.306	836.919	19	.000
20	.131	.306	839.673	20	.000
21	.089	.307	840.957	21	.000
22	.044	.307	841.273	22	.000
23	.017	.307	841.322	23	.000
24	-.035	.307	841.522	24	.000

따라서 비계절적 1차 차분($d=1$)이 필요하게 된다. 따라서 [3.16]식에 차분을 한 새로운 선형 전이함수모형을 다음과 같이 고려할 수 있다.

$$\nabla Y_t = C^* + \nu_0 \nabla X_t + \nu_1 \nabla X_{t-1} + \cdots + \nu_{15} \nabla X_{t-15} + \frac{1}{1-\phi_1^* B}\epsilon_t \quad [3.17]$$

차분을 하였기 때문에 [3.17]식의 C^* 와 ϕ_1^* 값은 [3.16]식의 것과 다르게 된다. 마찬가지로 [3.17]식의 오차항계열은 $\eta_t = \nabla N_t$ 가 되며, η_t 는 차수가 1인 자기회귀모형으로 나타낸다. 즉, $(1-\phi_1^* B)\eta_t = \epsilon_t$ 또는 $\eta_t = \frac{1}{1-\phi_1^* B}\epsilon_t$ 이다.

상수항을 포함한 18개의 계수들을 추정하기 위해서, 우선 차분된 출력변수(∇Y_t)와 16개의 차분된 입력변수($\nabla X_t, \nabla X_{t-1}, \cdots, \nabla X_{t-15}$)를 다음과 같이 한꺼번에 생성한다(yt_1, xt_1, xt1_1, xt2_1, …, xt15_1).

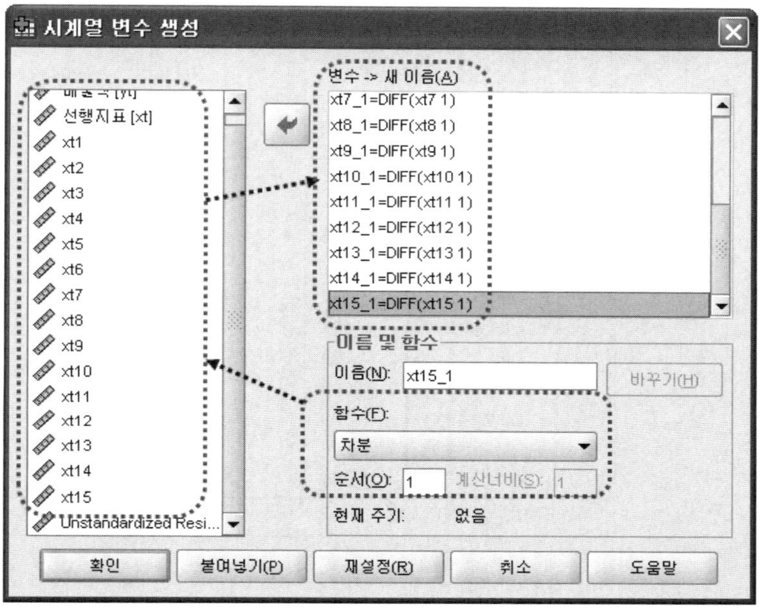

한 예로 xt2_1은 X_{t-2}를 1차 차분한 ∇X_{t-2}를 나타낸다.

[3.17]식에 더 이상의 차분이 필요한지 여부를 알기 위해서, 앞과 동일한 방법으로 팝업메뉴에서 분석(A) ▸ 회귀분석(R) ▸ 선형(L)을 선택한 후, "선도표 회귀 모형" 대화상자의 '종속변수' 란으로 차분된 매출액자료 'yt_1'를, '독립변수' 란으로 16개의 차분된 입력변수(xt_1, xt1_1, …, xt15_1)를 이동시키고, [3.17]식에 근거한 잔차(RES_2)를 생성시킨다.

아래는 ∇Y_t에 대해서 $\Delta X_t, \Delta X_{t-1}, \cdots, \Delta X_{t-15}$를 회귀시킨 즉, 모형 [3.17]식에서 자기회귀항을 제외한 추정결과이다.

[표 3.4] 모형 [3.17]식의 추정결과

계수[a]

모형		비표준화 계수 B	표준 오차 오류	표준화 계수 베타	t	유의확률
1	(상수)	.042	.025		1.685	.095
	DIFF(xt,1)	-.108	.083	-.023	-1.297	.197
	DIFF(xt1,1)	-.086	.092	-.018	-.931	.354
	DIFF(xt2,1)	.017	.093	.004	.179	.858
	DIFF(xt3,1)	4.730	.093	1.015	51.103	.000
	DIFF(xt4,1)	3.518	.093	.756	37.851	.000
	DIFF(xt5,1)	2.379	.091	.510	26.027	.000
	DIFF(xt6,1)	1.782	.090	.384	19.737	.000
	DIFF(xt7,1)	1.234	.091	.266	13.589	.000
	DIFF(xt8,1)	1.072	.091	.230	11.730	.000
	DIFF(xt9,1)	.712	.091	.153	7.788	.000
	DIFF(xt10,1)	.444	.092	.095	4.843	.000
	DIFF(xt11,1)	.399	.093	.085	4.283	.000
	DIFF(xt12,1)	.288	.092	.062	3.116	.002
	DIFF(xt13,1)	.208	.092	.045	2.253	.026
	DIFF(xt14,1)	.200	.091	.044	2.192	.030
	DIFF(xt15,1)	.054	.082	.012	.657	.512

a. 종속변수: DIFF(yt,1)

앞에서와 마찬가지로, 새로 생성된 잔차(RES_2) 자기상관함수를 사용하여 평균의 정상성 여부를 점검하기 위해서, 팝업메뉴에서 분석(A) ▸ 예측 ▸ 자기상관(A)을 선택한 후, "자기상관(A)" 대화상자에서 잔차인 'RES_2'를 '변수(V):' 란으로 이동시킨다.

다음에 주어진 추정된 오차항계열($\hat{\eta}_t$)의 자기상관함수와 편자기상관함수이다.

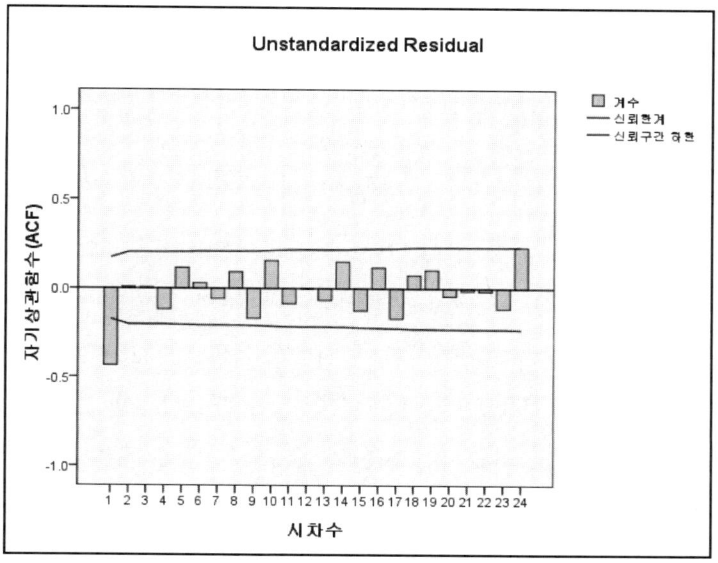

[그림 3.5] 오차항계열의 자기상관함수

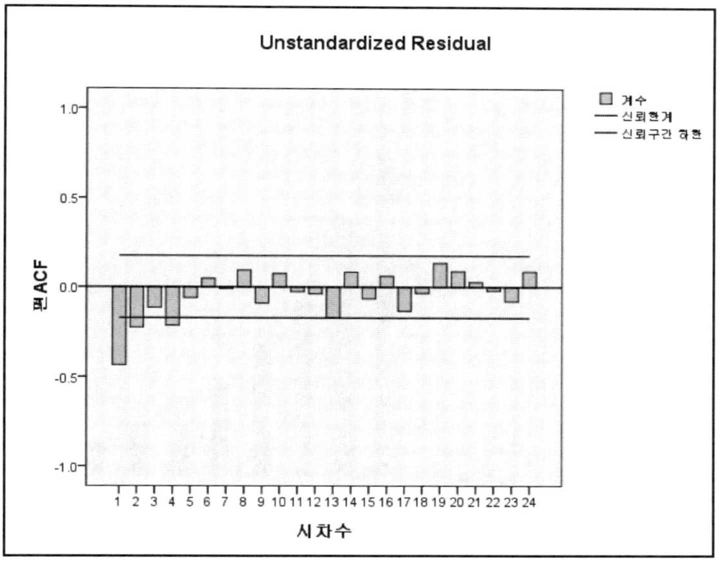

[그림 3.6] 오차항계열의 편자기상관함수

잔차 자기상관함수에서 '시차 1' 이후에 '0'으로 급속히 감소하는 형태를 발견할 수 있으므로, η_t 의 평균은 정상적이며 더 이상의 차분은 필요하지 않다.

오차항의 평균이 정상성을 만족하였기 때문에 다음 단계로 임시로 전이함수 즉, $\nu(B)=\dfrac{\omega(B)B^b}{\delta(B)}$ 의 구성요소 (b,r,h)를 식별해야 할 것이다. 이를 위해서 모형 [3.17]식에서 자기회귀항을 제외한 16개의 추정값 즉, $\hat{\nu}$ 가중값들을 이용한다. 추정된 ν 가중값 패턴과 일치하는 이론적 ν 가중값 패턴을 찾아 이에 연관된 전이함수를 임시모형으로 삼는다.

차수 (b,r,h)는 추정된 임펄스 반응함수과 몇 개의 이론적인 함수들을 시각적으로 비교하여 식별할 수 있다. 이를 매출액과 선행지표 자료에 적용시켜보자. 차수 (b,r,h)를 식별하기 위한 필요한 실전적 분석전략은 3.3절에서 자세히 살펴보도록 한다.

다음은 모형 [3.17]식에 근거하여 얻은 $\hat{\nu}$가중값들(입력변수의 추정계수)을 그래프로 나타낸 것이다.

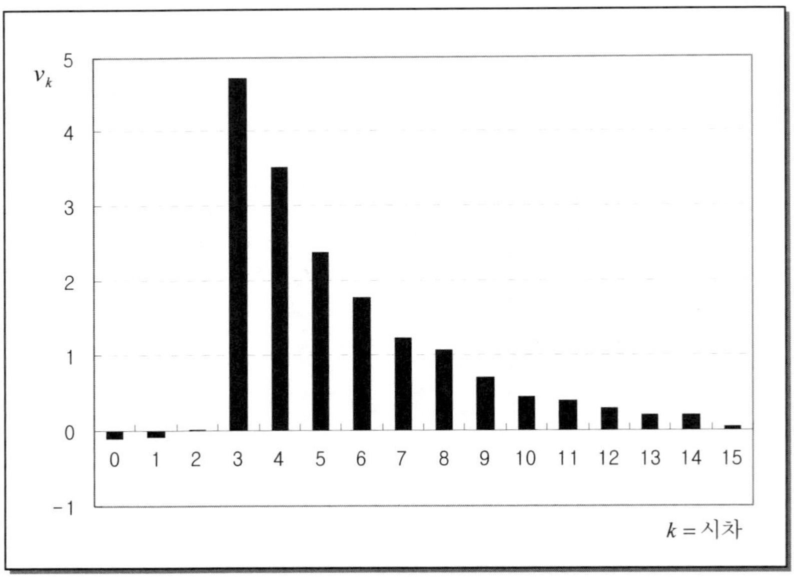

[그림 3.7] 임펄스 반응함수에 대한 그래프

물론 추정된 ν 가중값들에 표집변동이 존재한다. 즉 $\hat{\nu}_0, \hat{\nu}_1, \hat{\nu}_2$ 는 '0'이 아니지만, 이 추정값들은 각각의 표준오차에 비해 작기 때문에 '0'으로 간주할 수 있다. 2장에서 논의한 바와 같이, 무반응시간은 첫 '0'값을 갖는 ν 가중값들의 수와 동일하다. 따라서, 이 경우 b는 '3'이다. 앞에 나타난 그래프는 무반응시간을 제외하고는 [그림 2.6(a)]의 이론적인 임펄스 반응함수와 흡사하다. 이는 $r=1, h=0$인 Koyck모형이며, 이 값들을 임펄스 반응함수에 대입시켜 임시의 전이함수를 만든다. 다시 말해서 (b,r,h)를 (3,1,0)으로 식별할 수 있다.

ν 가중값들에 대한 전이함수를 식별한 후, 앞에서 구한 모형 [3.17]식에 포함된 정상적인 잔차계열($\hat{\eta}_t$)의 추정된 자기상관함수와 편자기상관함수를 조사함으로써 정상적인 오차항계열(η_t)에 대한 ARIMA모형을 임시로 식별한다.

추정된 오차항계열($\hat{\eta}_t$)의 자기상관함수([그림 3.3]참고])에서 시차 1을 제외한 나머지 시차들에서는 유의하지 않고, 편자기상관함수는 감소형태이다. 이는 정상적 오차항계열($\hat{\eta}_t$)이 MA(1)모형을 따른다는 것을 의미한다. 따라서 η_t 에 대한 임시모형은 다음과 같이 MA(1)모형으로 고려할 수 있다.

$$\eta_t = (1-\theta_1 B)\epsilon_t \qquad [3.18]$$

이제 매출액 및 선행지표 자료에 대해 임시 동적회귀모형을 구축할 수 있다. 즉, 오차항계열(N_t)은 ARIMA(0,1,1)모형, 전이함수요소(b,r,h)가 (3,1,0)인 동적회귀모형을 고려한다. 이를 차분된 형태로 표현하면 다음과 같다.

$$\nabla Y_t = C + \frac{\omega_0 B^3}{1-\delta_1 B}\nabla X_t + (1-\theta_1 B)\epsilon_t \qquad [3.19]$$

이제 남은 작업은 동적회귀모형을 추정하고, 추정된 모형이 적합한지 여부를 점검하며, 필요하다면 재식별을 하며 최종모형에 근거하여 예측값을 얻는다. 이는 4장과 5장에서 다루기로 한다.

3.3 전이함수를 식별하는 데 필요한 실전적 분석전략

앞 3.2절에서 추정된 임펄스 반응가중값함수($\hat{v}$ 가중값들)와 이론적 임펄스 반응가중값함수([그림 2.6] 참고)를 시각적으로 비교하여 전이함수를 결정짓는 (b,r,h)를 식별하였다. 이와 같이 시각적으로 비교하는 방법은 실전분석에서 자주 사용되며 잘 들어맞는다. 경제학, 경영학 및 다른 사회과학 분야에 관련된 자료는 대개 다음 주어진 두 가지 경우 중 하나에 해당된다.

1) $r=0$: [그림 3.8(b)]와 비슷하며 첫 몇 개의 임펄스 반응가중값이 '0'이 아니며 절단 형태이다.
2) $r=1$: [그림 3.8(a)]와 비슷하며, 단순 Koyck유형의 감소패턴이다.

이와 같은 패턴들은 시각적으로 식별하기 쉽다. 그러나 물리적 메커니즘과 같은 상황에서 발생된 자료는 더 복잡한 구조형태인 $r>1$를 갖기도 한다. 때때로 경제자료 또는 사회과학 자료에서 이론적 임펄스 반응함수와 일치하지 않는 추정된 임펄스함수의 형태를 발견할 수 있다. 이 경우 체계적으로 차수 (b,r,h)를 선택하는 실전적 식별전략이 필요하다.

이 절에서는 전이함수의 차수 (b,r,h)를 식별하는 데 필요한 5개의 실전적 분석전략을 소개한다. 이 분석전략은 상대적으로 단순한 전이함수모형을 식별할 때 필요하지 않지만, 복잡한 전이함수를 식별할 때 특히 유용하게 적용시킬 수 있다.

3.3.1 실전적 식별전략

시각적으로 그래프를 사용하여 이론적인 임펄스 반응함수에 관한 식별전략을 다뤄보도록 하자. 물론 추정된 임펄스 반응함수를 조사하여 이론적 임펄스 반응함수와 비교한다. 추정된 임펄스 반응함수를 점검할 때 표집변동을 고려해야 하므로, 반드시 추정된 임펄스 반응함수는 이에 대응하는 이론적 임펄스 반응함수와 정확하게 일치하지 않을 수 있다. 우선 실전적 분석전략을 설명하고, [그림 3.8(a)]에 나타난 Koyck모형(즉, $\nu(B)$ 함수)에 관해 설명하도록 한다.

모형식별의 분석전략을 다루기 전에 몇 가지 사항을 피력하도록 한다.

1) 다른 실전적 분석전략과 마찬가지로, 이 전략들 역시 절대시할 수 없다. 이 분석전략들은 전이함수를 식별하는 데 유용한 시발점이 된다.
2) 2장에서 논의한 바와 같이, 전이함수의 분자에 해당하는 부분 ($\omega(B)B^b$) 은 세 가지 요소를 포착한다. 즉, 무반응시간(b값), 패턴이 없는 ν 가중값 항, 감소가 시작하는 ν 가중값항이 이에 해당한다.
3) 분모에 해당하는 부분인 $\delta(B)$는 ν 가중값 감소패턴을 포착한다.
4) 이와 같은 분석전략은 패턴이 없는 형태와 감소가 시작하는 ν 가중값들이 혼합된 상황에 적용한다. 이에 관한 구체적인 사항은 3.3.5절의 [응용사례 3]에서 다루기로 한다.

(a) $\nu(B) = \dfrac{\omega_0}{1-\delta_1 B}$; $b=0,\ h=0,\ r=1$

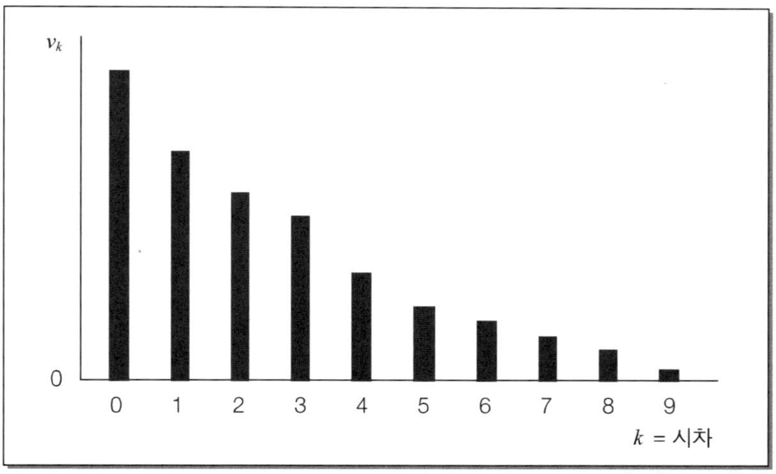

(*b*) $\nu(B) = (\omega_0 + \omega_1 B) B;\ b=1,\ h=1,\ r=0$

(*c*) $\nu(B) = \dfrac{\omega_0 + \omega_1 B}{1 - \delta_1 B};\ b=0,\ h=1,\ r=1$

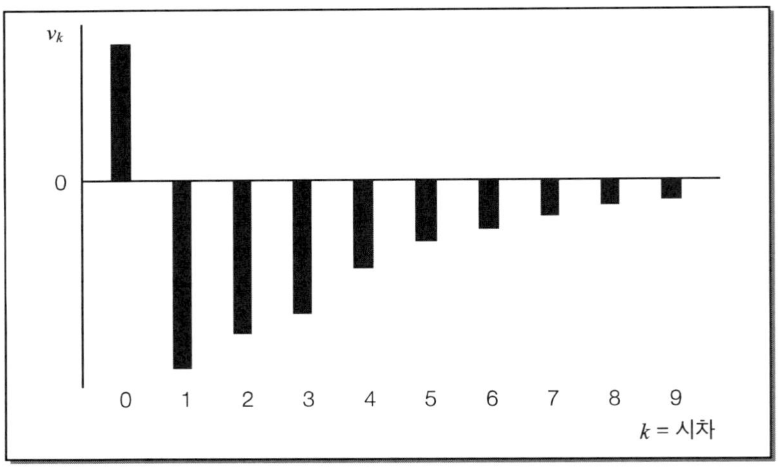

(d) $\nu(B) = \dfrac{(\omega_0 + \omega_1 B) B^3}{1 - \delta_1 B - \delta_2 B^2}$; $b=3,\ h=1,\ r=2$

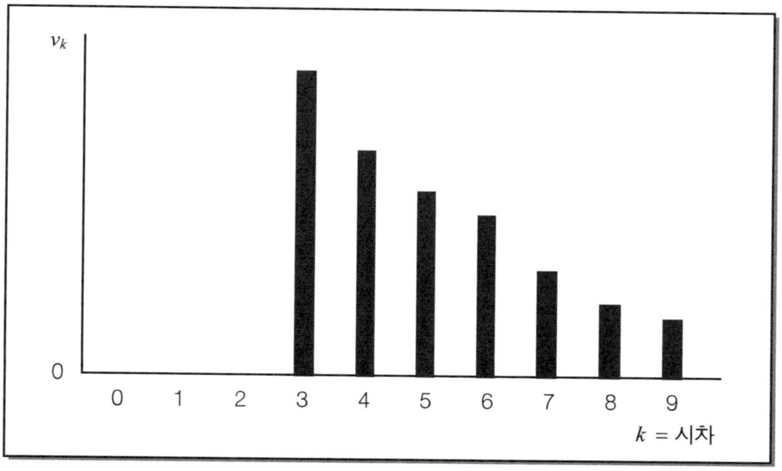

(e) $\nu(B) = \dfrac{(\omega_0 + \omega_1 B) B}{1 - \delta_1 B - \delta_2 B^2}$; $b=1,\ h=1,\ r=2$

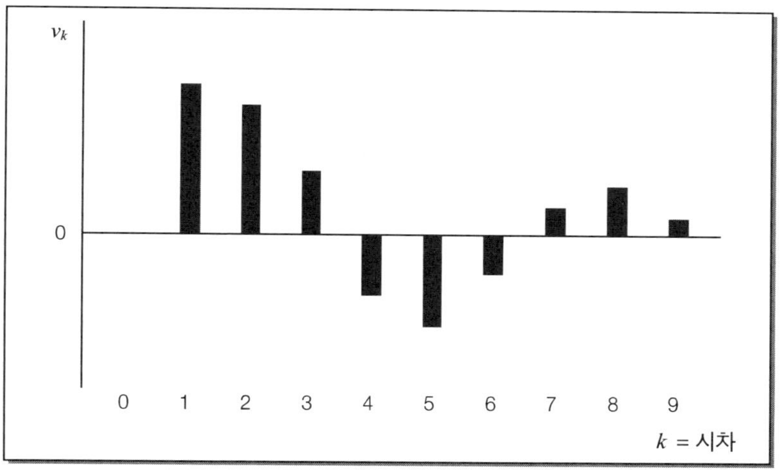

(f) $\nu(B) = \dfrac{\omega_0 + \omega_1 B + \omega_2 B^2}{1 - \delta_1 B - \delta_2 B^2}$; $b = 0, h = 2, r = 2$

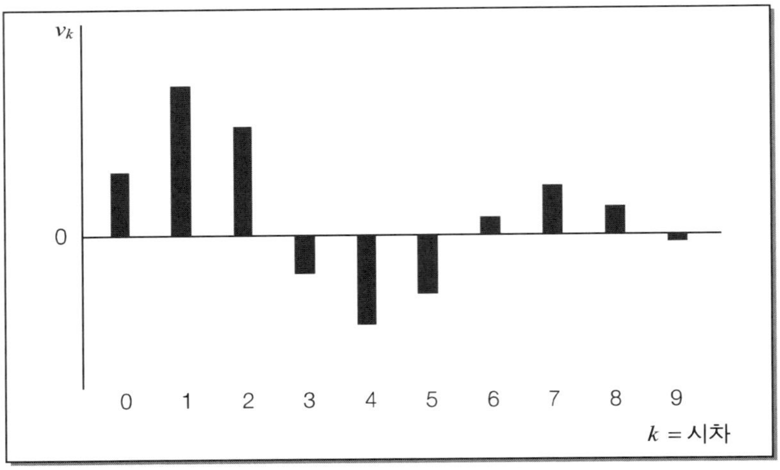

[그림 3.8] 임펄스 반응함수($\nu(B)$)와 이에 관련된 그래프

[분석전략 1] 무반응시간인 b를 결정한다. 이는 ν_0부터 시작하여 통계적으로 '0'인 ν가중값들의 수와 동일하다. 즉, 임펄스 반응함수에서 '0'값을 갖는 ν가중값들인 $(\nu_0, \nu_1, \cdots, \nu_{b-1})$을 찾는다. [그림 3.8(a)]에서는 첫 '0'값을 갖는 ν 가중값들($\nu_0 \neq 0$ 이므로)은 하나도 없기 때문에 무반응시간은 '0'이다.

[분석전략 2] 분모 연산자 $\delta(B)$의 차수인 r을 결정한다. r은 다음과 같이 선택한다.

1) 감소패턴이 전혀 없고 오히려 '0'으로 절단 형태를 가지면, $r = 0$이다.
2) (ν 가중값들이 감소형태가 없다가 갑자기 또는 결국) 단순 지수적으로 감소하는 형태이면 $r = 1$이다.
3) ν 가중값들이 혼합 지수적으로 감소하는 패턴 또는 진폭이 감소하는 사인곡선형태를 따르면 $r = 2$이다. 경험상 $r \geq 2$ 를 갖는 모형은 드물다. [그림 3.8(a)]에서 ν 가중값들은 단순 지수적으로 감소하므로, $\delta(B)$의 차수인 r은 '1'이다. 따라서 감소가 시작하는 계수 또한 하나이다.

[분석전략 3] $r > 0$이면 감소가 시작하는 시차들을 결정한다. 모든 감소하는 패턴들은 하나 이상의 시작값이 존재한다. 감소형태가 발생하는 가중값 중 절대값이 가장 큰 가중값($\max|\nu|$)을 찾는다. $r=2$이면 절대값이 가장 큰 가중값이 시작값이며, $r=2$이면 절대값들 중 가장 큰 가중값과 그 다음 큰 가중값 2개가 시작값이 된다. [그림 3.8(*a*)]에서 $r=1$, $\max|\nu| = \nu_0$ 이다. 즉, ν_0는 감소형태가 발생하는 ν가중값들 중 절대값이 가장 큰 값이다. 따라서 감소형태는 '시차 0'에서 시작한다.

[그림 3.8]에 소개된 이론적 임펄스 반응함수에서 $\max|\nu|$를 찾는 것은 어렵지 않았다. 실제상황에서는 추정된 임펄스 반응함수를 조사하므로 $\max|\nu|$를 식별하는 것은 어려울 수 있다. 다음 주어진 [그림 3.9]의 추정된 (또는 표본) 임펄스 반응함수를 고려해보자.

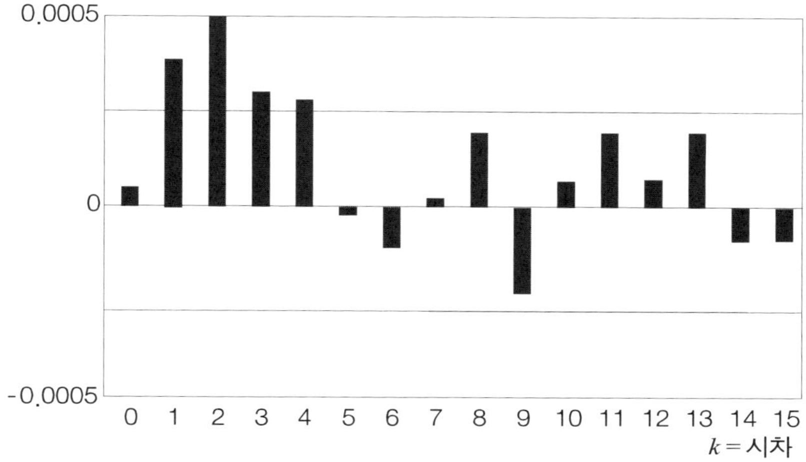

[그림 3.9] 특이한 임펄스 반응함수의 그래프

[분석전략 3]을 엄격히 따르면, $\max|\nu|$은 $\widehat{\nu_2}$로 선택해야 한다. 그러나 표집변동을 참작하면 모수 ν_1이 추정값 $\widehat{\nu_1}$보다 약간 크고, 모수 ν_2가 추정값 $\widehat{\nu_2}$보다 약간 작다고 추측할 수 있다. 따라서 $\max|\nu| = \widehat{\nu_2}$ 라기보다는

$\max|\nu| = \hat{\nu}_1$ 으로 고려하는 것이 나을 것이다. 또한 ν_1 바로 앞 가중값인 ν_0 가 통계적으로 유의하지 않기 때문에 '0'으로 간주하면, 패턴이 없는 단순한 모형이 될 것이다. 표집변동을 고려하면 [분석전략 3]을 완고하게 고집할 필요는 없다. 이 분석전략의 목적은 몇 개의 타당성 있는 임시모형들을 식별하는 데 있다.

[분석전략 4] 패턴이 없는 ν 가중값들의 수인 u를 결정한다.

1) $r > 0$이면 u는 시차 0부터 감소형태가 시작하는 바로 앞 시차까지 '0'이 아닌(즉, 유의한) ν 가중값들의 수와 동일하다.
2) $r = 0$이면 '0'이 아닌(즉, 유의한) 모든 ν 가중값들은 패턴이 없는 값들이 된다.

[그림 3.8(*a*)]에서 $r = 1 > 0$이며 감소가 시작하는 시차는 '0'이므로, ν_0 앞에 존재하는 '0'이 아닌 가중값은 하나도 없다. 따라서 패턴이 없는 ν 가중값들은 존재하지 않고, $u = 0$이 된다.

[분석전략 5] 분자연산자 $\omega(B)$ 의 차수인 $h(= u + r - 1)$를 결정한다. h 는 $\omega(B)$ 의 차수이지 $\omega(B)$ 의 ν 가중값들의 수가 아니다. 첫 가중값이 항상 ω_0 이기 때문에 ω 가중값들의 총 개수는 $(h+1)$개이다. [그림 3.8(*a*)]에서 $h = u + r - 1 = 0 + 1 - 1 = 0$이다. 따라서 $\omega(B) = \omega_0$ 이 된다. [그림 3.8(*a*)]에서 차수가 $(b, r, h) = (0, 1, 0)$인 전이함수를 식별했다. 이는 2장에서 언급한 무반응시간(*b*)이 '0'인 Koyck모형이 된다.

3.3.2 실전적 분석전략을 사용한 전이함수 식별의 예

[그림 3.8]에서는 5개의 이론적인 임펄스 반응가중값과 이와 관련된 그래프들을 살펴보았다. [그림 3.8]에 주어진 5개의 그래프에 대해 앞에서 언급한 5개의 식별전략을 어떻게 적용할지 설명해보자.

[그림 3.8(*a*)]는 이미 다루었다. 이 임펄스 반응함수에 대해 다음과 같

이 몇 가지 의문사항을 고려해 볼 수 있다. 즉, 이 예에서 ω_0 은 양수, 음수 중 어느 것일까? 어떻게 이것을 알 수 있을까? δ_1 은 양수, 음수 중 어느 것일까? 이를 어떻게 아는가? 만일 모든 계수들의 부호가 정반대로 바뀌면 그래프는 어떻게 달라질까?

[그림 3.8(*b*)]에서 첫 번째 ν 가중값(ν_0)이 '0'이므로 $b=1$이다. 감소하는 패턴이 없고 절단형태이기 때문에 $\delta(B)$의 차수인 r 은 '0'이다. 따라서 감소하는 패턴의 시작계수는 존재하지 않는다$(r=0)$. 따라서 ν_1 과 ν_2 모두 패턴이 없는 항(즉, 감소하는 시작값들이나 감소하는 패턴에 해당하는 부분도 아님)이므로 $u=2$이다. 따라서 $h=u+r-1=2+0-1=1$이며, $\omega(B)=\omega_0+\omega_1 B$ 는 $h+1(=1+1)=2$개의 항이 존재한다.

[그림 3.8(*c*)]에서 $b=0$이다. 결국은 단순 지수적 감소패턴이므로 $r=1$이다. $r=1$이므로 감소하는 패턴의 시작값 역시 하나이다. 감소형태가 나타나는 ν 가중값 중 가장 절대값이 큰 것은 시차 1에서 발생하였기 때문에, $\nu_1(=\max|\nu|)$ 이 시작값이 된다. (이 예에서 $|\nu_0|$가 $|\nu_1|$ 보다 크더라도 지수적 감소형태가 ν_0 가 아닌 ν_1 부터 시작하기 때문에 여전히 시작값을 ν_1 $(=\max|\nu|)$ 으로 선택한다.) 시차 0에서 ν_1 의 바로 앞까지(즉, 시차 0) '0'이 아닌 ν 가중값은 하나만 존재하므로, 패턴이 없는 스파이크는 하나뿐이다$(u=1)$. 따라서 $h(=u+r-1=1+1-1)=1$이며, $\omega(B)=(\omega_0+\omega_1 B)$ 가 된다.

[그림 3.8(*d*)]의 ν 가중값들 중 첫 3개의 값이 '0'이기 때문에 $b=3$이다. 감소하는 패턴이 혼합 지수적 감소형태(즉, 단순 지수적 감소형태보다 감소속도가 느리다)이므로 $r=2$이다. 따라서 ν_3 은 감소패턴이 발생하는 ν 가중값들 중 가장 절대값이 크기 때문에$(=\max|\nu|)$ 시작값이 된다. $r=2$이므로 감소하는 패턴의 시작값은 2개가 존재한다. ν_4 는 ν_3 다음으로 큰 ν 가중값이며, ν_3 과 함께 감소하는 패턴의 시작값이 된다. 두 개의 시작값 바로 앞까지(즉, 시차 0부터 시차 2까지) ν 가중값들 중 '0'이 아닌 것은 하나도 없기 때문에 $u=0$이다. 따라서 $h(=u+r-1=0+2-1)=1$이며, $\omega(B)=(\omega_0+\omega_1 B)$ 가 된다.

[그림 3.8(e)]에서 무반응시간인 b는 '1'이다. 진폭이 감소하는 사인곡선 형태를 따르기 때문에 $r=2$이다. 분모의 차수가 '2'이므로($r=2$) 감소하는 패턴의 시작값은 2개가 된다. 이 경우 $\max|\nu|=\nu_1$ 이며, ν_1 다음으로 큰 ν 가중값은 ν_2 이므로, 감소하는 시작값은 ν_1 과 ν_2 이다. ν_1 의 바로 앞까지(즉, ν_0) '0'이 아닌 ν 가중값들 중 패턴이 없는 것은 하나도 없기 때문에 $u=0$이다(즉, 이 경우 $\nu_0=0$). 마지막으로 $h(=u+r-1=0+2-1)=1$이므로 $\omega(B)$ 는 두 개의 항 즉, $(\omega_0+\omega_1 B)$의 형태를 갖는 다항식이 된다.

[분석전략 3]을 이용하여 많은 모수를 포함하는 모형을 추정하는 대신 더 융통성 있는 모형을 찾을 수 있다. [그림 3.8(e)]를 $h=0$ 즉, $\omega(B)=\omega_0$ 으로 고려해보자. 감소하는 패턴이 존재하므로($r>0$), 마지막 ω 가중값(ω_0)이 반드시 마지막 감소하는 패턴의 시작항이 된다. ω_0 가 $\omega(B)$ 의 유일한 항이라면, 이것이 (이 경우 $b=1$이므로 ν_1 에 대응하는) 마지막 시작값이 틀림없을 것이다. $r=2$이므로 감소하는 시작항은 두 개가 존재한다. 따라서 첫 시작값은 $\nu_0=0$ 이 된다. 이런 제약으로 $h=1$로 놓은 것이 더 융통성이 있다. 이 경우 [분석전략 3]을 따르면서 $h=1$로 놓아 실제로 두 개의 시작값을 추정한다.

[그림 3.8(f)]는 시차 '0'에 해당하는 ν 가중값인 ν_0 이 '0'이 아니라는 것을 제외하고는 [그림 3.8(e)]와 흡사하다. 따라서 $b=0$이다. 진폭이 감소하는 사인곡선이라는 사실을 고려하면 $r=2$이며, 이 때문에 시작항은 2개가 된다. $\max|\nu|=\nu_1$ 과 ν_1 을 제외한 가장 큰 가중값은 ν_2 라는 사실을 고려하면, 감소하는 패턴의 시작값은 이 2개의 가중값이 된다. 두 개의 감소하는 패턴의 시작값 바로 앞에 '0'이 아닌 ν 가중값들은 단지 하나이므로(ν_0), $u=0$이다.

따라서 $h(=u+r-1=1+2-1)=2$가 되며, $\omega(B)$는 $h+1(=2+1)=3$개의 항 즉, $(\omega_0+\omega_1 B+\omega_2 B^2)$의 형태를 갖는 다항식이 된다.

[그림 3.8(f)]와 닮은 추정된 임펄스 반응함수를 모수가 절약된 모형인 $h=1$ 즉, $\omega(B)=(\omega_0+\omega_1 B)$ 으로 고려할 수 있다. 따라서 (ν_1 에 대응하는)

ω_1 은 마지막 감소하는 패턴의 시작항이며, (ν_0 에 대응하는) ω_0 는 첫 시작항이 된다. 따라서 ω_0 는 패턴이 없는 항이 아니며 대신 감소가 시작하는 항이 된다. [분석전략 3]과는 달리, max$|\nu|$ 외에 다른 것을 첫 감소가 시작하는 항으로 고려할 수 있다.

실제로 [그림 3.8(f)]의 ν_0 와 같은 항을 패턴이 없는 항 또는 감소가 시작하는 항 중 어느 것으로 취급할지 여부는 쉽지 않다. [분석전략 3]과 같이 ν 가중값들 중 '0'이 아닌 모든 가중값을 패턴이 없는 항으로 다루고, max$|\nu|$ 부터 감소가 시작하는 것으로 생각하면 이와 같은 딜레마를 해결할 수 있다. 다른 경험적인 모형전략과 마찬가지로 [분석전략 3]은 무시할 수 없다. 특히 추정된 ν 가중값들을 조사할 때 표집변동을 참작해야 한다. 앞에서 다룬 5개의 식별전략과 6개의 이론적 임펄스 반응함수 그래프를 통해, 설사 모든 실전적 분석전략을 따르지 못하더라도 식별단계에서 선택할 모형을 면밀히 조사해야 한다.

3.3.3 응용사례 1

앞에서 언급한 식별전략을 매출액과 선행지표 자료에 적용시켜 보자. 앞에서 주어진 추정된 임펄스 반응함수 그래프인 [그림 3.5]를 살펴보자. 첫 3개의 $\hat{\nu}$ 가중값들(ν_0, ν_1, ν_2)은 '0'(유의하지 않음)으로 간주할 수 있기 때문에 $b=3$이다. 결국 단순 지수적인 감소형태이므로 $r=1$이다. 이 때문에 감소가 시작하는 항은 하나이다. 이 경우 max$|\nu|=\widehat{\nu_3}$ 이므로 $\widehat{\nu_3}$ 는 감소가 시작하는 항이 된다. $\widehat{\nu_3}$ 의 바로 앞까지의 모든 $\hat{\nu}$ 가중값(ν_0, ν_1, ν_2)은 통계적으로 '0'이고, 패턴이 없는 항은 하나도 없기 때문에 $u=0$이 된다. 따라서 $h=(u+r-1)=0+1-1=0$이며, $\omega(B)$는 하나의 항 즉, ω_0 만이 포함된다($\omega(B)=\omega_0$). 따라서 식별된 모형은 $\omega_0 B^3/(1-\delta_1 B)$가 되며, 이는 $b=3$인 Koyck모형이 된다. 무반응시간인 $b=0$이 아니고 $b=3$인 사실을 제외하면, [그림 3.8(a)]와 비슷하다. 이는 3.2절 끝부분에서 식별한 모형과 동일하다.

3.3.4 응용사례 2

밸브선적량 및 밸브주문량 자료(밸브량_3장.sav)에 대한 임펄스 반응함수를 식별해보자. 다음은 단순 선형회귀모형($Y_t = C + \nu_0 X_t + N_t$)으로 추정한 결과이다.

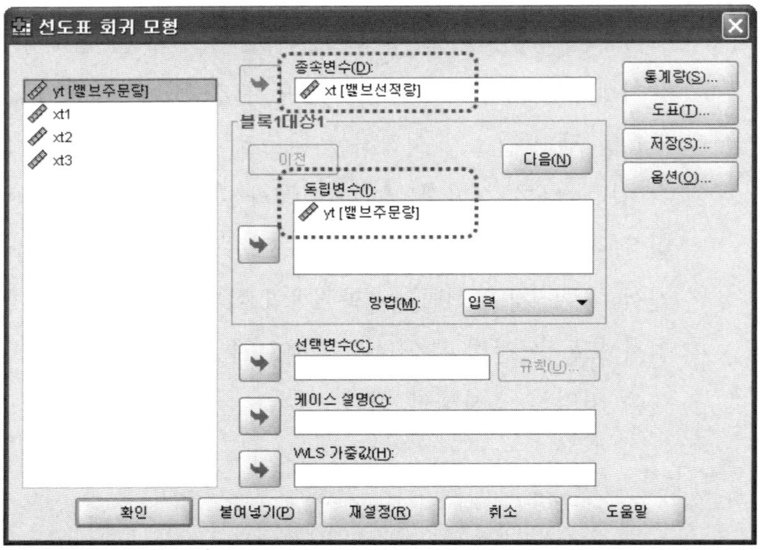

[표 3.10] 단순 선형회귀모형의 추정결과

계수[a]

모형		비표준화 계수 B	비표준화 계수 표준오차	표준화 계수 베타	t	유의확률
1	(상수)	20966.206	2456.794		8.534	.000
	밸브주문	.566	.068	.761	8.376	.000

a. 종속변수: 밸브선적

여기에서 $\widehat{\nu_0}$ 와 연관된 t-절대값(8.376)이 크므로, 선적량(Y_t)와 주문량 (X_t) 사이에 관계가 밀접하다. 만일 오차계열의 자기상관구조를 AR(1)모형으로 Y_t 와 X_t 사이의 관계를 선형전이함수($Y_t = C + \nu_0 X_t + \nu_1 X_{t-1} + \nu_2 X_{t-2} + \nu_3 X_{t-3} + \frac{1}{1-\phi_1 B}\epsilon_t$)로 추정한다면 어떤 일이 발생할지 살펴보자.

다음은 PASW 17.0(또는 18.0)을 사용한 절차와 추정결과이다. 물론 "선도표 회귀 모형" 대화상자의 '독립변수' 란에 독립변수 (X_t, X_{t-1}, X_{t-2}, X_{t-3})를 입력한다. 참고로 다중 선형회귀모형을 적합시킨 후, 생성된 잔차를 AR(1)모형으로 적합시켜 모형 내의 자기회귀계수(ϕ_1)를 추정할 수 있다 ([표 3.12] 참고).

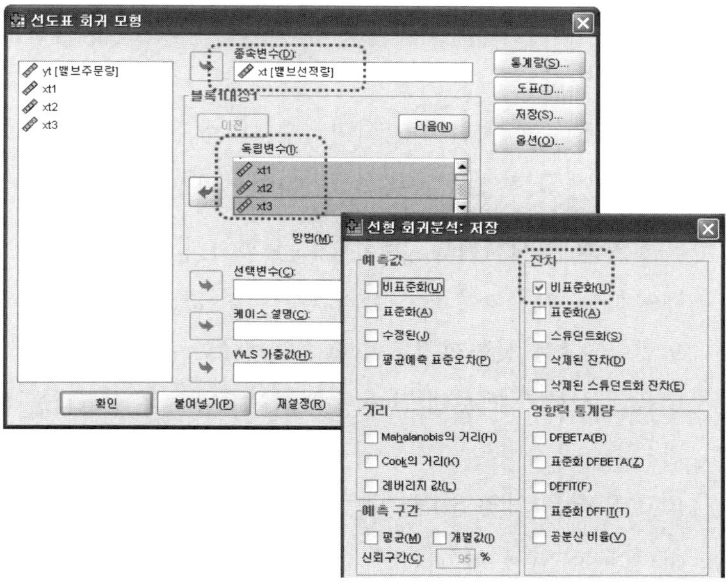

[표 3.11] 다중 선형회귀모형의 추정결과

계수[a]

모형		비표준화 계수 B	비표준화 계수 표준 오차 오류	표준화 계수 베타	t	유의확률
1	(상수)	21272.493	2953.224		7.203	.000
	yt	.321	.126	.459	2.549	.014
	xt1	.197	.153	.269	1.285	.205
	xt2	.080	.154	.106	.519	.606
	xt3	-.038	.132	-.048	-.286	.776

a. 종속변수: xt

[표 3.12] 오차항계열의 ARIMA모형 추정결과

ARIMA 모형 모수						
			추정값	SE	t	유의확률
Unstandardized Residual	AR	시차 1	.682	.103	6.637	.000

앞 추정결과를 통해 두 가지 특징을 발견할 수 있다.

1) 추정된 ν 계수 대부분이 10% 유의수준에서 통계적으로 유의하지 않다.
2) 잔차에 대한 자기회귀계수(ϕ_1)는 유의하며, 상수항은 유의하지 않아 모형에서 제외시켰다(p값 = 0.949).

X의 현재시점의 값(X_t) 또는 과거시점 값($X_{t-1}, X_{t-2}, X_{t-3}$)보다 (오차항을 자기회귀항으로 표현한) Y의 과거시점 값(Y_{t-1})에 훨씬 더 설명력이 있어 보인다. 단순 선형회귀모형([표 3.10] 참고)에서는 오차항에 존재하는 상관패턴을 무시했기 때문에 단순 선형회귀모형의 추정결과를 잘못 이해할 수 있다. 일단 오차항의 자기회귀구조를 고려하면 입력변수($X_t, X_{t-1}, X_{t-2}, X_{t-3}$)의 설명력은 거의 없다. 이는 Y_t와 X_t 사이에 전혀 관계가 없다는 의미는 아니다. 이는 Y의 과거값(Y_{t-1})이 갖는 정보에 비해 X의 현재시점의 값(X_t) 또는 과거시점의 값($X_{t-1}, X_{t-2}, X_{t-3}$)이 갖는 예측정보가 그리 유용하지 않다는 의미이다.

3.3.5 응용사례 3

때때로 추정된 임펄스 반응함수에 뚜렷한 패턴이 없는 형태나 감소형태가 몇 개의 뭉치씩 혼합되어 있는 것을 발견할 수 있다. 그러나, 이런 형태의 임펄스 반응함수는 자주 발생하지 않는다. 만일 이와 같은 임펄스 반응함수가 발생하면 $\hat{\nu}$ 가중값 뭉치를 개별적으로 고려하면 된다.

다음 주어진 임펄스 반응함수를 고려해보자.

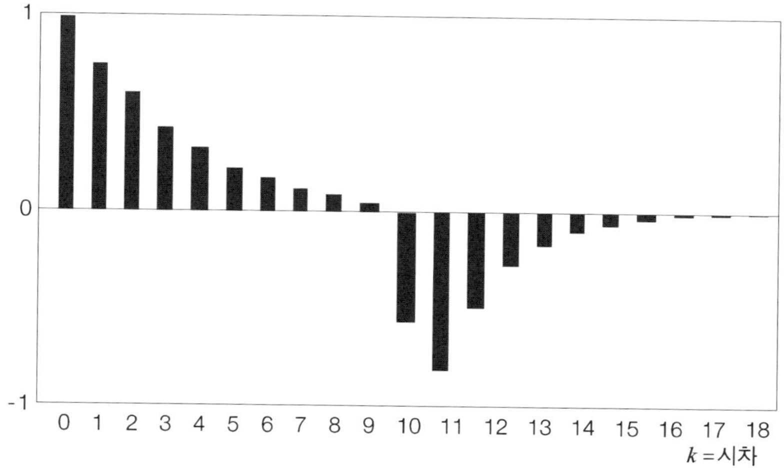

[그림 3.13] 두 개의 감소패턴이 존재하는 임펄스 반응함수

임펄스 반응함수($\nu(B)$) 를 다음과 같이 식별할 수 있다.

$$\nu(B) = \frac{\omega_0 + \omega_{10} B^{10} + \omega_{11} B^{11}}{1 - \delta_1 B} \qquad [3.20]$$

여기에서 ω_0 는 '시차 0' 이후 지수적으로 감소하는 패턴에서 감소가 시작하는 항이며, ω_{10} 은 패턴이 없는 항, ω_{11} 은 '시차 11' 이후 지수적으로 감소하는 패턴에서 감소가 시작하는 항이다. 그러나, [3.20]식을 고려하면 두 개의 감소패턴 모두가 똑같은 감소율(δ_1)을 갖게 된다. 이는 바람직하지 못하다. 대신 2개의 감소패턴을 개별적인 가법형태로 다루면 된다. 2개의 감소패턴에 대한 식별전략을 개별적으로 작용시키면, 다음과 같은 전이함수를 식별할 수 있다.

$$\omega(B) X_t = \frac{\omega_0}{1 - \delta_1^{\dagger}} X_t + \frac{\omega_{10} B^{10} + \omega_{11} B^{11}}{1 - \delta_1^{*} B} X_t \qquad [3.21]$$

여기에서 두 개의 감소율은 $\delta_1^{\dagger}$ 과 δ_1^{*} 은 서로 다르다. 즉, 각각 시차 0과 시차 11에서 시작값이 발생한다.

3.4 사전백색화와 교차상관함수를 이용한 전이함수 식별 방법

여기에서 다룰 식별방법은 Box 외 2인(1994)[4]이 제시한 것으로서 소위 "사전백색화(prewhitening)와 교차상관함수(cross correlation function)"을 이용한다. 이 방법은 동적회귀모형에서 자주 언급되지만 입력변수가 2개 이상일 때 적용하는 데 어려움이 있다. 반면에 앞절에서 다룬 선형전이함수방법은 입력변수를 2개 이상 고려할 때 용이하게 사용된다.

입력변수가 하나인 동적회귀모형을 고려해보자. X_t 와 Y_t 의 분산을 각각 정상적으로 만들기 위해 적절히 변수변환하였다고 가정하자. 또한 평균을 정상적으로 만들기 위해 차분이 필요하다면, 이때 차분된 계열을 각각 x_t 와 y_t 이라고 할 때, 이때 차분된 x_t 와 y_t 의 고정된 평균을 각각 μ_x 와 μ_y 라고 표현해보자. y_t 에 대한 동적회귀모형, x_t 에 대한 ARIMA모형을 다음과 같이 고려할 수 있다.

$$y_t = \frac{\omega(B)B^b}{\delta(B)}x_t + \frac{\theta(B)}{\phi(B)}\epsilon_t \qquad [3.22]$$

$$x_t = \frac{\theta_x(B)}{\phi_x(B)}\alpha_t$$

여기에서 ϵ_t 와 α_t 는 각각 평균이 '0'이며, 서로 상관되지 않은 정규분포를 따르는 백색잡음들이다. 모형을 단순화시키기 위해 동적회귀모형의 상수항은 '0'이고, x_t 에 대한 ARIMA모형과 동적회귀모형 내 오차항계열에 대한 ARIMA모형에 계절적 요소가 존재하지 않는다고 가정하자. 물론 상수항과 계절적요소를 각 모형에 포함시켜 확장시킬 수 있다. 우선 교차상관함수와 사전백색화에 대해 살펴보자.

---

4) G. E. P. Box, G. M. Jenkins, & G. C. Reinsel (1994), *TIME SERIES ANALYSIS: Forecasting and Control*, 3rd ed., Prentice Hall.

3.4.1 교차상관함수(cross correlations function)

사전백색화 식별방법에서 주로 사용되는 도구는 교차상관함수이며, 이는 시차에 따라 교차상관계수를 계산하여 나열한 것이다. 변수 x_t 와 y_t 에 대한 모집단 교차상관함수는 다음과 같이 정의된다.

$$\rho_{xy}(k) = \frac{r_{xy}}{\sigma_x \sigma_y}, \quad k = 0, \pm 1, \pm 2, \cdots \qquad [3.23]$$

여기에서 $r_{xy}(k)$는 시차 k 에서 x_t 와 y_t 사이의 모집단 교차공분산이며, σ_x 와 σ_y 는 x_t 와 y_t 각각의 모집단 표준편차를 나타낸다. 따라서 교차상관계수는 표준화된 교차공분산이다. 참고로, 교차공분산은 다음과 같이 기대값으로 정의된다.

$$r_{xy}(k) = E[(x_t - \mu_x)(y_{t+k} - \mu_y)], \quad k = 0, \pm 1, \pm 2, \cdots \qquad [3.24]$$

3.4.2 추정된 교차상관함수

계열을 차분한 후 n 개의 관측값이 존재한다고 가정하자. [3.24]식의 교차공분산의 추정값 $c_{xy}(k)$ 은 다음과 같이 정의된다.

$$c_{xy}(k) = \frac{\sum_{t=1}^{n-k} (x_t - \bar{x})(y_{t+k} - \bar{y})}{n}, \quad k = 0, 1, 2, \cdots \qquad [3.25]$$

$$= \frac{\sum_{t=1}^{n+k} (y_t - \bar{y})(x_{t-k} - \bar{x})}{n}, \quad k = 0, -1, -2, \cdots$$

여기에서 $\bar{x}$ 와 $\bar{y}$ 는 x_t 와 y_t 각각의 표본평균이다. $s_x = \sqrt{c_{xx}(0)}$ 와 $s_y = \sqrt{c_{yy}(0)}$ 은 σ_x 와 σ_y 각각의 표본추정값이다. $\rho_{xy}(k)$의 추정값인 $r_{xy}(k)$를 얻기 위해서 이 추정값들을 [3.24]식에 대입하면,

$$r_{xy}(k) = \frac{c_{xy}}{s_x s_y}, \quad k = 0, \pm 1, \pm 2, \cdots \qquad [3.26]$$

가 된다.

$r_{xy}(k)$ 값은 표본통계량이므로, 이들 중 어느 것이 통계적으로 '0'인지 여부를 검정하기 위해서는 이들에 대응하는 각각의 표준오차가 필요하다. 만일 x_t 와 y_t 가 교차상관되지 않고 이 계열들 중 하나가 백색잡음이면, 정규성 가정을 사용하여 표준오차를 다음과 같이 근사적으로 구할 수 있다.

$$s.e.[r_{xy}(k)] = \sqrt{\frac{1}{n-k}} \qquad [3.27]$$

3.4.3 사전백색화(Prewhitening)

정상적인 입력변수에 대한 ARIMA프로세서는 [3.22]식에 나타나 있다. 이를 다시 표현하면 다음과 같이 x_t 를 방정식에 적용시켰을 때 자기회귀 연산자 및 이동평균 연산자를 서로 상관되지 않는 잔차계열을 생성하는 필터로 간주할 수 있다.

$$\alpha_t = \theta_x^{-1}(B)\phi_x(B)x_t \qquad [3.28]$$

이때 계열 α_t (실제로 $\hat{\alpha_t}$)를 사전백색화된 x_t 계열이라 부른다. 이제 동일한 필터를 y_t 에 적용시키면, 다음과 같이 다른 잔차계열(a_t)을 얻을 수 있다.

$$a_t = \theta_x^{-1}(B)\phi_x(B)y_t \qquad [3.29]$$

이제 [3.22]식을 사용하여 [3.29]식에 대입하면 다음과 같은 식을 얻는다.

$$a_t = \nu(B)\alpha_t + \mu_t \qquad [3.30]$$

여기에서 $\nu(B) = \frac{\omega(B)B^b}{\delta(B)}$, $\mu_t = \theta_x^{-1}(B)\phi_x(B)\phi^{-1}(B)\epsilon_t$ 이다. α_t 와 a_t

사이의 교차공분산을 구하기 위해서 [3.30]식의 양변에 α_{t-k}를 곱한 후 기대값을 취한다. 시차 $+k$에서 α_t와 a_t 사이의 교차상관함수를 구하기 위해 σ_α와 σ_a로 나누면,

$$\rho_{\alpha a}(k) = \nu_k \sigma_\alpha / \sigma_a, \quad k = 0,1,2,\cdots \tag{3.31}$$

가 된다. 따라서 [3.31]식으로부터

$$\nu_k = \frac{\rho_{\alpha a}(k)\sigma_a}{\sigma_\alpha}, \quad k = 0,1,2,\cdots \tag{3.32}$$

가 된다. [3.32]식을 사용하여 입력변수를 사전백색화시키고, 동일한 필터를 출력변수에 적용하면 ν 가중값은 두 개의 필터 절차로부터 생성된 잔차들의 교차상관함수에 비례하게 된다는 것을 알 수 있다. 따라서 Y_t와 X_t 사이 관계에 대한 전이함수를 식별하기 위해서 [3.32]식의 추정된 교차상관함수를 사용하여 ν 가중값들의 추정값을 구할 수 있다. [3.32]식의 우변에 있는 모수들은 알지 못한다. 대신 다음 주어진 식과 같이, 추정된 ν 가중값들을 얻기 위해 모수들을 그들의 추정값으로 각각 대치시킨다.

$$\hat{v}_k = \frac{r_{\alpha a}(k)\hat{\sigma}_a}{\hat{\sigma}_\alpha}, \quad k = 0,1,2,\cdots \tag{3.33}$$

3.4.4 응용사례

매출액과 선행지표 자료에 사전백색화 및 추정된 교차상관함수를 적용시켜 보자. 매출액(Y_t)과 선행지표(X_t)의 분산이 각각 이미 정상적이므로 더 이상의 변수변환은 필요하지 않다. 두 계열의 평균 모두가 비정상적이므로 차분하며, 1차 차분된($d=1$)계열을 각각 $y_t(=Y_t - Y_{t-1})$와 $x_t(=X_t - X_{t-1})$라고 하자.

다음으로 정상적인 입력계열 x_t에 대한 ARIMA모형을 찾자. 3.2.4절

에서 이미 살펴본 바와 같이, ARIMA모형의 식별, 추정, 모형검진단계를 거쳐 x_t 에 대해 MA(1)모형을 고려했다(상수항은 모형에서 제외시킴). 즉,

$$x_t = (1 - 0.448\,B)\,\hat{\alpha}_t\,, \quad \hat{\sigma}_{\alpha} = 0.283 \qquad [3.34]$$

이 된다. [3.34]식을 이용하여 추정된 잔차($\hat{\alpha}_t$)를 계산할 수 있다. 다음으로 [3.34]식의 MA(1)모형을 y_t 계열에 필터하여 $\hat{a}_t$ 값을 구한다.

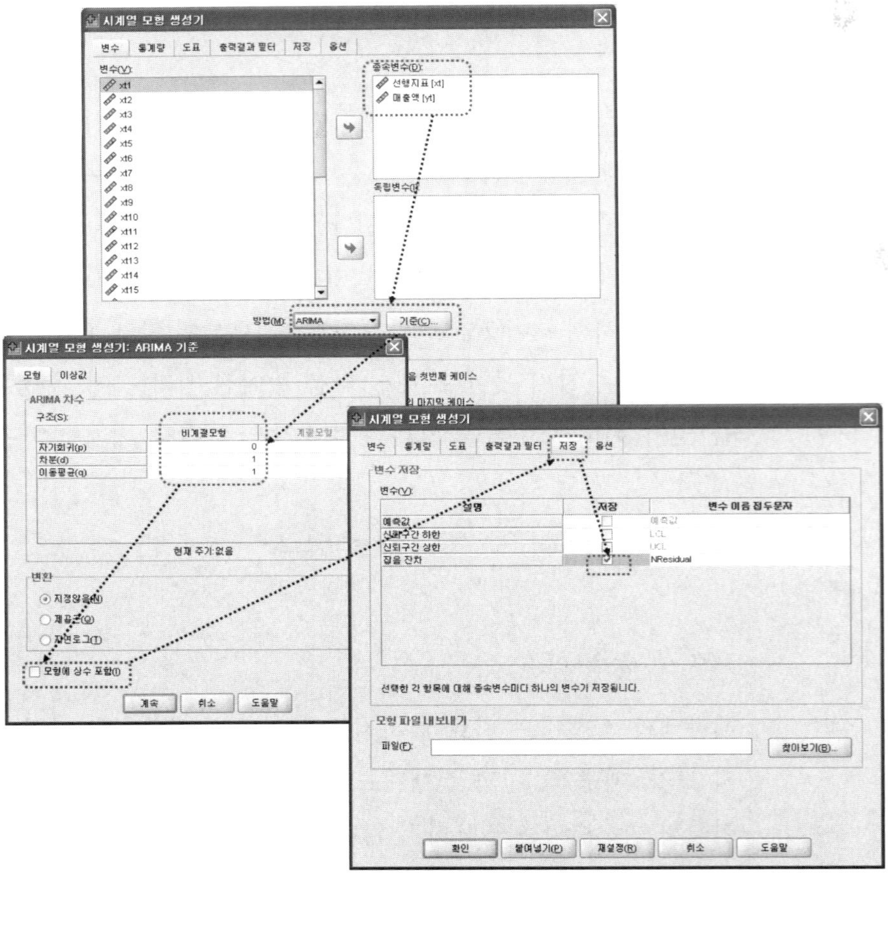

$\hat{\alpha}$와 $\hat{a}$에 대한 추정된 교차상관함수를 PASW 17.0(또는 18.0)에서 구해 보자. 우선 x_t 와 y_t 를 각각 MA(1)모형으로 적합시킨 후, 두 계열에 대한 잔차인 $(\hat{\alpha}_t, \hat{a}_t)$를 생성시킨다. 이를 실행하기 위해 팝업메뉴에서 분석(A) ▸예측▸모형생성(C)... 을 선택하여 "시계열 모형 생성기" 대화상자가 나타나면, 변수 '선행지표'와 '매출액'을 '종속변수(D):' 란으로 동시에 이동시킨다. '방법(M):' 란을 누른 후 ARIMA 단추를 선택한다.

그리고, "ARIMA 기준" 대화상자에서 '비계절모형' 란에 '0 1 1'을 입력한다. 그리고 두 계열을 MA(1)모형으로 적합시킨 후 생성된 잔차를 저장시키기 위해서, "시계열 모형 생성기" 대화상자에서 '잡음잔차'를 체크한다.

다음으로 팝업메뉴에서 분석(A)▸예측▸교차상관(R)을 선택한 후, "교차상관 도표" 대화상자의 생성된 두 개의 잔차를 '변수(V)' 란으로 동시에 이동시킨다. "옵션" 대화상자의 '최대 시차 수(M)' 란에 입력된 '14'는 절대시할 필요는 없다.

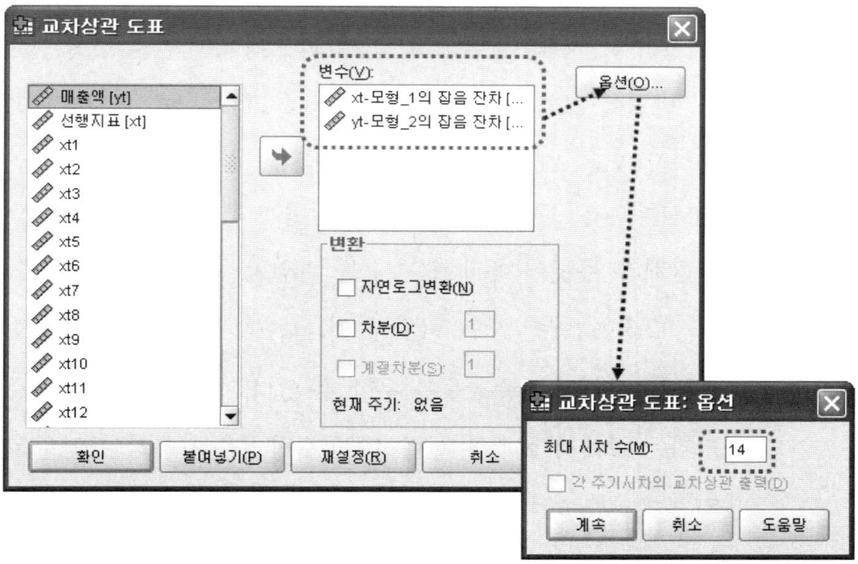

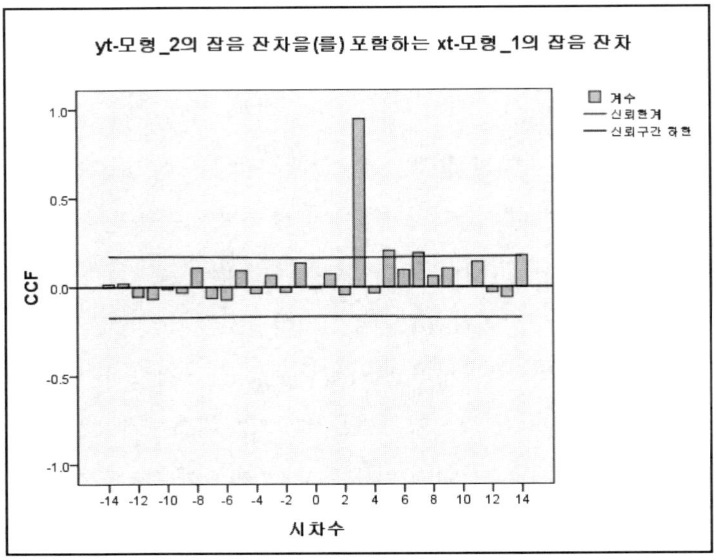

[그림 3.14] 추정된 교차상관함수(매출액과 선행지수자료)

교차상관함수 [그림 3.14]의 왼편$(k=-1,-2,)$을 살펴보면, Y의 과거시차값($Y_{t-14},\cdots, Y_{t-1}$)부터 X_t 까지 피드백에 대한 뚜렷한 단서를 찾을 수 없다. 반면에 교차상관함수의 오른편$(k=0,1,2,)$을 살펴보면 Y_t 가 X의 과거시차값($X_{t-1}, X_{t-2}, \cdots, X_{t-14}$) 및 현재시점 값($X_t$)과 관계를 알 수 있다. 이 경우 시차수가 '3'에 해당하는 교차상관계수가 크기 때문에 Y_t 가 X_{t-3}과 상관관계가 뚜렷이 존재하는 것을 확인할 수 있다.

[3.33]식에서 보는 바와 같이, $\widehat{\sigma_{\alpha}}$, $\widehat{\sigma_{a}}$ 및 추정된 교차상관계수($r_{\alpha a}(k)$)를 사용하여 $\hat{\nu}$ 가중값들을 구할 수 있다. 이렇게 구한 $\hat{\nu}$ 가중값들의 패턴과 크기는 앞에서 살펴본 선형전이함수방법을 사용하여 얻은 $\hat{\nu}$ 가중값들과 비슷하다.

$\hat{\nu}$ 가중값들의 유의성을 점검하기 위해서 [3.27]식을 사용하여 추정된 교차상관계수들과 이에 대응하는 표준오차를 비교한다. 이 경우 교차상관함수의 표준오차 모두가 '0.09'에 가까운 값을 갖는다(출력결과 생략). 본 장에

서 소개한 식별전략들을 앞 추정된 교차상관함수에 적용시키면, 전이함수의 차수를 $(b,r,h)=(3,1,0)$으로 식별할 수 있다. 이는 선형 전이함수방법을 사용하여 식별한 모형과 동일하다. 사전백색화와 교차상관함수를 사용하여 최종 동적회귀모형을 구축하는 방법은 [사례분석 5]에서 자세히 다루도록 한다.

4장

동적회귀모형의 구축: 모형검진, 재식별 및 평가

Demand Forecasting of Time Series

4.1 식별검진 및 모형의 재식별

식별단계에서 전이함수모형의 차수 (b,r,h)와 오차항계열에서 ARIMA모형의 차수 $(p,d,q)(P,D,Q)$를 임시로 지정하였다. 예를 들어, 3장에서 다룬 매출액과 선행지표 자료에 대해 다음과 같은 동적회귀모형을 임시로 식별하였다.

$$\nabla Y_t = C + \frac{\omega_0 B^3}{1-\delta_1 B} \nabla X_t + \eta_t \tag{4.1}$$

임시로 식별된 전이함수모형의 차수 (b,r,h)는 (3,1,0)이며, 오차항계열 (N_t)에 대해 ARIMA(0,1,1)모형(또는 차분이 취해진 오차항계열(η_t)에 대해서 MA(1) 모형)인 $\eta_t = \nabla N_t = (1-\theta_1 B)\epsilon_t$ 로 식별하였다.

입력변수(들)와 출력변수 간의 관계를 구체적으로 알고 싶으면, [4.1]식을 다음과 같이 전개하면 될 것이다.

$$(1-\delta_1 B)\nabla Y_t = C^* + \omega_0 B^3 \nabla X_t + \eta_t^*$$

$$\nabla Y_t = C^* + \delta_1 \nabla Y_{t-1} + \omega_0 \nabla X_{t-3} + \eta_t^* \tag{4.2}$$

물론 이때 C^*과 η_t^*는 재조정된 상수항과 오차항계열이다.

모형구축의 다음단계는 주어진 자료를 이용하여 식별된 동적회귀모형의 모수를 추정하는 것이다. 이에 관한 자세한 사항은 5장에서 다루기로 하자.

동적회귀모형 [4.1]식을 추정하기 위해서는 다음과 같이, PASW 17.0(또는 18.0)의 팝업메뉴에서 분석(A) ▸ 예측 ▸ 모형생성(C)... 을 선택한 후, "시계열 모형 생성기" 대화상자가 나타나면, '매출액(yt)'을 '종속변수(D):' 란으로, '선행지표(xt)'를 '독립변수(I):' 란으로 각각 이동시키고, '방법(M):' 란에서 

를 선택한다.

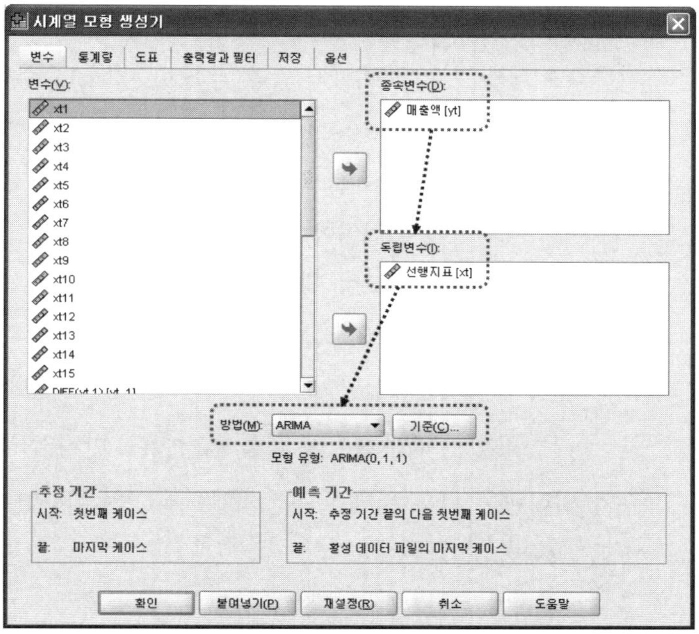

그리고, 기준(C)... 단추를 누른 후, 아래와 같이 "시계열 모형 생성기: ARIMA 기준" 대화상자의 좌측상단의 '모형' 단추를 누른다. 그리고, 앞에서 식별한 오차항계열의 ARIMA(0,1,1)모형의 요소인 '0 1 1'을 입력한다.

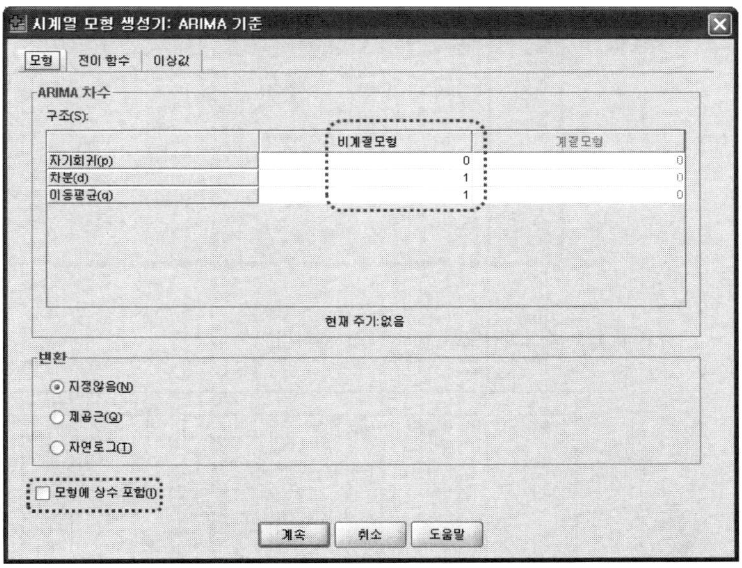

추가로 □모형에 상수 포함(I) 란에 체크표시를 제거한 이유는 다음에 주어진 전이함수요소를 모형에 포함시킨 후 추정한 결과, 상수항이 통계적으로 유의하지 않았기 때문이다(p값=0.120). 물론 모형을 추정할 때 우선적으로 상수항을 모형에 포함시킨 후 그 유의성을 점검해야 할 것이다.

이미 [4.1]식에서 전이함수요소를 $(b,r,h)=(3,1,0)$으로 식별한 바 있다. 아래 주어진 "시계열 모형 생성기: ARIMA 기준" 대화상자에서 '전이 함수' 단추를 누른 후, 3가지 요소를 하나씩 입력한다. 다시 말해서, '보류(D):' 란에 '$b=3$'을, 분자에는 ω_0 만이 있기 때문에 '분자' 란에 '$h=0$'을, 분모에는 $(1-\delta_1 B)$이 있기 때문에 '$r=1$'을 입력한다. 마지막으로 [4.1]식에서 출력변수와 입력변수 모두 비계절적인 차분$(d=1)$을 취하였기 때문에 '차분' 란에 '1'을 입력한다.

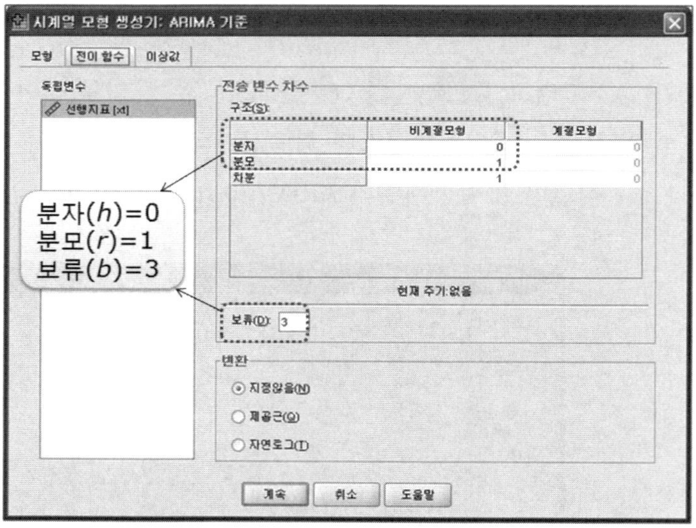

[표 4.1] 동적회귀모형 [4.1]식의 추정결과

ARIMA 모형 모수								
					추정값	SE	t	유의확률
매출액-모형_1	매출액	변환 안 함	차분		1			
			MA	시차 1	.323	.080	4.036	.000
	선행지표	변환 안 함	지연		3			
			분자	시차 0	4.720	.070	67.337	.000
			차분		1			
			분모	시차 1	.725	.005	135.122	.000

그 결과 추정된 3개의 모수가 통계적으로 모두 유의한 것을 확인할 수 있으며, 이를 정리하여 동적회귀모형으로 표현할 수 있다.

$$\nabla Y_t = \frac{4.72B^3}{1-0.73B}\nabla X_t + (1-0.32B)\hat{\epsilon_t} \qquad [4.3]$$

본 절에서는 고려한 동적회귀모형이 타당한지 여부를 결정하기 위해 몇 가지 검진방법을 살펴보기로 한다. 만일 식별된 모형이 타당하지 않으면 다른 모형을 재식별해야 할 것이다.

다음 소개할 방법들은 동적회귀모형의 통계적인 타당성을 검진하는데 유용하다. 그러나, 이 도구들을 사용하여 검진함으로써 적절한 입력변수를 선택했다든지 혹은 적절한 입력변수들을 모두 모형에 포함시켰다는 것을 보장할 수는 없다. 이를 해결하기 위해서는 출력변수의 성질에 관련된 이론(경제학, 경영학, 생물학, 산업공학, 심리학 등)을 참고해야 할 것이다.

4.1.1 잔차 교차상관함수

검진단계에서 주로 사용되는 도구는 잔차 교차상관함수이다. 이 함수는 동적회귀모형에서 생성된 찬차($\hat{\epsilon_t}$)와 입력계열(들)을 ARIMA모형으로 모형화할 때 생성된 현재시차와 과거시차들의 잔차($\hat{\alpha_t}, \hat{\alpha}_{t-1}, \hat{\alpha}_{t-2}, \cdots$) 사이의 관계를 나타낸다.

적절한 전이함수가 $(\omega_0 + \omega_1 B + \omega_2 B^2)X_t$ 인데 $(\omega_0 + \omega_1 B)X_t$ 로 추정되었다고 가정하자. $(\omega_2 B^2)X_t$ 가 모형으로부터 제외되었기 때문에, 두 개 시차를 앞선 입력변수(X_{t-2})와 출력변수(Y_t) 사이에 관련된 변동부분이 추정된 전이함수로 설명되지 않는다. 대신 Y_t 의 설명되지 않은 부분이 동적회귀모형의 잔차계열에 나타날 수 있다. 즉, 동적회귀모형에 근거하여 생성된 잔차계열($\hat{\epsilon_t}$)과 X_t 의 ARIMA모형에 근거하여 생성된 두 시점 앞의 잔차($\hat{\alpha}_{t-2}$) 사이의 상관관계를 살펴봐야 할 것이다. 따라서 잔차 교차상관함수를 사용하여 전이함수를 평가할 수 있으며, 동시에 적절한 전이함수를 찾을 수 있는 단서를 구할 수 있다.

잔차 교차상관함수는 다음과 같이 정의한다.

$$r_k^* = \frac{c_{\alpha\epsilon}(k)}{\hat{\sigma}_\alpha \hat{\sigma}_\epsilon}, \quad k = 1, 2, 3, \cdots \qquad [4.4]$$

여기에서 $\hat{\sigma}_\alpha$ 와 $\hat{\sigma}_\epsilon$ 는 각각 $\hat{\alpha}_t$ 와 $\hat{\epsilon}_t$ 의 잔차의 표준편차이며, $c_{\alpha\epsilon}$ 는 두 계열의 표본 공분산으로 다음과 같이 계산된다.

$$c_{\alpha\epsilon}(k) = \sum_{t=1}^{n-k} (\hat{\alpha}_t - \bar{\alpha})(\widehat{\epsilon_{t+k}} - \bar{\epsilon})/n, \quad k = 1, 2, 3, \cdots \qquad [4.5]$$

여기에서 $\bar{\ }$ 는 표본평균을 나타낸다.

잔차 교차상관계수들은 단지 모수(ρ_k^*) 의 추정값이며 표집변동에 좌우된다. 잔차 교차상관계수가 통계적으로 유의한지 여부를 결정하기 위해서는 다음과 같이 두 개의 가설을 설정한다.

$$H_0 : \rho_k^* = 0, \quad k = 1, \cdots, K \text{ 대 } H_a : \rho_k^* \neq 0$$

만일 α_t 와 ϵ_t 가 서로 독립이며 정규분포를 따르고 이 계열들 중 하나가 백색잡음이면, r_k^* 는 근사적으로 다음과 같은 표준오차를 갖는다(Box 외 2인, 1994).[1]

$$s.e.(r_k^*) = n^{-\frac{1}{2}} \qquad [4.6]$$

여기에서 n은 $\hat{\alpha}_t$ 와 $\hat{\epsilon}_t$ 를 얻기 위해 사용된 표본 수 중 작은 것이다(참고로 [4.6]식을 사용하면, 단기시차(예: k =0,1,2,3)에서 표준오차를 과도추정하는 경향이 있다).

매출액 및 선행지표 자료의 경우 잔차 교차상관함수를 구하기 위해서

1) G. E. P. Box, G. M. Jenkins, & G. C. Reinsel (1994), *TIME SERIES ANALYSIS: Forecasting and Control*, 3rd ed., Prentice Hall.

는 입력변수인 선행지표를 ARIMA(0,1,1)모형으로 적합한 후, 생성된 잔차(xt-모형_1의 잡음잔차)와 앞에서 언급한 동적회귀모형을 적합 후 생성된 잔차(yt- 모형_1의 잡음잔차) 간의 상관계수를 구하면 된다. 참고로 3.1절의 [3.3]식에서 이미 $\nabla X_t = (1-0.448B)\hat{\epsilon_t}$ 을 적합시킨 바 있다. 물론 PASW 17.0(또는 18.0)에서 두 개의 모형에 근거한 잔차를 생성하기 위해서는 아래와 같이 각 모형을 추정할 때 "시계열 모형 생성기" 대화상자의 '저장' 단추를 누른 후 '잡음 잔차'를 선택하면 될 것이다.

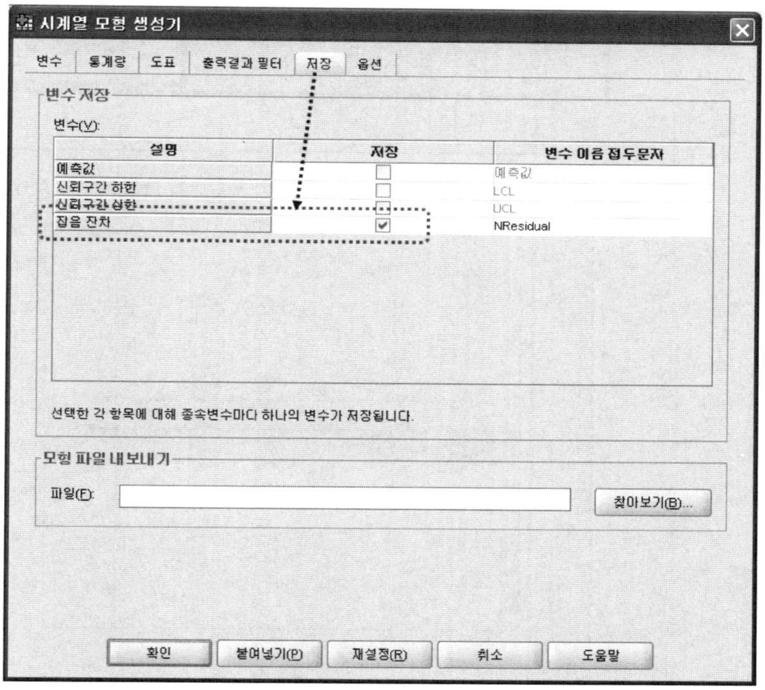

이를 PASW 17.0(또는 18.0)으로 적용하기 위해서는, 팝업메뉴에서 분석(A) ▸예측 ▸교차상관(R)을 선택한 후, "교차상관 도표" 대화상자의 생성된 두 개의 잔차(xt-모형_1의 잡음잔차와 yt-모형_1의 잡음잔차)를 '변수' 란으로 동시에 이동시킨다.

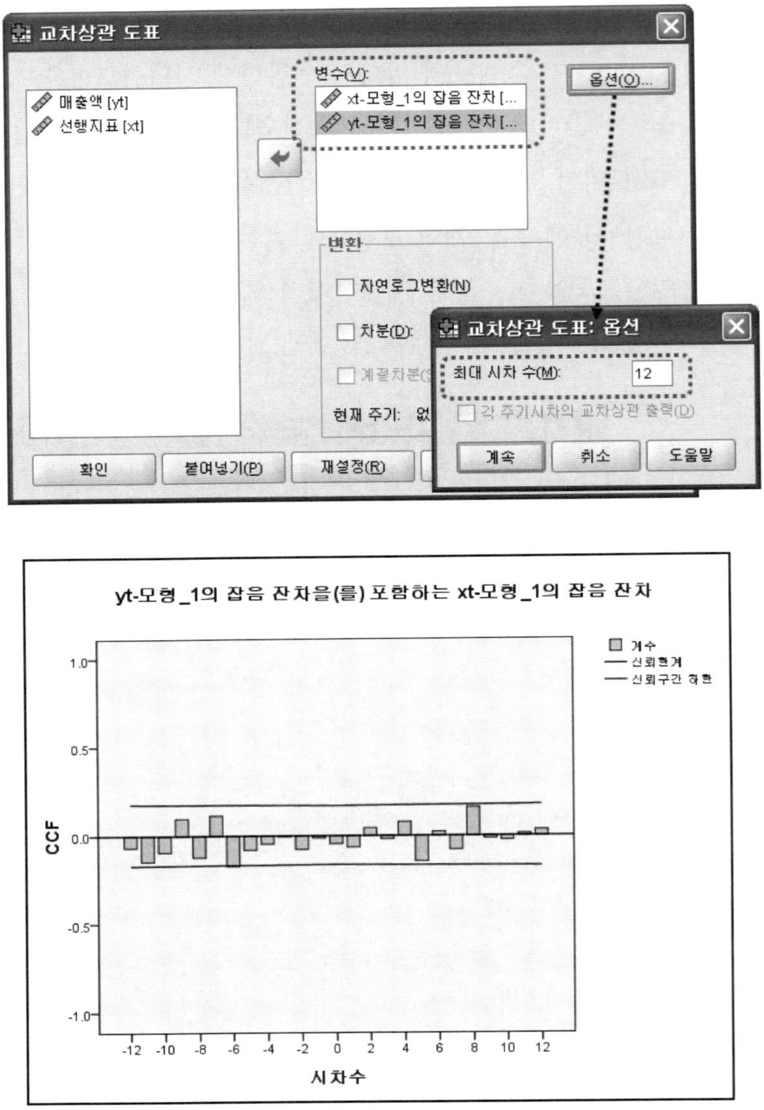

[그림 4.2] 매출액 및 선행지표에 대한 교차상관함수

그 결과 신뢰한계선 밖으로 튀어나온 잔차 교차상관계수는 하나도 발견할 수 없기 때문에, [4.1]식에서 고려한 동적회귀모형의 전이함수가 선행지표(X_t)에 대한 반응을 적절하게 포착하였다고 말할 수 있다.

1) 총체적 검정

또 다른 검정방법으로는 k개의 잔차 교차상관계수를 하나의 덩어리로 간주하여 검정한다. 이때 귀무가설은 "$H_0:\ \rho_0^* = \rho_1^* = \cdots = \rho_k^* = 0$", 대립가설은 "$H_a : \rho^*$ 값들 모두가 '0'은 아니다"이다. Ljung과 Box(1978)[2]는 이 검정을 하기 위해 다음과 같은 검정통계량을 제시하였다.

$$S^* = n^2 \sum_{k=0}^{k} \frac{(r_k^*)^2}{n-k} \qquad [4.7]$$

여기에서 n 은 $\widehat{\alpha_t}$ 또는 $\widehat{\epsilon_t}$ 를 얻기 위해 사용된 관측값 수 중 작은 것을 나타낸다. 귀무가설에서 S^* 는 근사적으로 자유도가 $(k+1-m)$인 χ^2 분포를 따른다. 이때 m 은 동적회귀모형의 전이함수부분에서 추정된 모수의 수이다. m은 오차항 ARIMA모형의 모수를 포함하지 않는다. ϵ_t 와 α_t 사이의 모집단에 근거한 모든 교차상관계수가 '0'이면, S^* 는 작아져야 할 것이다.

2) 모형의 재식별

잔차 교차자기함수를 사용하여 전이함수모형을 곧바로 재식별하기가 어려울 수 있다. 예를 들어, 적절한 전이함수가 $(\omega_0 + \omega_1 B) X_t$ 라 할 때 $\omega_0 X_t$ 로 추정할 수 있다. 실제로 잔차 교차상관함수의 시차 0 또는 1 아니면 두 시차 모두에서 유의한 값을 가질 수 있다. 심지어 감소패턴을 나타낼 수 있다. 다음 주어진 몇 가지 분석전략을 고려하면, 전이함수를 재식별하는 데 도움이 될 수 있다.

① 기본적으로 잔차 교차자기상관함수를 사용하여 적절하지 못한 모형을 찾을 수 있으며, 추가로 대안으로 사용할 모형을 고려할 수 있다.

② 만일 잔차 교차자기상관함수를 사용하여 전이함수가 적절하지 않다고 생각되면, 선형전이함수의 식별단계에서 얻은 추정된 임펄스

---

2) G. M. Ljung, & G. E. P. Box (1978), "On a Measure of Lack of Fit in Time Series Models," *Biometrika*, 65, 297~303.

반응함수로 다시 돌아가서 대안으로 사용할 모형을 고려한다.

③ 만일 고려된 전이함수가 적절하지 않아 표본 임펄스 반응함수를 재 고려해도 여전히 별다른 정보를 얻지 못하면, 전이함수에 한번에 한 항씩 추가시킨다. 보통 분모요소인 $\delta(B)$ 에 항을 추가시키는 것보다 분자요소인 $\omega(B)$ 에 항을 추가시키는 것이 더 효과적인 경우가 많다.

4.1.2 자기상관함수 점검

잔차계열($\hat{\epsilon_t}$)의 잔차 자기상관함수를 조사하여 동적회귀모형의 오차항계열에 대한 ARIMA모형의 적합성을 점검한다. 또한 잔차계열에 추가된 정보를 얻기 위해 추정된 편자기상관함수를 조사한다. 추정된 자기상관함수를 사용하여 귀무가설 $H_0: \rho_k(\epsilon)=0,\ k=1,\cdots,K$ 를 검정한다. 이때 $\rho_k(\epsilon)$ 는 시차 k 에서 잔차계열(ϵ_t) 의 모집단 자기상관계수이다. 대립가설은 $H_0: \rho_k(\epsilon)\neq 0$ 이다. 검정통계량은 $k=1,2,\cdots,K$에 대해 잔차 자기상관계수인 $r_k(\hat{\epsilon})$ 이다.

여기서 중요하게 고려할 점이 있다. 오차항 ARIMA모형이 설사 적절하더라도, 전이함수모형이 잘못 구축되면 잔차 자기상관함수가 유의할 수 있다는 점이다. 따라서 잔차 교차상관함수와 잔차 자기상관함수 모두를 사용하여 모형이 부적절하다고 판단되면, 동적회귀모형의 전이함수부분을 먼저 재식별하는 것이 좋다. 이 재식별방법을 통해 오차항 ARIMA모형 부분을 손대지 않고 상관되지 않은 잔차계열($\hat{\epsilon_t}$)을 얻을 수도 있다.

1) 총체적인 검정

귀무가설 $H_0: \rho_1(\epsilon)=\rho_2(\epsilon)=\cdots=\rho_k(\epsilon)=0$ 을 검정하기 위해 근사된 χ^2 통계량을 사용한다. 물론 대립가설은 "ρ 모두가 '0'이 아니다"이다. 개별적으로 모든 계수들이 표준오차보다 훨씬 작더라도 한 덩어리로서 잔차 자기상관함수에 특정적인 패턴이 존재할지도 모르므로 이 검정은 유용하다.

더구나 잔차 자기상관함수의 표준오차공식

$$s(r_k) = (1+2\sum_{j=1}^{k-1} r_j^2)^{1/2} / \sqrt{n^*}, \quad n^* \text{는 표본의 크기}$$

은 단기시차(예: 시차 1,2,3)에서 표준오차들이 더 크게 계산되는 경향이 있다. 따라서 총체적인 검정을 통해 부적절한 오차항 ARIMA모형을 탐색할 수 있다.

다음 주어진 검정통계량은 Ljung과 Box(1978)[3]이 제시한 것이다.

$$Q^* = n(n+2)\sum_{k=1}^{k} \frac{r_k^2(\hat{\epsilon})}{(n-k)} \qquad [4.8]$$

귀무가설하에서 Q^* 는 근사적으로 자유도가 $(K-m)$인 χ^2 분포를 따른다. 여기에서 m은 오차항 ARIMA모형에서 추정할 모수의 수이다. 참고로 추정할 전이함수 모수의 수는 m에 포함되지 않는다. 즉, Q^* 의 값이 작을수록 전이함수모형에서 오차항계열을 표현하는 ARIMA모형이 부적절하다고 말할 수 없다.

4.1.3 이상값 점검

이상값(outliers)을 점검하기 위해 표준화된 동적회귀모형의 잔차들을 플롯하면 도움이 된다. '표준화된 잔차'는 잔차($\hat{\epsilon}_t$)를 각각의 잔차 표준편차($\hat{\sigma}_\epsilon$)로 나눠서 구할 수 있다. '표준화된 잔차'의 절대값이 어느 특정값(예: 3.0, 3.5, 4.0)보다 크면 이를 중요시 여겨야 한다. 물론 몇 개의 잔차는 우연히 클 수도 있다.

만일 이상값이 알려진 외적인 사건과 관련이 있다면, 사건을 나타낼 이분형(0 또는 1) 입력변수를 동적회귀모형에 포함시켜 수정해야 할 것이다.

---

3) G. M. Ljung, & G. E. P. Box (1978), "On a Measure of Lack of Fit in Time Series Models," *Biometrika*, 65, 297~303.

1장에서 소개한 개입모형이 이에 해당하는 경우이다.

다음 주어진 그래프는 동적회귀모형 [4.3]식에 대해 잔차를 플롯한 것이다. 이 잔차들 중 절대값이 '2.0'보다 큰 것은 하나도 없다. 이 플롯을 통해 눈에 띄게 큰 이상값은 존재하지 않음을 알 수 있다.

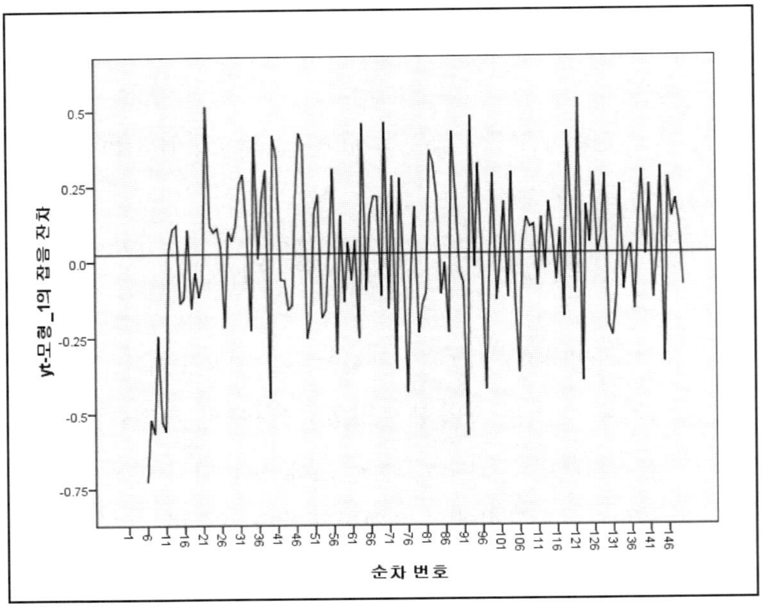

[그림 4.3] 모형 [4.1]식의 잔차도표

4.1.4 정규성 점검

동적회귀모형에 근거하여 얻어진 잔차들이 근사적으로 정규분포를 따르는지 여부를 점검해야 한다. 동적회귀모형에서 추정된 계수들이 갖는 정당성은 백색잡음들(ϵ_t) 이 정규분포를 따른다는 가정에 있다. 모형에 근거하여 얻어진 잔차들을 통해서 백색잡음의 정규성을 진단하는 방법으로 우선 그래프를 이용하는 방법이 있다.

잔차들의 히스토그램을 그려서 대략적으로 정규성을 조사할 수 있다. 추가로 정규 Q-Q도표(또는 정규 P-P도표)를 조사할 수 있다. 즉, 표준화된 잔차를 순서대로 나열시킨 뒤 순위로 순서 매겨진 표준정규자료에서 뽑은 정규값들과 대응시켜 플롯시킨다. 만일 잔차들이 대략 정규성을 만족시키면, 정규 Q-Q도표(또는 정규 P-P도표)는 거의 직선형태가 된다.

그러나, 종종 이렇게 그래프에 의존한 방법으로 어느 정도 직선형태를 가져야만 백색잡음의 정규성이 만족하는지 여부를 판단하는 데 어려움이 있다. 이를 보다 계량화시켜 객관적으로 판단하기 위해서 두 개의 검정 통계량 즉, Kolmogorov-Smirnov검정과 Shapiro-Wilk검정을 사용할 수 있다. 물론 여기에서 귀무가설이 만족하면 정규성을 만족하는 것을 의미한다.

PASW 17.0(또는 18.0)을 사용하여 정규성을 검정하기 위해서는, 팝업메뉴에서 분석(A) ▸ 기술통계량 ▸ 데이터탐색(E)... 을 선택한 후, "데이터 탐색" 대화상자가 나타나면, 'yt-모형의 잡음잔차'를 '종속변수(D):'로 이동시킨다. 그리고 '도표' 단추를 누른 후, ☑ 검정과 함께 정규성도표(O) 를 체크하면 된다.

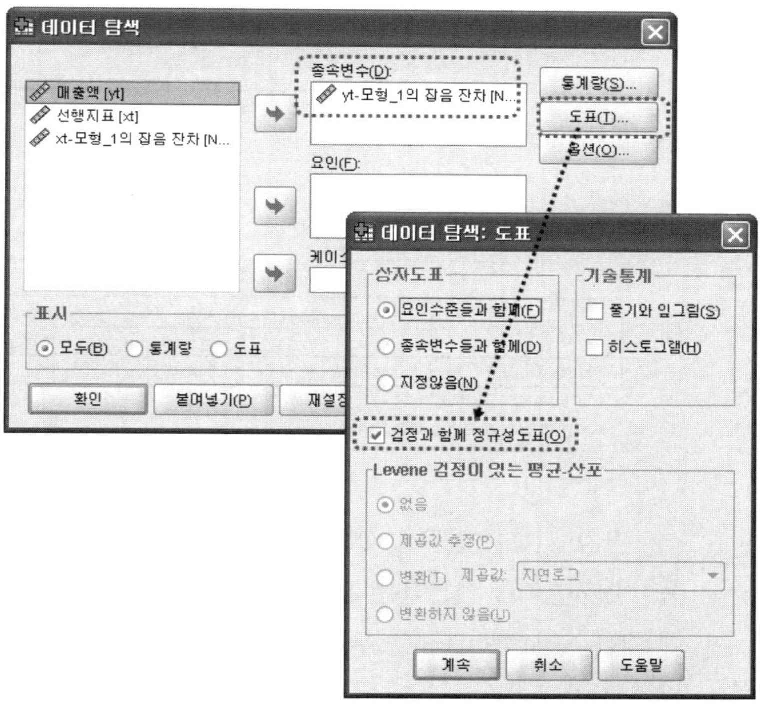

그 결과 다음과 같이, 정규 Q-Q도표와 두 개의 검정통계량을 동시에 얻을 수 있다.

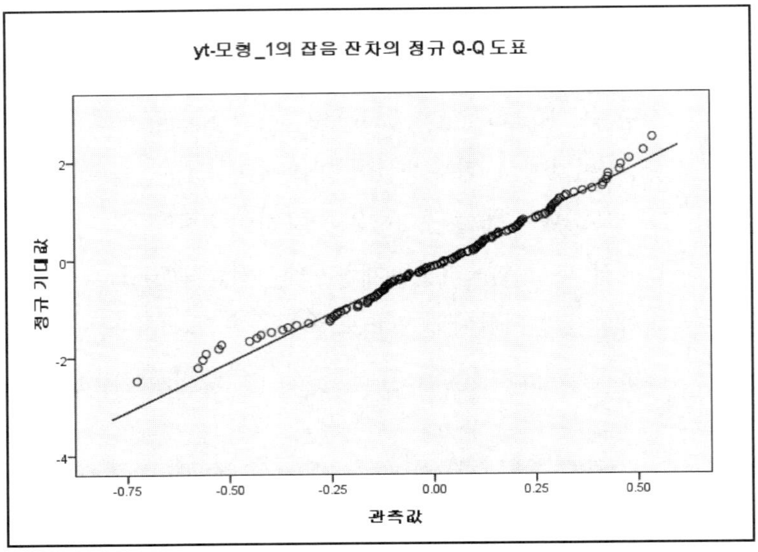

[그림 4.4] 정규 Q-Q도표

[표 4.5] 정규성 검정

정규성 검정

	Kolmogorov-Smirnov[a]			Shapiro-Wilk		
	통계량	자유도	유의확률	통계량	자유도	유의확률
yt-모형_1의 잡음 잔차	.048	145	.200*	.985	145	.108

a. Lilliefors 유의확률 수정

*. 이것은 참인 유의확률의 하한값입니다.

잔차에 대한 정규 Q-Q도표가 거의 직선형태를 가지기 때문에 백색잡음이 정규분포를 따른다는 가정이 합당해 보인다. 또한 두 개의 검정통계량에 대한 p값(0.200, 0.108) 모두 유의수준 5%보다 크기 때문에 이러한 판단을 더욱 지지해준다.

4.2 추정결과를 평가

추정결과를 통해 동적회귀모형을 평가하는 데 필요한 정보를 얻을 수 있으며 더 개선할 점을 판단할 수 있다. 모형을 진단하는 목적은 고려한 모형을 평가하고 가능한 더 나은 모형을 찾는데 있기 때문에 본 절에서는 4.1절을 보충하는 데 초점을 둔다.

4.2.1 모수절약의 원칙

좋은 모형은 모수가 절약되어야 한다. 식별단계에서 자료를 적절하게 표현할 수 있는 범위 내에서 모형을 단순화시키는 데 특히 신경을 쓴다. 모수절약의 원칙은 4.2.5절에서 다룰 계수중복성 문제와 관련이 있다.

매출액과 선행지표 사이의 관계인 [4.3]식은 좀 복잡하다. 즉,

1) 두 개의 비정상적인 계열
2) 임펄스 반응함수에서 무반응시간($b=3$)
3) 임펄스 반응함수에서 무반응시간 후 나타나는 패턴
4) 결정적인 추세요소(상수항)
5) 시간구조로 된 오차항 계열들이 포함되어 있다.

모형 [4.3]식은 단지 4개의 계수들만을 포함시켜(즉, 모수가 절약된) 복잡하게 얽힌 관계를 포착하였다.

4.2.2 계수의 유의성

동적회귀모형 내의 추정된 계수들은 통계적으로 유의해야 한다. 계수의 유의성검정을 하기 위해서 H_0 : 모수$=0$ 대 H_a : 모수$\neq 0$ 인 가설을 세워 검정한다. 만일 백색잡음항(ϵ_t)이 정규분포를 따른다면, 동적회귀모형의 추정된 계수값(들)은 반복표집에서 근사적으로 t-분포를 따르는 것으로 취급한다.

경험적으로 대표본(예: $n>50$)에서 추정된 계수값을 계수들 각각의 표

준오차로 나눈 절대값(즉, 근사된 t-통계량의 절대값)이 '2.0' 이상이면 귀무가설을 기각한다. 이 방법은 1) 일반적으로 t-통계량값이 다만 근사된 것에 불과하며 2) 계수에 대한 t-통계량의 절대값이 '2.0' 이하이더라도 주어진 항이 모형 내에서 차지하는 비중을 나타내기 때문에 엄격히 따를 필요는 없다. 매출액과 선행지표에 관한 동적회귀모형 [4.3]식에서 추정된 모든 계수가 5% 유의수준에서 매우 유의하다.

4.2.3 안정성, 정상성 및 가역성

동적회귀모형에서 출력변수는 입력변수의 변화에 안정하게 반응해야 한다. 이를 수학적으로 표현하면, 각 특성방정식($\hat{\delta}_i(B)=0$)의 모든 근이 단위원 바깥에 존재함을 의미한다.

$r=1$에 대해 안정성 조건은 $|\hat{\delta}_1|<1.0$이다. 매출액과 선행지표 자료의 모형 [4.3]식에서 $\hat{\delta}_1=0.73$이므로 안정성 조건을 만족한다. 따라서, 입력변수 X_t가 유한적으로 변화하면 출력변수 Y_t 역시 유한적으로 변화한다. 여기에서, $\dfrac{\hat{\omega}_0}{(1-\hat{\delta}_1 B)}=\dfrac{4.72}{1-0.73}\approx 17.48$이다. 즉, X_t가 1단위 증가하면 결국 Y_t는 '17.48'단위만큼 증가하게 된다.

동적회귀모형에 포함된 ARIMA모형의 자기회귀계수(들)를 통해 정상성을 점검한다. 특성방정식 ($\hat{\phi}(B)=0$과 $\hat{\Phi}_s(B^s)=0$)의 모든 근이 단위원 바깥에 놓여 있어야 한다. 차분 후 매출액과 선행지표 모형인 [4.3]식에서 자기회귀항은 하나도 없기 때문에 자동적으로 정상성이 만족된다.

동적회귀모형 내 오차항 ARIMA모형에서 이동평균계수(들)를 통해 가역성을 점검할 수 있다. 가역성을 만족하기 위해서는 특성방정식($\hat{\theta}(B)=0$과 $\hat{\Theta}_s(B^s)=0$)의 모든 근이 단위원 바깥에 놓여 있어야 한다. 오차항 ARIMA모형이 가역적이라는 것은 "동적회귀모형의 예측함수 내에 먼 과거 오차항값들보다 현재시점에 가까운 오차항값($\hat{N}_t$)이 더 가중값을 갖는다"는 것을 의미한다. 만일 자료를 차분하여 비가역적이 되면, 모형에 결정적인 패턴이 존재함을 의미한다. 이때 동적회귀모형을 수정해야 한다. 예를 들어, 자료를 계절적 차분하여 $\widehat{\Theta}_s = 1.0$ 값을 얻게 되면, 계절적 가변수들을 사용하여 Y_t 내에 존재하는 계절적 패턴을 모형화한다.

$q=1$에 대한 가역성 조건은 $|\widehat{\theta}_1| < 1.0$ 이다. 매출액과 선행지표 자료의 모형 [4.3]식에서 $|\widehat{\theta}_1| = 0.32 < 1.0$이므로 가역성 조건을 만족한다.

4.2.4 추정계수의 상관성

동적회귀모형 내 추정된 계수들이 서로 크게 상관되는 것은 바람직하지 못하다. 추정된 계수들끼리 서로 상관되지 않을 수는 없다. 상관계수가 크다는 사실은 추정된 계수들이 특정적인 표본에 매우 민감하여 신뢰성이 적어진다는 것을 의미한다. 또한 모형 내에서 모수를 절약하지 않았다는 점을 내포한다. 이때 더 적은 수의 추정된 계수들을 사용하여 자료를 적절하게 표현할 수 있는 대체모형을 신중히 고려해야 할 것이다.

경험상 상관계수의 절대값이 '0.9'보다 큰 경우에 주의를 기울여야 한다. 그러나, 몇몇 경우에 있어서 특히 적절한 모형이 식별했을 때 여러 조건들을 만족하지만 상관계수가 클 수가 있다. 이는 특히 자기회귀계수들 사이의 상관계수가 클 경우 발생한다. 자기회귀계수들은 자주 크게 상관되지만, 이들이 모형 내에서 중요한 역할을 할 수 있다. 예를 들어, 오차항계열이 $p=2,\ P=2$인 ARIMA모형을 따르고, 이 계수들이 확률적 주기를 나타나는데 중요할 수 있다. 이 경우 상관계수들의 절대값이 '0.9'보다 크더라도 고려한 모형을 채택해야 한다.

매출액과 선행지표 자료의 모형 [4.3]식에 근거하여 계산한 상관계수 중 '0.9'보다 큰 것은 하나도 없다.

4.2.5 계수중복성

때때로 전이함수의 구성요소 또는 ARIMA의 구성요소에서 불필요하거나 중복된 계수(들)를 발견할 수 있다. 이 경우 모수절약의 원칙에 위배되며 불

안전한 추정값을 가질 수 있다. 참고로 ARIMA모형의 모수중복에 관한 것은 정동빈(2009)[4]을 참고할 수 있다. 다음 주어진 모형은 중복된 계수들을 나타낸 예이다.

$$Y_t = 5X_t + \frac{1-0.5B}{(1-0.5B)\nabla}\epsilon_t \qquad [4.9]$$

[4.9]식에서 분자의 이동평균 연산자 (1–0.5*B*)는 분모의 자기회귀 연산자(1–0.5*B*)와 같기 때문에 이들을 제거하면, 다음과 같이 더 단순한 모형을 얻을 수 있다.

$$Y_t = 5X_t + \frac{1}{\nabla}\epsilon_t \qquad [4.10]$$

예를 들어, 다음 주어진 모형을 통해 계수의 중복성을 알아보자.

$$Y_t = \frac{2-0.33B-0.75B^2}{1-0.72B}X_t + \frac{1-0.48B}{1+0.28B-0.41B^2}\epsilon_t \qquad [4.11]$$

전이함수의 분자와 ARIMA구성요소 중 분모를 근사적으로 인수분해하면,

$$Y_t = \frac{(2+1.1B)(1-0.7B)}{(1-0.72B)}X_t + \frac{(1-0.48B)}{(1-0.5B)(1+0.8B)}\epsilon_t \qquad [4.12]$$

가 된다. 여기에서 계수들이 서로 비슷한 두 개의 항 즉, (1–0.7*B*)와 (1–0.72*B*), (1–0.48*B*)와 (1–0.5*B*)를 제거할 수 있다.

계수중복성을 피하는 방법 중 하나는 가장 단순하며 합당한 모형부터 식별을 시작하며 필요하다면 한번에 하나씩 계수를 추가시킨다. 특히 계수들을 분모와 분자 동시에 추가시키지 않는 것이 좋다. 또한 3장에서 언급한 5개의 식별전략들을 통해 계수중복성을 피할 수 있다. 매출액과 선행지표

4) 정동빈 (2009), ≪시계열 수요예측 I≫, 한나래아카데미.

자료의 모형 [4.3]식에는 중복된 계수가 없다.

4.2.6 모형 해석

추정된 모형은 납득할 만하고 호소력이 있게 해석되어야 된다. 따라서 추정된 계수들의 부호와 크기가 합당한 모형을 선호한다.

동적회귀모형의 가장 폭넓은 해석은 다음과 같다. Y_t 의 동적회귀 예측값들은 입력변수의 가중합과 추정된 오차항계열의 가중합을 더한 것이다. 만일 예측할 동적회귀모형에서 전이함수 부분만을 사용한다면 오차항은 1단계 전방예측오차가 된다.

매출액과 선행지표 자료의 동적회귀모형 [4.3]식을 다음과 같이 해석할 수 있다. X_t 가 1단위만큼 증가할 때 Y_t 는 3시점($b=3$) 동안 반응을 하지 않는다. 그후 Y_t 는 처음 '4.72'단위($\widehat{\omega_0}=4.72$) 로 시작하면서 증가한다($\widehat{\omega_0}$ 가 양수). Y_t 는 시간이 흐름에 따라 Koyck형태의 감소패턴(1차 지수적 패턴)에 따라 감소계수 $\widehat{\delta_1}(=0.73)$ 만큼 줄어들면서 증가한다. 상수항은 전이함수 또는 오차항 ARIMA패턴에 나타나는 움직임뿐만 아니라, 각 시점에 '상수항값(이 자료의 경우 0)' 단위만큼 Y_t 를 증가시키는 예측함수에서 결정적인 경향 구성요소이다. Y_t 에 대한 예측값들은 추정된 오차항계열($\widehat{N_t}$) 의 EWMA모형(1차 지수적 가중 이동 평균)에 영향을 받게 된다.

4.2.7 적합도

추가로 점검해야 할 것은 동적회귀모형의 적합도이다. 특히 동적회귀모형에 근거하는 얻은 잔차의 표준오차를 고려하여, 출력변수를 ARIMA모형으로 적합시킨 후 생성된 잔차의 표준오차와 비교한다. 만일 Y_t 에 대해 고려한 ARIMA모형을 동적회귀모형과 비교하여 Y_t 의 형태와 거의 비슷하게 설명할 수 있다면 동적회귀예측모형을 고려할 가치는 없다. 반면에 예측보다는 오히려 입력변수들의 역할을 평가하는 데 관심이 있다면, Y_t 에 대한 동적회귀모형과 ARIMA모형의 적합도를 비교하는 데 신경을 덜 써도 될 것이다.

잔차의 표준오차는 예측오차에 대한 표준편차의 크기와 관련이 있기 때문에 유용하다. 따라서 잔차의 표준오차는 예측값에 대한 신뢰구간의 크기와 관계가 있다. 동적회귀모형의 예측값에 대한 신뢰구간은 5장에서 다루기로 한다. 예를 들어 $b>0$이거나 입력변수들이 결정적이면, 1시점 후 예측값의 표준편차는 동적회귀모형의 잔차 표준오차($\hat{\sigma}_{\epsilon}$)와 동일하게 된다. 이 경우 미래 관측값(Y_{n+1}) 에 대한 근사된 95% 신뢰구간은 $\widehat{Y}_n(1)\pm 2\hat{\sigma}_{\epsilon}$ 가 된다. 여기에서 $\widehat{Y}_n(1)$은 원점 $t=n$ 으로부터 미래 관측값(Y_{n+1})의 1시점 후 예측값이다.

매출액과 선행지표 자료의 모형 [4.3]식의 잔차(NResidual_xt_모형_1)의 표준오차는 $\hat{\sigma}_{\epsilon}=0.25$ 이다. 이 값은 Y_t 를 ARIMA(1,1,1)모형으로 적합시킨 후 얻은 잔차(NResidual_xt_모형_1_A)의 표준오차(1.33)보다 훨씬 작다.

참고로 잔차의 표준잔차는 팝업메뉴의 분석(A) ▸ 기술통계량 ▸ 빈도분석(F) 또는 기술통계(D) 또는 데이터탐색(E)... 을 선택한 후, 각 대화상자에서 잔차(NResidual_xt_모형_1와 NResidual_yt_모형_1_A)의 '표준편차'를 구하면 된다.

$b>0$이므로 1 시점 후 예측값의 표준편차는 동적회귀모형에 근거하여 얻은 잔차 표준편차와 동일하다. 따라서 1 시점 후 예측값에 대한 근사된 95% 신뢰구간은 대략 $\widehat{Y}_n(1)\pm 2(0.25)$ 가 된다.

4.2.8 예측 정확도

동적회귀모형이 "주어진 자료에 얼마나 잘 적합할까?"라는 의문점은 모형이 잠재적으로 얼마나 유용한지를 나타내 주는 정보이다. 그러나, 동적회귀예측모형의 최종 검정방법은 실제로 예측을 얼마나 정확하게 하는지의 능력(예측력)이다. 이를 측정하기 위해서는 고려한 동적회귀모형에 근거하여 산출된 예측값을 계속해서 예의주시해야 한다. 만일 상대적으로 표본크기가 작은 상황에서 동적회귀모형을 구축하였다면 이러한 점검은 특히 중요할 것이다. 이 경우 자료를 추가시킬 때 동적회귀모형이 변할 수 있기 때문이다. 시간이 흐름에 따라 실제 발생한 관측값들이 계속해서 모형에 근거한 신뢰한계선 밖에 있으면, 식별된 동적회귀모형이 적절하지 않음을 나타내는 중요한 단서가 된다.

분석자 의도에 맞고 본 장에서 언급한 기준들을 충실히 이행하여 얻은 동적회귀모형일지라도 만족할 만큼 정확히 예측을 못할 수 있다. 이 경우 분석자는 만족스러운 수준까지 예측 정확도를 개선할 수 있도록 추가로 필요한 입력계열(들) 및 다른 정보를 찾아야 할 것이다.

5장 동적회귀모형의 구축: 추정 및 예측

Demand Forecasting of Time Series

5.1 동적회귀모형의 추정

식별단계에서 전이함수모형의 차수 (b,r,h)와 오차항계열에 대한 ARIMA 모형의 차수인 $(p,d,q)(P,D,Q)$를 임시로 지정하였다. 매출액과 선행지표 자료에 대해 다음과 같이 동적회귀모형을 이미 식별한 바 있다.

$$\nabla Y_t = C + \frac{\omega_0 B^3}{1-\delta_1 B}\nabla X_t + (1-\theta_1 B)\epsilon_t \qquad [5.1]$$

즉, 임시로 식별한 전이함수모형의 차수는 $(b,r,h)=(3,1,0)$, 오차항계열에 대해서는 ARIMA(0,1,1)모형이었다. 모형을 구축하는 두 번째 단계는 주어진 자료에 근거하여 식별된 동적회귀모형의 모수들을 추정한다.

PASW 17.0(또는 18.0)에서는 조건없는 최소제곱법(unconditional least squaress, ULS)과 조건적 최소제곱법(conditional least squares, CLS)을 이용하여 모수들을 추정할 수 있다.

5.1.1 두 개의 입력변수가 있는 동적회귀모형

표기법을 단순화하기 위해 추정된 계수에 circumflex(^)를 붙이지 않기로 한다. 입력변수가 2개$(M=2)$이며, 입력변수들과 출력변수 모두 차분된(평균이 정상적이 됨) 형태를 각각 y_t, $x_{1,t}$, $x_{2,t}$ 으로 표현할 때 다음 주어진 동적회귀모형을 고려해보자.

$$y_t = \frac{\omega_1(B)B^{b_1}}{\delta_1(B)}x_{1,t} + \frac{\omega_2(B)B^{b_2}}{\delta_2(B)}x_{2,t} + \frac{\theta(B)}{\phi(B)}\epsilon_t \qquad [5.2]$$

여기에서 $\omega_1(B)$, $\omega_2(B)$, $\delta_1(B)$, $\delta_2(B)$, $\theta(B)$, $\phi(B)$의 차수는 각각 h_1, h_2, r_1, r_2, q,p이며, 입력변수들$(x_{1,t}, x_{2,t})$에 대한 무반응시간은 각각 b_1과 b_2이다. 모형을 단순화시키기 위해 오차항에 대한 ARIMA모형의 승법적 계절항 (P,D,Q)는 무시하기로 한다.

5.1.2 계수들의 초기값들

[5.2]식을 추정하기 위해 우선 계수들에 몇 개의 초기값들을 부여해야 한다. 여기에서 '초기값'은 계수들의 값을, 후에 사용할 '시작값'은 시계열 변수들에 대해 계산될 값을 의미한다. 초기 계수값들은 자주 식별단계에서 정보를 얻을 수 있다. 예를 들어, $\omega_1(B)$와 $\delta(B)$의 추정값들은 임시로 식별된 선형전이함수의 ν가중값들($\nu_{1,0}, \nu_{1,1}, \cdots, \nu_{1,K_1}$)에 대한 추정값으로부터 구한다. 이때 K_i는 선형전이함수 추정에서 $x_{i,t}$에 대한 최대 시차길이를 나타낸다. 이는 2장에서와 같이 ω 가중값과 δ 가중값을 통해 ν 가중값을 찾는 방식과 비슷한 절차로 찾으면 된다. ARIMA모형 내 계수를 찾는데 여의치 않으면 초기값 '0.1'을 사용하면 잘 들어맞는다.

5.1.3 전이함수의 출력변수

다음은 초기 계수값들을 사용하여 시점 $t, t+1, t+2$에 대해 2개의 계열들을 되풀이하여(recursively) 계산한다.

$$\begin{aligned} y^*_{1,t} &= [\omega_1(B)B^{b_1}/\delta_1(B)]x_{1,t} \\ &= \delta_{1,1}y^*_{1,t-1} + \cdots + \delta_{1,r_1}y^*_{1,t-r_1} + \omega_{1,0}x_{1,t-b_1} + \cdots + \omega_{1,h_1}x_{1,t-b_1-h_1} \end{aligned} \tag{5.3}$$

$$\begin{aligned} y^*_{2,t} &= [\omega_2(B)B^{b_2}/\delta_2(B)]x_{2,t} \\ &= \delta_{2,1}y^*_{2,t-1} + \cdots + \delta_{2,r_2}y^*_{2,t-r_2} + \omega_{2,0}x_{2,t-b_2} + \cdots + \omega_{2,h_2}x_{2,t-b_2-h_2} \end{aligned} \tag{5.4}$$

모형 [5.2]식에서 보는 바와 같이, 두 계열은 계수들의 초기값들이 주어진 상황에서 $M=2$인 전이함수 구성요소로부터 산출된 출력계열이다. 즉, $y^*_{1,t}$는 초기계수값이 주어져 있을 때 [5.2]식의 전이함수

$\left[\frac{\omega_1(B)B^{b_1}}{\delta_1(B)}\right]x_{1,t}$ 에 의해 예측된 값들이고, $y^*_{2,t}$ 역시 초기계수값이 [5.2]식의 전이함수 $\left[\frac{\omega_2(B)B^{b_2}}{\delta_2(B)}\right]x_{2,t}$ 에 의해 예측된 값들이다.

[5.3]식에서 값들이 반복적으로 계산되므로, $y^*_{1,t}$ 를 계산하기 위해서는 $t=k_1$ 보다 앞서 ($k_1=\max[r_1+1, b_1+h_1+1]$), $y^*_{1,t}$ 에 대한 r_1 개의 시작값이 필요하다. 마찬가지로 [5.4]식에서 $y^*_{2,t}$ 를 계산하기 위해서는 $t=k_2$ 에 앞서($k_2=\max[r_2+1, b_2+h_2+1]$), $y^*_{2,t}$ 에 대한 r_2 개의 시작값이 필요하다.

예를 들어 $r_1=0$, $b_1=0$, $h_1=3$ 이라고 하자. [5.3]식으로부터

$$y^*_{1,t}=\omega_{1,0}x_{1,t}+\omega_{1,1}x_{1,t-1}+\omega_{1,2}x_{1,t-2}+\omega_{1,3}x_{1,t-3} \quad [5.5]$$

이 된다. 따라서 $y^*_{1,t}$ 는 $t(=k_1=\max[r_1+1, b_1+h_1+1]=\max[1,4])=4$ 부터 계산을 시작한다. [5.5]식에 따르면, $y^*_{1,1}$ 를 계산하기 위해서는 $x_{1,1}, x_{1,0}, x_{1,-1}, x_{1,-2}$ 가 필요하지만 $x_{1,0}, x_{1,-1}, x_{1,-2}$ 는 관측할 수 없다. $y^*_{1,2}$ 를 계산하기 위해서 $x_{1,2}, x_{1,1}, x_{1,0}, x_{1,-1}$이 필요하지만 $x_{1,0}, x_{1,-1}$ 은 관측할 수 없다. 즉, $y^*_{1,t}$ 를 계산하기 위해서 필요한 $x_{1,t}$ 의 현재시점의 값과 과거시차값들은 $t(\geq k_1)=4$ 에 대해서만 모두 관측된다. 이 예에서 $r_1=0$ 이므로, [5.5]식의 우변에 있는 $y^*_{1,t}$ 의 과거시차로 관련된 값들이 존재하지 않는다. 따라서 [5.5]식은 반복적으로 계산되지 않으며, $t<4$까지 필요한 $y^*_{1,t}$ 값은 없다.

또 다른 예로 $r_1=1$, $b_1=1$, $h_1=1$ 인 경우를 고려해보자. [5.3]식으로부터

$$y^*_{1,t}=\delta_{1,1}y^*_{1,t-1}+\omega_{1,0}x_{1,t-1}+\omega_{1,1}x_{1,t-2} \quad [5.6]$$

를 얻을 수 있다. 따라서 $y^*_{1,t}$는 $t(=k_1=\max[r_1+1, b_1+h_1+1]=\max[2,3])=3$으로부터 시작하여 계산할 수 있다. [5.6]식에 따라 $y^*_{1,1}$을 계산하기 위해서 $y^*_{1,0}$, $x_{1,0}$, $x_{1,-1}$이 필요하지만 이들 모두는 관측되지 않는다. $y^*_{1,2}$를 계산하기 위해 $y^*_{1,1}$, $x_{1,1}$, $x_{1,0}$이 필요하지만 $y^*_{1,1}$과 $x_{1,0}$ 역시 관측되지 않는다. 즉, $y^*_{1,t}$를 계산하기 위해서 필요한 $x_{1,t}$의 현재시점의 값과 과거시차값들은 $t(\geq k_1)=3$에 대해서만 모두 관측된다. 따라서 $y^*_{1,3}$가 계산할 수 있는 첫 번째 $y^*_{1,t}$ 값이다. [5.6]식의 우변에 $y^*_{1,t}$의 과거시차로 관련된 값은 단지 하나이므로 (즉, $y^*_{1,t-1}$), $y^*_{1,t}$에 대해 $r_1=1$의 시작값이 필요하다. $y^*_{1,3}$로 시작하는 $y^*_{1,t}$를 계산하기 위해서는 $y^*_{1,2}$에 값을 부여해야만 한다.

5.1.4 오차항과 잔차

다음 단계로 정상적 오차항계열을 다음과 같이 계산한다.

$$\hat{\eta}_t = y_t - y^*_{1,t} - y^*_{2,t} \qquad [5.7]$$

여기에서 $\hat{\eta}_t = \nabla_s^D \nabla_d \hat{N}_t$는 $t=k_0=\max[k_1, k_2]$로만 계산할 수 있다. 잔차계열은 다음과 같이 반복적으로 계산할 수 있다.

$$\begin{aligned}\hat{\epsilon}_t &= [\phi(B)/\theta(B)]\hat{\eta}_t \qquad [5.8]\\ &= \hat{\eta}_t - \phi_1\widehat{\eta_{t-1}} - \cdots - \phi_p\widehat{\eta_{t-p}} + \theta_1\widehat{\epsilon_{t-1}} + \cdots + \theta_q\widehat{\epsilon_{t-q}}\end{aligned}$$

[5.8]식에서 보는 것과 같이, 잔차가 반복적으로 계산되므로 $\hat{\epsilon}_t$를 계산하기 위해서는 $t=k_0+p$ 앞 $\hat{\epsilon}_t$에 대한 q개의 시작값이 필요하다. 예를 들어, $k_1=1$, $k_2=2$이며 $p=2, q=2$인 경우를 고려해보자. $\hat{\epsilon}_t$는 $t(=k_0+p=\max[k_1,k_2]\ +p=\max[1,0]+2=1+2)=3$부터 계산할 수

있다. 이 예에서 $\hat{\epsilon}_t$ 값들은 $t < 3$에 대해 계산할 수 없다. 왜냐하면 $\hat{\eta}_t$ 에 필요한 값이 존재하지 않기 때문이다. 이 예에서 [5.8]식의 우변에 $\hat{\epsilon}_t$ 의 과거 시차로 관련된 값은 단지 하나이므로(즉, $\theta_1 \hat{\epsilon}_{t-1}$), $\hat{\epsilon}_t$ 에 대해 $q=1$시작값이 필요하다. $\hat{\epsilon}_3$ 으로 시작하는 $\hat{\epsilon}_t$ 를 계산하기 위해서는 $\hat{\epsilon}_2$ 에 값을 부여해야만 한다.

5.1.5 잔차제곱합을 최소화시키는 방법

다음단계로 잔차제곱합(SSR; sum of squared residuals)을 계산한다.

$$\text{SSR} = \sum_{t=k_0+p}^{n} \hat{\epsilon}_t^2 \qquad [5.9]$$

여기에서 n 은 자료에 대한 현재시점을 의미한다. Marquardt(1963)[1]가 제시한 것과 유사한 방법으로 비선형 최소제곱을 최적화시키는 방법을 사용하여 더 나은 추정계수들을 얻을 수 있다. 5.1.2절부터 밟은 과정을 반복한다. 즉, 최적화과정에서 얻은 새로운 계수로 대체하고, 이에 근거한 전이함수의 출력변수, 오차항계열, 잔차들, 새로운 잔차제곱합을 계산한다. 이 과정은 잔차제곱합을 최소로 하는 계수들을 찾을 때까지 반복한다.

5.2 예측

본 절에서는 동적회귀모형에 근거한 예측값들과 예측값의 오차분산을 구하는 방법에 대해 설명하기로 한다. 실제 동적회귀계수들이 알려져 있다는 가정하에서 이 문제를 다루기로 한다. 실제 상황에서는 알려져 있지 않은 계수(들)를 표본 추정값으로 대체해야 할 것이다.

1) D. W. Marquardt (1963), "An algorithm for Least Squares Estimation of Nonlinear Parameters," *Journal of the Society for Industrial and Applied Mathematics*, 11, 431~441.

우선 점예측값들을 동적회귀모형으로부터 계산하는 방법을 고려해보자. 그리고 나서 예측값의 오차분산과 점예측값에 대한 신뢰한계(즉, 구간 예측값)을 구해보도록 한다. 다음으로는 자료를 자연대수와 같은 변환으로 모형화할 때 원자료의 y_t 를 예측하는 방법에 대해 알아보고, 마지막으로 자료가 주어진 상황에서 동적회귀예측값들이 최소평균제곱오차 예측값임을 살펴본다.

5.2.1 점예측값의 계산

본 절에서는 Y_t 의 미래 관측값에 대한 예측값들을 입력변수가 하나인($M=1$) 다음 주어진 동적회귀모형으로부터 어떻게 구하는지 설명하기로 한다.

$$Y_t = \frac{\omega(B)}{\delta(B)} X_{t-b} + \frac{\theta(B)}{\nabla^d \phi(B)} \epsilon_t \tag{5.10}$$

[5.10]식을 확장시켜 오차항 ARIMA모형에 계절항, 상수항, 입력변수들을 포함시킬 수 있다. [5.10]식에 $\delta(B)\nabla^d \phi(B)$를 곱하면

$$\delta^*(B) Y_t = \omega^*(B) X_{t-b} + \theta^*(B) \epsilon_t \tag{5.11}$$

가 된다. 여기에서

$$\delta^*(B) = 1 - \delta_1^* B - \cdots - \delta_{p+d+r}^* B^{p+d+r} = \delta(B)\nabla^d \phi(B)$$

$$\omega^*(B) = \omega_0^* + \omega_1^* B + \cdots + \omega_{p+d+h}^* B^{p+d+h} = \nabla^d \phi(B) \omega(B)$$

$$\theta^*(B) = 1 - \theta_1^* - \cdots - \theta_{q+r} B^{q+r} = \delta(B)\theta(B)$$

이다. [5.11]식에 나타난 (*)이 붙은 계수들은 (*)로 표시된 동일한 연산자를 B 에 대한 멱(power)이 같은 계수끼리 묶어 각각 '0'으로 놓아 정리하면 얻을 수 있다. 이 방법은 2장에서 ω 가중값들과 δ 가중값들으로부터 ν 가중값을 찾는 것과 유사하다.

예측값이 생성된 현재시점(즉, 예측원점)을 $t=n$ 이라고 하자. 미래 관측값(Y_{n+l}) 을 예측하려 한다. 이때 $l \geq 1$ 을 예측선행시차(forecast lead time)라고 한다. [5.11]식을 사용하여 Y_{n+l} 에 대한 값은 다음과 같이 구할 수 있다.

$$\begin{aligned} Y_{n+l} = & \ \delta_1^* Y_{n+l-1} + \cdots + \delta_{p+d+r} Y_{n+l-p-d-r} + \omega_0^* X_{n+l-b} \\ & + \cdots + \omega_{p+d+h}^* X_{n+l-b-p-d-h} - \theta_1^* \epsilon_{n+l-1} \\ & - \cdots - \theta_{q+r}^* e_{n+l-q-r} + \epsilon_{n+l} \end{aligned} \quad [5.12]$$

예측값들은 예측원점인 $t=n$까지의 정보만을 사용하여 구한다. 시간 n까지 사용할 수 있는 정보($Y_n, Y_{n-1}, \cdots, X_n, X_{n-1}, \cdots$)를 I_n 이라 하자. Y_{n+l} 의 예측값인 $\widehat{Y}_n(l)$은 I_n 이 주어진 상황에서 Y_{n+l} 의 조건적 기대값이다. 조건적 기대값을 [ ]으로 나타내자. 따라서 [5.12]식으로부터 얻은 Y_{n+l} 의 동적회귀모형 예측값은 다음과 같다.

$$\begin{aligned} \widehat{Y}_n(l) &= E(Y_{n+l} \mid I_n) = [Y_{n+l}] \\ &= \delta_1^*[Y_{n+l-1}] + \cdots + \delta_{p+d+r}^*[Y_{n+l-p-d-r}] + \omega_0^*[X_{n+l-b}] \\ &\quad + \cdots + \omega_{p+d+h}^*[X_{n+l-b-p-d-h}] - \theta_1^*[\epsilon_{n+l-1}] \\ &\quad - \cdots - \theta_{q+r}^*[\epsilon_{n+l-q-r}] + [\epsilon_{n+l}] \end{aligned} \quad [5.13]$$

$j \leq 0$ 에 대한 $[Y_{n+j}]$ 과 $[X_{n+j}]$ 값은 각 계열의 관측값이다. 마찬가지로 $j \leq 0$ 에 대한 $[\epsilon_{n+j}]$ 의 값들은 동적회귀모형의 잔차에 의해 추정된다. 반면에 $j>0$에 대한 $[Y_{n+j}]$ 과 $[X_{n+j}]$ 값들은 이들 각각의 예측값인 $\widehat{Y}_n(j)$ 와 $\widehat{X}_n(j)$ 이며, 또한 각각의 조건적 기대값이 된다. 그리고 $j>0$에 대해 $[\epsilon_{n+j}]=0$ 이다. 시간 n 에서 동적회귀모형의 잔차($\hat{\epsilon}_{n+j}$)에 대한 ϵ_{n+j} 의 추정값이 존재하지 않기 때문에 이것의 기대값은 '0'이 된다.

예측값 $\widehat{X_n}(j)$는 X_t에 대한 ARIMA모형을 포함하여 다양한 정보를 통해 구할 수 있다. 어느 경우에는 $\widehat{X_n}(j)$가 알려진 값들로 대치할 수 있다. X_t의 미래 관측값들이 정책결정에 의해 고정되거나 계절적 가변수들 같이 결정적인 값으로 되는 경우가 이에 해당한다.

동적회귀모형에 상수항(C)이 포함된다면, [5.13]식의 우변에 다음 주어진 상수항(k)을 더해야 할 것이다.

$$k = C\left(1-\sum_{i=1}^{p}\phi_i\right)\left(1-\sum_{i=1}^{P}\phi_{is}\right)\left(1-\sum_{i=1}^{r_1}\delta_{i,1}\right)\cdots\left(1-\sum_{i=1}^{r_M}\delta_{i,M}\right) \quad [5.14]$$

여기에서 M은 동적회귀모형에서 고려한 입력계열의 수가 된다.

1) 예를 통한 설명

매출액과 선행지표 모형 [5.1]식을 [5.13]식에 적용시켜 예측값을 구해보자. 입력변수가 하나이며, $d=1, b=1, h=0, r=1, p=0, q=1$이다. 추정된 계수들은 각각 $\widehat{\omega_0}=4.72$, $\widehat{\delta_1}=0.73$, $\widehat{\theta_1}=0.32$, $\widehat{C}=0$이다. δ^* 가중값은 다음 식으로부터 구할 수 있다.

$$\begin{aligned} 1-\delta_1^* B-\delta_2^* B^2 &= (1-\delta_1 B)\nabla \\ &= 1-(1+\delta_1)B-(-\delta_1)B^2 \end{aligned} \quad [5.15]$$

[5.15]식에서 B의 멱이 같은 계수끼리 묶어서 '0'으로 놓은 후, 매출액과 선행지표의 모형 [5.1]식에서 얻은 추정값들을 대입하면

$$\widehat{\delta_1^*} = 1+\widehat{\delta_1} = 1+0.73 = 1.73$$

$$\widehat{\delta_2^*} = -\delta_1 = -0.73$$

이 된다. 이 예에서 ω^* 가중값은 다음 식을 통해서 구할 수 있다.

$$\widehat{\omega_0^*} + \widehat{\omega_1^*} B = \nabla \omega_0 \qquad [5.16]$$

$$\widehat{\omega_0} + (-\widehat{\omega_0}) B$$

[5.16]식에서 B의 멱이 같은 계수들끼리 묶어 '0'으로 놓은 후, 추정된 계수를 대입하면,

$$\widehat{\omega_0^*} = \widehat{\omega_0} = 4.72$$

$$\widehat{\omega_1^*} = -\widehat{\omega_0} = -4.72$$

이 된다. 마찬가지로 θ^* 가중값은 다음 식을 통해서 구할 수 있다.

$$1 - \theta_1^* B - \theta_2^* B^2 = (1 - \delta_1 B)(1 - \theta_1 B) \qquad [5.17]$$

$$= 1 - (\delta_1 + \theta_1) B - (-\delta_1 \theta_1) B^2$$

[5.17]식에서 B의 멱이 같은 계수들끼리 묶어 '0'으로 놓은 후, 추정된 계수들을 대입하면,

$$\widehat{\theta_1^*} = \widehat{\delta_1} + \widehat{\theta_1} = 0.73 + 0.32 = 1.05$$

$$\widehat{\theta_2^*} = -\widehat{\delta_1}\widehat{\theta_1} = -(0.73)(0.32) \approx -0.23$$

을 구할 수 있다. [5.14]식에 추정된 계수들을 대입하면,

$$\hat{k} = \widehat{C}(1 - \widehat{\delta_1}) = 0(1 - 0.73) = 0 \qquad [5.18]$$

이 된다.

[5.13]식에 상수 $\hat{k}$를 추가시켜 원점 $t = 150$부터 예측을 시작하자. 첫 두 개의 선행시차$(l = 1,2)$에 대한 예측값을 구해보도록 하자.

우선 $l = 1$에 대한 예측값은 다음과 같다.

$$\begin{aligned}\widehat{Y}_{150}(1) &= \hat{k} + \widehat{\delta_1^*}[Y_{150}] + \widehat{\delta_2^*}[Y_{149}] + \widehat{\omega_0^*}[X_{148}] + \widehat{\omega_1^*}[X_{147}] \\ &\quad - \widehat{\theta_1^*}[\epsilon_{150}] - \widehat{\theta_2^*}[\epsilon_{149}] + [\epsilon_{151}] \\ &\approx 0 + 1.73(262.70) - 0.73(262.20) + 4.72(13.51) - 4.72(13.58) \\ &\quad - 1.05(-0.08) + 0.23(0.12) + 0 \\ &\approx 262.84\end{aligned}$$

여기에서 조건적 기대값 $[Y_{150}], [Y_{149}], [Y_{148}], [Y_{147}]$은 $t(=n)=150$이므로, 관측값에서 얻을 수 있다. $[\epsilon_{150}], [\epsilon_{149}]$ 는 모형 [5.1]식으로부터 이에 대응하는 잔차$(\hat{\epsilon_t})$ 로 대치시킨다. $t=n=150$을 현재시점으로 보면 $\hat{\epsilon}_{151}$은 구할 수 없다. 따라서 $[\epsilon_{151}]$의 기대값은 '0'이 된다.

다음으로 $l=2$에 대한 예측값은 구하면 다음과 같다.

$$\begin{aligned}\widehat{Y}_{150}(2) &= \hat{k} + \widehat{\delta_1^*}[Y_{151}] + \widehat{\delta_2^*}[Y_{150}] + \widehat{\omega_0^*}[X_{149}] + \widehat{\omega_1^*}[X_{148}] \\ &\quad - \widehat{\theta_1^*}[\epsilon_{151}] - \widehat{\theta_2^*}[\epsilon_{150}] + [\epsilon_{152}] \\ &\approx 0 + 1.73(262.84) - 0.73(262.70) + 4.72(13.77) - 4.72(13.51) \\ &\quad - 1.05(0) + 0.23(-0.08) + 0 \\ &\approx 264.15\end{aligned}$$

$[Y_{150}], [Y_{149}], [Y_{148}]$ 은 시점 $t=150$에서 관측값으로 대입하지만 $[Y_{151}]$ 은 관측할 수 없다. 이 경우 앞에서 구한 예측값 $\widehat{Y}_{150}(1)=262.84$로 대치한다. 이때 $\widehat{Y}_{150}(2)$를 붓스트랩(bootstrap)예측값이라고 부른다. $[\epsilon_{150}]$ 은 $t=n=150$에서 동적회귀모형에 근거하여 얻어진 잔차로 대치한다. $[\epsilon_{151}], [\epsilon_{152}]$ 는 주어진 자료에서 관측 또는 추정할 수 없기 때문에 이들의 기대값은 '0'이 된다. 나머지 8개의 예측값들도 이와 같은 방법을 반복하여 구하면 된다.

5.2.2 예측오차의 분산 및 구간예측값

예측오차의 분산을 구하기 위해 우선 [5.10]식을 확률충격(random shock) 형태로 표현하기로 한다. 우선 X_t 에 대한 ARIMA모형을 다음과 같이 표현한다.

$$X_t = \frac{\theta_x(B)}{\nabla^{d_x}\phi_x(B)}\alpha_t \qquad [5.19]$$

[5.10]식을 확률충격 형태로 바꾸기 위해서, [5.19]식을 [5.10]식의 X_t 에 대입하면 다음과 같은 식을 얻을 수 있다.

$$Y_t = \eta(B)\alpha_t + \psi(B)\epsilon_t \qquad [5.20]$$

여기에서,

$$\eta(B) = \eta_0 + \eta_1 B + \eta_2 B^2 + \cdots = \frac{\omega(B)\theta_x(B)B^b}{\delta(B)\nabla^{d_x}\phi_x(B)}$$

$$\psi(B) = \psi_0 + \psi_1 B + \psi_2 B^2 + \cdots = \frac{\theta(B)}{\nabla^d\phi(B)}$$

$$\psi(0) = 1$$

이다. η 가중값은 B 의 멱이 같은 계수들끼리 묶어 '0'으로 놓고 정리하면,

$$\delta(B)\nabla^{d_x}\phi_x(B)\eta(B) = \omega(B)\theta_x(B)B^b \qquad [5.21]$$

가 된다. 마찬가지로, B 의 멱이 같은 계수들끼리 묶어 '0'으로 놓고 정리하면

$$\nabla^d\phi(B)\psi(B) = \theta(B) \qquad [5.22]$$

가 된다.

$t = n$이 예측원점일 때 [5.20]식을 사용하여 미래 관측값인 Y_{n+l} 을 표

현하면,

$$Y_{n+l} = \eta_0 \alpha_{n+l} + \eta_1 \alpha_{n+l-1} + \eta_2 \alpha_{n+l-2} + \cdots + \epsilon_{n+l} + \psi_1 \epsilon_{n+l-1} + \psi_2 \epsilon_{n+l-2} + \cdots \quad [5.23]$$

가 된다. 예측원점이 $t=n$, 선행시차가 'l' 일 때, Y_{n+l} 의 예측값은 Y_{n+l} 의 조건적 기대값임을 유의하라. [5.22]식으로부터 얻은 예측값은 다음과 같다.

$$\hat{Y}_n(l) = [Y_{n+l}] = \eta_l \alpha_n + \eta_{l+1} \alpha_{n-1} + \cdots + \psi_l \epsilon_n + \psi_{l+1} \epsilon_{n-1} + \cdots \quad [5.24]$$

즉, 주어진 자료에서 $t>n$에 대한 ϵ_t 와 a_t 가 알려지지 않거나 모형에 근거하여 얻은 잔차들로부터 추정할 수 없다. 이 항들의 기대값들은 '0'이 된다.

원점 n 으로부터 선행시차(l)의 예측오차는 $\epsilon_n(l) = Y_{n+l} - \hat{Y}_n(l)$ 이 된다. 따라서, [5.23]식에서 [5.24]식을 빼면 다음의 예측오차를 얻을 수 있다.

$$\epsilon_n(l) = \eta_0 \alpha_{n+l} + \eta_1 \alpha_{n+l-1} + \cdots + \eta_{l-1} \alpha_{n+1} + \epsilon_{n+l} + \psi_1 \epsilon_{n+l-1} + \cdots + \psi_{l-1} \epsilon_{n+1} \quad [5.25]$$

원점 n 으로부터 선행시차(l)의 예측오차분산은 $Var(l) = E[\epsilon_n(l)]^2$ 이 된다. 여기에서 예측오차의 기대값은 '0'이다. 따라서, [5.25]식을 제곱하여 기대값을 취하면

$$\mathrm{Var}(\mathrm{l}) = \sigma_\alpha^2 \sum_{\mathrm{j}=0}^{\mathrm{l}-1} \eta_{\mathrm{j}}^2 + \sigma_\epsilon^2 \sum_{\mathrm{j}=0}^{\mathrm{l}-1} \psi_{\mathrm{j}}^2 \quad [5.26]$$

이 된다. 물론 [5.26]식을 얻기 위해서는 ϵ_t 와 α_t 가 서로 독립이어야 한다.

ϵ_t 와 α_t 각각 정규분포를 따른다면, 예측오차($\epsilon_n(l)$) 역시 정규분포를

따르게 되므로 신뢰구간을 구할 수 있다. 예를 들어, Y_{n+l} 에 대한 95% 신뢰구간은 다음과 같다.

$$\widehat{Y}_n(l) \pm 1.96[Var(l)]^{1/2} \tag{5.27}$$

1) 예를 통한 설명

매출액과 선행지표의 모형 [5.1]식을 근거로 하여 선행시차 $l=1,2$에 대한 예측오차분산 Var(l)을 계산해보자. [5.26]식으로부터 Var(l)을 구하기 위해서, $l=1,2$에 대해서는 η_0, $l=2$에 대해서는 η_1 이 필요하다. η 가중값은 [5.21]식에서 B의 멱이 같은 계수들끼리 묶어 '0'으로 놓고 풀면 얻을 수 있다. 모형 [5.1]식에 대해

$$\delta(B)=(1-\delta_1 B), \omega(B)=\omega_0, \nabla^{d_x}=\nabla=(1-B),$$

$$\theta_x(B)=(1-\theta_{x_1} B), \phi_x(B)=1, \ B^b=B^3$$

가 된다. [5.21]식에 이들을 대입하면

$$(1-\delta_1 B)(1-B)(\eta_0+\eta_1 B+\cdots) \ = \omega_0(1-\theta_{x_1} B)B^3$$

이 되며, 양변을 B의 멱이 같은 계수끼리 정리하면

$$\eta_0+\{\eta_1-(1+\delta_1)\eta_0\}B+\{\eta_2-(1+\delta_1)\eta_1+\delta_1\eta_0\}B^2+\cdots \tag{5.28}$$

$$= \omega_0 B^3-\omega_0\theta_{x_1} B^4$$

이 된다. [5.25]식에서 B^0와 B^1에 대해서 정리하면, 각각 $\eta_1=0$, $\eta_1-(1+\delta_1)\eta_0=0$이 된다. 즉, $\eta_1=0$이 된다.

$\eta_0=\eta_1=0$ 이므로 Var(1)과 Var(2)를 계산할 때, [5.26]식의 첫 번째 $\sum$ 기호를 무시할 수 있다. $b=3$이므로 Y_t 의 첫 3개의 예측값들을 얻기 위해서 X_t 의 관측값만을 사용한다.

ψ 가중값은 [5.22]식에서 양변의 계수들을 같게 하여 방정식을 풀면 얻을 수 있다. 모형 [5.1]식에 대해

$$(1-B)^d=(1-B),\ \phi(B)=1,\ \theta(B)=(1-\theta_1 B)$$

가 된다. 앞 식을 [5.22]식에 대입하면

$$(1-B)(\psi_0+\psi_1 B+\psi_2 B^2+\cdots)=1-\theta_1 B$$

가 된다. 앞 식의 좌변을 전개하면

$$\psi_0-(\psi_0-\psi_1)B-(\psi_1-\psi_2)B^2-(\psi_2-\psi_3)B^3-\cdots=1-\theta_1 B \quad [5.29]$$

가 된다. [5.29]식의 양변의 B^0와 B^1의 계수들을 '0'으로 놓고 정리하면, $\psi_0=1,\ \psi_0-\psi_1=\theta_1$ 이 된다. $\psi_0=1$ 을 두 번째 식에 대입하면 $\psi_1=1-\theta_1$ 이 된다. θ_1 의 추정된 값을 대입시키면, $\psi_1=1+0.32=1.32$ 가 된다. 따라서, [5.26]식으로부터

$$\text{Var}(1)=\sigma_\epsilon^2\,\psi_0^2=(0.25)^2(1)^2\approx 0.06$$

$$\text{Var}(2)=\sigma_\epsilon^2(\psi_0^2+\psi_1^2)=(0.25)^2(1^2+1.32^2)\approx 0.17$$

을 얻는다. Var(1)과 Var(2) 각각에 근호를 취하면 0.25, 0.41이 된다. 이 값들은 각각 1시점 후 예측값의 표준오차 및 2시점 후 예측값의 표준오차가 된다. 따라서 1시점 후 점예측값에 대한 근사된 95% 신뢰구간은

$$\hat{Y}_{150}(1)\pm 1.96[Var(1)]^{1/2}=262.84\pm 1.96(0.25)$$
$$\approx(262.35,\ 263.33)$$

이 된다. 2시점 후 예측값에 대한 근사된 95% 신뢰구간도 동일한 방법으로 구하면 된다. 이 예에서 두 개의 신뢰구간은 각각 미래 관측값들을 포함한다.

5.2.3 변수변환된 계열의 예측

계열 Y_t 가 Box-Cox 변수변환을 사용하여 Y_t' 으로 변환되었다고 하자. 그리고, 변환된 계열의 예측값을 $\hat{Y}_n'(l)$ 로 표시하기로 한다. 물론 변환 이전의 원계열에 해당하는 예측값을 구해야 할 것이다. 예를 들어, 매출액에 자연로그가 취한 것이 아닌 매출액의 예측값을 원할 것이다.

1) 단순 역변환 (retransformation)

변환된 예측값($\hat{Y}_n'(l)$)에서 원래의 예측값으로 역변환할 때 주의를 기울여야 한다. 변환된 예측값을 단순히 역변환시켜 원계열에 대한 예측값을 얻을 수 있다. 즉, 자연로그변환($\lambda=0$)에 대해서는

$$\hat{Y}_n(l) = \exp\left[\widehat{Y}_n'(l)\right] \qquad [5.30]$$

다른 Box-Cox변환에 대해서는

$$\hat{Y}_n(l) = \left[\lambda \hat{Y}_n'(l) + l\right]^{1/\lambda} \qquad [5.31]$$

을 계산한다. 만일 L이 변환된 예측값에 대한 상한 신뢰한계 또는 하한 신뢰한계라면, 원래의 신뢰한계는 $\lambda=0$ 에 대해서는 exp(L), $\lambda \neq 0$ 에 대해서는 $(\lambda L+1)^{1/\lambda}$ 이 된다.

단순 역변환을 취하는 것이 당연하다고 할 수 있지만, 변환된 변수(Y_{n+l})이 정규분포를 따른다고 하더라도 변환되기 전의 변수(Y_{n+l})는 정규분포를 따르지 않는다. 예를 들어, 로그변환 하에서 Y_{n+l} 은 로그-정규분포를 따른다(Nelson, 1973).[2] 일반적으로 변수변환하기 전의 변수는 비대칭 분포를 따른다. 단순 역변환을 하면 변수변환 전 분포의 평균보다는 중위수를 산출한다. 이런 의미에서 단순 역변환은 원래의 변수에 대해 편향된(biased)

---

2) C. R. Nelson (1973), *Applied Time Series Analysis for Managerial Forecasting*, San Francisco: Holden-Day.

예측값을 얻게 된다.

2) 오차 손실함수 (error loss function)

원계열의 분포에 근거하여 평균, 중앙값 또는 다른 여타의 점을 원하는 여부는 예측값과 관련된 오차 손실함수에 따라 달라진다. 만일 예측오차가 '0'이면 예측오차 때문에 손실이 없다. 그러나, 예측오차들이 음 또는 양의 값을 가지면 어느 정도 손실이 뒤따른다. 예를 들어, 제품판매량을 과소예측하면 생산재고량이 불충분하게 되며 이윤이 적게 된다. 제품판매량를 과대예측하면, 과도한 생산, 과대 재고량 누적, 이윤감소를 유발시킨다.

여러 가지 예측 손실함수들이 있는데, 두 가지만 다루기로 한다.

(1) 절대 오차손실 (absolute error loss)

이 경우 손실함수는 선형이며 0을 중심으로 대칭이다. Granger(1969)[3]는 이 손실함수에 대한 변수변환 이전 변수의 최적 예측값은 단순 역변환에서 얻은 Y_{n+l}이 갖는 분포의 중앙값이 된다고 하였다.

(2) 2차 오차손실 (quadratic error loss)

이 경우 예측오차의 비용은 제곱예측오차에 비례한다. Granger(1969)는 이 손실함수에 대한 변수변환 이전 변수의 최적 예측값은 Y_{n+l}이 갖는 분포의 평균이 된다고 하였다.

극단적인 예측오차들이 존재하면 급격히 비용을 증가시킬 것이다. 따라서 이차 오차손실 함수는 실제 손실함수가 선형이며 비대칭이라 하더라도 많은 상황에서 유용한 근사가 된다.

3) 평균역변환

Granger와 Newbold(1976)[4]는 자연로그변환된 변수를 역변환시킨 Y_{n+l}의 조

3) C. W. J. Granger (1969), "Prediction with a Generalized Cost of Error Function," *Operational Research Quarterly*, 20, 199～207.

4) C. W. J. Granger & P. Newbold (1976), "Forecasting Transformed Series," *Journal of the Royal*

건적 분포의 평균은 다음과 같다고 했다.

$$\widehat{Y}_n(l) = \exp\left[\widehat{Y}_n'(l) + \frac{1}{2} Var(l)\right] \qquad [5.32]$$

여기에서, Var(l)은 [5.26]식의 선행시차가 1인 예측오차의 분산이다.

다른 Box-Cox변환에 대해서 Pankratz와 Dudley(1987)[5]는 Y_{n+l}에 대한 조건적 분포의 평균(M)을 얻기 위해 다음과 같은 알고리즘을 제시하였다.

$$M = m\left[1 + \sum_{k=1}^{\infty} \lambda^{-1}(\lambda^{-1}-1)\cdots\{\lambda^{-1}-(2k-2)\}\{\lambda^{-1}-(2k-1)\}r^{2k}/2^k k!\right] \qquad [5.33]$$

여기에서, m 은 [5.31]식에서 구한 역변환된 중앙값이며,

$$r = [Var(l)^{1/2}]/[\widehat{Y}'_n(l) + \lambda^{-1}]$$

이다. 만일 단순변환이 $Y_t' = Y_t^{\lambda}$ 이면, $r = [Var(l)^{1/2}]/\widehat{Y}'_n(l)$ 이 된다.

5.2.4 최소평균제곱오차의 동적회귀 예측값

[5.13]식에 의해서 원점 n 으로부터 Y_{n+l}의 l 시점 후 예측값($\widehat{Y}_n(l)$)은 I_n 이 주어진 상황에서 최소평균제곱오차의 예측값이다. 이를 입증하기 위해서 예측값들과 미래 관측값들을 확률충격 형태로 나타내면 쉽게 이해할 수 있다. [5.24]식을 적용시키면 예측값은 다음과 같다.

$$\widehat{Y}_n(l) = \sum_{j=0}^{\infty} \eta_{l+j}^{*} \alpha_{n-j} + \sum_{j=0}^{\infty} \psi_{l+j}^{*} \epsilon_{n-j} \qquad [5.34]$$

가 된다. 미래 관측값 [5.23]식에서 예측값 [5.34]식를 뺀 후 정리하면,

Statistical Society, Series B, 38, 189~203.

5) A. Pankratz, & U. Dudley (1987), "Forecasts of Power-Transformed Series," *Journal of Forecasting*, 6, 239~248.

$$Y_{n+l} - \widehat{Y}_n(l) = \sum_{j=0}^{l-1} \left(\eta_j \alpha_{n+l-j} + \psi_j \epsilon_{n+l-j}\right) \qquad [5.35]$$

$$+ \sum_{j=0}^{\infty} \left[\left(\eta_{l+j} - \eta^*_{l+j}\right)\alpha_{n-j} + \left(\psi_{l+j} - \psi^*_{l+j}\right)\epsilon_{n-j}\right]$$

가 된다. [5.35]식을 제곱하여 기대값을 취하면,

$$E[Y_{n+l} - \widehat{Y}_n(l)]^2 = (\eta_0^2 + \eta_1^2 + \cdots + \eta_{l-1}^2)\sigma_\alpha^2 + (1 + \psi_1^2 + \cdots + \psi_{l-1}^2)\sigma_e^2$$

$$+ \sum_{j=0}^{\infty} \left[(\eta_{i+j} - \eta^*_{l+j})^2 \sigma_\alpha^2 + (\psi_{l+j} - \psi^*_{l+j})^2 \sigma_\epsilon^2\right]$$

[5.36]

이 된다. [5.36]식에서 $\eta^*_{l+j} = \eta_{l+j}$, $\psi^*_{l+j} = \psi_{l+j}$ 일 때 최소화되는 것을 알 수 있다. 따라서, 원점 n 에서 Y_{n+l} 의 최소평균제곱오차의 예측값은 시점 $t=n$에서 Y_{n+l} 의 조건적 기대값이 된다. 다시 말해서, 이것은 [5.13]식에 주어진 동적회귀 예측값과 같게 된다. 이 기대값은 무한한 과거로 거슬러 올라간 입력계열과 출력계열에 좌우된다. 그러나, 실제로 δ^* 가중값, ω^* 가중값, θ^* 가중값은 과거로 거슬러 올라갈수록 급격히 작아지는 경향이 있다.

2 사례분석

|앞|서|일|러|두|기|

1부에서는 수요예측에 관련된 두 가지 다변량 시계열모형(개입모형과 동적회귀모형)을 PASW 17.0(또는 18.0)에 연관시켜 설명하였다. 이미 언급한 바와 같이, 개입모형 역시 동적회귀모형의 특수한 형태로 이해할 수 있다.

2부에서는 실제 수요예측에 관련된 사례를 중심으로 어떤 동적회귀모형(또는 개입모형)을 고려하여, 어떤 절차로 모형을 구축하고, 고려한 모형 중 어떤 모형을 최종 선택할 것인지를 다룬다. 이 사례분석들을 학습함으로써 정량적인 방법에 근거한 종합적인 수요예측을 하는 데 적지 않은 도움이 될 것으로 기대된다. 사례분석을 읽기 전에 독자 스스로가 각 사례분석에서 주어진 시계열에 대해 여러 모형을 구축해 본 후, 분석과정 및 결과를 본서에 나타난 것과 비교하기 바란다.

사례분석에서 소개한 자료들은 수요예측과 실제로 연관된 분야에서 발췌했다. [사례분석 1~3]은 개입모형에 대해 다루었다. [사례분석 1]은 1시점에서 일시적으로 영향을 주는 '펄스개입'이 존재하는 경우를, [사례분석 2]는 1시점에서 개입이 발생하여 그 효과가 지속되는 '계단개입'이 존재하는 경우를, [사례분석 3]은 2개 이상의 개입이 존재하는 '다중개입'이 존재하는 경우를 각각 다루었다. 물론 개입모형이 구축된 후, 모형의 타당성을 검진할 경우 잔차도표를 사용하여 이상값의 존재여부를 확인해야 할 것이다. 만일 이상값이 존재할 것으로 판단되면, 고려한 개입모형에 이상값의 효과를 추가시킴으로써 보다 정확도 있는 모형을 구축할 수 있을 것이다.

[사례분석 4~7]은 동적회귀모형에 대해 다루었다. [사례분석 4]와 [사례분석 5]는 입력변수가 단지 1개만을 고려하였을 때 각기 다른 방법으로 동적회귀모형을 구축하는 방법을 소개하였다. 다시 말해서, [사례분석 4]의 경우는 책 전반에서 언급한 오차항계열을 자기회귀요소로 대용한 방법을, [사례분석 5]는 '사전백색화와 교차상관함수'를 이용하여 전이함수를 식별하는 방법을 소개하였다. 그리고 [사례분석 6]은 다중입력변수 즉, 입력변수가 2개 이상을 고려할 때 동적회귀모형을 구축하는 방법을 순차적으로 전개하였다. 마지막으로 [사례분석 7]은 PASW 17.0(또는 18.0)의 시계열 모형 생성기의 '자동모형생성기'와 '시계열모형적용'의 기능을 사용하여 손쉽게 모형 구축하고 예측값을 산출할 수 있는 방법에 대해 다루었다.

물론 주어진 실현값에 대하여 하나 이상의 모형을 고려할 수 있다. 특히 동적회귀모형의 경우는 더욱 그렇다. 왜냐하면, 주어진 시계열에 고려할 입력변수(들)가 개입(들) 혹은 출력변수에 영향을 주는 개입이 아닌 변수가 될 수 있으며, 또한 오차항계열에 타당한 것으로 예상되는 ARIMA모형이 여러 개 존재할 수 있을 것이다. 물론 외적인 사건으로 규명되지 않는 이상값(들)이 주어진 시계열에 존재할 수도 있다. 다시 말해서, 전이함수부분과 오차항계열부분에서 식별한 요소들이 각각 두 개 이상 존재할 수 있기 때문이다. 따라서 각 사례분석에서 최종적으로 선택한 모형이 유일한 모형이라고는 할 수 없다. 본 사례분석들에서 주어진 자료를 더 잘 설명할 수 있는 대체모형을 찾을 수 있을지도 모른다. 독자가 더 좋은 대체모형을 찾기 바란다.

이 사례분석들은 정성적인 방법은 배제하고 단지 대표적으로 사용하는 다변량 시계열 분석방법 중 개입모형과 동적회귀모형만을 적용하는 한계점이 있음을 유의하기 바라며, 자료의 특성 및 분석자의 주관적인 의도 등에 따라 다른 분석방법(예: 벡터자기회귀모형 등)을 고려할 수 있을 것이다.

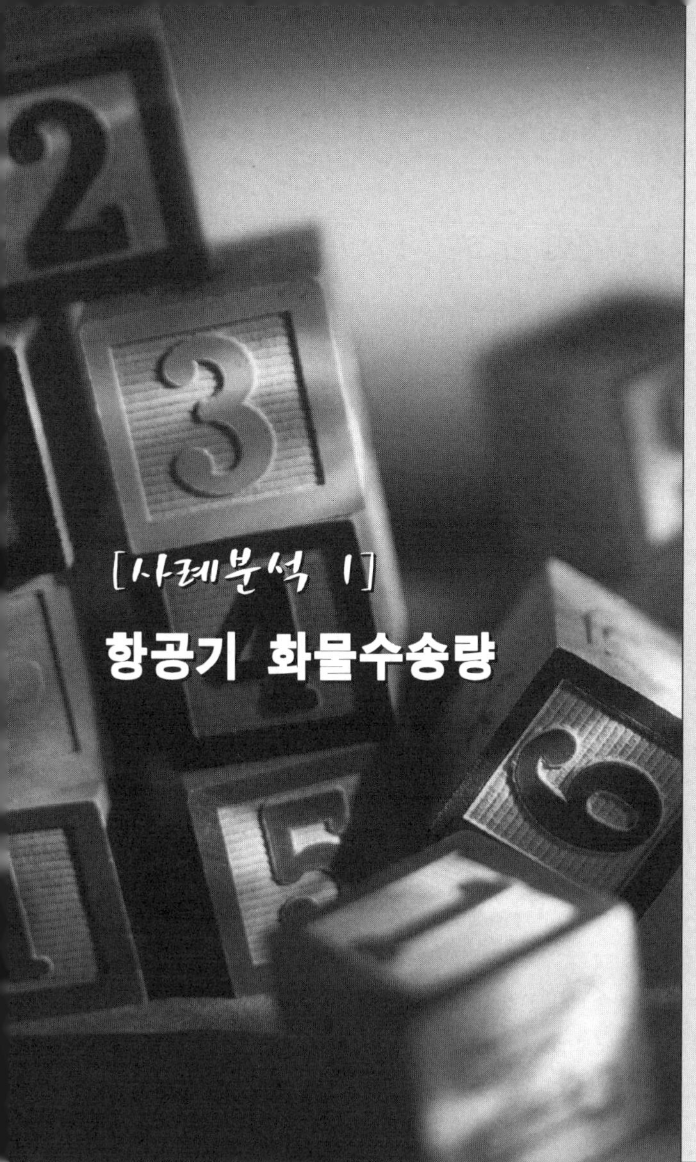

[사례분석 1]
항공기 화물수송량

Demand Forecasting of Time Series

C1.1 자료설명 및 개입모형 적용의 필요성

이 사례분석에서 다룰 자료는 [배경예제 1.3]에서 다룬 항공기로 운송한 화물량이며, 1969년부터 1978년까지 120개의 월별 관측값이다.

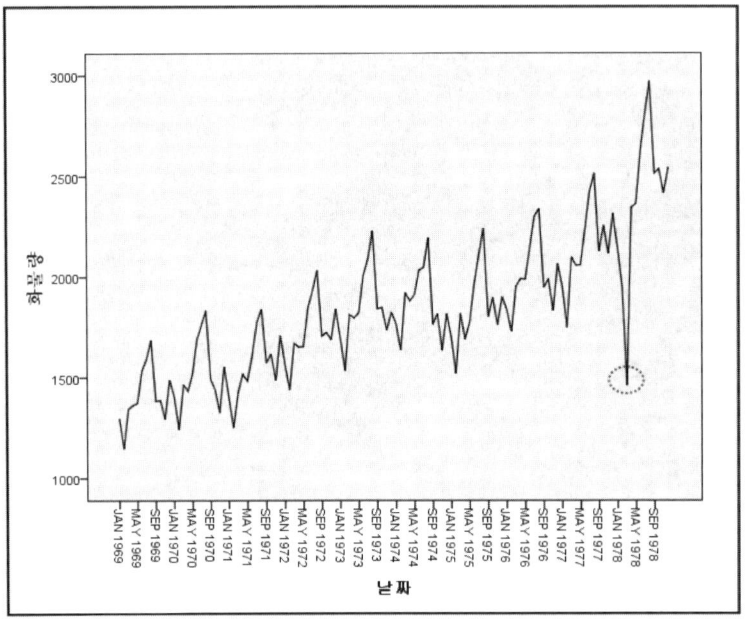

[그림 C1.1] 항공기 수송량의 시계열도표

참고로 시계열도표를 그리기 위해서는 우선 “날짜 정의(A)” 대화상자에서 ‘케이스의 날짜(C):’와 ‘첫 번째 케이스(F):’에 적절한 정보를 입력한다. 월별자료로 1969년 1월 관측값부터 측정되었으므로 ‘년’ ‘월’ 해당란에 각각 ‘1969’ ‘1’을 입력한다.

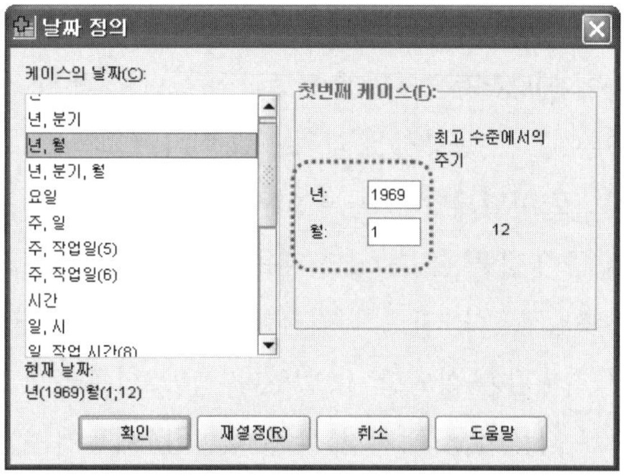

그 결과 PASW Statistics Data Editor에 3개의 날짜변수(year_,month_,date_)가 생성된다. 그리고, 팝업메뉴에서 분석(A) ▸ 예측 ▸ 순서도(N)... 을 선택하여, "순차도표" 대화상자에서 '화물수송량'을 '변수(V):' 란으로, 변수 'DATE_'를 '시간축 설명(A):' 란으로 각각 이동시킨다. 추가로 '형식(F)' 단추를 선택한 후 '계열 평균에 참고선(R)'을 체크한다.

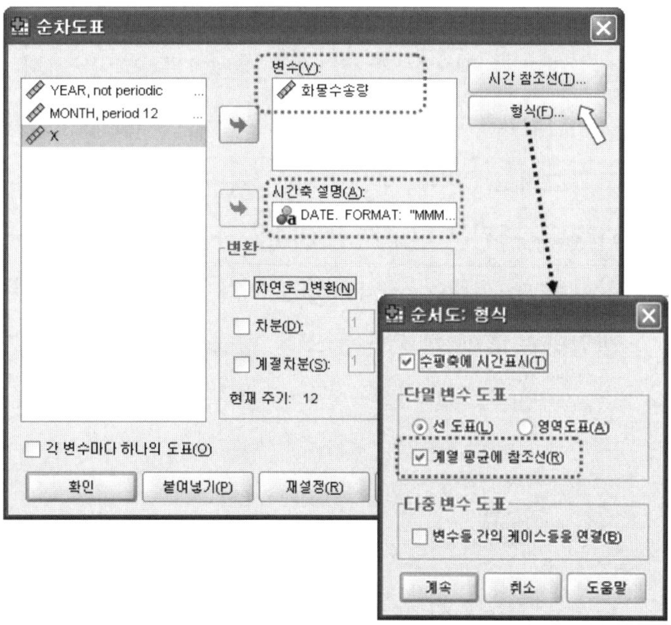

그리고 [확인] 단추를 눌러 실행하면 된다.

시계열도표 [그림 C1.1]을 통해서 1978년 3월(시계열도표 안에 표시된 원 참고)에 해당하는 111번째 관측값이 유난히 작은 값을 가지며, 그 이유를 조사해본 결과 그 당시에 파업으로 인하여 화물을 운송하는 데 지장을 주었던 것으로 판명되었다. 물론 이탈된 관측값 하나가 때때로 모형을 추정한 결과에 큰 영향을 줄 수 있기 때문에 자료를 잘못 기재한 것인지 여부를 점검해야 할 것이다. 자료를 점검한 결과 111번째 해당하는 관측값(1978년 3월)은 잘 기재됨을 확인할 수 있었다. '1978년 3월'에 해당하는 관측값이 일시적으로 작은 값을 갖지만, '1978년 4월' 이후에는 원래 증가하는 패턴이 그대로 유지된다. 즉, '1978년 3월'에 개입이 발생하였지만 일시적이라는 것을 알 수 있다. 이는 대표적인 펄스개입의 형태이며 다음과 같이 정의할 수 있다.

$$X_t = \begin{cases} 1, & t = 111 \\ 0, & \text{나머지 모든시점} \end{cases}$$

여기에서, $t = 111$은 1978년 3월을 나타낸다.

앞에서 정의한 펄스개입변수(X_t)를 PASW에서 X라는 가변수로 만들기 위해서는 '사례분석01.sav' 파일을 읽은 후 다음과 같이 실행한다.

그리고, "변수 계산" 대화상자에서 [붙여넣기(P)] 단추를 클릭한 후, 다음과 같은 명령문 창에서 'COMPUTE X=0.'을 입력하고 명령문을 실행한다. 참고로 이 명령문을 입력하는 이유는 개입이 발생한 1978년 3월을 제외한 개입변수 X에 해당하는 모든 값을 '0'으로 지정하기 위함이다.

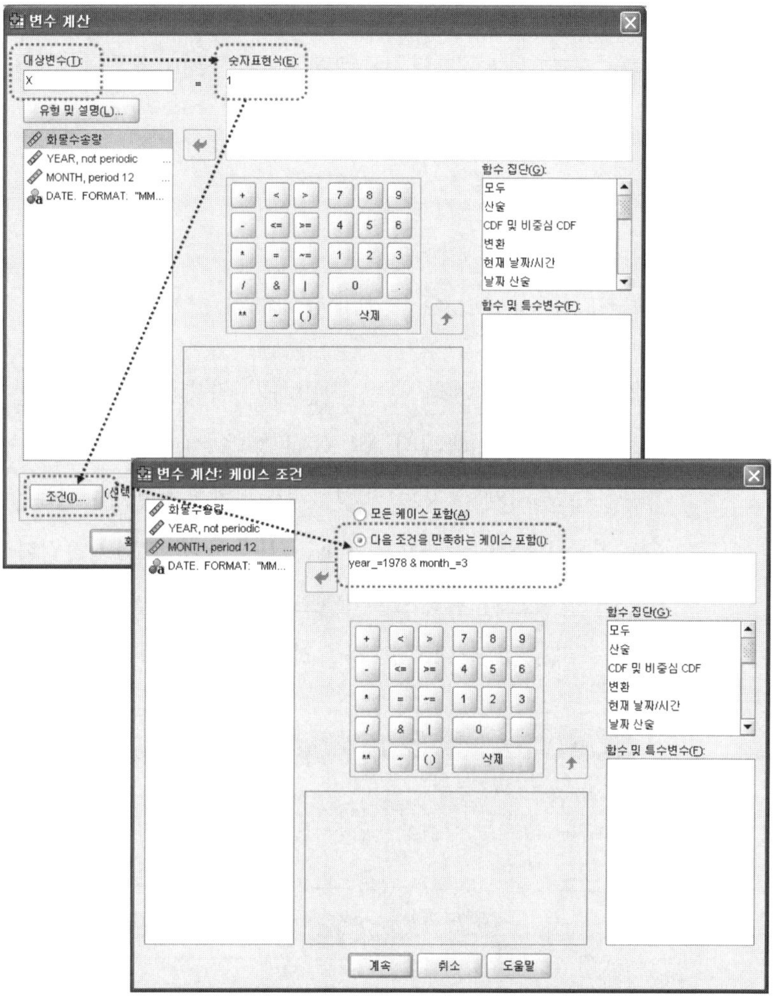

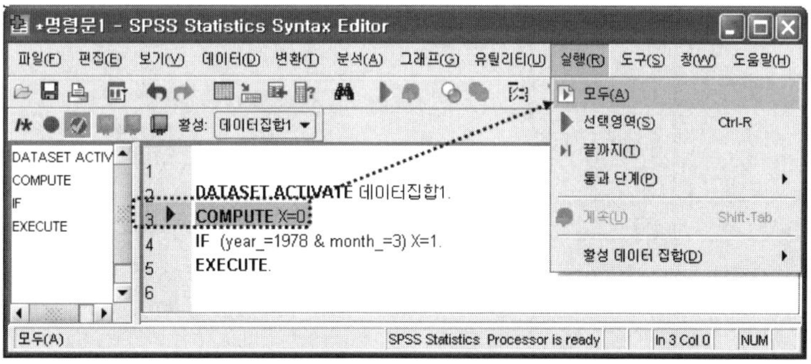

그 결과 PASW Statistics Data Editor에서, 1978년 3월(111번째 관측값)에 해당하는 케이스는 '1', 그 외의 나머지 케이스는 모두 '0'인 값을 갖는 가변수 'X'를 확인할 수 있다.

C1.2 오차항에 대한 ARIMA모형 식별

개입모형에서 오차항(N_t)을 식별하기 위해서는 개입이 발생한 시점(111번째) 이전의 시계열에 대해서 ARIMA모형을 사용하여 모형식별을 한다. 따라서 항공수송량 시계열 자료의 경우 110번째(1978년 2월) 관측값까지만 고려한다.

이를 PASW 17.0(또는 18.0)을 사용하여 1978년 2월까지 해당하는 케이스만을 선택하기 위해서는, PASW Statistics Data Editor에서 데이터(D) ▸ 케이스 선택... 을 선택하고 다음과 같이 지정한다.

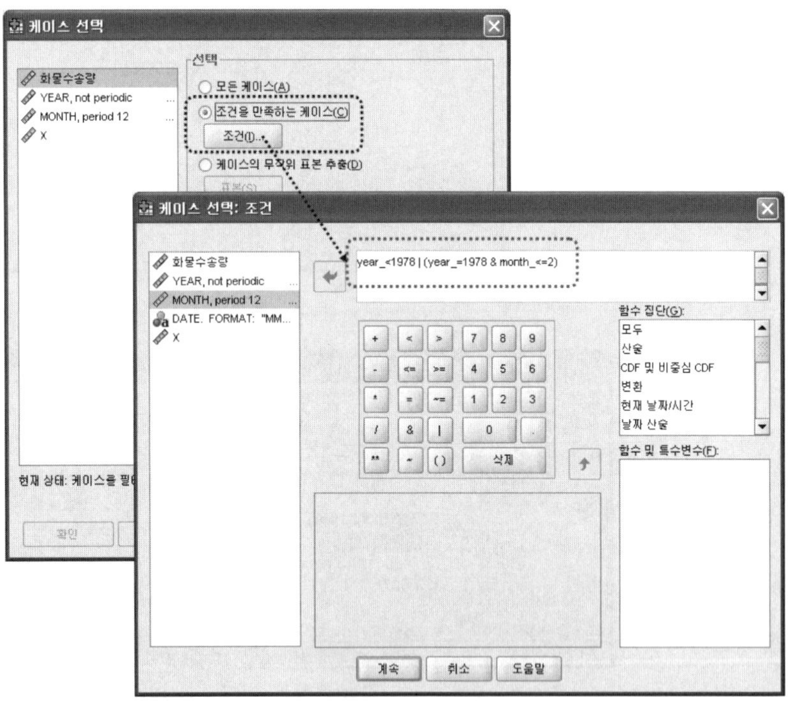

다음은 ARIMA모형을 식별하기 위한 첫 단계로 개입이 발생하기 바로 직전인 1978년 2월까지의 시계열자료를 플롯한 것이다.

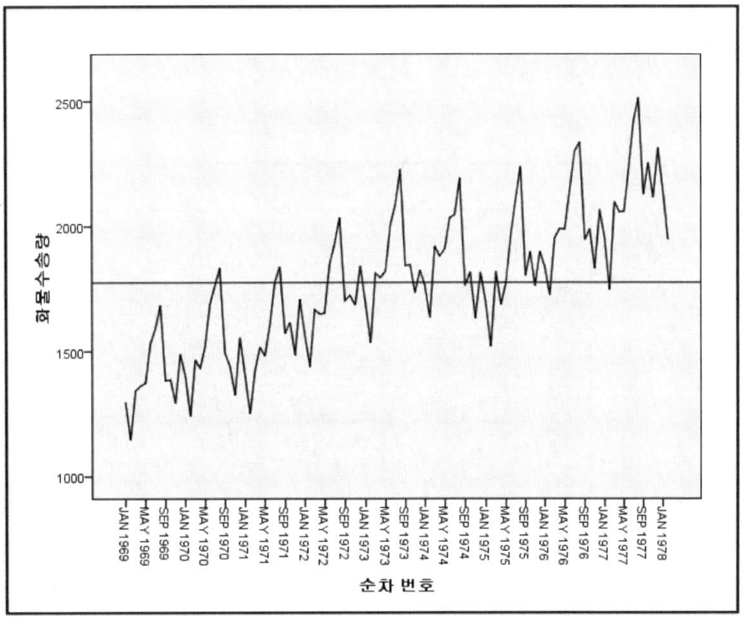

[그림 C1.2] 개입직전까지의 시계열도표

앞 시계열도표를 통해 다음의 세 가지 특징을 알 수 있다.

1) 시간의 흐름에 따라 전반적인 수준이 증가하며, 이는 평균이 비정상적이며 비계절적 차분이 필요함을 시사한다.
2) 매년 8월에는 큰 값, 2월에는 작은 값을 갖는 명백한 계절적 패턴이 존재한다.
3) 시간의 흐름에 따라 분산이 증가하여, 분산을 정상적으로 하기 위해서는 변수변환이 필요하다.

우선 3)을 고려해보자. 시계열의 분산을 정상적으로 만들기 위해서 흔히 자연로그(natural logarithm)변환을 사용하면 적절하다. 그러나, 이 변환을 마구잡이로 사용해서는 안 될 것이다. 자료의 표준편차가 평균과 비례할 때만 (적어도 대충이라도) 적절히 사용할 수 있다. 시계열도표를 통해 평균이 증가함에 따라 변동의 폭 역시 증가하는 것을 알 수 있다. 그래서, 분산을 정상적으로 만들기 위해 원자료에 자연로그변환을 하는 것은 적절하다. 분산의 정상성을 점검하기 위한 몇 가지 정교한 통계적 검정방법이 있지만, 일반적으로 시계열도표를 그려 눈으로 확인하는 방법이 다른 것보다 효율적이다. 다음은 원자료에 자연로그를 취한 후(대수변환) 플롯한 것이다.

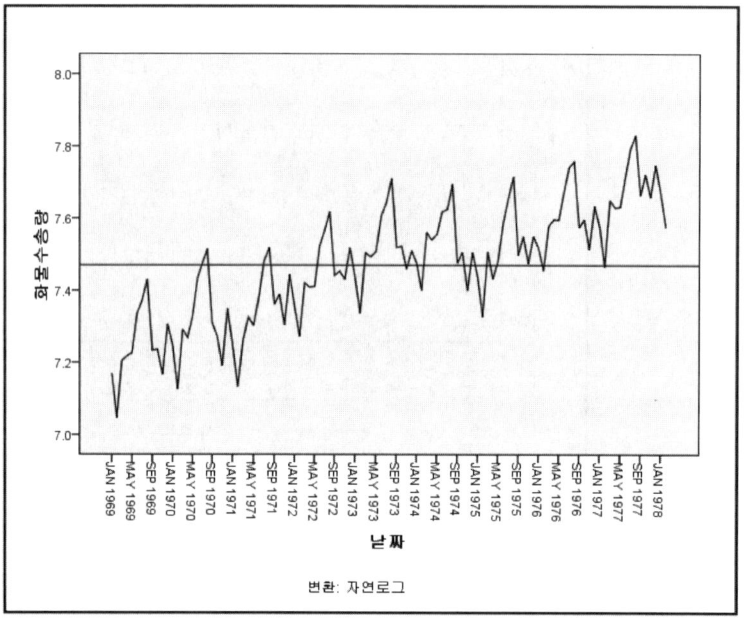

[그림 C1.3] 자연로그변환 후 시계열도표

대수변환 후 이 시계열의 분산이 일정해짐을 확인할 수 있다. 참고로 자연로그변환시킨 시계열도표를 그리기 위해서는 아래와 같이, "순차도표" 대화상자에서, '자연로그변환(N):' 란을 체크하면 된다.

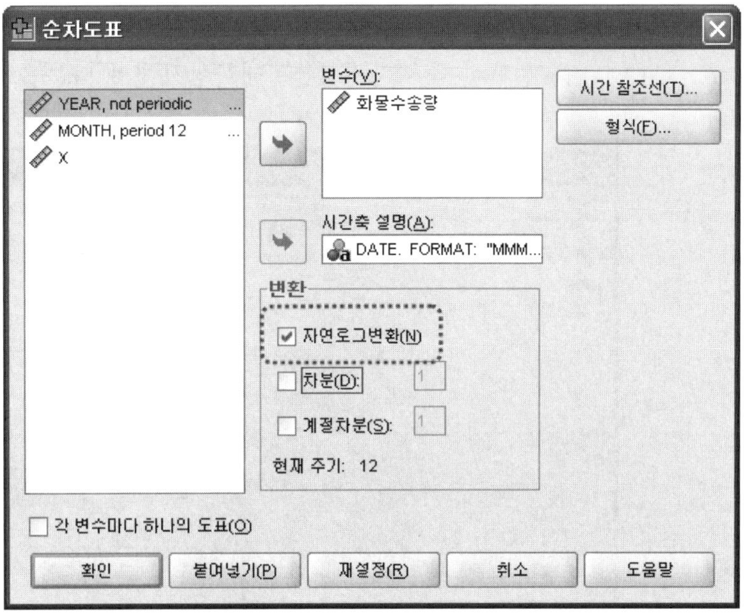

지금부터는 자연로그가 취해진 시계열을 분석하기로 하자. 그러나, 우리의 궁극적인 목적은 자연로그변환된 시계열이 아닌 원자료를 예측하기 위해 모형을 구축하는 것이다. 자연로그를 취한 자료에 근거한 모형을 구축한 후 여기에서 얻은 예측값들을 끝에서는 원자료의 예측값들로 정확히 변환시켜야 할 것이다.

다음은 자연로그변환된 자료에 근거한 추정된 자기상관함수와 편자기상관함수이다. Box와 Jenkins[1]에 따르면 시계열자료를 분석할 때 안전하게 사용할 수 있는 자기상관계수의 최대 수는 대략 관측값 수의 25%이다. PASW 17.0(또는 18.0)을 사용하여 110개 관측값 중 '27'($\approx$110/4)개의 상관계수를 지정하면 디폴트로 27개의 자기상관계수와 편자기상관계수를 계산해 준다. 특히 계절적 변동이 없는 시계열자료를 분석할 때 첫 몇 개의 편자기상관계수만이 필요하다. 이 경우 모형을 식별하는 데 27개의 편자기상관계수만으로도 충분하다. 편자기상관함수는 자기회귀(AR)모형의 차수(비계절형 모형에서 p, 계절형 모형에서 P)를 식별하는 데 주로 사용하는 도구이다.

---

1) G. E. P. Box, G. M. Jenkins & G. C. Reinsel (1994), *Time Series Analysis: Forecasting and Control*, 3rd ed., Prentice Hall, Inc.

자기상관함수를 계산하기 위해서, 팝업메뉴의 분석(A) ▸ 예측 ▸ 자기상관(A)... 을 선택한 후 "자기상관" 대화상자에서 다음을 지정한다.

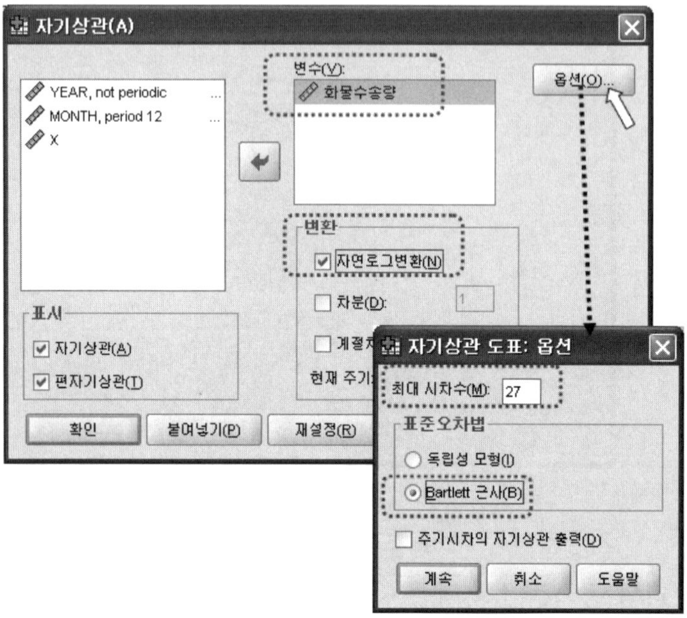

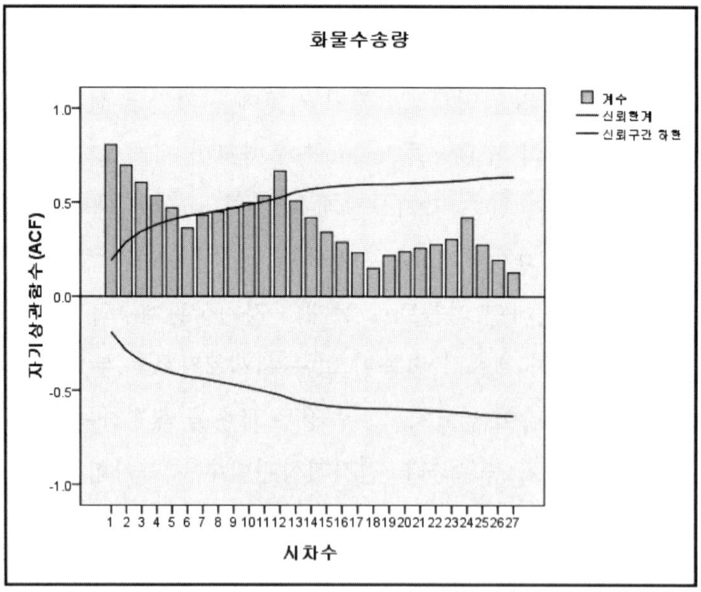

[그림 C1.4] 자연로그변환 후 자기상관함수

'시차 1에서 6'까지 해당하는 자기상관계수들이 서서히 감소하므로, 자료의 평균이 비정상적이며 비계절적 1차 차분($d=1$)이 필요하다는 것을 알 수 있다(정동빈, 2009[2] 참고). 이 결정은 신중해야 된다. 때때로 비계절적 요소가 실제로 정상적이더라도 강한 계절적 변동이 비계절적 요소에 영향을 주게 되면, 비계절적 요소가 비정상적으로 판명될 수 있다. 계절시차들에 해당하는 자기상관계수가 크면, 이 자기상관계수는 다른 자기상관계수들과 큰 상관관계를 가지게 된다. 이 때문에 계절시차(들) 주위에 있는 자기상관계수(들) 역시 큰 값을 가지게 되며, 이를 자기상관함수를 통해 보면 서서히 감소하는 패턴이 된다. 이 경우 자기상관함수는 서서히 감소하므로 앞에서 살펴본 두 개의 시계열도표의 결과(평균의 비정상성)와 일치하게 된다. 이 자료의 평균이 비정상적이므로, 추정된 편자기상관함수로부터 추가적으로 얻을 정보는 더 이상 없다.

앞 자기상관함수에서 '시차 12와 24'에서 큰 스파이크를 발견할 수 있다. 이 두 개의 시차는 월별 자료에서 계절적인 시차에 해당한다. 자료에 기록된 빈도는 주기성의 길이를 결정한다. 예를 들면, 월별 자료는 주기가 '12', 분기별 자료는 주기가 '4'인 계절성을 갖는다.

비록 원자료의 평균이 정상적이더라도, 계절적인 패턴을 식별하기 위해서는 비계절적 1차 차분($d=1$) 후 추정된 자기상관함수와 편자기상관함수를 조사하는 것이 좋다. 흔히 비계절적 1차 차분 후 자기상관함수와 편자기상관함수를 관찰하면 계절성 요소가 더 명확하게 드러난다. 이 자료의 경우 비계절적 1차 차분 후 자기상관함수와 편자기상관함수를 고려하는 두 가지 목적이 있다. 우선 1차 차분 후 비계절적 요소의 평균이 정상적으로 되었는지를 확인하고, 계절적 패턴을 더 명확히 들여다보기 위함이다.

다음은 비계절적 1차 차분된 자료를 플롯한 것이다. 참고로 "순차도표" 대화상자에서 다음과 같이 추가로 '차분(D):' 란을 체크하면 된다.

2) 정동빈 (2009), ≪시계열 수요예측 I≫, 한나래아카데미.

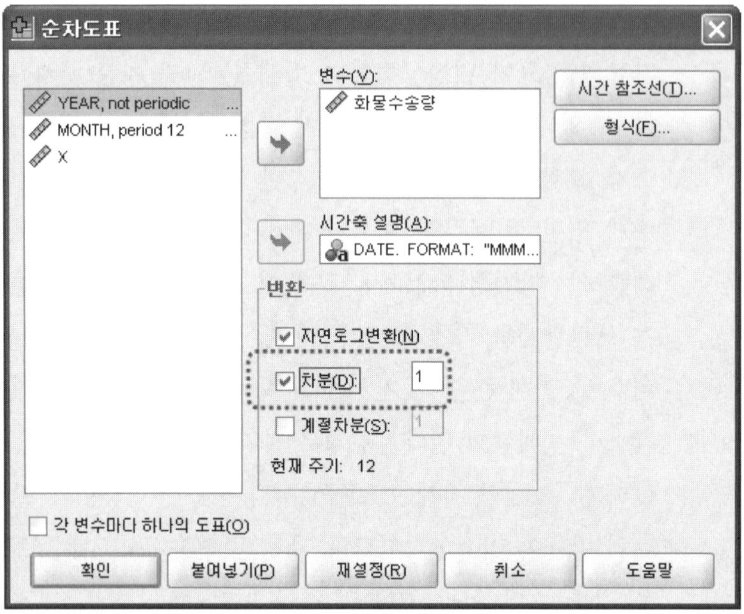

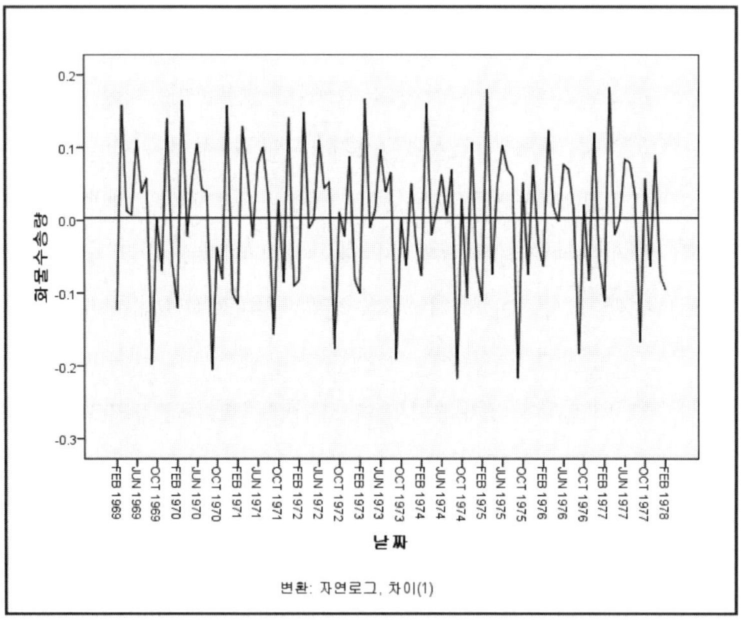

[그림 C1.5] 자연로그변환과 비계절적 1차 차분 후 시계열도표

그 결과 더 이상 증가하는 추세를 찾을 수 없으며, 비계절적 부분이 정상적으로 되었다. 다음은 자연로그변환된 자료를 비계절적인 1차 차분 후

추정된 자기상관함수와 편자기상관함수이다. 참고로 "자기상관(A)" 대화상자에서 '자연로그변환(N)'과 '차분(D):'을 동시에 체크한다.

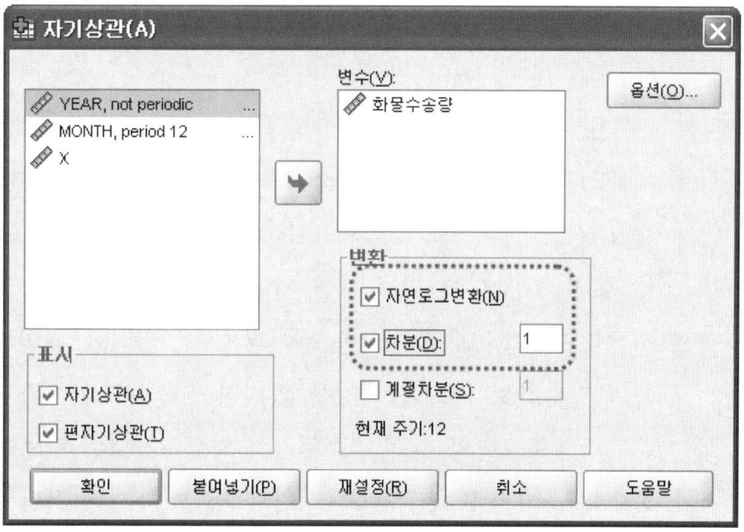

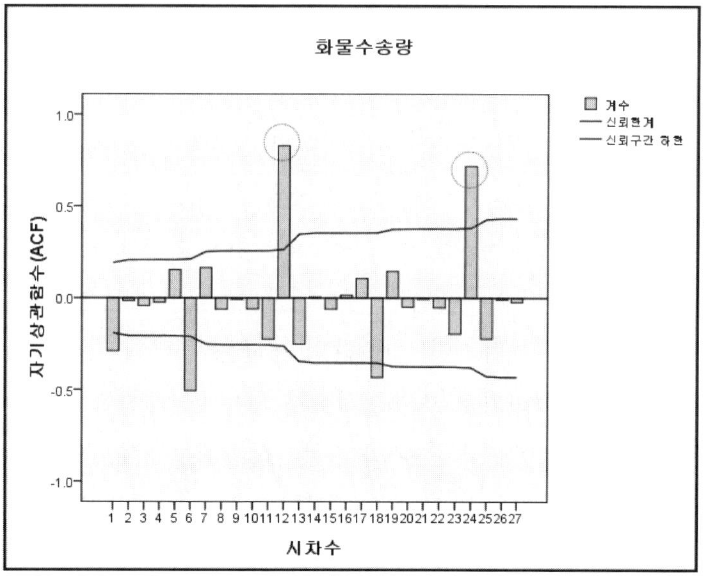

[그림 C1.6] 자연로그변환과 비계절적 1차 차분 후 자기상관함수

단기시차(예: 1, 2, 3, 4 등)의 자기상관계수들이 '0'으로 급격히 감소하는 형태이므로, 비계절적 요소는 정상적으로 되었다. 왜냐하면 '시차 2에서 5'까지 해당하는 자기상관계수들 모두 통계적으로(유의하지 않아) '0'이기 때문이다. 그러나, 자료의 계절적 부분은 비정상적일 수 있으며 만일 그렇다면 계절적 차분을 해야 할 것이다.

앞 자기상관함수에서 '시차 12와 24'의 자기상관계수([그림 C1.6]의 원 표시 참고)가 점차적으로 감소하므로 계절적 차분이 필요하다. 이 계수들의 형태가 지수적(exponentially)으로 감소한다면, '시차 24'의 값은 '0.829' 대신 $(0.829)^2 \approx 0.687$이 되어야 할 것이다. 자연로그변환된 자료를 1차 차분한 시계열도표인 [그림 C1.5]를 눈여겨보면, 3월과 12월의 관측값들이 매년 9월의 관측값보다 크다는 것을 발견할 수 있다.

자연로그변환 후 비계절적 1차 차분($d=1$)된 자료에 근거한 자기상관함수([그림 C1.6] 참고)를 통해 '시차 12와 24'에서 현저한 스파이크를 발견할 수 있기 때문에 계절적 MA(2)구조일 가능성이 있다. 단순 MA모형은 항상 정상적이므로 계절적인 패턴은 자동적으로 정상적이며 계절적 차분이 필요없다. 만일 추정된 자기상관함수에서 12의 배수 시차들에 해당하는 자기상관계수들이 점차적으로 감소하거나(자기회귀모형 암시) '0'으로 급속히 절단하는(이동평균모형 암시) 형태인지 판별하기 위해서는 더 많은 관측값이 필요할 것이다. 그러나, 이 경우에서는 관측값 수의 1/4에 해당하는 30개의 추정된 자기상관함수만을 이용하기로 한다. 비계절적 1차 차분된 자료의 시계열도표를 살펴보면, 실현값의 평균은 월별에 따라 주기적으로 변한다.

더 나아가서 비계절적 1차 차분 후 계산한 편자기상관함수([그림 C1.7] 참고)를 보면, '시차 24'의 편자기상관계수에 대한 t-통계량의 절대값(0.75)이 '2.0'보다 작기 때문에 비계절적 1차 차분 후 계절적 요소가 자기회귀형태임을 확인할 수 있다. 이 모든 것을 고려하면 계절적 차분(D)이 필요하다.

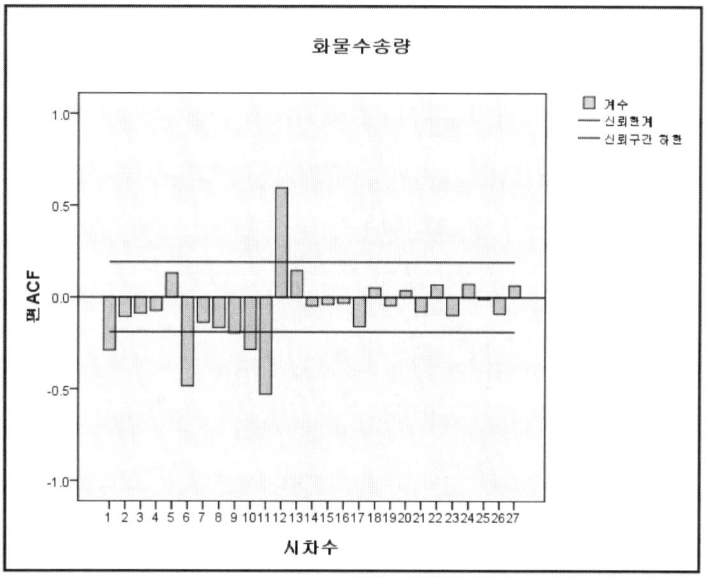

[그림 C1.7] 자연로그변환과 비계절적 1차 차분 후 편자기상관함수

비계절적 1차 차분 후 자기상관함수들에서 계절주기의 1/2에 해당하는 시차 (6, 18)의 자기상관계수들이 두드러진 스파이크를 갖지만 당분간 이를 무시하도록 하자. 계절성이 두드러지면 추정된 자기상관함수의 계절적 주기의 비율들(1/2, 1/3, …)에 해당하는 시차들에서 두드러진 스파이크들이 생긴다. 계절적 차분을 하거나 적절한 자기회귀항과 이동평균항으로 모형화하면 이런 현상은 흔히 잔차 자기상관함수에서 소멸된다.

다음은 비계절적 1차 차분($d=1$)과 계절적 1차 차분($D=1$)을 모두 취한 후, 추정된 자기상관함수와 편자기상관함수를 계산한 것이다.

이제 적절한 모형을 식별하는 작업이 매우 쉬워졌다. '시차 6과 18'의 상관계수들 모두 더 이상 통계적으로 유의하지 않다. '시차 12'의 스파이크는 계절적 이동평균계수를 제시한다. 왜냐하면 '시차 12'의 자기상관계수에 대한 t-통계량의 절대값은 '3.960'(이는 실전적인 계절적 경고수준 '1.25'보다 훨씬 크다)이며, '시차 24'에서 급격히 감소하는 형태를 갖기 때문이다. 참고로 '시차 24'의 자기상관계수에 대한 t-통계량의 절대값은 '0.52'이다.

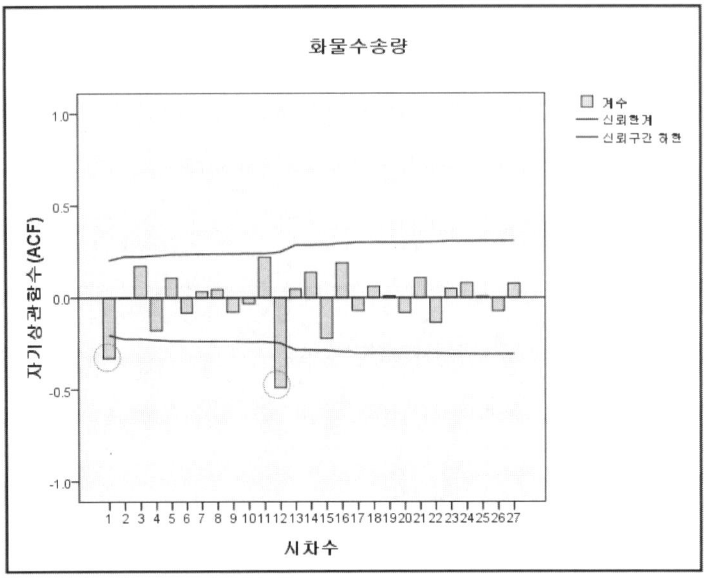

[그림 C1.8] 자연로그변환, $d=1$ 및 $D=1$ 후 자기상관함수

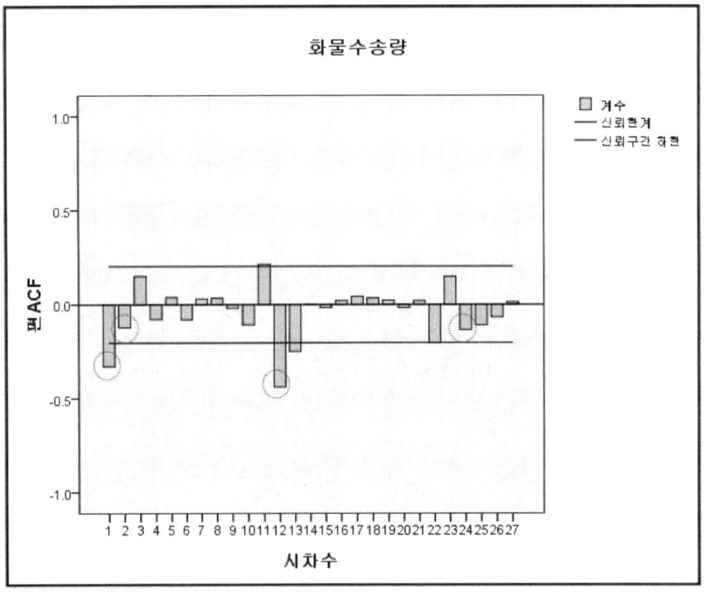

[그림 C1.9] 자연로그변환, $d=1$ 및 $D=1$ 후 편자기상관함수

그리고, '시차 12와 24'의 편자기상관계수들은 서서히 감소하는 형태이다([그림 C1.9] 참고). 참고로 '시차 11'에 해당하는 자기상관계수의 t-통계량

의 절대값(1.833)과 '시차 11과 13'의 편자기상관계수들에 대한 t-통계량의 (2.108, 2.461)이 큰 이유는 계절적 변동이 존재하여 인접시차들($s-1, s+1$, $2s-1, 2s+1$)에 영향을 주기 때문이다.

[그림 C1.8]의 자기상관함수를 통해 '시차 1'에서 뚜렷한 스파이크를 발견할 수 있고, '시차 2'에서 절단형태를 갖는다. 반면에 [그림 C1.9]의 편자기상관함수를 통해 '시차 1'에서 뚜렷한 스파이크를 발견할 수 있지만, '시차 2 이후'에 점차 감소하는 패턴을 발견할 수 있다. 이를 통해서 차수가 '1'인 비계절적 이동평균항($q=1$)이 존재하고 있음을 알 수 있다. 물론 이를 반대로 생각하면, 차수가 '1'인 비계절적 자기회귀항($p=1$)으로 식별할 수 있다.

승법 ARIMA모형은 계절적 변동 및 비계절적 변동을 동시에 갖는 자료분석에 유용하다. 이 경우 자연로그변환과 차분을 취한 정상적인 시계열(W_t)에 대해 다음과 같이 ARMA(0,1)(0,1)$_{12}$모형을 우선적으로 고려할 수 있다.

$$W_t = (1-\Theta_{12}B^{12})(1-\theta_1 B)\epsilon_t .$$

여기에서 W_t 는 오차항(N_t)에 대해 다음과 같이 표현된다.

$$W_t = (1-B)(1-B^{12})\ln N_t .$$

따라서, 앞 두 식을 결합한 ARIMA(0,1,1)(0,1,1)$_{12}$모형은

$$(1-B)(1-B^{12})\widetilde{N}_t^* = (1-\Theta_{12}B^{12})(1-\theta_1 B)\epsilon_t$$

또는

$$\widetilde{N}_t^* = \frac{(1-\Theta_{12}B^{12})(1-\theta_1 B)}{(1-B)(1-B^{12})}\epsilon_t$$

로 표현할 수 있다. 여기에서 $N_t^* = \ln N_t$ 이다.

C1.3 개입모형 추정

앞 C1.1절과 C1.2절에서 개입의 시점과 형태를 파악한 후 개입이 발생하기 직전(1978년 2월)까지의 시계열 자료를 이용하여 ARIMA(0,1,1)(0,1,1)$_{12}$모형을 식별하였다. 다음 단계로 모든 관측값에 대해 식별된 ARIMA모형에 펄스개입변수를 포함한 개입모형을 구축해야 한다. 즉, 고려한 개입모형은 다음과 같다.

$$Y_t = C_1 + C_2 X_t + \frac{(1-\Theta_{12}B^{12})(1-\theta_1 B)}{(1-B)(1-B^{12})}\epsilon_t \qquad [C1.1]$$

펄스개입변수 X를 모든 관측값에 적용하기 위해 Data Editor에서 데이터(D) ▸ 케이스 선택... 을 선택한 후 다음을 지정한다.

다음으로 선택된 모든 관측값에 근거하여 펄스개입변수 X를 모형에 포함시켜 모형을 추정한다. Data Editor에서 분석(A) ▸ 예측 ▸ 모형생성(C)... 을

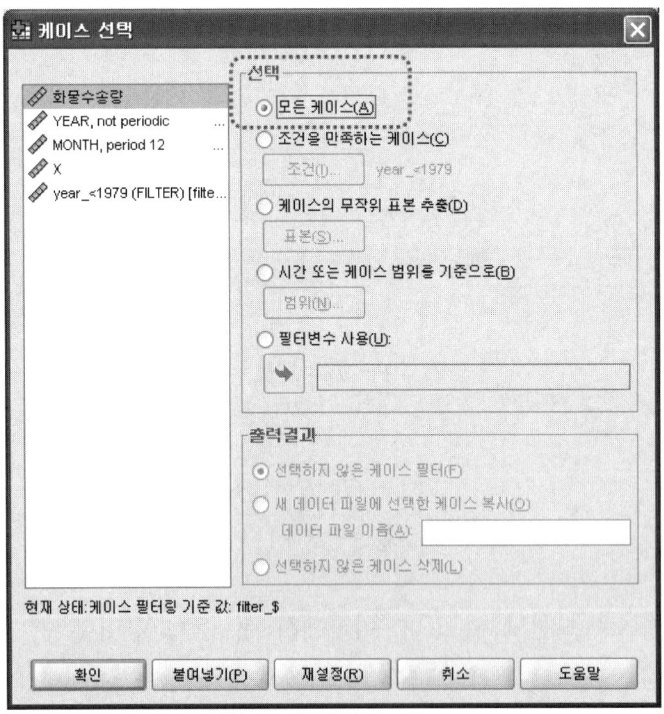

선택한다. "시계열 모형 생성기" 대화상자가 나타나면, '화물수송량'을 '종속변수(D):' 란으로, 'X'를 '독립변수(I):' 란으로 각각 이동시키고, '방법(M):' 란에서 ARIMA 를 선택한다.

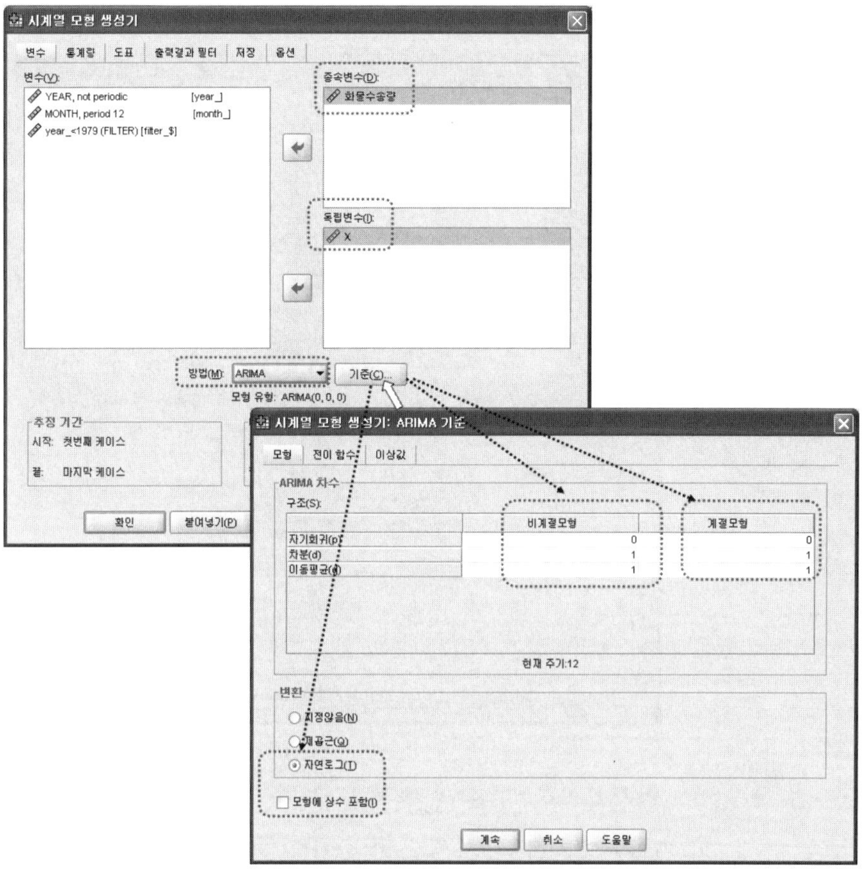

그리고, 기준(C)... 단추를 누른 후 "시계열 모형 생성기: ARIMA 기준" 대화상자의 'ARIMA 차수' 란에 순서대로 '0, 1, 1, 0, 1, 1'을 입력한다. 이미 원자료에 대한 대수변환를 취하므로 하단의 '자연로그(T)'를 체크한다. 참고로 '모형에 상수포함(I)'은 디폴트이지만, 통계적으로 유의하지 않아서 모형에서 제외시켰다(p값$=0.296$).

좌측상단의 '통계량' 단추를 누른 후, '개별 모형의 통계량' 란에서 '모수추정값(P)'을 체크함으로써 추정결과를 출력할 수 있다. 또한 추정할 모형에 대한 8개의 적합도 통계량값도 출력함으로써, 혹시 대체모형이 존재할 경우 최적의 모형을 구축하기 위해서 비교할 수 있는 도구로 사용할 수 있다. 두 개의 잔차 상관함수를 출력함으로써 '백색잡음의 독립성'과 만일 모형이 적절하지 않다면 모형에 추가로 필요한 요소를 재식별할 수 있다.

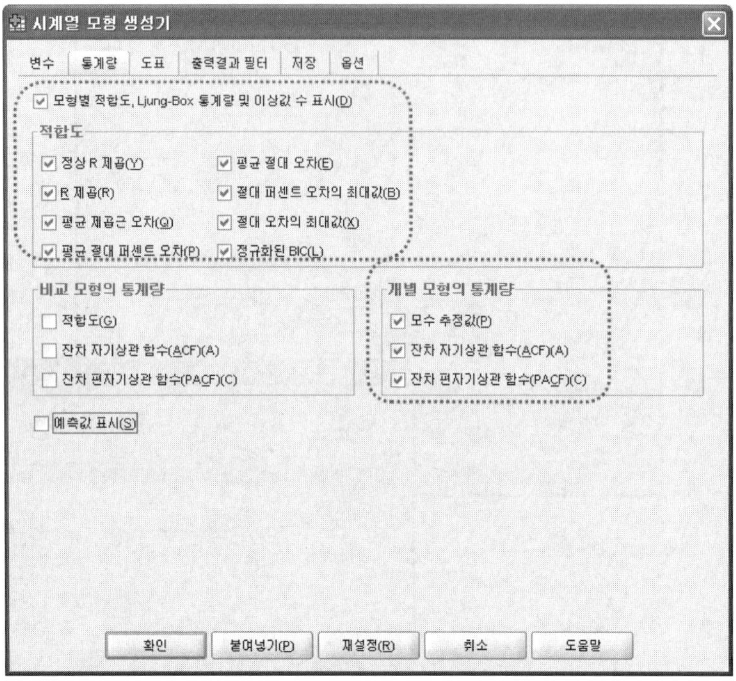

마찬가지로 '도표' 단추를 누른 후, 아래와 같이 잔차 자기상관함수, 잔차 편자기상관함수, 관측값, 적합값을 그림으로 출력하여 시각적으로 확인할 수 있다.

추가로 '확인' 단추를 누른 후, 잡음잔차를 체크함으로써 PASW Statistics Data Editor에 'NResidual_화물수송량_모형_1'이라는 변수로 저장시킨다. 차후에 잔차도표 및 각 차수별로 Box-Ljung통계량값을 출력하기 위함이다.

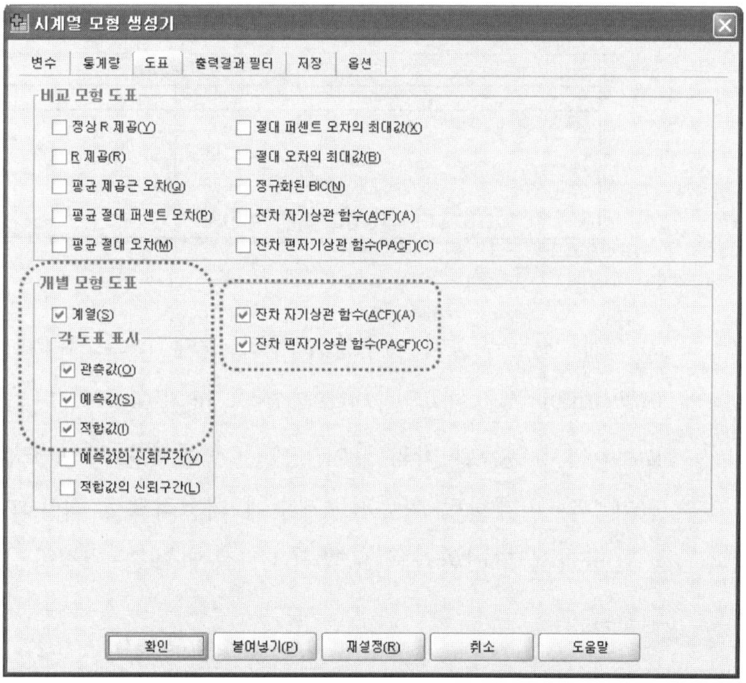
시계열 모형 생성기
변수
통계량
도표
출력결과 필터
저장
옵션
비교 모형 도표
정상 R 제곱(Y)
R 제곱(R)
평균 제곱근 오차(Q)
평균 절대 퍼센트 오차(P)
평균 절대 오차(M)
절대 퍼센트 오차의 최대값(X)
절대 오차의 최대값(B)
정규화된 BIC(N)
잔차 자기상관 함수(ACF)(A)
잔차 편자기상관 함수(PACF)(C)
개별 모형 도표
계열(S)
각 도표 표시
관측값(O)
예측값(S)
적합값(I)
예측값의 신뢰구간(V)
적합값의 신뢰구간(L)
잔차 자기상관 함수(ACF)(A)
잔차 편자기상관 함수(PACF)(C)
확인
붙여넣기(P)
재설정(R)
취소
도움말

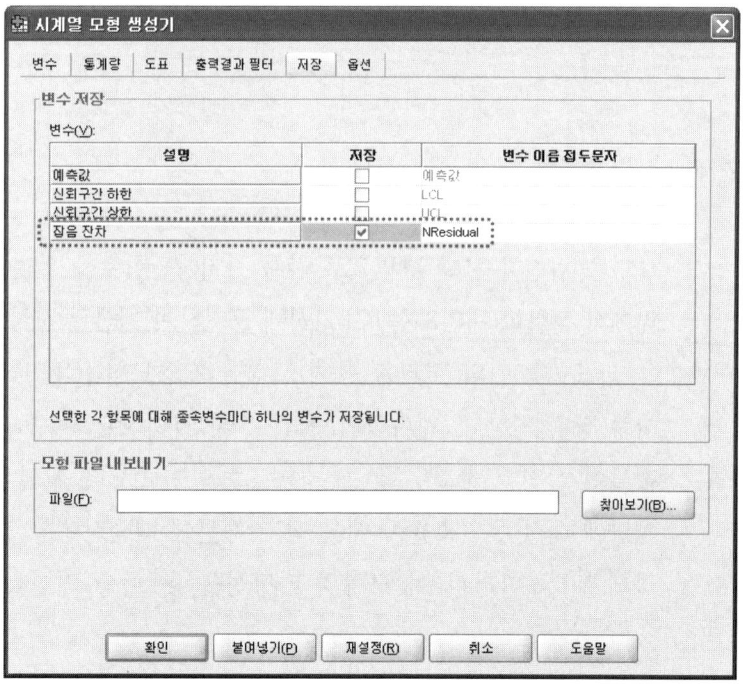
시계열 모형 생성기
변수
통계량
도표
출력결과 필터
저장
옵션
변수 저장
변수(V):
설명
저장
변수 이름 접두문자
예측값
예측값
신뢰구간 하한
LCL
신뢰구간 상한
UCL
잡음 잔차
NResidual
선택한 각 항목에 대해 종속변수마다 하나의 변수가 저장됩니다.
모형 파일 내보내기
파일(F):
찾아보기(B)...
확인
붙여넣기(P)
재설정(R)
취소
도움말

[표 C1.10] 개입모형 [C1.2]식의 추정결과

ARIMA 모형 모수

					추정값	SE	t	유의확률
화물량-모형_1	화물량	자연로그	차분		1			
			MA	시차 1	.277	.094	2.941	.004
			계절차분		1			
			MA, 계절	시차 1	.489	.221	2.210	.029
	pulse	변환 안 함	분자	시차 0	-.324	.053	-6.071	.000

세 개의 추정된 계수들 모두가 통계적으로 유의하며(p값이 각각 0.004, 0.029, 0.000), 가역성조건($|\hat{\theta}_1| = 0.277 < 1$, $|\widehat{\Theta}_{12}| = 0.489 < 1$)을 만족한다. 정동빈 (2009)[3]에서 언급한 바와 같이, 승법모형에서 가역성 조건은 계절적 이동평균계수와 비계절적 이동평균계수에 개별적으로 적용하여 점검하면 된다.

따라서 고려한 개입모형 [C1.1]식에 대한 추정방정식은 다음과 같다.

$$Y_t = -0.324\,X_t + \frac{(1-0.489\,B^{12})(1-0.277\,B)}{(1-B)(1-B^{12})}\epsilon_t \qquad [C1.2]$$

C1.4 모형검진

모형을 검진하는 한 방법으로 잔차 자기상관함수를 살펴볼 수 있다. 다음은 앞에서 적합한 개입모형 [C1.2]식에 근거하여 계산된 잔차 자기상관함수이다.

[표 C1.11]의 결과를 통해 고려한 개입모형 [C1.2]식은 주어진 자료를 아주 잘 설명한다. 왜냐하면, 모든 잔차 자기상관계수들의 t-통계량의 절대값들이 실전적 경고수준(1.25, 정동빈, 2009[4] 참고)보다 훨씬 작고, Box-Ljung통계량에 대한 유의확률이 매우 작기 때문에 백색잡음항 간의 독립성을 보장하게 된다. 따라서 이 모형의 타당성을 더 이상 의심할 여지가 없다.

---

3) 정동빈 (2009), ≪시계열 수요예측 I≫, 한나래아카데미.

4) 정동빈 (2009), ≪시계열 수요예측 I≫, 한나래아카데미.

[표 C1.11] 개입모형 [C1.2]식의 잔차 자기상관함수

자기상관

계열:화물수송량-모형_1의 잡음 잔차

시차	자기상관	표준 오차 오류	Box-Ljung 통계량 값	자유도	유의확률
1	-.014	.097	.021	1	.885
2	.043	.097	.228	2	.892
3	-.016	.097	.257	3	.968
4	-.038	.097	.422	4	.981
5	.037	.097	.580	5	.989
6	-.030	.097	.684	6	.995
7	.087	.097	1.563	7	.980
8	-.061	.098	2.008	8	.981
9	.052	.098	2.333	9	.985
10	-.010	.099	2.346	10	.993
11	.009	.099	2.357	11	.997
12	-.074	.099	3.035	12	.995
13	.015	.099	3.063	13	.998
14	-.015	.099	3.092	14	.999
15	-.064	.099	3.617	15	.999
16	.082	.100	4.481	16	.998
17	.001	.100	4.481	17	.999
18	-.007	.100	4.487	18	.999
19	.035	.100	4.647	19	1.000
20	-.077	.100	5.439	20	.999
21	.028	.101	5.547	21	1.000
22	-.065	.101	6.122	22	1.000
23	-.031	.101	6.253	23	1.000
24	.068	.101	6.904	24	1.000
25	-.056	.102	7.345	25	1.000
26	.043	.102	7.614	26	1.000
27	.053	.102	8.021	27	1.000

C1.5 이상값 탐색

다음은 앞에서 고려한 개입모형 [C1.2]식에 근거하여 얻은 잔차들을 플롯한 것이다. 1978년 4월에 해당하는 잔차(0.45)가 다른 잔차들에 비해 월등하게 크기 때문에 이상값으로 의심할 수 있다.

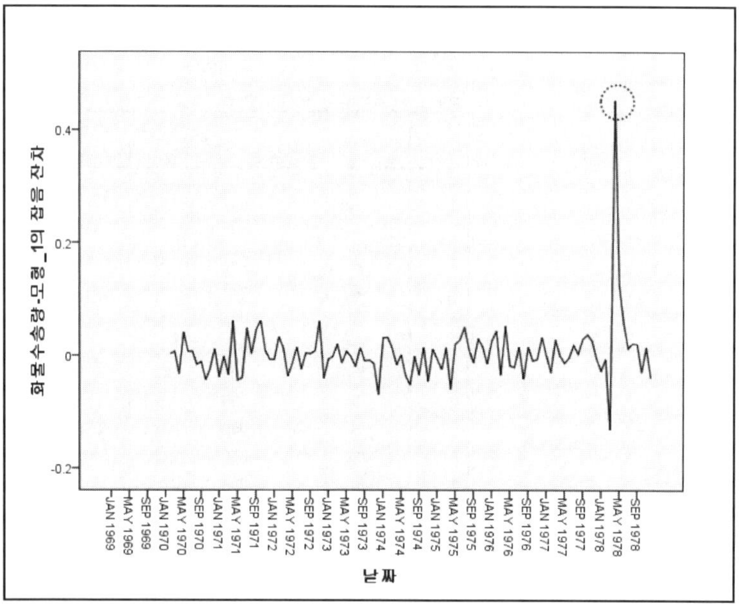

[그림 C1.12] 개입모형 [C1.2]식의 잔차도표

[그림 C1.1]의 시계열도표에서 살펴본 바와 같이, 1978년 3월에는 파업이라는 외적사건 즉, 사건의 발생시점과 그 원인을 알기 때문에 개입모형을 실시하였다. 반면에 1978년 4월에 해당하는 관측값은 바로 앞 관측값(1978년 3월)에 비해 상대적으로 작기 때문에 영향력을 시각적으로 파악하는 데 어려움이 있었고, 사전에 사건을 인지할 수 없었기 때문에 이상값으로 묻혀 있었던 것이다.

따라서 이를 PASW Statistics 17.0(또는 18.0)에 적용하기 위해서는 다음과 같이 "시계열 모형 생성기: ARIMA 기준" 대화상자의 '자동으로 이상값 검색'의 7개의 이상값 모두를 선택한다.

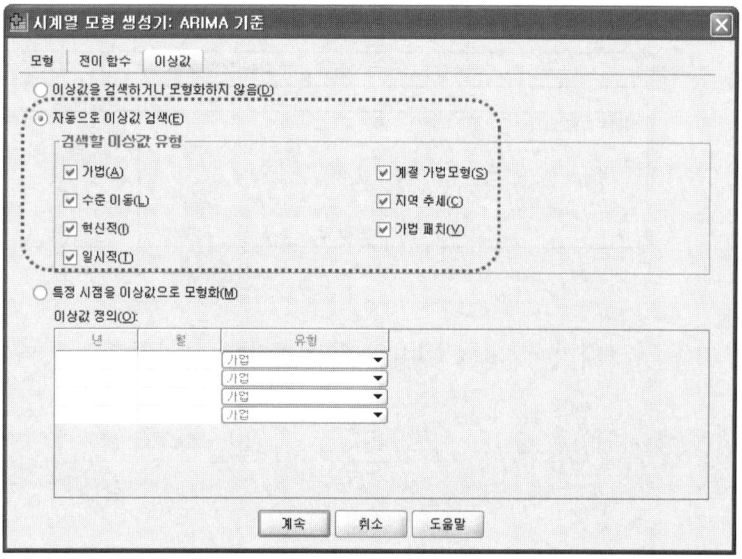

그 결과 1978년 4월에 해당하는 관측값이 7개의 서로 다른 형태의 이상값 중에서 '수준이동(LS)'으로 탐색되었다. 여기에서 이상값에 대한 추정값은 '0.487'이며, 이상값 존재여부를 검정하기 위해 계산된 유의확률(즉, p값 > 0.000)이기 때문에 시점 1978년 4월에 이상값이 발생하지 않는다는 귀무가설을 기각하게 된다. 이는 [그림 C1.12]에 주어진 잔차도표를 통해서 시각적으로 '1978년 4월'을 이상값으로 판정한 것보다 객관적인 근거에 입각하여 이상값을 탐색한 결과이다.

[표 C1.13] 이상값 탐색

이상값						
			추정값	SE	t	유의확률
화물수송량-모형_1	4월 1978	수준 이동	.487	.026	18.643	.000

다음은 시점 1978년 4월에 해당하는 관측값을 이상값으로 간주하여, 이상값의 효과를 개입모형 [C1.2]식에 포함시켜 추정한 결과이다. 추정된 모수가 모두 통계적으로 유의하다.

[표 C1.14] 이상값을 개입모형에 포함시킨 후 추정결과

ARIMA 모형 모수

					추정값	SE	t	유의확률
화물수송량-모형_1	화물수송량	자연로그	차분		1			
			MA	시차 1	.361	.093	3.875	.000
			계절차분		1			
			MA, 계절	시차 1	.771	.113	6.819	.000
	X	변환 안 함	분자	시차 0	-.450	.026	-17.295	.000

따라서 [표 C1.14]의 추정결과를 방정식으로 나타내면 다음과 같다.

$$Y_t = -0.450\,X_{1,t} + \frac{0.487}{1-B}X_{2,t} + \frac{(1-0.771\,B^{12})(1-0.361\,B)}{(1-B)(1-B^{12})}\epsilon_t \quad [\text{C1.3}]$$

여기에서, $X_{1,t} = \begin{cases} 1, & t = 1978.3 \\ 0, & \text{나머지 모든시점} \end{cases}$ $X_{2,t} = \begin{cases} 0, & t < 1978.4 \\ 1, & t \geq 1978.4 \end{cases}$ 이다.

즉, $X_{1,t}$ 는 개입변수, $X_{2,t}$는 수준이동(LS)이다.

다음은 [C1.3]식에서 고려한 개입모형에 근거하여 계산된 잔차 자기상관함수이다. 모든 잔차 자기상관계수들의 t-통계량의 절대값 모두가 실전적 경고수준(1.25)보다 훨씬 작고, Box-Ljung통계량

유의확률이 유의수준 5%보다 월등하게 크기 때문에 백색잡음항 간의 독립성을 만족한다. 즉, 개입모형 [C1.3]식이 타당함을 알 수 있다.

[표 C1.15] 개입모형 [C1.3]식의 잔차 자기상관함수

자기상관

계열:화물수송량-모형 1의 잡음 잔차

시차	자기상관	표준 오차 오류	Box-Ljung 통계량 값	자유도	유의확률
1	-.017	.097	.031	1	.860
2	.029	.097	.123	2	.941
3	.073	.097	.718	3	.869
4	-.072	.097	1.310	4	.860
5	.061	.098	1.736	5	.884
6	-.092	.098	2.708	6	.845
7	.074	.099	3.339	7	.852
8	-.035	.099	3.483	8	.900
9	.003	.100	3.484	9	.942
10	-.108	.100	4.891	10	.898
11	.090	.101	5.864	11	.882
12	-.056	.101	6.243	12	.903
13	-.135	.102	8.519	13	.808
14	.022	.103	8.578	14	.857
15	-.148	.103	11.349	15	.728
16	.140	.105	13.854	16	.610
17	.004	.107	13.856	17	.677
18	.042	.107	14.086	18	.723
19	.023	.107	14.158	19	.774
20	-.050	.107	14.495	20	.805
21	.028	.108	14.602	21	.842
22	-.207	.108	20.466	22	.554
23	.083	.111	21.417	23	.556
24	.010	.112	21.431	24	.613

다음에 주어진 [그림 C1.16]은 개입모형 [C1.3]식에 근거하여 계산된 잔차도표이다. 더 이상의 이상값을 발견할 수 없으며, 임의로 고루 분포된 형태이므로 잔차의 독립성과 등분산성을 만족함을 확인할 수 있다.

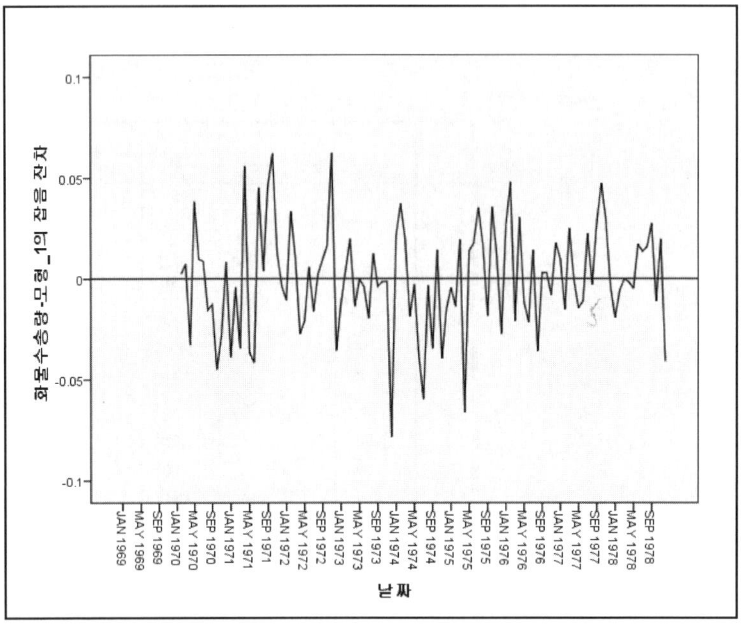

[그림 C1.16] 개입모형 [C1.3]식의 잔차도표

그렇다면 두 개의 개입모형 [C1.2]식과 [C1.3]식 중 어느 모형을 최종 모형으로 선택해야 할까? 다시 말해서, 이상값 효과를 개입모형에 추가시킨 모형 [C1.3]식이 그렇지 않은 모형 [C1.2]식에 비해 우열한지 여부를 살펴보자. 우선 [표 C1.10]과 [표 C1.14]에 나타난 각각의 추정된 모수에 대한 유의확률을 비교하면, 전반적으로 모형 [C1.3]식에 근거한 모수의 유의확률이 모형 [C1.2]식의 것보다 작다. 이는 추정모수의 유의성의 관점에서 보면, 모형 [C1.3]식이 우위에 있다고 판단된다.

다음으로 모형 [C1.2]식과 모형 [C1.3]식에 근거한 모형통계량을 비교해보자.

[표 C1.17] 모형 [C1.2]식과 모형 [C1.3]식에 근거한 모형 통계량 비교

모형 통계량 (모형 [C1.2]식)

		모형
		화물수송량-모형_1
예측변수 수		1
모형적합 통계량	정상 R 제곱	.456
	R 제곱	.903
	RMSE	104.663
	MAPE	2.804
	MAE	53.886
	MaxAPE	36.330
	MaxAE	851.579
	정규화된 BIC	9.433
Ljung-Box Q(18)	통계량	4.487
	자유도	16
	유의확률	.998
이상값 수		0

모형 통계량 (모형 [C1.3]식)

		모형
		화물수송량-모형_1
예측변수 수		1
모형적합 통계량	정상 R 제곱	.872
	R 제곱	.978
	RMSE	49.884
	MAPE	2.084
	MAE	38.520
	MaxAPE	8.184
	MaxAE	149.443
	정규화된 BIC	7.994
Ljung-Box Q(18)	통계량	14.086
	자유도	16
	유의확률	.592
이상값 수		1

[표 C1.17]에서 주어진 모형적합 통계량 중에서, 모형 [C1.3]식에 근거한 정상 R제곱과 R제곱이 모형 [C1.2]식의 것보다 크다. 또한 RMSE를 비롯한 나머지 모형적합 통계량 값들을 비교하면, 모형 [C1.3]식이 모형 [C1.2]식보다 우위에 있다고 판단할 수 있다.

C1.6 개입모형의 예측

마지막 단계는 추정된 예측모형에 근거하여 예측값들을 산출하는 일이다. 만일 PASW 17.0(또는 18.0)에서 1979년 12월까지 향후 1년에 해당하는 예측값들을 얻고자 하면, 우선 1979년 12월까지(121~132번째 케이스)에 해당하는 변수 X에 '0'을 추가시킨다. 그리고 팝업메뉴에서 데이터(D) ▸ 날짜 정의(A)를 선택한 후, "날짜정의" 대화상자에서 첫 관측값인 1969년 1월부터 날짜를 다음과 같이 다시 입력한다.

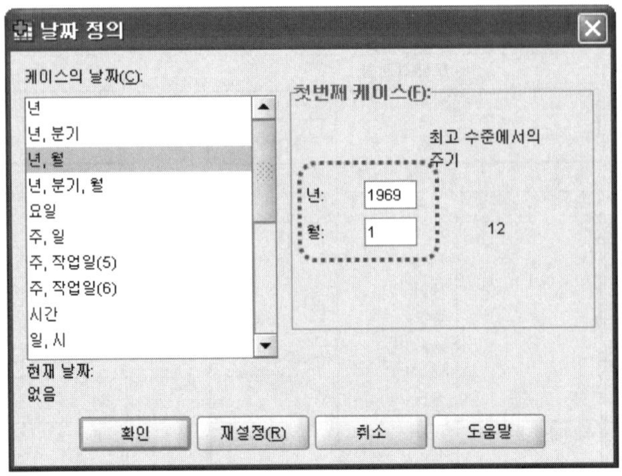

그 결과 Data Editor에 12개의 값이 추가된 것을 확인할 수 있다.

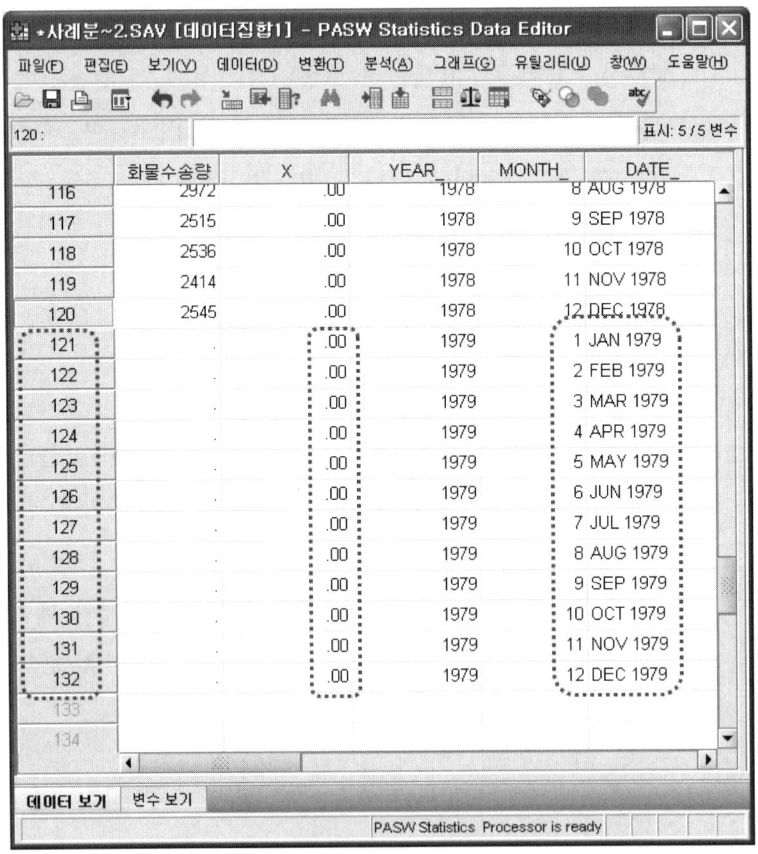

이제 최종으로 선택한 개입모형 [C1.3]식을 다시 적합시켜 예측하기 위해서는 C1.3절과 C1.5절에서 실행한 절차에 다음을 추가시킨다.

즉 "시계열 모형 생성기" 대화상자 상단의 '저장' 단추를 누른 후, '변수(V):' 란의 '예측값'을 체크함으로써, Data Editor에 '예측값_화물수송량_모형_1'이라는 변수를 자동적으로 저장하고, 추가로 예측기간을 구축하기 위해서 '옵션' 단추를 누른 후, '예측 기간' 란에 마지막 예측시점인 1979년 12월에 해당하는 '1979'와 '12'를 입력한다.

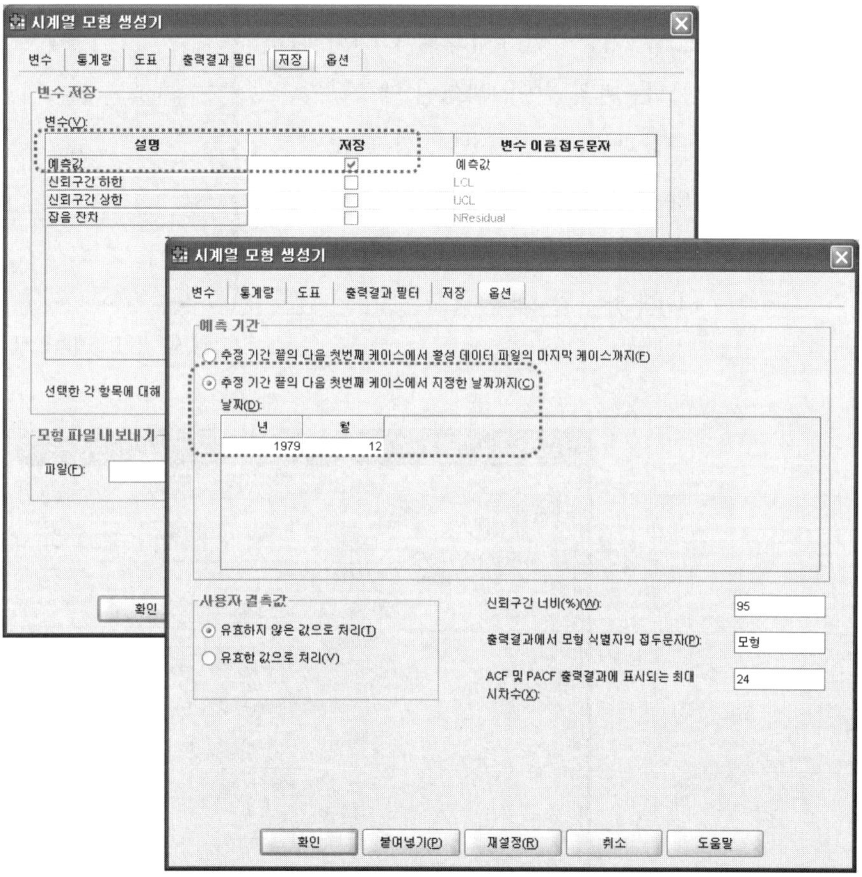

다음은 1979년 12월까지 향후 1년에 해당하는 예측값이다. 참고로 이 예측기간에 해당하는 신뢰구간의 하한과 상한을 체크함으로써 구할 수 있다.

또한 개입모형에 근거하여 적합된 값(예측값)들이 관측된 시계열에 얼마나 잘 적합되는지를 알아보고, 향후 1년의 예측값들이 어떤 패턴을 갖는지를 시각적으로 쉽게 이해할 수 있도록 시계열도표를 그려보자.

PASW Statistics Data Editor에서 분석(A) ▸ 예측 ▸ 순차도(N)를 선택하고, '변수(V):' 란으로 두 개의 변수(화물수송량과 화물수송량_모형1의 예측값)를 이동시킨다. [그림 C1.19]에서 보는 바와 같이, 생성된 예측값이 관측값과 거의 일치하며, 향후 12개월에 해당하는 예측값이 다소 감소하는 것을 확인할 수 있다([그림 C1.19]의 작은 직사각형 참고).

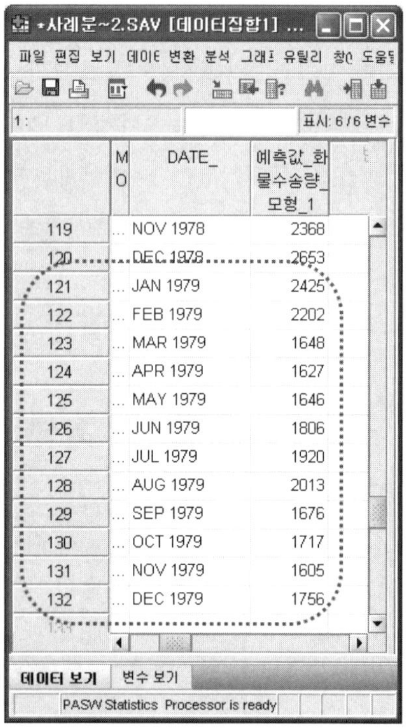

[그림 C1.18] 예측값-1

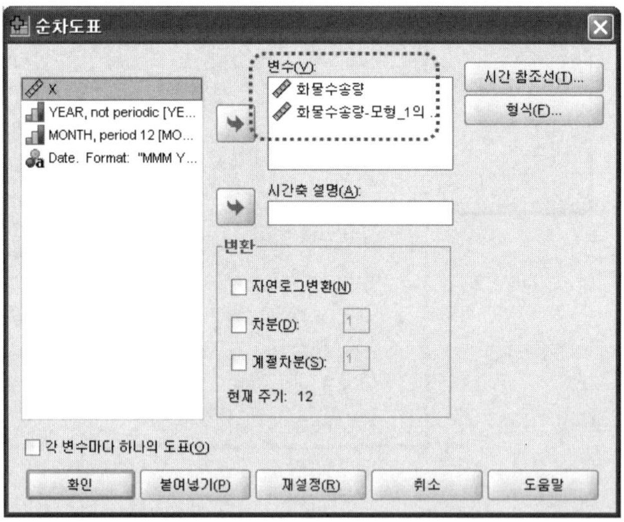

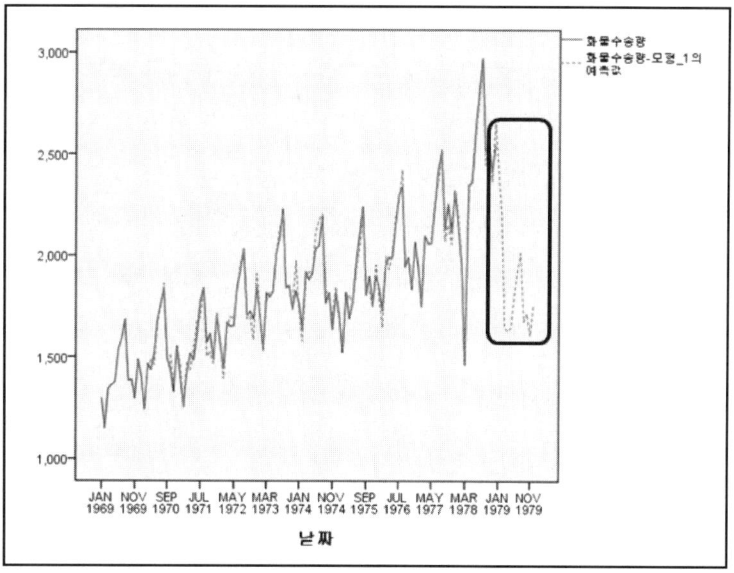

[그림 C1.19] 예측값-2

앞 예측결과를 보면, 앞에서 고려한 개입모형이 적절하다는 사실을 재차 확인할 수 있다. 예측값들이 전반적으로 계절적 패턴을 충실히 밟아간다. 계절적 차분이 되었으므로 각각의 예측값들의 시발점은 12개월 앞당겨진 관측값이다.

C1.7 [사례분석 1]을 마치며...

이 사례분석을 통하여 다음 몇 가지 사실을 정리하고자 한다.

1) 수요를 예측할 때 시계열 자료에 외적으로 영향을 줄 사건을 명백하게 규명할 수 있을 때, 이 사건을 표현할 수 있는 가(dummy)변수로 포함시켜 일변량 ARIMA모형을 수정하여 확장시킬 수 있다. 이를 개입모형이라고 한다. 그러나, 모형을 분석하기 전에 이러한 사건을 인지할 수 없거나 또는 설명할 수 없는 이유로 인해 탐색할 수 없는 경우가 있다. 이러한 경우에 모형을 추정한 후 생성된 잔차를 검토

함으로써 상대적으로 매우 작거나 큰 값에 해당하는 관측값을 이상값으로 간주할 수 있다. 이때 주어진 모형에 이상값 효과를 추가시켜 보다 정확도 있는 예측값을 산출할 수 있을 것이다.

2) 개입의 유형이 분명하지 않을 때 간접적인 방법으로써, 모든 자료에 근거하여 얻어진 ARIMA모형과 개입이 일어나기 전 자료에 근거하여 얻어진 ARIMA모형과 비교한다. 만일 두 모형 간의 추정 계수들의 크기 또는 차수(p, q, P, Q) 간의 뚜렷한 차이가 발견되면 계단개입을, 그렇지 않으면 펄스개입을 고려할 수 있다. 이 사례분석의 경우 모든 자료에 근거한 모형과 개입전의 자료에 근거한 모형이 모두 ARIMA(0,1,1)(0,1,1)$_{12}$모형으로 식별되었고, 펄스개입을 사용된 것이 이를 반영한다.

[사례분석 2]

전화회사의 마케팅 전략

Demand Forecasting of Time Series

C2.1 자료설명 및 개입형태의 식별

여기에서 다루는 자료는 1972년 1월부터 1976년 12월까지 Cincinnati Bell 전화회사에서 전화번호 안내 서비스의 월별 1일당 평균통화수이다. 이미 1장의 배경예제 1.4에서 언급한 바와 같이, 이 회사에서는 전화번호 문의 서비스 횟수를 줄이기 위해 1974년 3월부터 사용자가 전화번호 문의서비스를 매달 세 통화까지는 무료로 사용할 수 있지만, 그다음 통화부터는 20센트를 추가로 부과하는 새로운 방침을 세웠다.

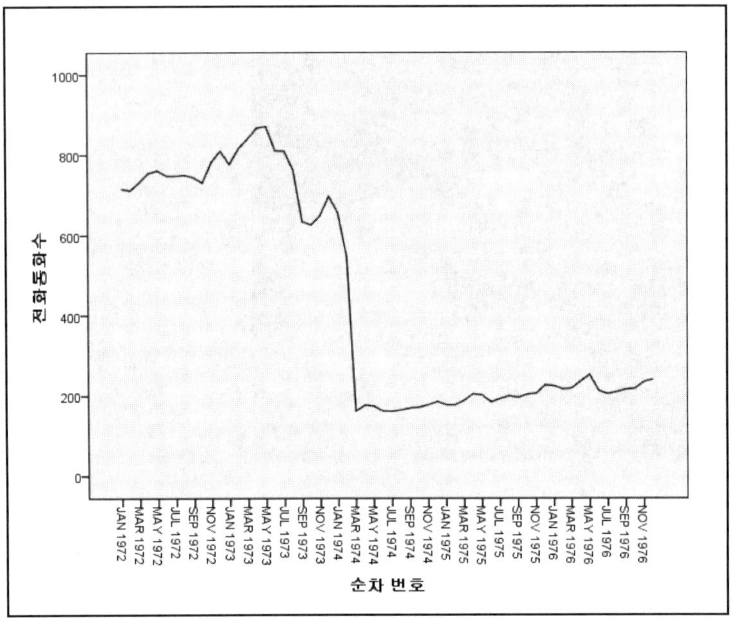

[그림 C2.1] 전화통화량의 시계열도표

이미 확인한 바와 같이, 1974년 3월(27번째 관측값)부터 시행한 추가요금 부과정책으로 말미암아, 특정한 양만큼 전화번호 문의서비스 통화수가 갑자기 감소한 후 이 패턴이 지속되는 것을 알 수 있다. 그리고, 1974년 3월 이후 전화통화수가 증가하는 패턴은 1974년 이전 증가하는 것과 비슷하다. 이는 아마도 추가요금정책 효과가 소멸되었다기보다는 인구가 증가한 것으로 추측된다. 즉 1974년 3월에 개입이 발생하였고, 이는 1시점의 영구적 반응 형태를 의미한다. 이를 통해 여기에서 사용할 개입은 계단개입이며 다음과 같이 정의한다.

$$X_t = \begin{cases} 0, & t < 27 \\ 1, & t \geq 27 \end{cases}$$

여기에서 $t = 27$은 '1974년 3월'을 나타낸다.

앞에서 정의한 계단개입변수 X_t를 'X'라는 가변수로 만들기 위해서는 '사례분석02.sav'파일을 연 후, 팝업메뉴에서 변환(T) ▸ 변수계산(C)을 선택한 후, "변수 계산" 대화상자에서 다음을 지정한다.

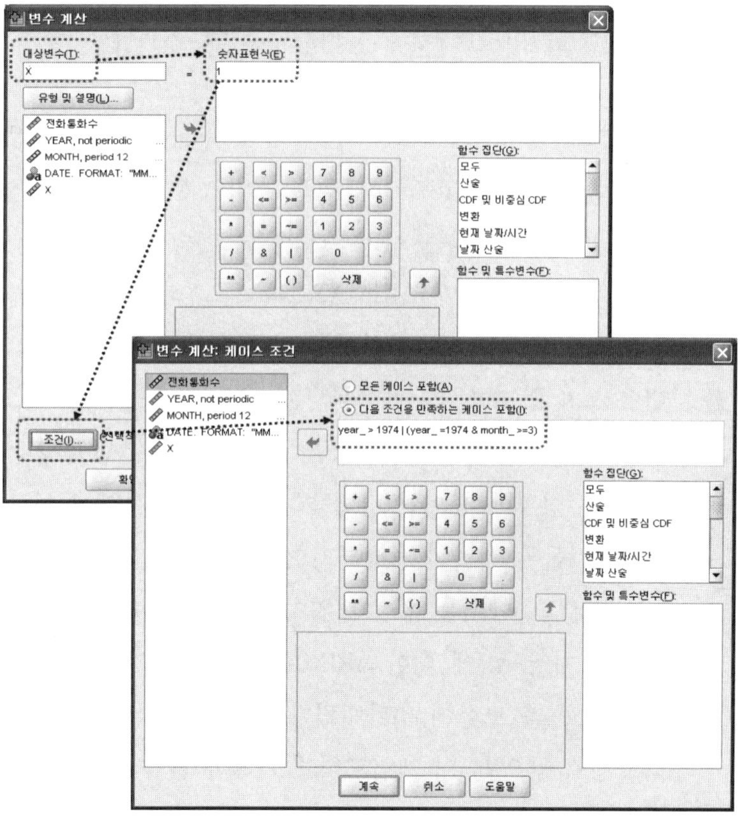

그리고, 주대화상자에서 붙여넣기(P) 단추를 클릭하고 난 후, 다음과 같

은 명령문 창에서 'COMPUTE X=0.'을 IF 명령문 앞에 입력하고 명령문을 실행한다.

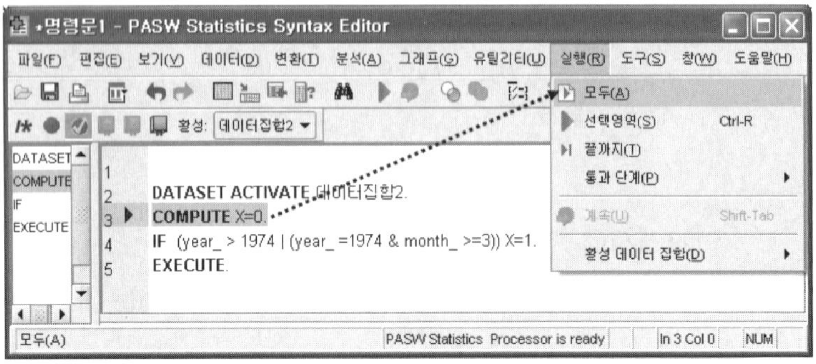

C2.2 오차항에 대한 ARIMA모형 식별

전화번호 문의서비스 통화수의 감소크기를 추정하고 앞으로의 통화수를 예측할 모형을 찾기 위해서, 먼저 개입이 발생하기 전까지의 26개의 관측값으로 표현할 수 있는 ARIMA모형을 찾아야 할 것이다.

그러나, 이 경우 ARIMA모형을 구축하기 위해서는 최소 50개 이상의 관측값이 필요하다는 경험적인 면에 위배된다. 즉, 개입의 효과가 계열 전반을 크게 압도할 경우에 개입 전의 관측값들을 ARIMA모형으로 식별하는 것은 의미가 없어 보인다. 그렇다면, 개입이 발생하기 전까지 관측값의 수가 적은 상황에서 어떤 방법을 사용하여 적절한 개입모형을 구축해야 할 것인가? 물론 개입이 발생하기 전까지 충분한 양의 자료가 존재하는 경우(예: 사례분석 1)에서는 우선 개입이 발생하기 전까지의 관측값들(Y_t)을 사용하여 오차항(N_t)에 대한 ARIMA모형을 식별하였다($Y_t = N_t$). 그다음은 개입함수(v_t)를 모형에 추가시켰다($Y_t = v_t + N_t$). 만일 구축된 개입모형이 만족스럽지 않으면, 이 개입모형에 근거한 잔차 자기상관함수와 잔차 편자기상관함수를 참고하여 자기회귀(AR)요소 또는 이동평균(MA)요소를 개입모형 내의 오차항에 추가시키면 되었다.

이 사례분석과 같이 개입이 발생하기 전까지 충분한 자료가 존재하지 않거나(경험적으로 관측값의 수가 50개 미만), 개입의 효과가 계열 전반을 크게 압도할 경우에는 우선 "오차항들끼리 서로 독립이다"는 가정에서 개입함수와 오차항을 동시에 모형에 포함시켜($Y_t = v_t + N_t$) 모형을 적합시킨다. 즉, 오차항에 대한 ARIMA모형 식별을 유보시킨다. 그리고 $Y_t = v_t + N_t$에 근거하여 계산된 잔차 자기상관함수와 잔차 편자기상관함수를 사용하여 자기회귀(AR)요소 또는 이동평균(MA)요소를 개입모형 내의 오차항에 추가시킨다.

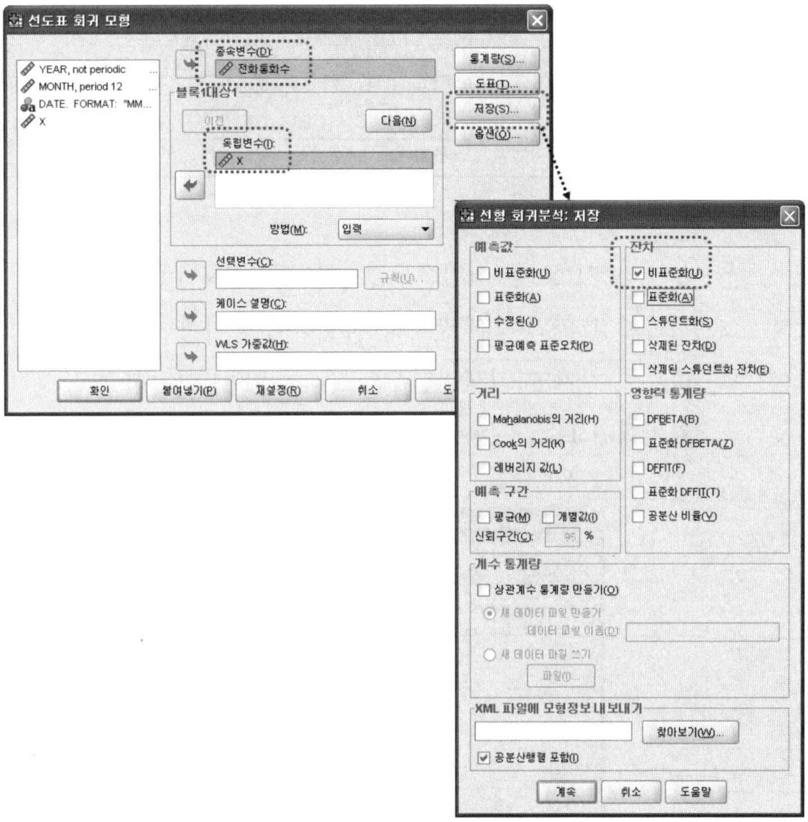

우선 실시할 첫 작업은 오차항에 대한 ARIMA모형 식별을 유보하고 개입변수(X_t)와 전화통화수(Y_t) 사이의 선형회귀모형을 적합시킨다. 물론 이 단계에서 오차항에 대한 ARIMA모형을 구축하기 위해서는 반드시 잔차를 생성시킨다. 이를 PASW 17.0(또는 18.0)에 적용하기 위해서는 PASW

Statistics Data Editor에서 분석(A) ▸ 회귀분석(R) ▸ 선형(L)을 선택한 후, 다음 주어진 대화상자에 해당사항들을 입력시킨다. 이는 $Y_t = C_1 + C_2 X_t + N_t$에서 우선 C_1와 C_2를 추정하는 것을 의미한다.

다음 추정된 결과 [표 C2.2]를 통해서 상수(C_1)와 개입변수 X의 계수(C_2) 모두가 유의수준 5%에서 유의함을 알 수 있다.

[표 C2.2] 선형회귀모형의 추정결과

계수[a]

모형		비표준화 계수 B	비표준화 계수 표준 오차 오류	표준화 계수 베타	t	유의확률
1	(상수)	744.500	10.558		70.512	.000
	X	-545.706	14.026	-.981	-38.906	.000

a. 종속변수: 전화통화수

다음으로는 개입변수(X_t)와 전화통화수(Y_t) 사이의 선형회귀모형을 적합시킨 후 생성된 잔차를 사용하여 오차항에 대한 ARIMA모형을 식별한다. 즉, 잔차 자기상관함수와 잔차 편자기상관함수를 통해 ARIMA모형의 자기회귀요소 또는 이동평균요소를 식별한다.

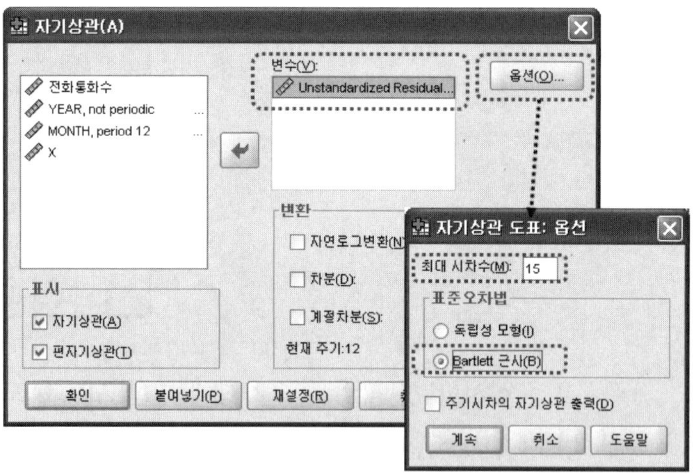

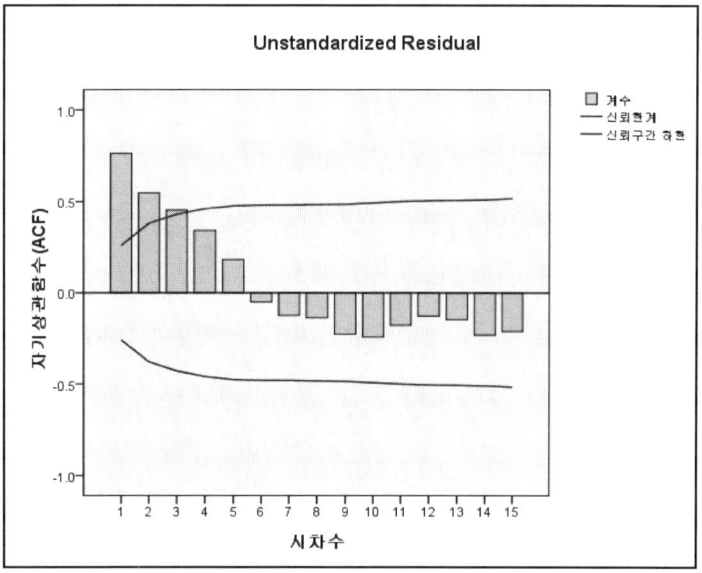

[그림 C2.3] 잔차 자기상관함수

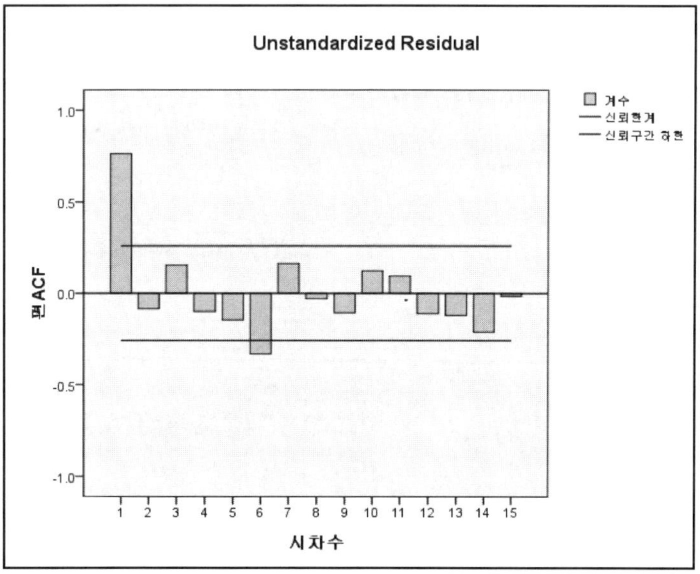

[그림 C2.4] 잔차 편자기상관함수

다음에 주어진 잔차 자기상관함수는 지수적으로 감소하는 패턴이며, 잔차 편자기상관함수는 '시차 1' 이후에 절단형태로 생각할 수 있으므로,

오차항(N_t)에 AR(1)요소가 내재되어 있음을 알 수 있다. 참고로 '시차 6'에서 튀어나온 스파이크는 우선 무시하기로 하자. 이를 방정식으로 표현하면 다음과 같다.

$$Y_t = C_1 + C_2 X_t + \frac{1}{1-\phi_1 B}\epsilon_t \qquad [C2.1]$$

여기에서 X_t 는 계단함수이며 C2.1절에서 이미 정의하였다.

C2.3 개입모형의 추정 및 모형진단

다음은 모형 [C2.1]식을 PASW 17.0(또는 18.0)에 적용한 절차와 그 추정결과이다.

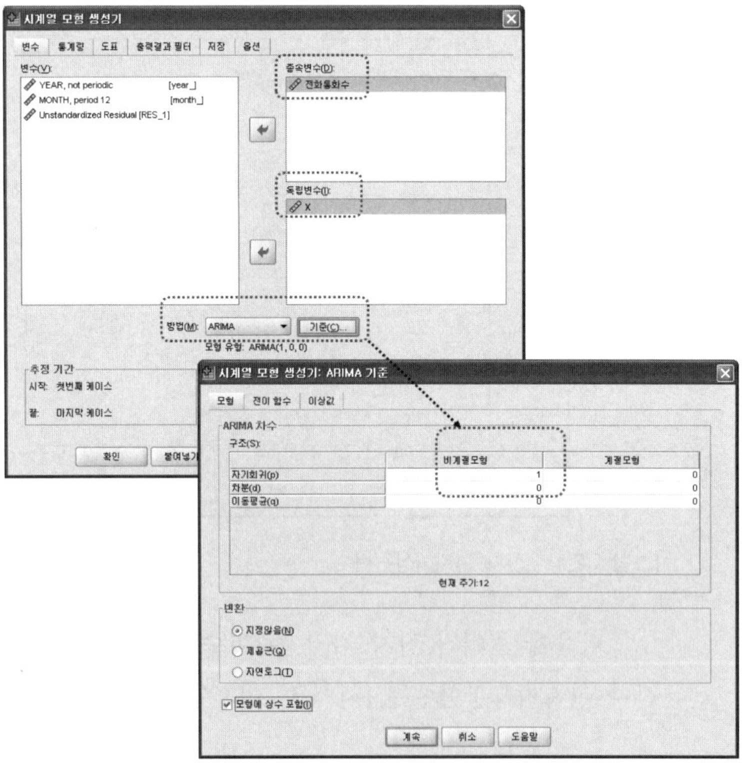

[표 C2.5] 개입모형 [C2.1]식의 추정결과

ARIMA 모형 모수

					추정값	SE	t	유의확률
전화통화수-모형_1	전화통화수	변환 안 함	상수항		666.737	53.152	12.544	.000
			AR	시차 1	.936	.046	20.410	.000
	X	변환 안 함	분자	시차 0	-398.913	32.053	-12.445	.000

세 개의 계수(C_1, C_2, ϕ_1) 모두가 매우 유의하며, 이를 [C2.1]식에 대입하면 다음과 같다.

$$Y_t = 666.737 - 398.913 X_t + \frac{1}{1 - 0.936B}\epsilon_t \qquad [C2.2]$$

다음은 모형 [C2.1]식을 적합한 후 생성된 잔차에 대한 자기상관함수와 Box-Ljung통계량의 유의확률을 구해보자. PASW 17.0(또는 18.0)의 "시계열 모형 생성기" 대화상자의 '저장' 단추를 누른 후, '잡음잔차'를 체크함으로써 잔차를 생성할 수 있다.

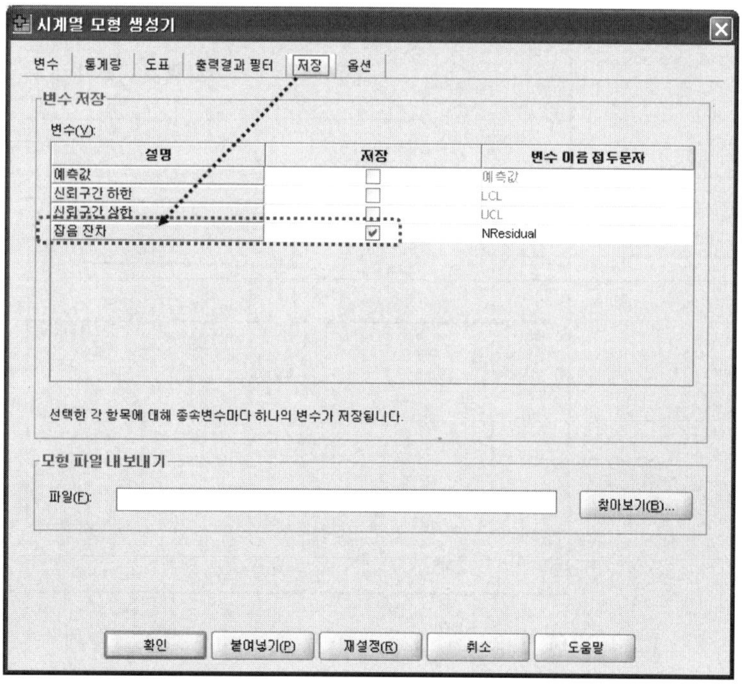

또한 팝업메뉴의 분석(A) ▸ 예측 ▸ 자기상관(A)을 선택하여 다음과 같이 "자기상관(A)" 대화상자의 '변수(V):' 란으로 '전화통화수 모형_1의 잡음잔차'를 이동시킨다.

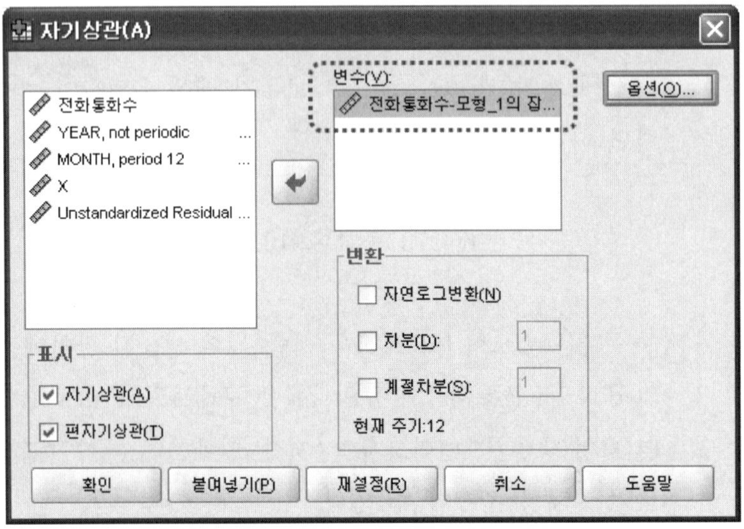

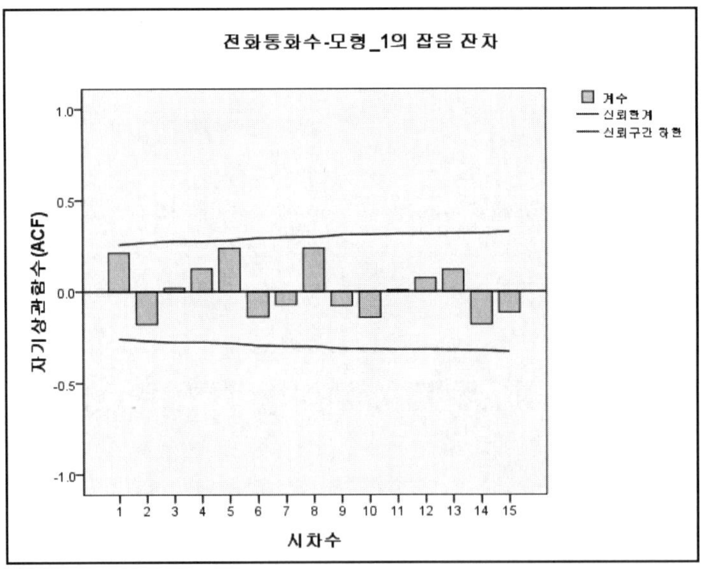

[그림 C2.6] 개입모형 [C2.1]식에 근거한 잔차 자기상관함수-1

자기상관

계열:전화통화수-모형_1의 잡음 잔차

시차	자기상관	표준 오차 오류[a]	Box-Ljung 통계량		
			값	자유도	유의확률[b]
1	.212	.129	2.824	1	.093
2	-.177	.135	4.833	2	.089
3	.020	.139	4.858	3	.182
4	.126	.139	5.906	4	.206
5	.238	.141	9.750	5	.083
6	-.137	.147	11.038	6	.087
7	-.070	.149	11.379	7	.123
8	.238	.150	15.440	8	.051
9	-.077	.156	15.875	9	.070
10	-.141	.157	17.350	10	.067
11	.009	.159	17.356	11	.098
12	.074	.159	17.783	12	.122
13	.119	.159	18.911	13	.126
14	-.178	.161	21.487	14	.090
15	-.114	.164	22.567	15	.094

a. 가정된 기본 공정은 시차 수에서 1을 뺀 것과 같은 차수인 MA입니다. Bartlett 근사가 사용되었습니다.

b. 점근 카이제곱 근사를 기준으로 합니다.

[그림 C2.7] 개입모형 [C2.1]식에 근거한 잔차 자기상관함수-2

잔차 자기상관함수([그림 C2.7])에서 신뢰한계선 바깥으로 튀어나온 스파이크는 하나도 없다(유의한 상관계수는 존재하지 않는다). 그리고 Box-Ljung통계량의 p값 모두가 유의수준 5%에서 유의하지 않으므로, '백색잡음항들이 통계적으로 독립이다'는 귀무가설을 채택하게 된다.

➔ C2.4 이상값 탐색

다음 주어진 잔차도표([그림 C2.8])를 살펴보면, 특정적인 패턴을 발견할 수 없으며 고루 퍼져 있는 형태이다. 그러나, 두 개의 잔차가 다른 것에 비해 월등히 작기 때문에 이를 이상값으로 의심할 수 있다.

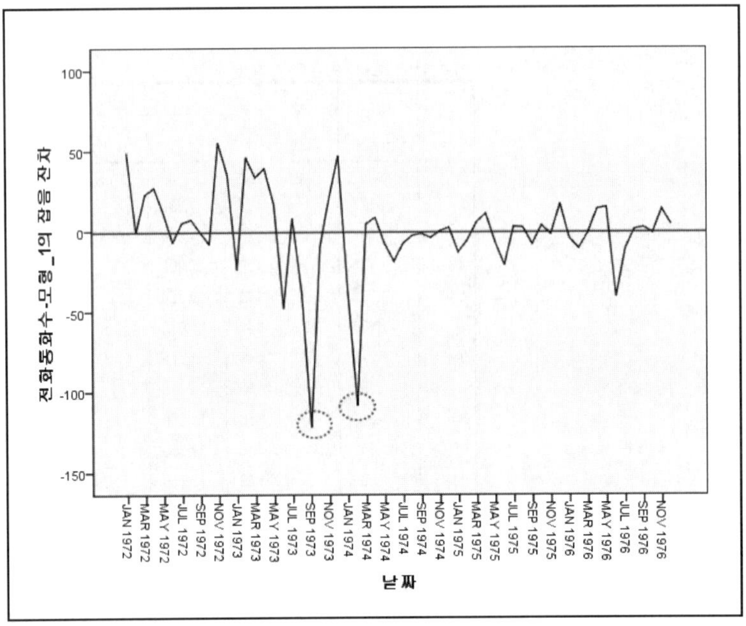

[그림 C2.8] 개입모형 [C2.1]식에 근거한 잔차도표

[사례분석 1]의 C1.5와 마찬가지로, "시계열 모형 생성기: ARIMA 기준" 대화상자의 '자동으로 이상값 검색' 7개의 이상값 모두를 선택하여 실행한다. 그 결과 아래 주어진 [표 C2.9]와 같이 4개의 이상값에 대한 추정값과 이상값 존재여부를 검정하기 위한 유의확률을 얻을 수 있다.

[표 C2.9] 이상값 탐색

이상값

			추정값	SE	t	유의확률
전화통화수-모형_1	9월 1973	가법	-111.639	17.815	-6.267	.000
	10월 1973	가법	-103.371	20.572	-5.025	.000
	11월 1973	가법	-64.167	17.814	-3.602	.001
	2월 1974	최신	-109.540	20.261	-5.406	.000

그 결과 '1973년 4월, 10월, 11월'에 해당하는 관측값이 '가법'으로, 1974년 2월에 해당하는 관측값은 '최신(또는 혁신)'으로 탐색되었다. 또한 각각의 4개 이상값 존재여부를 검정하기 위해 계산된 유의확률이 유의수준

5%보다 월등히 작기 때문에 각 4개의 시점에서 이상값이 발생하지 않는다는 귀무가설을 기각하게 된다.

다음은 [C2.2]식에 4개의 이상값 효과([표 C2.9] 참고)를 추가시켜 모형을 추정한 결과이다. 추정된 모수가 모두 통계적으로 유의하다.

[표 C2.10] 이상값을 개입모형 [C2.2]식에 포함시킨 후 추정결과

ARIMA 모형 모수

					추정값	SE	t	유의확률
전화통화수-모형_1	전화통화수	변환 안 함	상수항		694.259	48.880	14.203	.000
			AR	시차 1	.959	.029	33.199	.000
	X	변환 안 함	분자	시차 0	-395.441	21.415	-18.466	.000

따라서 [표 C2.10]의 추정결과를 개입모형 [C2.2]식에 추가시켜 방정식으로 나타내면 다음과 같다.

$$\begin{aligned} Y_t = &\ 694.259 - 395.441X_{1t} - 111.639X_{2t} - 103.371X_{3t} \\ &- 64.167X_{4t} - 109.540X_{5t} + \frac{1}{1-0.959B}\epsilon_t \end{aligned} \qquad [C2.3]$$

여기에서 $X_{1t} = \begin{cases} 0, & t < 1974.3 \\ 1, & t \geq 1974.3 \end{cases}$, $X_{2,t} = \begin{cases} 1, & t = 1973.9 \\ 0, & \text{나머지 모든시점} \end{cases}$

$$X_{3,t} = \begin{cases} 1, & t = 1973.10 \\ 0, & \text{나머지 모든시점} \end{cases},$$

$$X_{4,t} = \begin{cases} 1, & t = 1973.11 \\ 0, & \text{나머지 모든시점} \end{cases},$$

$$X_{5,t} = \begin{cases} \dfrac{1}{\pi(B)}, & t = 1974.2 \\ 0, & \text{나머지 모든시점} \end{cases}$$

이다. 즉, $X_{1,t}$는 개입변수, $(X_{2,t}, X_{3,t}, X_{4,t}, X_{5,t})$는 이상값을 나타내는 가변수이다.

다음은 개입모형 [C2.3]식에 근거하여 계산된 잔차 자기상관함수이다.

모든 잔차 자기상관계수들의 t-통계량(자기상관/표준오차오류)의 절대값 모두가 실전적 경고수준(1.25)보다 훨씬 작고, Box-Ljung통계량의 유의확률이 유의수준 5%보다 월등하게 크기 때문에 백색잡음항 간의 독립성을 만족한다. 또한 개입모형 [C2.1]식에 근거한 Box-Ljung통계량의 유의확률([그림 C2.7] 참고)에 비해 전반적으로 크다. 즉, 이를 통해서 고려한 모형 [C2.3]식이 타당함을 알 수 있다.

[표 C2.11] 개입모형 [C2.3]식의 잔차 자기상관함수

자기상관

계열:전화통화수-모형_1의 잡음 잔차

시차	자기상관	표준 오차 오류[a]	Box-Ljung 통계량 값	자유도	유의확률[b]
1	.146	.129	1.344	1	.246
2	.035	.132	1.424	2	.491
3	.120	.132	2.363	3	.501
4	.080	.134	2.786	4	.594
5	.177	.135	4.896	5	.429
6	-.214	.138	8.043	6	.235
7	.055	.144	8.256	7	.311
8	-.009	.144	8.262	8	.408
9	-.184	.144	10.725	9	.295
10	-.061	.148	11.005	10	.357
11	.027	.148	11.061	11	.438
12	.210	.149	14.474	12	.271
13	.045	.153	14.637	13	.331
14	-.150	.154	16.449	14	.287
15	-.111	.156	17.460	15	.292

a. 가정된 기본 공정은 시차 수에서 1을 뺀 것과 같은 차수인 MA입니다. Bartlett 근사가 사용되었습니다.

b. 점근 카이제곱 근사를 기준으로 합니다.

다음에 주어진 [그림 C1.16]은 개입모형 [C1.3]식에 근거하여 계산된 잔차도표이다. 더 이상의 이상값을 발견할 수 없으며, 임의로 고루 분포된 형태이므로 잔차의 독립성과 등분산성을 만족함을 확인할 수 있다.

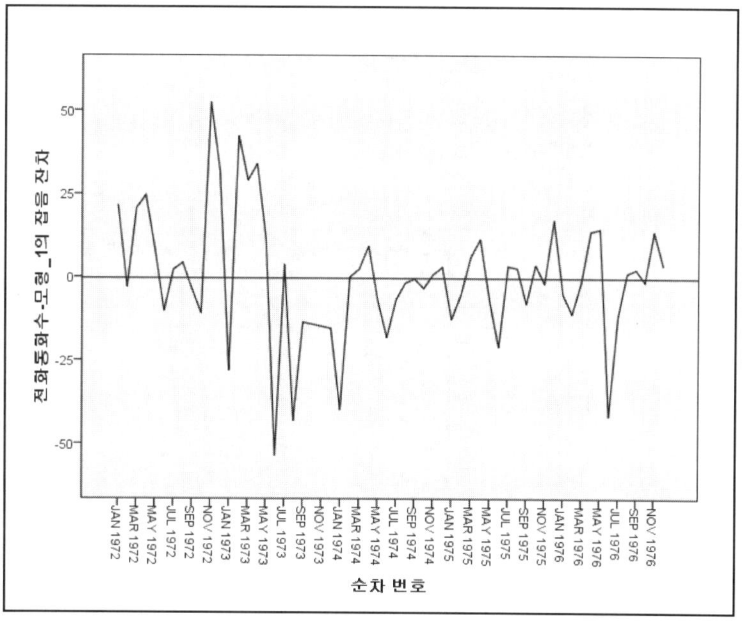

[그림 C2.12] 개입모형 [C2.3]식의 잔차도표

C2.5 개입모형의 예측

만일 향후 6개월까지의 예측값과 이에 해당하는 95% 신뢰구간을 얻고자 하면, [사례분석 1]과 같이 66번째까지 해당하는 변수 X에 '1'을 삽입하면 된다. 그리고, "시계열 모형 생성기" 대화상자의 '옵션' 단추를 누른 후, '예측 기간' 란에 '1977 6'을 입력한다. 물론 Data Editor에 예측값을 출력하기 위해서는 '저장' 단추를 누른 후 '변수(V):' 란에 '예측값'을 체크한다.

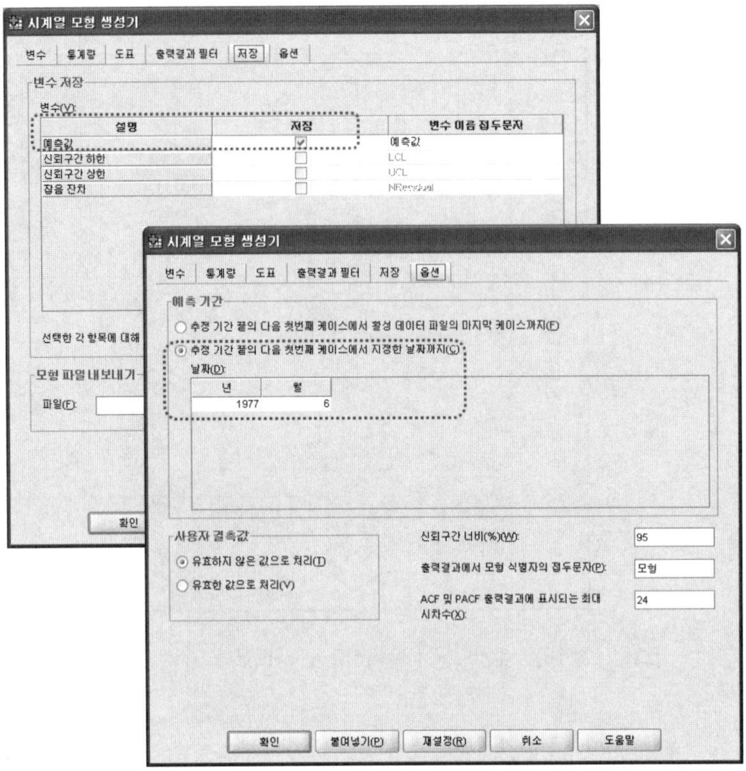

다음은 개입모형 [C2.3]식에 근거하여 얻은 예측값(66일까지의 예측값 포함)과 관측값들을 겹쳐서 시계열도표로 나타낸 것으로 두 개의 선이 거의 일치하며, 6개의 예측값은 시간의 흐름에 따라서 점진적으로 증가함을 알 수 있으며, 개입이 발생하기 전(1974년 2월)까지의 패턴을 계속 지속하려는 경향을 나타낸다. 이는 전화 사용자들이 전화번호 문의서비스에 대한 성향이라고 볼 수도 있다.

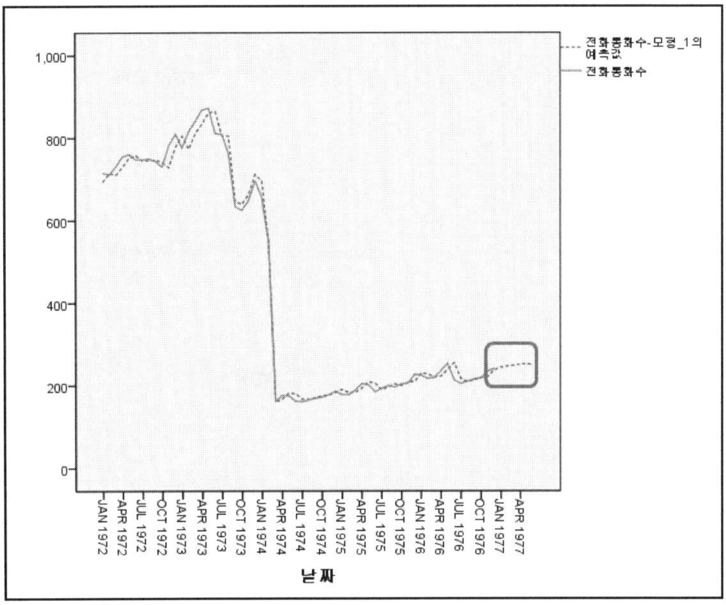

[그림 C2.13] 개입모형 [C2.3]식에 근거한 예측값

C2.6 [사례분석 2]를 마치며...

이 사례분석에서는 갑작스런 개입이 발생한 뒤 이 개입의 효과가 지속되는 상황 즉, 전형적인 계단개입을 사용하는 경우를 살펴보았다. 계단 개입모형을 근거로 하여 얻어진 예측값들은 개입이 발생 전 패턴과 유사한 형태를 가진다는 사실에 착안한다면, 개입모형은 일변량 ARIMA모형에 개입요소의 효과를 포함시켜 보다 정밀한 분석을 행하는 기법임을 재확인할 수 있다.

또한 [사례분석 1]과는 달리 개입이 발생하기 전까지 충분한 자료가 존재하지 않았기 때문에 개입모형구축의 2단계인 오차항을 ARIMA모형으로 식별하는 데 어려움이 발생하였다. 이 경우 적절한 개입모형을 구축하기 위해서 다음과 같이 실전적 분석방법을 적용시켰다. 즉 '오차항들이 독립이다'는 가정에서 우선 개입변수를 모형화시킨 후, 모형 내에 여전히 존재하는 ARIMA 구성 요소들(자기회귀와 이동평균)을 잔차 자기상관함수와 잔차 편자기상관함수를 통해 식별시키는 전략을 사용하였다. 특히 이 실전적 분석 전략은 개입의 효과가 계열 전반을 차지할 때 유용하게 사용할 수 있으며 다음과 같은 모형구축 로드맵으로 요약할 수 있다.

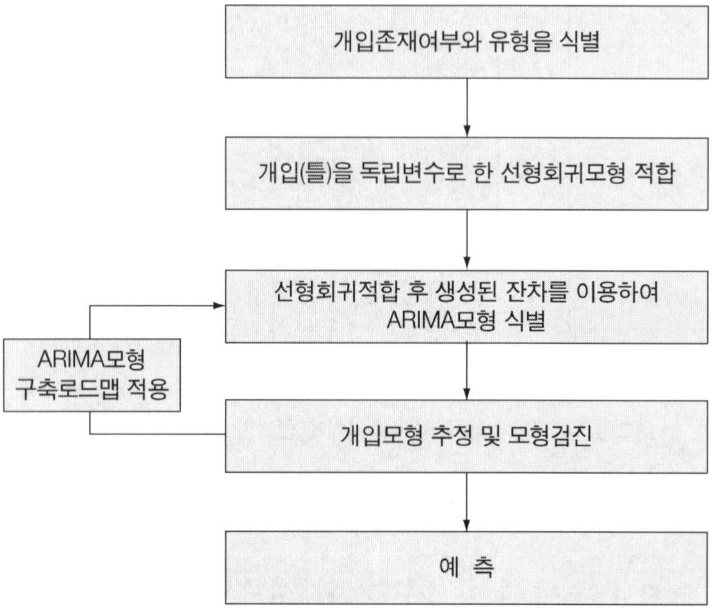

[그림 C2.14] 실전적 개입모형구축 로드맵

는 급격히 감소하는 패턴이므로, 평균이 정상적으로 되었다고 단정할 수 있다. 또한 자기상관함수는 '시차 1' 이후 '0'으로 급속히 감소하는 절단형태, 편자기상관함수는 서서히 감소하는 형태이므로 차수가 '1'인 이동평균구조 즉, MA(1)구조로 식별된다.

따라서 오차항계열(N_t)은 다음과 같이 ARIMA(0,1,1)모형으로 식별할 수 있다.

$$(1-B)N_t = (1-\theta_1 B)\epsilon_t \text{ 또는 } N_t = \frac{(1-\theta_1 B)\epsilon_t}{(1-B)} \quad [C3.1]$$

C3.3 개입모형 추정 및 모형검진

다음 단계는 모든 관측값을 근거로 하여 식별된 ARIMA모형 [C3.1]식에 세 개의 펄스개입변수를 포함시킨 다음 주어진 개입모형을 구축하는 것이다.

$$Y_t = C_0 + C_1 X_{1,t} + C_2 X_{2,t} + C_3 X_{3,t} + \frac{(1-\theta_1 B)}{(1-B)}\epsilon_t \quad [C3.2]$$

3개의 개입변수들을 모든 관측값에 적용하기 위해서는 앞 사례분석들과 마찬가지로, "케이스 선택" 대화상자에서 "모든 케이스(A)"를 선택한다. 다음으로 선택된 모든 관측값에 근거하여 모든 개입변수들을 모형에 포함시켜 모형을 추정하기 위해서, "시계열 모형 생성기" 대화상자에서 '선적량'을 '종속변수(D):' 란으로, 'X1 X2 X3'을 '독립변수(I):' 란으로 각각 이동시키고, '방법(M):' 란에서 [ARIMA ▾]를 선택한다. 그리고, [기준(C)...] 단추를 누른 후 "시계열 모형 생성기: ARIMA 기준" 대화상자의 'ARIMA 차수' 란에 '0, 1, 1, 0, 0, 0'을 순서대로 입력한다. 물론 개입모형 [C3.2]식의 타당성 여부와 만일 타당하지 않을 때 추가시킬 필요한 요소를 탐색하기 위해 잔차를 생성해야 할 것이다. "시계열 모형 생성기" 대화상자에서 좌측상단의 '저장' 단추를 누른 후, '잡음 잔차'를 체크함으로써 "PASW Statistics Data Editor"에 'NResidual_선적량_모형_1'이라는 변수로 저장시킨다.

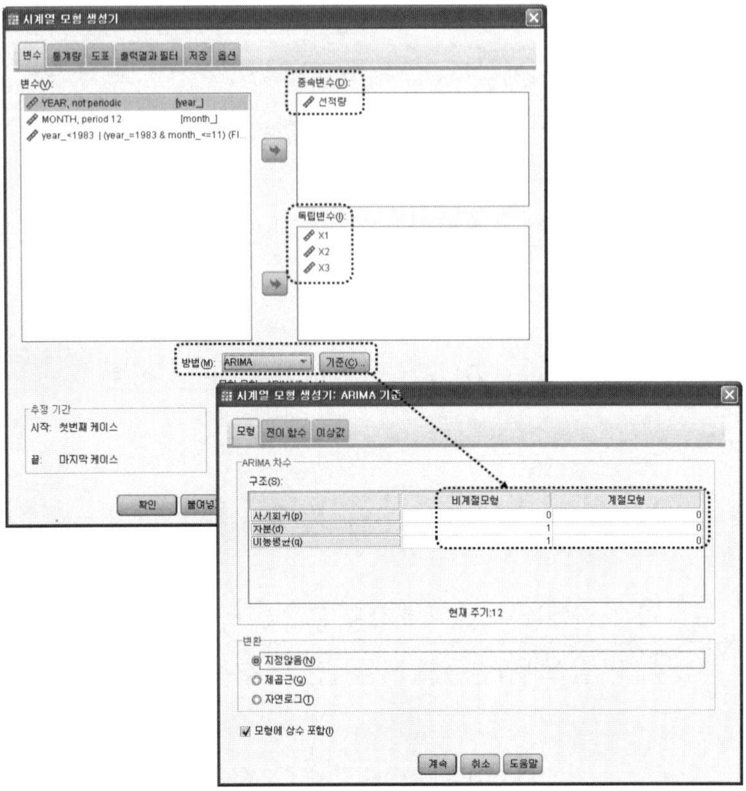
시계열 모형 생성기
변수
통계량
도표
출력결과 필터
저장
옵션
변수(V):
종속변수(D):
선적량
독립변수(I):
X1
X2
X3
방법(M):
ARIMA
기준(C)...
시계열 모형 생성기: ARIMA 기준
모형
전이 함수
이상값
구조(S):
비계절모형
계절모형
현재 주기:12
지정않음(N)
제곱근(Q)
자연로그(T)
모형에 상수 포함(I)
계속
취소
도움말

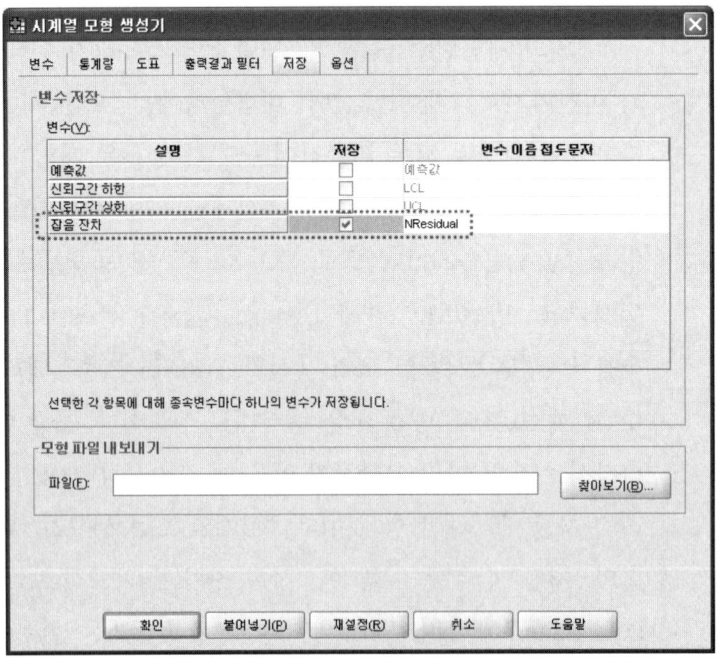
시계열 모형 생성기
변수
통계량
도표
출력결과 필터
저장
옵션
변수 저장
변수(V):
설명
저장
변수 이름 접두문자
예측값
신뢰구간 하한
신뢰구간 상한
잡음 잔차
NResidual
선택한 각 항목에 대해 종속변수마다 하나의 변수가 저장됩니다.
모형 파일 내보내기
파일(F):
찾아보기(B)...
확인
붙여넣기(P)
재설정(R)
취소
도움말

[표 C3.6] 개입모형 [C3.2]식의 추정결과

ARIMA 모형 모수						추정값	SE	t	유의확률
선적량-모형_1	선적량	변환 안 함	상수항		4.987	.232	21.496	.000
			차분		1			
			MA	시차 1	.999	.849	1.176	.242
	X1	변환 안 함	분자	시차 0	45.515	34.261	1.328	.187
	X2	변환 안 함	분자	시차 0	-24.248	23.363	-1.038	.301
	X3	변환 안 함	분자	시차 0	29.836	28.590	1.044	.299

추정된 계수 대부분이 5% 유의수준에서 유의하지 않으며, 가역성조건도 만족하지 않는다([표 C3.6] 참고). 또한 [표 C3.7]의 Box-Ljung통계량에서 여러 개의 p값이 유의수준 5%보다 훨씬 작기 때문에 백색잡음의 독립성을 만족하지 못한다. 따라서 개입모형 [C3.2]식은 적절한 모형이 될 수 없다.

[표 C3.7] 개입모형 [C3.2]식의 잔차 자기상관함수

자기상관

계열:선적량-모형_1의 잡음 잔차

시차	자기상관	표준오차[a]	Box-Ljung 통계량 값	자유도	유의확률[b]
1	-.198	.090	4.977	1	.026
2	.018	.093	5.018	2	.081
3	-.039	.093	5.219	3	.156
4	-.039	.093	5.415	4	.247
5	.003	.094	5.416	5	.367
6	-.030	.094	5.538	6	.477
7	.024	.094	5.612	7	.586
8	.009	.094	5.622	8	.689
9	-.072	.094	6.321	9	.707
10	.053	.094	6.706	10	.753
11	-.171	.094	10.765	11	.463
12	.572	.097	56.420	12	.000
13	-.106	.121	57.995	13	.000
14	-.001	.122	57.995	14	.000
15	.010	.122	58.010	15	.000
16	-.031	.122	58.148	16	.000
17	-.083	.122	59.165	17	.000
18	-.049	.122	59.518	18	.000
19	.005	.122	59.522	19	.000
20	-.057	.122	60.008	20	.000
21	-.074	.123	60.844	21	.000
22	.010	.123	60.859	22	.000
23	-.112	.123	62.796	23	.000
24	.338	.124	80.648	24	.000

a. 가정된 기본 공정은 시차 수에서 1을 뺀 것과 같은 차수인 MA입니다. Bartlett 근사가 사용되었습니다.

b. 점근 카이제곱 근사를 기준으로 합니다.

C3.4 개입모형의 재식별, 재추정 및 검진

C3.3절에서 고려한 개입모형 [C3.2]식은 적절하지 않았다. 모형을 재식별하기 위해, 개입 전까지의 관측값에 근거하여 계산한 두 개의 상관함수를 통해 더 이상 추가적으로 얻을 정보는 없다.

그렇다면 어떤 전략을 사용하여 모형을 재식별해야 할까? 대답은 "두 개의 잔차 상관함수를 사용하여 추가정보를 얻는다"이다. 개입모형 [C3.2]식을 추정한 후 생성된 잔차(NResidual_선적량_모형_1)를 사용하여 잔차 자기상관함수([그림 C3.8])를 계산한다.

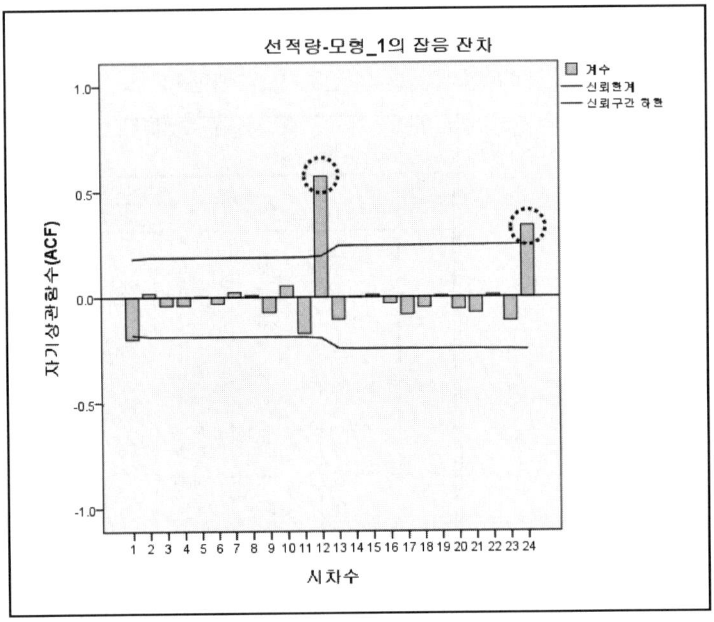

[그림 C3.8] 개입모형 [C3.2]식에 근거한 잔차 자기상관함수

우선 잔차 자기상관함수([그림 C3.6])를 살펴보면, 계절시차(12, 24)에 해당하는 잔차 자기상관계수들이 신뢰한계선 밖으로 튀어 나와 있다. 즉, '시차 12와 24'에 해당하는 자기상관계수의 t-검정통계량의 절대값(5.90, 2.73)이 실전적 경고수준 '1.25'(정동빈, 2009)[1]보다 월등히 크다. 이는 계절적 1차 차

분을 취해야 함을 의미하며, 오차항계열에 계절적 1차 차분($D=1$)을 추가시킨 ARIMA(0,1,1)(0,1,0)$_{12}$모형을 고려해야 할 것이다. 다시 말해서, 다음 주어진 개입모형을 재식별할 수 있다.

$$Y_t = C_0 + C_1 X_{1,t} + C_2 X_{2,t} + C_3 X_{3,t} + \frac{(1-\theta_1 B)}{(1-B)(1-B^{12})}\epsilon_t \qquad \text{[C3.3]}$$

[표 C3.9]는 재식별한 개입모형 [C3.3]식에 대한 추정결과이다. 참고로 [C3.3]식의 상수항은 모형에서 제외시켰다(p값 $=0.078$).

[표 C3.9] 개입모형 [C3.3]식의 추정결과

ARIMA 모형 모수

					추정값	SE	t	유의확률
선적량-모형_1	선적량	변환 안 함	차분		1			
			MA	시차 1	.969	.043	22.451	.000
			계절차분		1			
	X1	변환 안 함	분자	시차 0	17.929	20.212	.887	.377
	X2	변환 안 함	분자	시차 0	-51.175	18.375	-2.785	.006
	X3	변환 안 함	분자	시차 0	44.298	21.722	2.039	.044

추정된 계수 중 'X1'에 해당하는 계수는 5% 유의수준에서 유의하지 않으며(p값 $=0.377$), 가역성조건을 만족하는지 의심스럽다(0.969). 또한 [표 C3.10]의 Box-Ljung통계량에서 여러 개의 p값이 유의수준 5%보다 훨씬 작기 때문에 백색잡음의 독립성을 만족하지 못한다. 따라서 개입모형 [C3.3]식 또한 적절한 모형이 될 수 없다.

1) 정동빈 (2009), ≪시계열 수요예측 I≫, 한나래아카데미, 196쪽 참고.

[표 C3.10] 개입모형 [C3.3]식의 잔차 자기상관함수

자기상관

계열:선적량-모형_1의 잡음 잔차

시차			Box-Ljung 통계량		
	자기상관	표준오차[a]	값	자유도	유의확률[b]
1	-.116	.094	1.561	1	.212
2	-.047	.096	1.821	2	.402
3	-.001	.096	1.821	3	.610
4	-.145	.096	4.314	4	.365
5	.053	.098	4.648	5	.460
6	.013	.098	4.669	6	.587
7	.075	.098	5.353	7	.617
8	.209	.099	10.708	8	.219
9	-.071	.103	11.336	9	.253
10	.115	.103	12.983	10	.225
11	-.104	.104	14.358	11	.214
12	-.275	.105	24.046	12	.020
13	.155	.111	27.126	13	.012
14	.077	.113	27.899	14	.015
15	.037	.114	28.079	15	.021
16	.101	.114	29.437	16	.021
17	-.110	.115	31.078	17	.020
18	-.097	.116	32.346	18	.020
19	.029	.116	32.460	19	.028
20	-.144	.116	35.324	20	.018
21	.013	.118	35.348	21	.026
22	-.011	.118	35.364	22	.035
23	-.008	.118	35.374	23	.048
24	.167	.118	39.421	24	.025

a. 가정된 기본 공정은 시차 수에서 1을 뺀 것과 같은 차수인 MA입니다. Bartlett 근사가 사용되었습니다.

b. 점근 카이제곱 근사를 기준으로 합니다.

앞과 마찬가지로, 상수항이 '0'인 개입모형 [C3.3]식을 추정한 후 생성된 잔차(NResidual_선적량_모형_1_A)를 사용하여 두 개의 상관함수를 계산한다. [그림 C3.11]에서 보는 바와 같이, 단기시차에 해당하는 두 개의 잔차 상관계수 모두 신뢰한계선 안에 놓여 있지만, '시차 12'에 해당하는 스파이크는 밖으로 튀어나와 있다. 다시 말해서 계절적 요소를 모형 [C3.3]식에 추가시켜야 함을 의미한다. [그림 C3.12]와 [그림 C3.13]을 좀 더 구체적으로 살펴보면, 계절시차에 해당하는 잔차 편자기상관함수가 잔차 자기상관함수에 비해 상대적으로 절단형태로 판단할 수 있다. 즉, 차수가 '1'인 자기회귀구조인 $AR(1)_{12}$구조로 재식별할 수 있다.

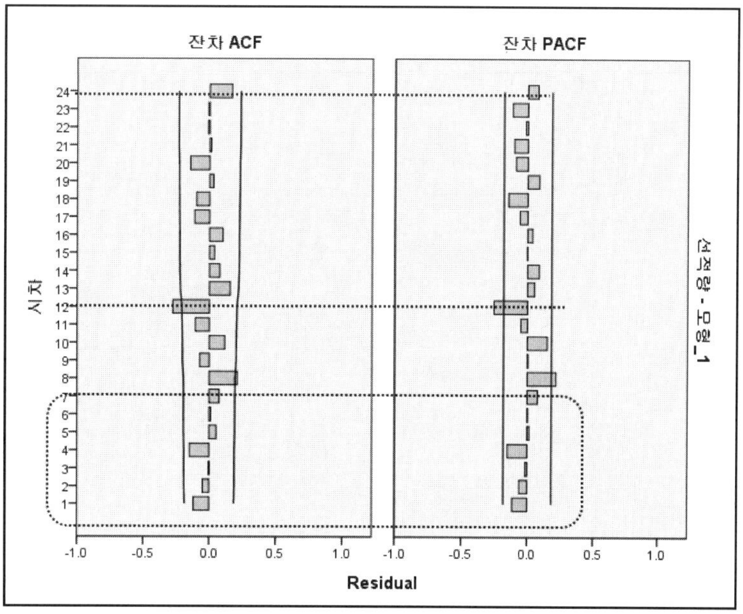

[그림 C3.11] 개입모형 [C3.3]식에 근거한 잔차 자기상관함수

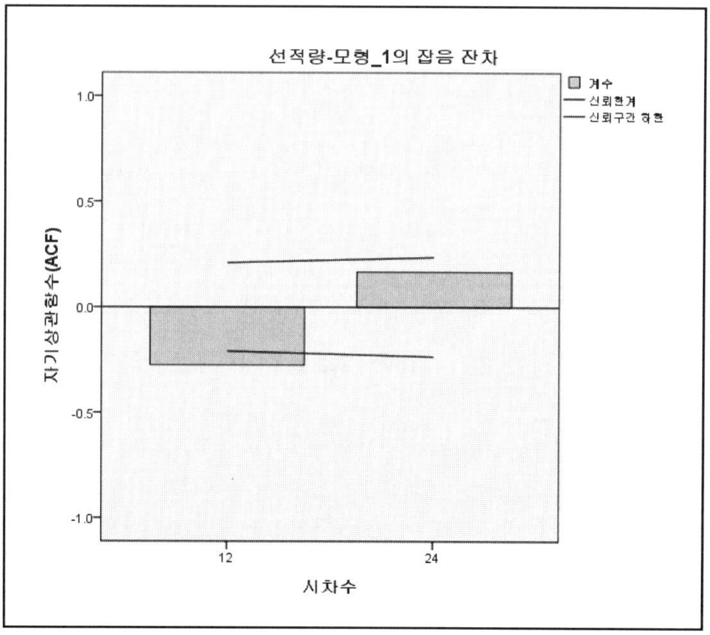

[그림 C3.12] [C3.3]식에 근거한 계절시차의 잔차 자기상관함수

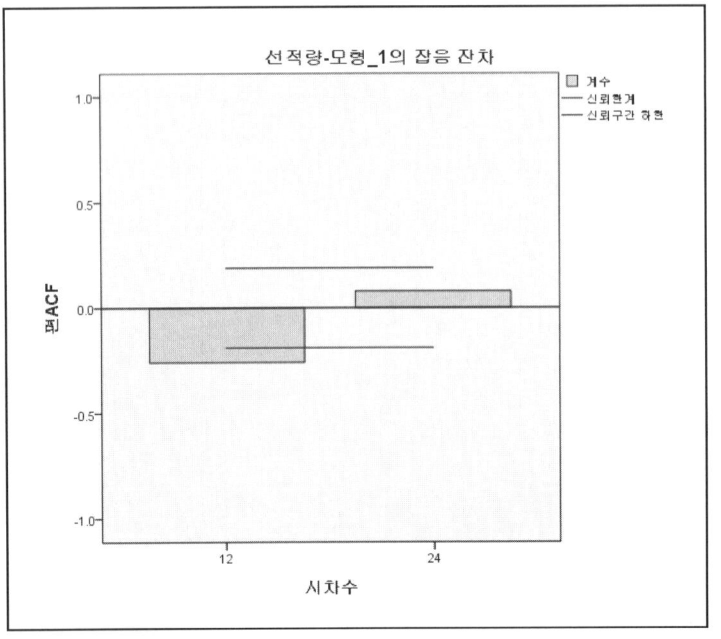

[그림 C3.13] [C3.3]식에 근거한 계절시차의 잔차 편자기상관함수

따라서, 오차항계열에 대해 $AR(1)_{12}$을 추가시킨 $ARIMA(0,1,1)(1,1,0)_{12}$ 모형을 고려해야 할 것이다. 즉, 다음 주어진 개입모형을 재식별할 수 있다.

$$Y_t = C_0 + C_1 X_{1,t} + C_2 X_{2,t} + C_3 X_{3,t} + \frac{(1-\theta_1 B)}{(1-B)(1-B^{12})(1-\Theta_{12} B^{12})} \epsilon_t \quad [C3.4]$$

다음은 모형 [C3.4]식을 추정한 결과([표 C3.14] 참고)와 잔차(NResidual_선적량_모형_1_B) 자기상관함수([그림 C3.15] 참고)이다. 참고로 상수항은 5% 유의수준에서 유의하지 않기 때문에 모형에서 제외시켰다(p값 = 0.053).

[표 C3.14] 개입모형 [C3.4]식의 추정결과

ARIMA 모형 모수

					추정값	SE	t	유의확률
선적량-모형_1	선적량	변환 안 함	차분		1			
			MA	시차 1	.953	.046	20.802	.000
			AR, 계절	시차 1	-.259	.096	-2.693	.008
			계절차분		1			
	X1	변환 안 함	분자	시차 0	19.117	20.365	.939	.350
	X2	변환 안 함	분자	시차 0	-52.892	21.474	-2.463	.015
	X3	변환 안 함	분자	시차 0	46.627	23.289	2.002	.048

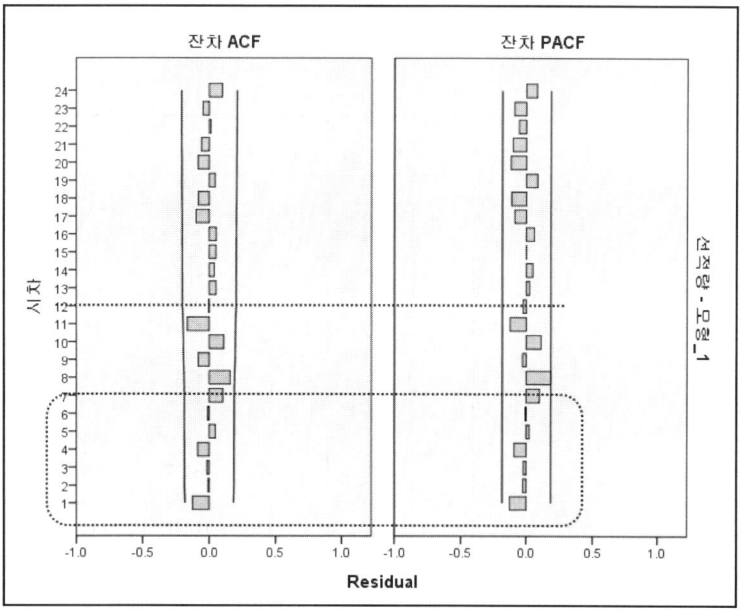

[그림 C3.15] 개입모형 [C3.4]식에 근거한 잔차 자기상관함수

추정된 계수 중 'X1'에 해당하는 계수를 제외한 모든 계수는 5% 유의수준에서 유의하고, [그림 C3.15]의 모든 스파이크가 신뢰한계선에 안에 있기 때문에 모형 [C3.4]식에 더 이상 추가시킬 요소가 없음을 알 수 있다. 게다가 [표 C3.16]에 나타난 Box-Ljung통계량의 모든 p값이 유의수준 5%보다 크기 때문에 백색잡음의 독립성을 만족한다.

따라서 모형 [C3.4]식에서 3개의 펄스개입변수 중 'X1'의 추정계수가 5% 유의수준에서 유의하지 않는 점(p값 = 0.350)을 제외하고는, 대체적으로 적절한 모형으로 판단된다. 마지막으로 모형 [C3.4]식에 근거한 잔차도표를 조사하여 독립성, 등분산성 및 이상값 여부를 탐색하도록 하자.

[표 C3.16] 개입모형 [C3.4]식의 잔차 자기상관함수

자기상관

계열:선적량-모형_1의 잡음 잔차

시차	자기상관	표준오차[a]	Box-Ljung 통계량 값	자유도	유의확률[b]
1	-.128	.094	1.871	1	.171
2	-.008	.096	1.879	2	.391
3	-.017	.096	1.913	3	.591
4	-.086	.096	2.796	4	.593
5	.047	.097	3.056	5	.691
6	-.011	.097	3.071	6	.800
7	.103	.097	4.368	7	.737
8	.158	.098	7.449	8	.489
9	-.084	.100	8.324	9	.502
10	.110	.101	9.832	10	.455
11	-.168	.102	13.379	11	.269
12	-.005	.104	13.383	12	.342
13	.051	.104	13.724	13	.394
14	.038	.105	13.916	14	.456
15	.051	.105	14.262	15	.506
16	.053	.105	14.632	16	.552
17	-.100	.105	15.988	17	.525
18	-.082	.106	16.898	18	.530
19	.044	.107	17.166	19	.579
20	-.085	.107	18.165	20	.577
21	-.058	.107	18.644	21	.608
22	.013	.108	18.668	22	.666
23	-.048	.108	18.995	23	.702
24	.098	.108	20.383	24	.675

a. 가정된 기본 공정은 시차 수에서 1을 뺀 것과 같은 차수인 MA입니다. Bartlett 근사가 사용되었습니다.

b. 점근 카이제곱 근사를 기준으로 합니다.

[그림 C3.17]의 잔차도표에서 두드러진 점은 원으로 표시된 이상값이 존재한다는 것이다. 물론 잔차도표를 통해서 특정한 패턴을 발견할 수 없으며 분산 또한 일정해보이기 때문에 독립성과 등분산성이 만족해 보인다. [사례분석 1]의 C1.5절과 마찬가지로, 이상값이 모형 [C3.4]식에 미치는 효과를 반영하기 위해서는, "시계열 모형 생성기: ARIMA 기준" 대화상자에서 '이상값' 단추를 누른 후 다음과 같이 '자동으로 이상값을 검색'을 선택한다.

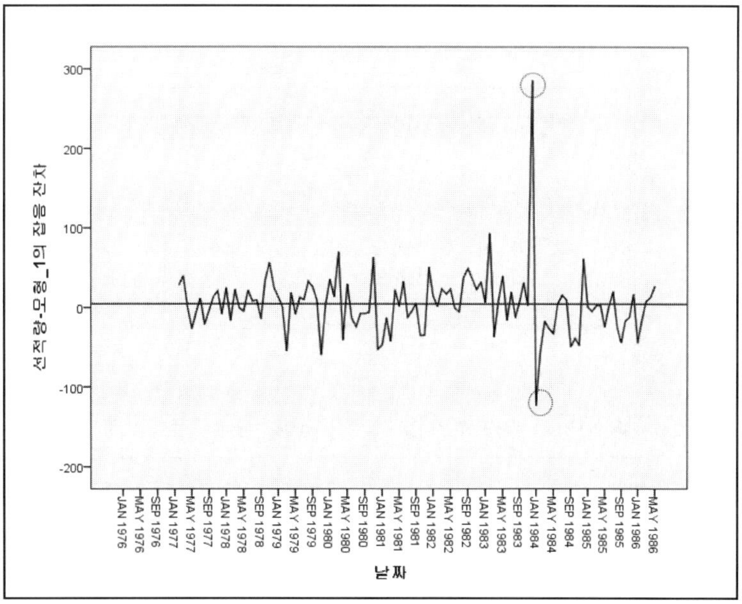

[그림 C3.17] 개입모형 [C3.4]식에 근거한 잔차도표

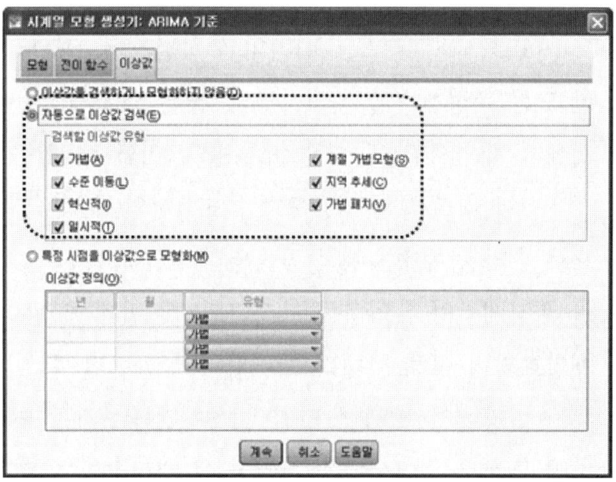

[표 C3.18] 개입모형 [C3.4]식에 이상값 효과를 추가한 추정결과-1

ARIMA 모형 모수								
					추정값	SE	t	유의확률
선적량-모형_1	선적량	변환 안 함	차분		1			
			MA	시차 1	.928	.046	20.105	.000
			AR, 계절	시차 1	-.527	.081	-6.476	.000
			계절차분		1			
	X1	변환 안 함	분자	시차 0	5.474	12.165	.450	.654
	X2	변환 안 함	분자	시차 0	-42.448	14.971	-2.835	.006
	X3	변환 안 함	분자	시차 0	57.394	16.344	3.512	.001

[표 C3.19] 개입모형 [C3.4]식에 이상값 효과를 추가한 추정결과-2

이상값							
				추정값	SE	t	유의확률
선적량-모형_1	12월 1980	일시적	최대	-40.834	11.638	-3.509	.001
			감소 요인	.916	.053	17.392	.000
	12월 1983	계절가법		294.006	22.577	13.022	.000
	1월 1984	최신		-102.949	27.203	-3.784	.000

[표 C3.18]과 [표 C3.19]의 추정결과에서도 역시 개입변수 'X1'을 제외한 모든 추정계수가 유의하였다. 물론 펄스개입변수 중 'X1'을 모형 [C3.4]식에서 제외시킨 또 다른 모형을 고려할 수 있을 것이다.

앞에서 고려한 최종모형 [C3.4]식의 추정결과([표 C3.5])를 통해 단기적으로 추가 강매정책이 성공하였다고 추측할 수 있다. 3개의 개입변수에 대한 추정계수의 유의성을 고려하면, 첫 번째 개입(X1)효과가 나머지 두 개의 개입효과에 비해 상대적으로 작다고 판단할 수 있다. 그러나, 해당회사 이사진 입장에서 1983년 12월의 추가강매조치를 명백한 개입효과로 인정한다면 통계적 유의성에 관계없이 이 개입효과를 모형에 포함시켜야 할 것이다. 반면에 1983년 12월의 추가강매조치가 상대적으로 미미하여 개입효과로 명백한 개입효과로 인정하지 않는다면, 첫 번째 개입(X1)효과를 제외한 모형을 고려할 수 있을 것이다. 이 사례분석의 경우 3개의 개입효과가 명백하다고 가정하였기 때문에 통계적 유의성에 관계없이 모형에 포함시키기로 한다.

[표 C3.20] [C3.4]식에 이상값 효과를 추가한 모형의 잔차 자기상관함수

자기상관

계열:선적량-모형_1의 잡음 잔차

시차	자기상관	표준오차[a]	Box-Ljung 통계량 값	자유도	유의확률[b]
1	-.002	.094	.000	1	.985
2	-.049	.094	.284	2	.868
3	-.058	.095	.680	3	.878
4	-.152	.095	3.421	4	.490
5	.010	.097	3.433	5	.634
6	-.157	.097	6.406	6	.379
7	-.135	.099	8.607	7	.282
8	.165	.101	11.932	8	.154
9	.057	.103	12.331	9	.195
10	-.058	.104	12.749	10	.238
11	-.061	.104	13.224	11	.279
12	-.106	.104	14.663	12	.260
13	.108	.105	16.176	13	.240
14	.024	.106	16.249	14	.298
15	.077	.106	17.027	15	.317
16	.031	.107	17.156	16	.376
17	.063	.107	17.683	17	.409
18	-.016	.107	17.718	18	.474
19	-.030	.107	17.840	19	.533
20	.009	.107	17.850	20	.597
21	.091	.107	19.025	21	.584
22	.147	.108	22.097	22	.454
23	.002	.110	22.098	23	.514
24	-.138	.110	24.880	24	.412

a. 가정된 기본 공정은 시차 수에서 1을 뺀 것과 같은 차수인 MA입니다. Bartlett 근사가 사용되었습니다.

b. 점근 카이제곱 근사를 기준으로 합니다.

마찬가지로 [표 C3.20]에 나타난 Box-Ljung통계량의 모든 p값이 유의수준 5%보다 크기 때문에 백색잡음의 독립성을 만족하며, [그림 C3.21]을 통해서 더 이상 두드러지게 나타난 이상값은 발견할 수 없음을 알 수 있다.

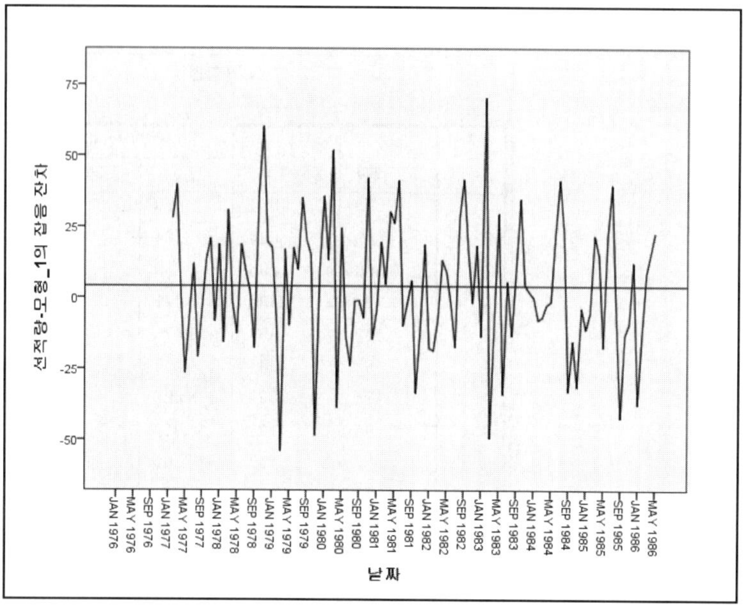

[그림 C3.21] [C3.4]식에 이상값 효과를 추가한 모형의 잔차도표

C3.5 개입모형의 예측

만일 PASW 17.0(또는 18.0)에서 1987년 5월까지 향후 1년에 해당하는 예측값들과 이에 해당하는 95% 신뢰구간들을 얻고자 하면, 앞 [사례분석 1]의 C1.6절과 비슷한 과정을 밟는다. 단지 차이점은 1987년 5월까지(126~137번째)에 해당하는 세 개의 개입변수(X1, X2, X3) 모두 '0'을 삽입하는 것이다.

다음은 개입모형에 이상값 효과를 추가시킨 모형에 근거하여 얻은 추정값들과 관측값들을 겹쳐서 시계열도표([그림 C3.22] 참고)로 나타낸 것이다. 시각적으로 두 개의 값들이 대부분의 시점에서 일치하고 있으며, 고려한 모형이 어느 정도 잘 적합하는지 알 수 있다. 만일 이상값의 효과를 무시하고 단지 모형 [3.7]식만을 적합한 값을 고려하면, 다른 관측값에 비해 첫 번째 개입이 발생한 시점의 관측값과 상대적으로 차이가 많이 날 수가 있을 것이다.

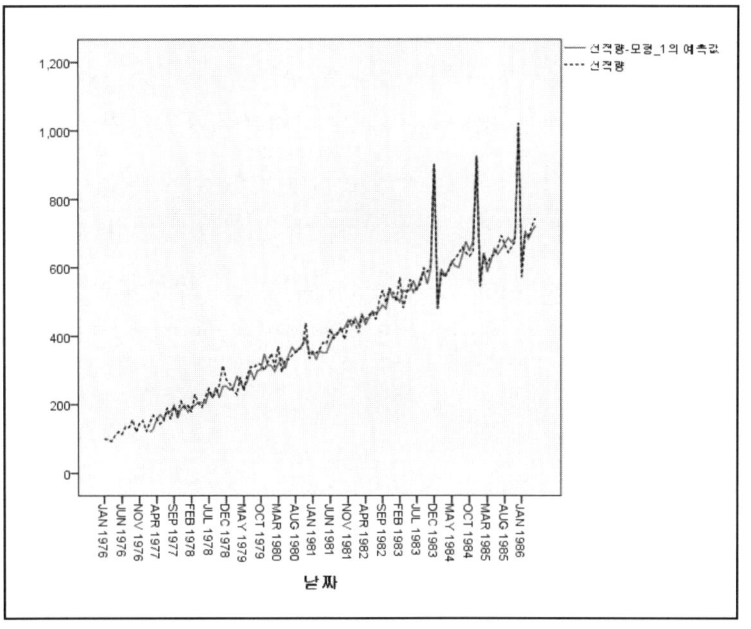

[그림 C3.22] [C3.4]식에 이상값 효과를 추가한 모형의 예측값

C3.6 [사례분석 3]을 마치며...

1) 이 사례분석에서는 본문 1.5절에서 언급한 다중개입(세 개의 펄스개입)이 존재할 때, 이를 개입모형으로 구축하는 방법을 나타내 주는 예이다. 다른 형태의 다중개입 역시 이와 유사한 방법으로 처리한다. 즉, 다중개입을 구성하는 개입 각자의 유형(계단개입 또는 펄스개입)을 파악한 후, 개입모형에 각자의 개입(또는 가)변수를 포함시켜 가법적인 형태를 만든다.
2) 만일 최종 개입모형이 타당하지 않으면, 첫째 고려한 개입 존재성 및 개입의 형태를 재확인하고, 둘째 개입모형에 근거한 두 개의 잔차 상관함수에서 추가정보를 얻어 자기회귀(AR)요소 또는 이동평균(MA)요소를 개입모형의 오차항에 추가시킨다.
3) 이 사례분석과 같이 다중개입이 존재하는 개입모형을 구축할 때,

[사례분석 2]에서 적용한 분석전략을 사용할 수 있다. 다시 말해서, 오차항계열에 대한 ARIMA모형 식별단계를 유보하고 두 개 이상의 개입변수(X1,X2,X3)와 출력변수(선적량) 간의 선형회귀모형을 적합시킨 후, 이 모형에 근거하여 생성된 잔차를 사용하여(즉, 잔차 자기상관함수와 잔차 편자기상관함수), 오차항에 대한 자기회귀요소 또는 이동평균요소를 식별한다. 그리고, 오차항계열에 대해 식별한 ARIMA모형과 개입변수들을 조합시켜 개입모형을 구축할 수 있다.

[사례분석 4]

주택착공량과 주택매매량

Demand Forecasting of Time Series

C4.1 자료설명

본 사례분석에서 다룰 자료는 1965년 1월부터 1975년 12월까지 월별 주택착공량과 주택매매량에 관한 것으로, 각각 총 132개 관측값으로 이뤄져 있다. 참고로 자료는 Hilmer와 Tiao(1979)[1]에서 발췌하였다. 다음 주어진 주택착공량와 주택매매량에 대한 시계열도표([그림 C4.1]과 [그림 C4.2])를 각각 살펴보면 분산은 일정해 보인다.

C4.2 준비단계

동적회귀모형을 구축하기 위해서는 선행되어야 할 준비절차가 필요하다. 이래와 같이 피드백에 대한 검진과 각 계열에 대한 ARIMA모형을 구축하는 작업이다.

C4.2.1 피드백(feedback) 점검

주택매매량이 변화하면 주택착공량이 영향을 받아 변화할 거라는 기본적 경제상식에 근거하여, X_t 는 입력변수(주택매매량), Y_t 는 출력변수(주택착공량)로 고려하여 동적회귀모형을 구축하고자 한다. 즉, 일단 주택매매량이 증가하면 주택수요량이 증가될 것이며, 이로 인해 미래에 신축될 주택들이 더 팔릴 거라는 신호가 된다는 맥락이다. 이때 주택건설업자들은 더 많은 주택을 신축하여 이윤을 창출하려 할 것이다. 즉, 시간이 흐름에 따라 주택착공량은 주택매매량에 비례할 수 있다는 것이다.

---

1) S. C. Hilmer, & G. C. Tiao (1979). "Likelihood function of stationary multiple autoregressive-moving average models," *Journal of the American Statistical Association*, 74, 652~660.

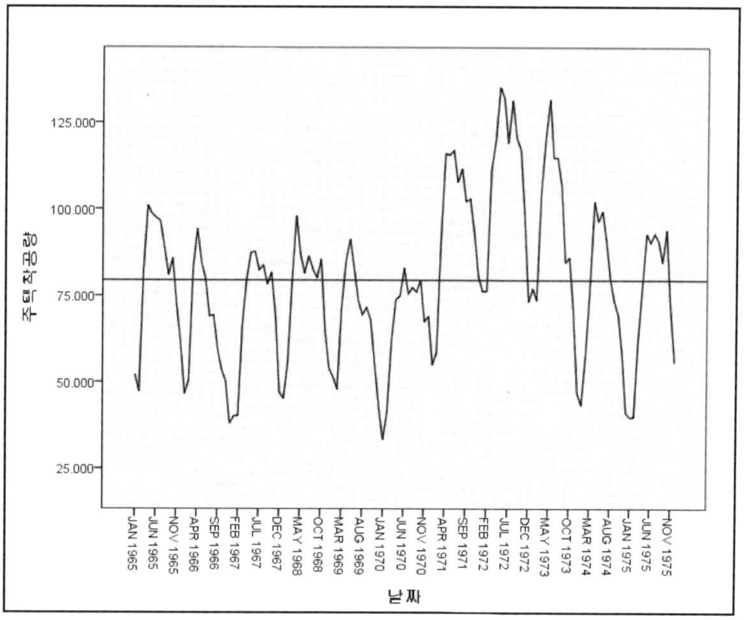

[그림 C4.1] 주택착공량의 시계열도표

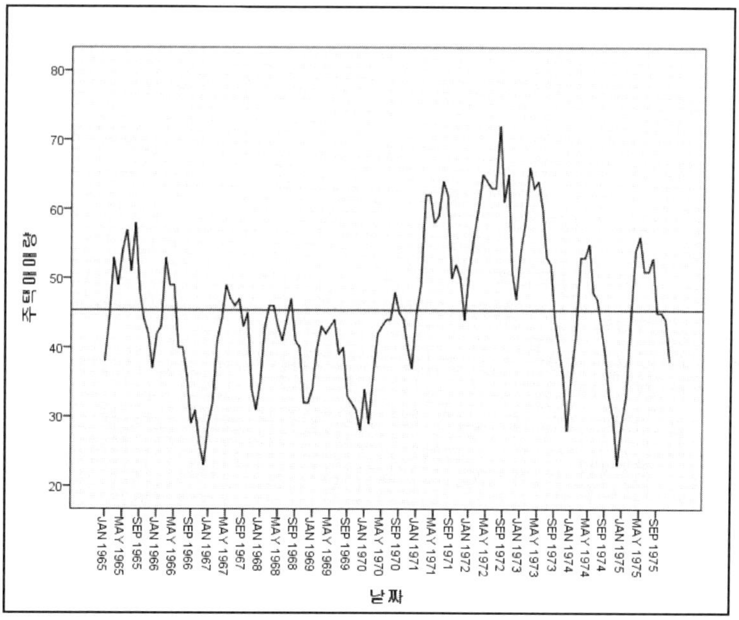

[그림 C4.2] 주택매매량의 시계열도표

역으로 주택착공량이 변화하면 주택매매량이 변화할 수 있다. 때때로 건설업자들은 구매자들로 하여금 투기심리를 유발시켜 주택을 더 지을 수 있다. 물론 건설업자들은 구매자들에게 주택을 강매할 수는 없다. 그러나 건설업자는 잠재적인 구매자를 유인하기 위해 판매조건을 파격적으로 제시할 수 있다. 따라서 주택착공량이 증가하면 미래의 주택매매량이 증가할 수 있다. 즉 주택착공량에서 주택매매량으로 피드백이 될지도 모른다. 더구나 여기서 다루는 각각의 관측값은 매일 거래된 양을 한 달 동안 합한 값들(temporal aggregates)이다. 이런 형태의 자료는 주어진 메커니즘에 경제학적 논리의 피드백이 존재하지 않더라도 통계적인 피드백이 나타날 수도 있다. Y_t 의 과거시점의 값들부터 X_t 로 이뤄지는 피드백이 존재하면 동적회귀모형은 불일치(inconsistent) 추정값들을 산출한다. 다시 말해서, 변수들 간에 피드백이 존재하면 이들 간의 함수관계를 동적회귀모형으로 적합하는 것은 적절하지 않게 되며, 다른 모형(예: 벡터자기회귀모형)을 고려해야 할 것이다.

3장에서 다룬 바와 같이, 적절한 회귀모형을 추정함으로써 통계적인 피드백을 점검할 수 있다. 이 경우 입력변수(X_t)가 그 자신의 과거시점의 값들과 출력변수(Y_t)의 과거시점의 값들에 어떻게 관련되어 있는지를 알기 위해 최대시차(k)를 '16'으로 임의로 고려한 선형회귀모형을 추정한다.

$$X_t = C + b_1 X_{t-1} + \cdots + b_{16} X_{t-16} + c_1 Y_{t-1} + \cdots + c_{16} Y_{t-16} + \epsilon_t \quad [C4.1]$$

현재시점의 주택매매량(X_t)이 주택착공량의 과거시점의 값들(Y_{t-k})과 어떤 관련이 있는지 여부는 추정된 16개의 계수($\hat{c_k}, k = 1, \cdots, 16$)를 통해 정보를 얻을 수 있다. 이 계수들의 t값(또는 p값)을 조사함으로써 피드백의 존재여부를 평가할 수 있다.

PASW 17.0(또는 18.0)의 팝업메뉴에서 변환(T) ▸ 시계열변수 생성(M)을 선택하고, 다음과 같이 32개의 변수($X_{t-1}, \cdots, X_{t-16}, Y_{t-1}, \cdots, Y_{t-16}$)를 반복적으로 생성한다.

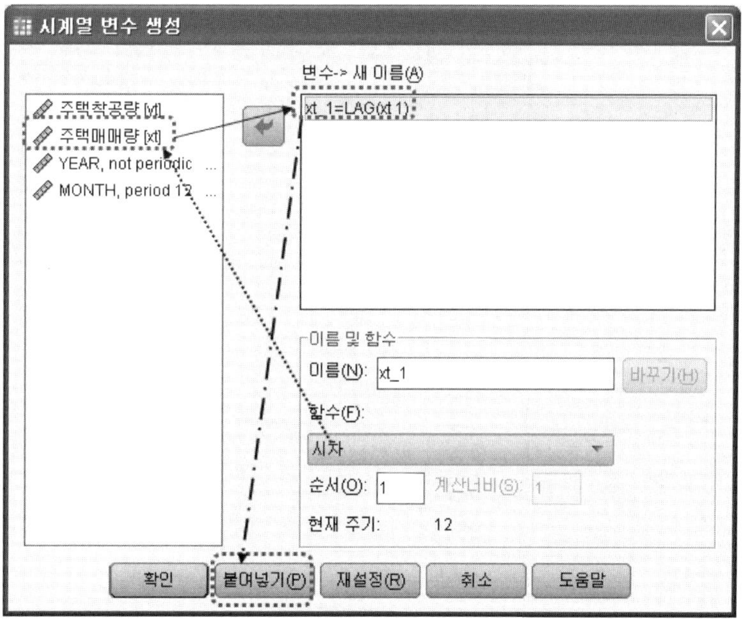

그러나, 이러한 번거로운 32번의 반복작업을 간단히 처리하기 위해서는 "시계열 변수 생성" 대화상자의 하단에 위치한 붙여넣기(P) 단추를 선택한 후 아래와 같이 34줄의 명령문을 입력한다. 그리고 팝업메뉴의 실행(R) ▸ 모두(A)를 선택하여 실행한다. 참고로 명령문을 수행하기 위해서는 반드시 period(.)를 문장 뒤에 찍어야 한다. 이 경우 명령문은 'CREATE'이며, 마지막 문장 즉, /xt_16=LAG(xt 16)와 /yt_16=LAG(yt 16)의 끝에 '.' 이 포함되어 있음을 유의한다. 그 결과 PASW Statistics Data Editor에 32개의 새로운 변수들이 생성되었음을 확인할 수 있다.

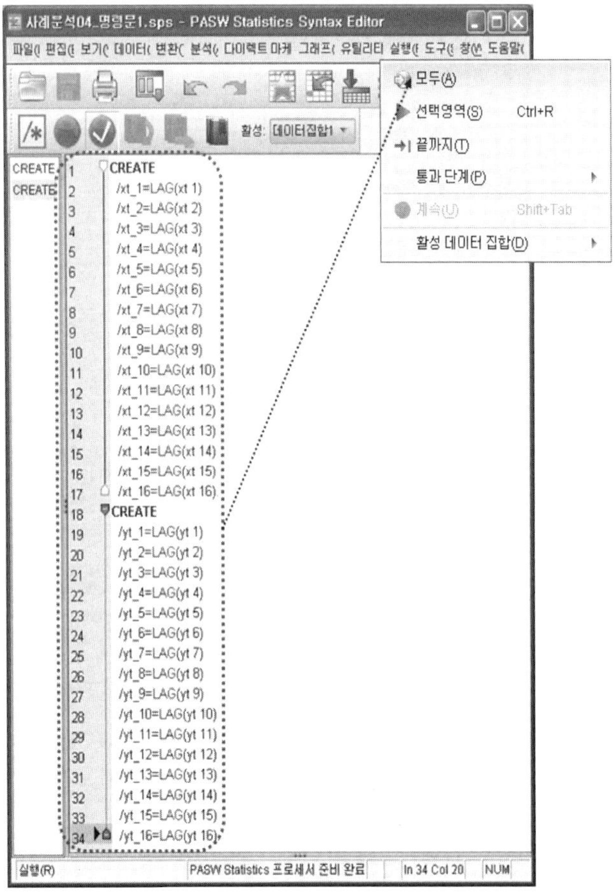

다음으로는 상수항(C)과 32개의 회귀계수를 추정하기 위해서, 팝업메뉴에서 분석(A) ▸ 회귀분석(R) ▸ 선형(L)을 선택한 후, "선도표 회귀 모형" 대화상자의 '종속변수' 란에 'xt'를, '독립변수' 란에 32개의 변수(xt_1,···, xt_16, yt_1,···, yt_16)를 이동시킨다.

다음 주어진 [표 C4.1]은 32개의 추정된 계수 $\hat{c_k}$ 값들과 이에 해당하는 p값들이다. (Y_{t-7}, Y_{t-10}, Y_{t-13})에 해당하는 추정된 회귀계수의 t통계량의 절대값이 크기 때문에(p값이 각각 0.011, 0.014, 0.042), '시차 7, 10, 13'에서 주택착공량부터 주택매매량으로 피드백이 될 가능성이 있다. 만일 피드백이 존재한다면 부호가 모두 양수(즉, 비례관계)여야 하는데 '시차 13'에 해당하는 계수(−0.150)의 부호는 음수이다. 아마도 '시차 13'에 해당하는 계수는 잘못된 것으로 무시할 수 있다. '시차 7'과 '시차 10'에 해당하는 계수 모두가 양의 부호를 가지므로 문제가 된다. '시차 7'과 '시차 10'에서 피드백이 두드러지게 발생하는 이유는 명확하게 규명할 수 없다. 투기로 주택을 지은 건설업자들은 아마도 주택이 팔리지 않은 상황에서 구매자들을 강하게 유인하기 위해서는 대략 6개월에서 1년 정도 기다려야 한다는 의미가 될 수 있다.

[표 C4.3] 모형 [C4.1]식의 32개 추정계수값

계수a

모형		비표준화 계수		표준화 계수	t	유의확률
		B	표준오차	베타		
1	(상수)	5.421	2.560		2.118	.037
	LAGS(xt,1)	.743	.120	.742	6.162	.000
	LAGS(xt,2)	.185	.146	.185	1.266	.209
	LAGS(xt,3)	-.112	.147	-.112	-.761	.449
	LAGS(xt,4)	.066	.147	.066	.447	.656
	LAGS(xt,5)	.009	.149	.009	.058	.954
	LAGS(xt,6)	.065	.147	.065	.442	.660
	LAGS(xt,7)	-.040	.146	-.040	-.274	.784
	LAGS(xt,8)	-.232	.147	-.231	-1.572	.120
	LAGS(xt,9)	-.059	.146	-.059	-.408	.684
	LAGS(xt,10)	-.037	.140	-.037	-.264	.792
	LAGS(xt,11)	-.151	.134	-.151	-1.123	.265
	LAGS(xt,12)	.123	.136	.122	.908	.367
	LAGS(xt,13)	-.030	.136	-.030	-.224	.824
	LAGS(xt,14)	.351	.136	.339	2.588	.011
	LAGS(xt,15)	.180	.139	.173	1.298	.198
	LAGS(xt,16)	-.183	.138	-.176	-1.330	.187
	LAGS(yt,1)	.018	.068	.039	.262	.794
	LAGS(yt,2)	-.023	.071	-.049	-.318	.752
	LAGS(yt,3)	.089	.072	.196	1.231	.222
	LAGS(yt,4)	-.010	.072	-.022	-.136	.892
	LAGS(yt,5)	-.050	.071	-.111	-.708	.481
	LAGS(yt,6)	-.071	.065	-.157	-1.087	.280
	LAGS(yt,7)	.172	.066	.381	2.618	.011
	LAGS(yt,8)	-.052	.067	-.116	-.779	.438
	LAGS(yt,9)	.074	.068	.163	1.084	.282
	LAGS(yt,10)	.173	.069	.384	2.518	.014
	LAGS(yt,11)	-.058	.071	-.128	-.823	.413
	LAGS(yt,12)	.028	.074	.060	.377	.707
	LAGS(yt,13)	-.150	.072	-.322	-2.069	.042
	LAGS(yt,14)	-.138	.074	-.295	-1.862	.066
	LAGS(yt,15)	-.076	.075	-.163	-1.005	.318
	LAGS(yt,16)	.075	.062	.164	1.220	.226

a. 종속변수: 주택매매량

물론 귀무가설 H_0: $c_1 = c_2 = \cdots = c_{16} = 0$ 에서 F-검정통계량을 사용하여 통계적인 검정을 할 수 있다. 그러나 실제 상황에서 동적회귀모형을 구축하기 위한 준비작업으로 피드백을 점검할 때, 현재시점의 입력변수와 모든 출력변수의 과거시점 값 사이에 완벽하게 관련이 없기를 바라는 것은 무리가 있을 수 있다. 분명하게 나타난 사실은 설득력이 없는 패턴에서도

피드백이 발생할 수 있다는 것이다. 물론 이 사례분석에서 주어진 자료를 예를 들어 동적회귀모형으로 구축하려 하지만, 이런 점을 감안하면 주어진 자료를 동적회귀모형으로 모형화하는 것이 불완전할지도 모른다.

C4.2.2 ARIMA모형

우선 주택매매량(X_t)에 대한 ARIMA모형을 간단히 구축하기로 하자. [그림 C4.2] 주택매매량의 시계열도표에 통해서 전반적으로 계열의 평균이 뚜렷하게 비정상적이라고 단정할 수 없다. 또한 다음에 주어진 단기시차의 자기상관계수들([그림 C4.4]의 타원 참고)은 서서히 감소하는 형태는 아닌 사실을 감안하면 분명히 비계절적인 차분을 취할 만큼 비정상적(nonstationary)이지 않다.

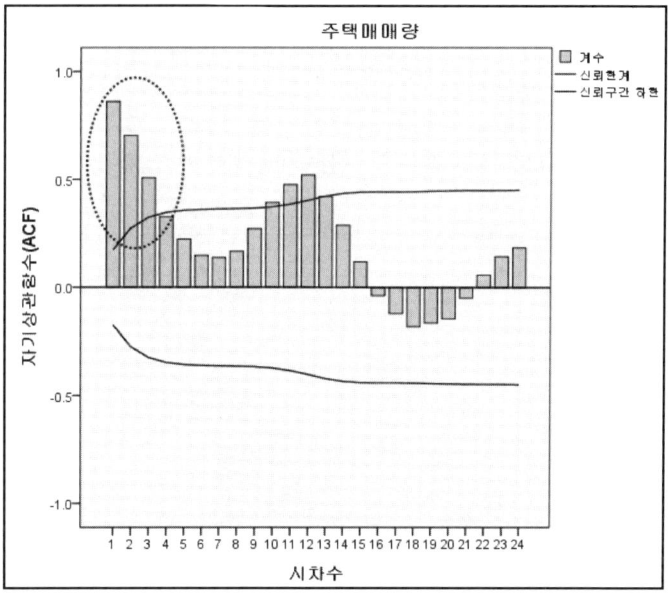

[그림 C4.4] 주택매매량의 단기시차의 자기상관함수

정동빈(2009)[2]에서 제시한 ARIMA모형을 구축하기 위해서 우선 계절적 요소(P, Q)를 식별한다. 이를 위해서 원자료에 대한 두 개의 상관함수([그림

2) 정동빈 (2009), ≪시계열 수요예측 I≫, 한나래아카데미, 198쪽.

C4.5]와 [그림 C4.6])를 살펴보면, '시차 12'의 자기상관계수만이 유의하기 때문에 $MA(1)_{12}$요소를 식별할 수 있다.

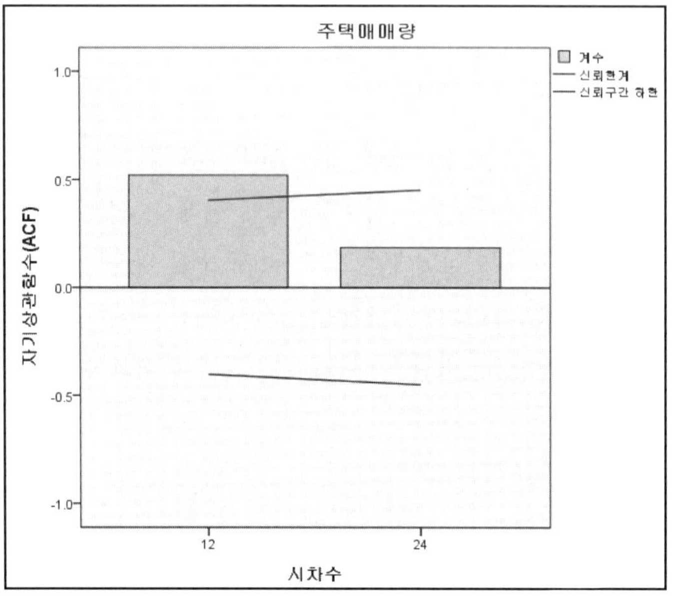

[그림 C4.5] 주택매매량의 계절시차에 대한 자기상관함수

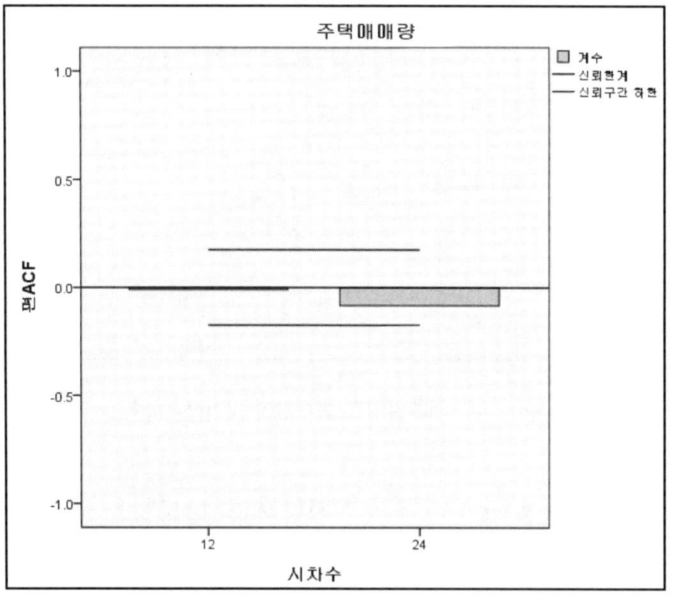

[그림 C4.6] 주택매매량의 계절시차에 대한 편자기상관함수

정상성이 만족된 시계열에 계절적 요소를 추가시켜 추정한 결과, [표 C4.7]을 살펴보면, 추정된 계수가 유의한 것을 알 수 있다. 이제는 비계절적 요소 (p,q)를 식별하기 위해서 ARIMA(0,0,0)(0,0,1)$_{12}$모형을 근거로 생성된 두 개의 잔차 상관함수의 단기시차를 조사한다.

[표 C4.7] ARIMA(0,0,0)(0,0,1)$_{12}$모형의 추정결과

ARIMA 모형 모수

				추정값	SE	t	유의확률
주택매매량-모형_1	변환 안 함	상수항		45.750	1.163	39.339	.000
		MA, 계절	시차 1	-.588	.083	-7.117	.000

그 결과 아래와 같이 단기시차에 해당하는 두 개의 잔차 상관함수를 살펴보면, [그림 C4.8]의 잔차 자기상관함수의 경우 감소하는 패턴이며, 반면에 [그림 C4.9]의 잔차 편자기상관함수는 '시차 1' 이후에 절단형태로 간주할 수 있다. 이는 비계절적인 요소에 AR(1)구조가 포함되어 있음을 의미한다. 참고로 계절시차(12, 24)의 자기상관계수는 더 이상 유의하지 않다.

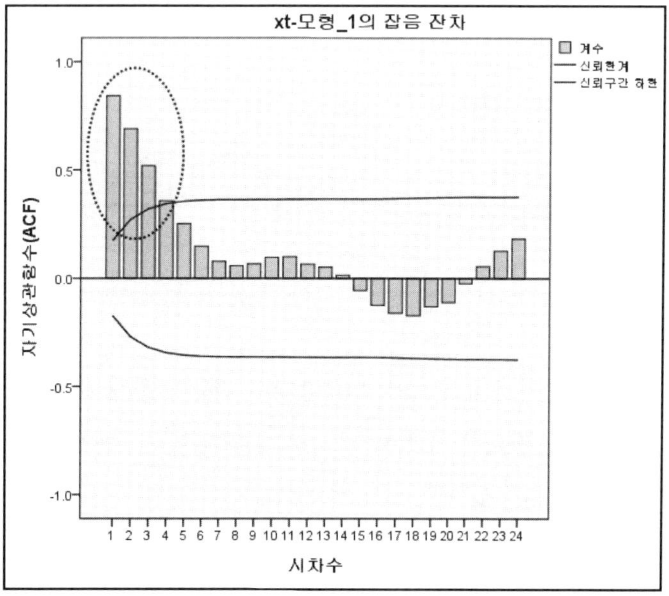

[그림 C4.8] ARIMA(0,0,0)(0,0,1)$_{12}$모형에 근거한 잔차 자기상관함수

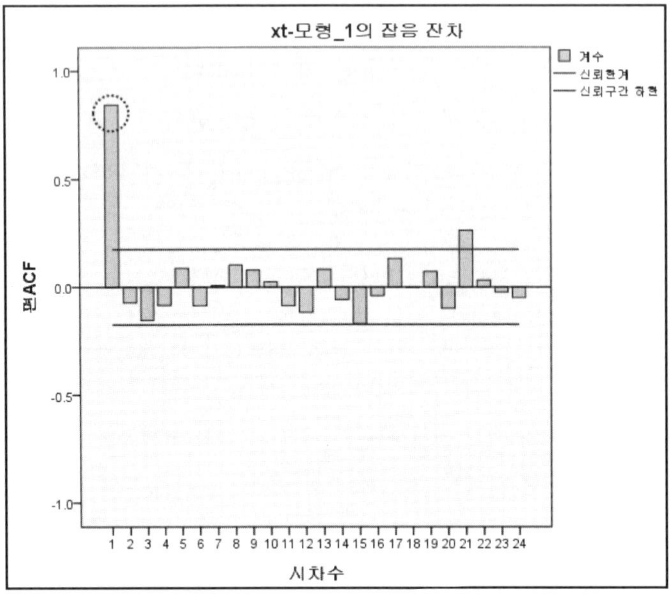

[그림 C4.9] ARIMA(0,0,0)(0,0,1)$_{12}$모형에 근거한 잔차 편자기상관함수

따라서 ARIMA(0,0,0)(0,0,1)$_{12}$모형에 AR(1)요소를 추가시킨 아래와 같이 ARIMA(1,0,0)(0,0,1)$_{12}$모형을 추정하였다. 역시 추정계수 모두가 유의수준 5%에서 유의하였다([표 C4.10] 참고).

[표 C4.10] ARIMA(1,0,0)(0,0,1)$_{12}$모형의 추정결과

ARIMA 모형 모수

					추정값	SE	t	유의확률
주택매매량-모형_1	주택매매량	변환 안 함	상수항		45.080	3.680	12.249	.000
			AR	시차 1	.852	.045	19.110	.000
			MA, 계절	시차 1	-.461	.085	-5.413	.000

마찬가지로 ARIMA(1,0,0)(0,0,1)$_{12}$모형에 근거하여 생성된 잔차를 통해 추가로 필요한 요소를 탐색하기 위해서 두 개의 잔차 상관함수([그림 C4.11]과 [그림 C4.12])를 계산해보자.

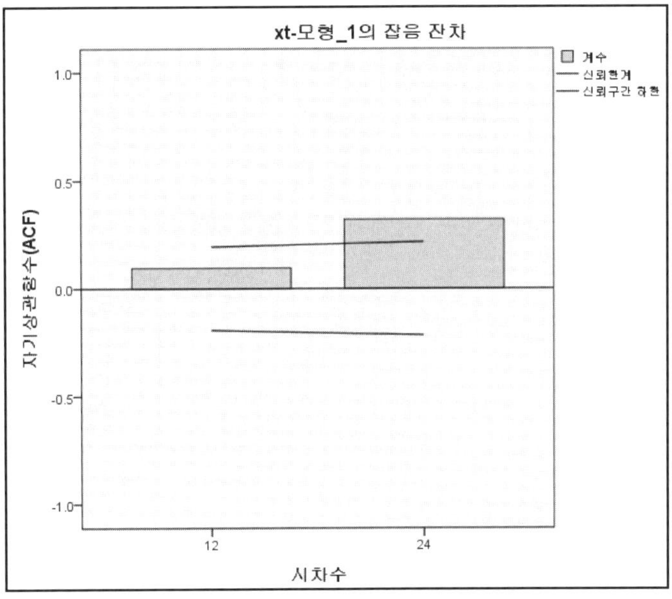

[그림 C4.11] ARIMA(1,0,0)(0,0,1)$_{12}$모형에 근거한 잔차 자기상관함수

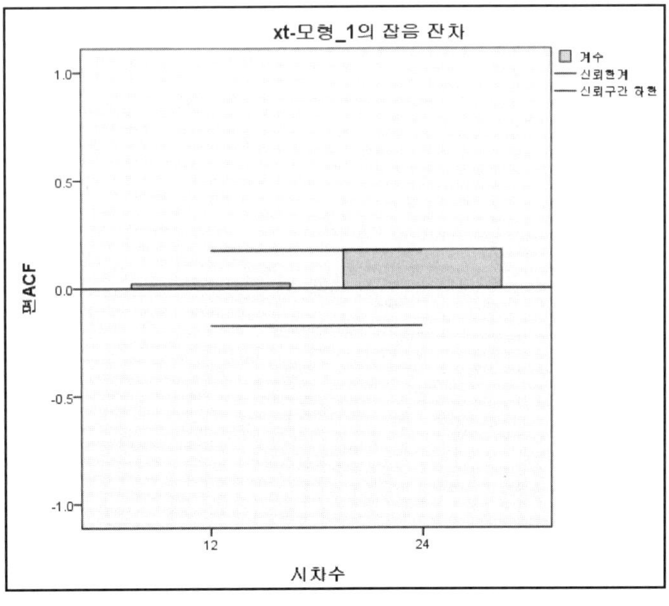

[그림 C4.12] ARIMA(1,0,0)(0,0,1)$_{12}$모형에 근거한 잔차 편자기상관함수

두 개의 잔차 상관함수를 살펴본 결과, [그림 C4.11]의 '시차 24'에 해

당하는 잔차 자기상관계수가 [그림 C4.12]의 것에 비해 눈에 띄게 유의하기 때문에, 잔차에 여전히 $MA(2)_{12}$요소가 포함되어 있음을 알 수 있다. 따라서 $ARIMA(1,0,0)(0,0,2)_{12}$모형을 재식별하여 모형을 재추정해야 한다.

[표 C4.13] $ARIMA(1,0,0)(0,0,2)_{12}$모형의 추정결과

ARIMA 모형 모수

				추정값	SE	t	유의확률
주택매매량-모형_1	변환 안 함	상수항		45.537	4.428	10.284	.000
		AR	시차 1	.859	.044	19.353	.000
		MA, 계절	시차 1	-.508	.092	-5.532	.000
			시차 2	-.266	.096	-2.783	.006

[표 C4.13]에 나타난 추정결과를 따르면, 추정된 계수 모두가 유의수준 5%에서 유의하며, 정상성과 가역성 조건을 모두 만족한다.

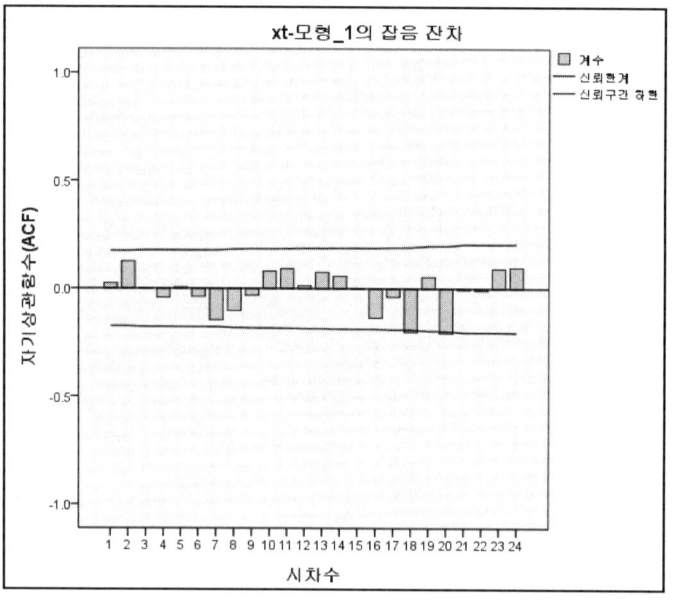

[그림 C4.14] $ARIMA(1,0,0)(0,0,2)_{12}$모형에 근거한 잔차 자기상관함수

또한 $ARIMA(1,0,0)(0,0,2)_{12}$모형에 근거하여 계산된 두 개의 잔차 상관함수 중 단기시차와 계절시차에서 유의한 스파이크를 더 이상 발견할 수

없다([그림 C4.14]와 [그림 C4.15] 참고). 이는 적합한 ARIMA(1,0,0)(0,0,2)$_{12}$모형에 추가할 요소가 더 이상 없음을 의미한다.

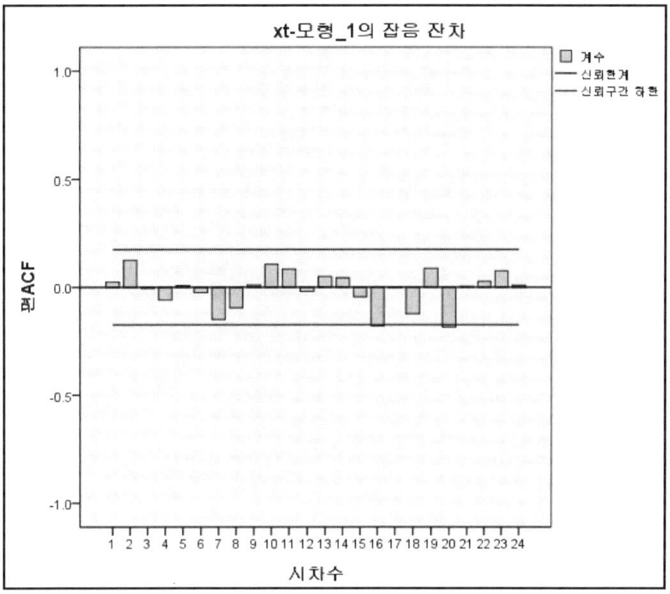

[그림 C4.15] ARIMA(1,0,0)(0,0,2)$_{12}$모형에 근거한 잔차 편자기상관함수

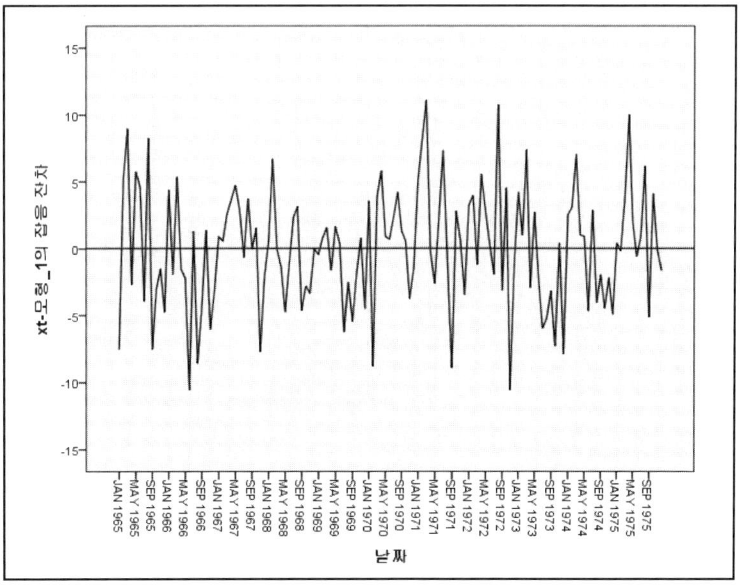

[그림 C4.16] ARIMA(1,0,0)(0,0,2)$_{12}$모형에 근거한 잔차도표

[그림 C4.16]의 잔차도표를 통해서 눈이 띄는 패턴을 발견할 수 없으며, 잔차들이 임의로 고루 퍼져 있음을 확인할 수 있다. 즉, 시각적으로 잔차의 독립성과 등분산성을 만족함을 나타낸다. 더 나아가 [표 C4.17]의 Box-Ljung통계량에 대한 p값 모두가 5% 유의수준에서 유의하지 않기 때문에 백색잡음 간의 독립성이 보장됨을 알 수 있다.

[표 C4.17] ARIMA(1,0,0)(0,0,2)$_{12}$모형에 근거한 잔차 자기상관함수

자기상관

계열:xt-모형_1의 잡음 잔차

시차	자기상관	표준오차	Box-Ljung 통계량 값	자유도	유의확률
1	.024	.087	.076	1	.783
2	.126	.087	2.221	2	.329
3	.001	.088	2.221	3	.528
4	-.042	.088	2.468	4	.650
5	.006	.089	2.472	5	.781
6	-.038	.089	2.670	6	.849
7	-.146	.089	5.668	7	.579
8	-.103	.091	7.170	8	.518
9	-.032	.091	7.315	9	.604
10	.080	.091	8.242	10	.605
11	.092	.092	9.467	11	.579
12	.013	.093	9.492	12	.660
13	.075	.093	10.324	13	.667
14	.057	.093	10.810	14	.701
15	.000	.093	10.810	15	.766
16	-.135	.093	13.603	16	.628
17	-.038	.095	13.830	17	.679
18	-.200	.095	20.040	18	.331
19	.053	.098	20.480	19	.366
20	-.205	.098	27.140	20	.131
21	-.006	.102	27.145	21	.166
22	-.010	.102	27.160	22	.205
23	.091	.102	28.510	23	.197
24	.096	.102	30.027	24	.184

따라서, 동적회귀모형의 주어진 가정들 중 입력변수인 주택매매량의 추정된 최종모형 ARIMA(1,0,0)(0,0,2)$_{12}$모형은 아래와 같다.

$$\widetilde{X}_t = \frac{(1+0.508B^{12}+0.266B^{24})}{(1-0.859B)}\hat{\alpha}_t \qquad [C4.2]$$

여기에서 $\widetilde{X}_t = X_t - 45.537$이다. 마찬가지로, 출력변수인 주택착공량($Y_t$)을 ARIMA모형으로 구축한 결과, 다음과 같이 동일하게 ARIMA(1,0,0)(0,0,2)$_{12}$모형으로 구축되었다. 이에 관련된 두 개의 ARIMA모형을 구축하는 자세한 과정은 정동빈(2009)[3]을 참고하기 바라며, 모형구축과정은 주택매매량과 매우 흡사하기 때문에 생략하기로 한다. 따라서, 최종으로 고려한 모형은 다음과 같다.

$$\widetilde{Y}_t = \frac{(1+0.566B^{12}+0.383B^{24})}{(1-0.835B)}\hat{a}_t \qquad [C4.3]$$

여기에서 $\widetilde{Y}_t = Y_t - 78.826$이다.

이와 같이 두 변수를 ARIMA모형으로 구축함으로써 자료 내에 숨겨져 있는 성질을 파악하고 대안으로 사용할 모형을 고려할 수 있다. 또한 모형 [C4.3]식은 앞으로 고려할 동적회귀모형이 혹시나 적절하지 않을 경우 대안으로 사용할 수 있다. 다시 말해서, 모형 [C4.3]식은 출력변수(Y_t)를 동적회귀모형으로 적합시켜 얻은 잔차표준오차 및 예측값 등과 비교하여 어느 것이 더 나은 모형인지를 비교할 수 있는 기준이 된다.

C4.3 동적회귀모형의 식별, 추정 및 재식별

C4.3.1 임시모형: 1단계

동적회귀모형에 대해 선형전이함수를 식별하는 첫 단계는 오차항계열의 ARIMA패턴을 자기회귀(AR)항으로 대체시키고, 현재시점과 과거시점에

3) 정동빈 (2009), ≪시계열 수요예측 I≫, 한나래아카데미, 198쪽.

해당하는 입력변수들의 선형결합으로 표현되는 모형을 추정하는 것이다. 이 경우 최대 ν 가중값의 시차는 '10'으로 정한다. 따라서 고려한 선형 전이 함수모형은 다음과 같다.

$$Y_t = C + \nu_0 X_t + \nu_1 X_{t-1} + \cdots + \nu_{10} X_{t-10} + N_t \qquad \text{[C4.4]}$$

여기에서 $N_t = \dfrac{1}{(1-\phi_1 B)(1-\Phi_{12} B^{12})} \epsilon_t$ 이다.

그러나, PASW 17.0(또는 18.0)에서 [C4.4]식을 적합시킬 절차는 존재하지 않기 때문에 [C4.4]식의 오차항계열(N_t)항을 자기회귀구조로 나타낼 수 없다. 따라서 11개의 독립변수($X_t, X_{t-1}, \cdots, X_{t-10}$)와 종속변수($Y_t$) 간 선형회귀모형을 적합시킨 후에 생성된 잔차($\hat{N}_t$)를 사용하여 평균의 정상성 즉, 비계절적 및 계절적 차분 여부를 점검하기로 한다.

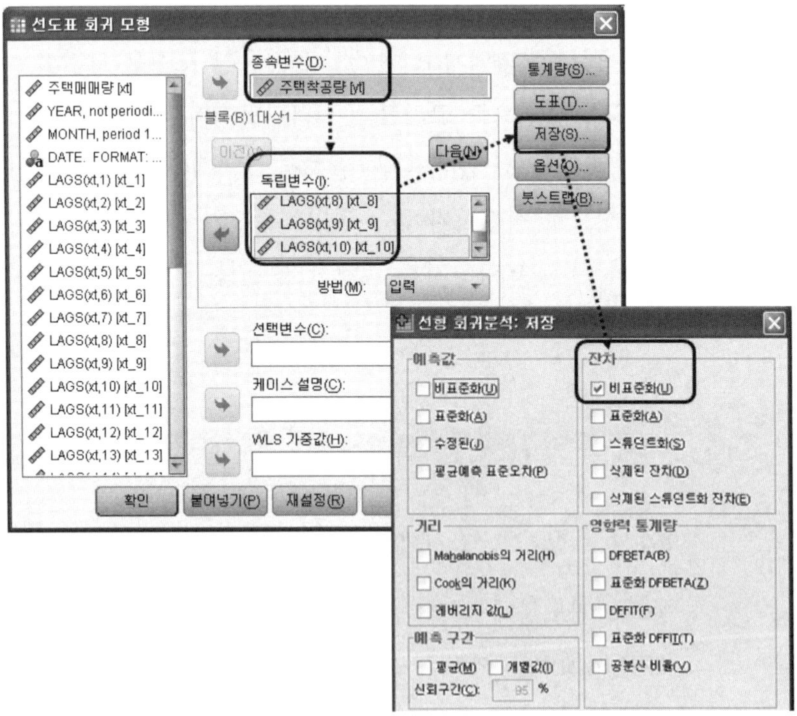

이를 PASW 17.0(또는 18.0)에 적용하기 위해서 팝업메뉴에서 분석(A) ▸ 회귀분석(R) ▸ 선형(L)을 선택한 후, "선도표 회귀 모형" 대화상자의 '종속변수' 란으로 'yt'를, '독립변수' 란으로 선행지표(X_t)와 새로 생성된 11개의 입력변수(xt, xt_1, xt_2,⋯, xt_10)를 이동시킨다. 최종적으로 잔차 자기상관함수를 계산하기 위해서는 잔차(res_1)를 저장해야 할 것이다.

팝업메뉴에서 분석(A) ▸ 예측 ▸ 자기상관(A)을 선택한 후, "자기상관(A)" 대화상자에서 생성된 잔차(RES_1)를 '변수(V):' 란으로 이동시킨다. 그리고, [옵션(O)...] 단추를 누른 후, 계절적인 변동의 존재여부와 계절적 차분 여부를 점검하기 위해서 '최대 시차수(M):' 란에 '24'를 입력시킨다.

다음은 $\widehat{N_t}$(즉, res_1)에 대한 자기상관함수이다.

[표 C4.6] 모형 [C4.4]식의 자기상관함수

자기상관

계열:Unstandardized Residual

시차	자기상관	표준오차	Box-Ljung 통계량		
			값	자유도	유의확률
1	.424	.091	22.446	1	.000
2	.049	.106	22.754	2	.000
3	-.033	.106	22.896	3	.000
4	-.005	.106	22.899	4	.000
5	.080	.106	23.717	5	.000
6	.034	.106	23.865	6	.001
7	-.125	.106	25.908	7	.001
8	-.232	.108	33.055	8	.000
9	-.215	.112	39.271	9	.000
10	-.154	.115	42.463	10	.000
11	.085	.117	43.445	11	.000
12	.162	.117	47.070	12	.000
13	.084	.119	48.060	13	.000
14	.009	.119	48.073	14	.000
15	-.048	.119	48.402	15	.000
16	-.102	.120	49.899	16	.000
17	.011	.120	49.917	17	.000
18	.080	.120	50.838	18	.000
19	.050	.121	51.201	19	.000
20	-.049	.121	51.555	20	.000
21	-.229	.121	59.421	21	.000
22	-.201	.125	65.535	22	.000
23	.037	.127	65.739	23	.000
24	.160	.127	69.681	24	.000

단기시차의 자기상관계수를 살펴보면, '시차 1' 이후 오차항에 대한 자기상관계수들이 급격히 값이 작아져서 유의한 상관계수를 하나도 발견할 수 없다. 이는 비계절적 차분이 불필요함을 시사한다. 그러나 두 개의 계절 시차인 12, 24에 해당하는 자기상관계수의 t-통계량의 절대값(1.38, 1.26)이 실전적 경고수준(1.25: 정동빈, 2009)[4]보다 크고, 서서히 감소하는 형태이기 때문에 계절적 1차 차분($D=1$)이 필요하다는 것을 알 수 있다.

4) 정동빈 (2009), ≪시계열 수요예측 I≫, 한나래아카데미, 196쪽.

C4.3.2 임시모형: 2단계

C4.3.1절에서 언급한 바와 같이, 선형 전이함수모형은 오차항계열에 계절적 차분($\eta_t = \nabla_{12} N_t$)을 취한 단계부터 분석을 시작한다. 이를 $N_t = \dfrac{\eta_t}{\nabla_{12}}$로 표현하여 [C4.4]에 대입한 후 ∇_{12}를 양변에 곱하면, 다음과 같은 전이함수모형을 고려할 수 있다.

$$\nabla_{12} Y_t = \nu_0 \nabla_{12} X_t + \nu_1 \nabla_{12} X_{t-1} + \cdots + \nu_{10} \nabla_{12} X_{t-10} + \eta_t \qquad \text{[C4.5]}$$

여기에서 $\eta_t = \nabla_{12} N_t = \dfrac{1}{(1-\phi_1 B)(1-\Phi_{12} B^{12})} \epsilon_t$ 이다. 다시 말해서, 입력계열들과 출력계열 모두에 계절적차분($D=1$)을 취하고, 차분된 오차항계열에 대해 새로운 AR(1)(1)12모형을 대치시켰다. 물론 C4.3.1절에서 언급한 바와 같이, AR(1)(1)12모형으로 적합시킨 오차항계열(N_t)항을 포함한 선형회귀모형 [C4.5]식을 PASW 17.0(또는 18.0)에서 실행할 절차는 존재하지 않는다.

따라서, PASW 17.0(또는 18.0)을 사용하여 [C4.5]식을 추정하기 위해서는 우선 계절적으로 차분된 출력변수 'yt_D'($\nabla_{12} Y_t$)와 11개의 입력변수 'xt_D, xt_1D,···, xt_10D'($\nabla_{12} X_t, \nabla_{12} X_{t-1}, \cdots, \nabla_{12} X_{t-10}$)를 다음과 같이 반복하여 생성한다.

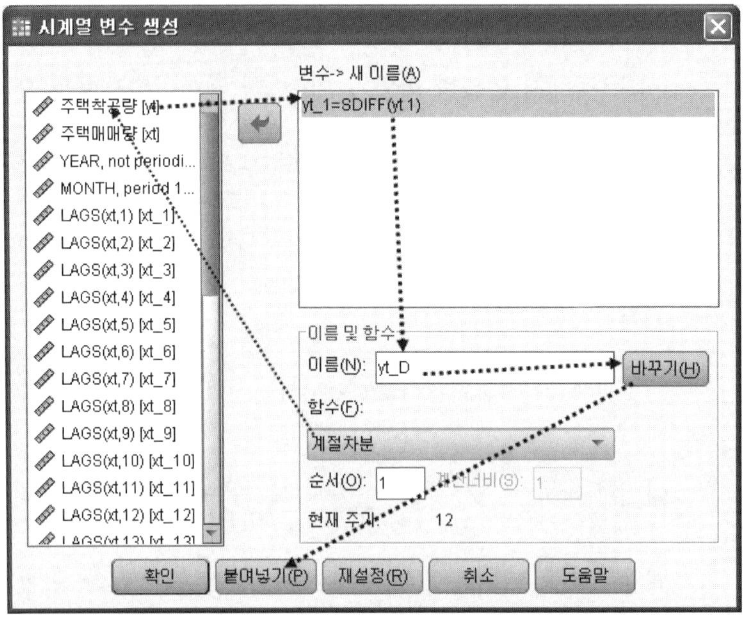

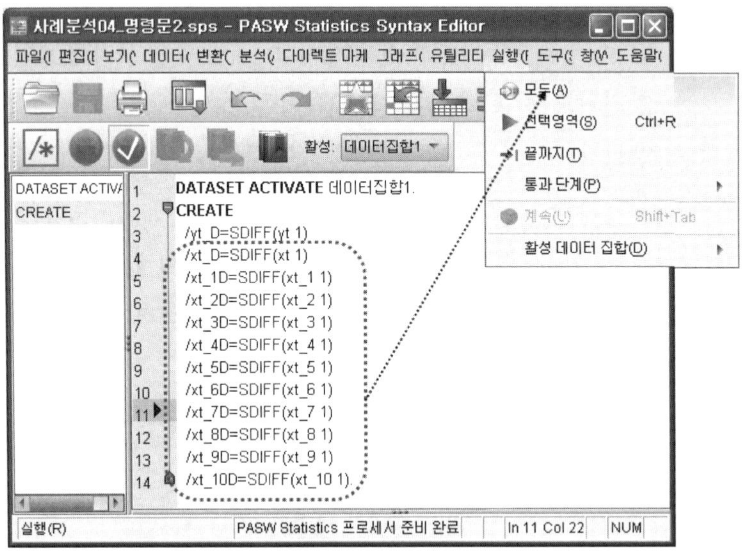

앞 첫 번째 대화상자는 $\nabla_{12} Y_t$를, 두 번째는 나머지 11개의 입력변수인 $\nabla_{12} X_t, \nabla_{12} X_{t-1}, \cdots, \nabla_{12} X_{t-10}$을 생성하는 방법이다.

이제 계절적 1차 차분된 11개의 입력변수와 1개의 출력변수에 대한 선형회귀방정식 [C4.5]식을 적합한 후, 생성된 잔차$(\hat{\eta}_t)$를 사용하여 비계절적 요소의 평균의 비정상성 여부를 점검한다. 이를 위해 다음 주어진 오차항계열(η_t)에 대한 표본 자기상관함수를 점검한다. 여기에서 추정된 오차항계열은 η_t 에 대해 [C4.5]식을 정리한 후 모수에 대한 추정값들을 대입하면 구할 수 있다. 즉, $\hat{\eta}_t = \nabla_{12} Y_t - \hat{\nu}(B) \nabla_{12} X_t$ 를 계산한다.

이를 PASW 17.0(또는 18.0)에 적용하기 위해서는 다음 주어진 "선도표 회귀 모형" 대화상자의 '종속변수' 란에 'yt_D', '독립변수' 란에 11개의 입력변수(xt_D, xt_1D,···, xt_10D)를 입력한다. 최종적으로 잔차 자기상관함수를 계산하기 위해서는 잔차(res_2)를 저장해야 할 것이다. 모형 [C4.5]식에 상수항이 포함되어 있지 않기 때문에 다음 주어진 옵션 대화상자에서 이를 고려해야 한다. 참고로 상수항에 대한 p값은 0.650이다.

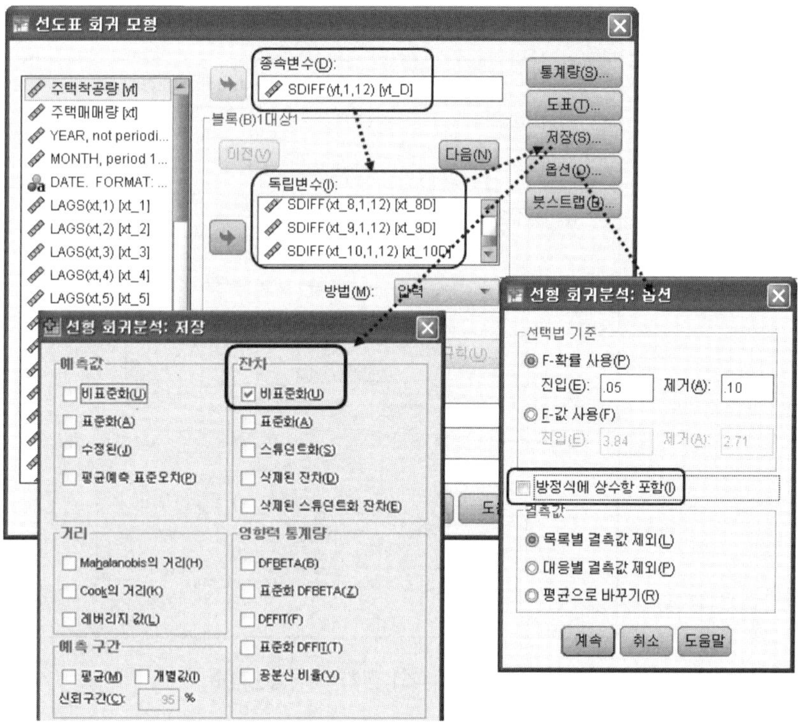

다음은 $\hat{\eta}_t$ (즉, res_2)에 대한 자기상관함수와 편자기상관함수이다. [그림 C4.19]에서 계절시차(12, 24)의 자기상관계수들은 더 이상 감소하는 패턴이

아니므로 더 이상의 계절적 차분이 필요하지 않다. 계절적 요소를 고려할 때 자기상관함수가 편자기상관함수에 비해서 상대적으로 '시차 12' 이후 절단형태로 간주할 수 있으며, 이는 $MA(1)_{12}$요소를 시사한다. 반면에 단기 시차의 자기상관계수들은 서서히 감소하는 형태이므로([그림 C4.19] 점선의 직사각형 참고), 추가적으로 비계절적 차분($d=1$)이 필요할 수도 있다. 그러나, 두 잔차 상관함수 모두 단기시차들에서 서서히 감소하는 형태이므로, 계절적 차분이 취해진 오차항계열($\eta_t = \nabla_{12} N_t$)에 대해서 ARMA(1,1)모형을 고려할 수 있다. 이제 비계절적 요소와 계절적 요소를 합해 모형 [C4.4]식의 오차항계열(N_t)에 대해 $ARIMA(1,0,1)(0,1,1)_{12}$ 또는 모형 [C4.5]식의 오차항계열(η_t)에 대해 $ARMA(1,1)(0,1)_{12}$모형을 고려하기로 한다. 물론 더 이상의 차분이 필요한지 여부는 불투명하다.

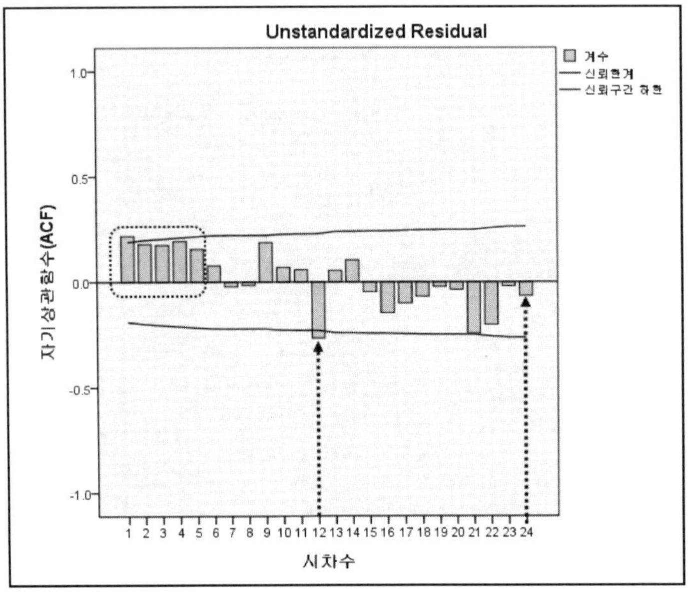

[그림 C4.19] 모형 [C4.5]식의 잔차 자기상관함수

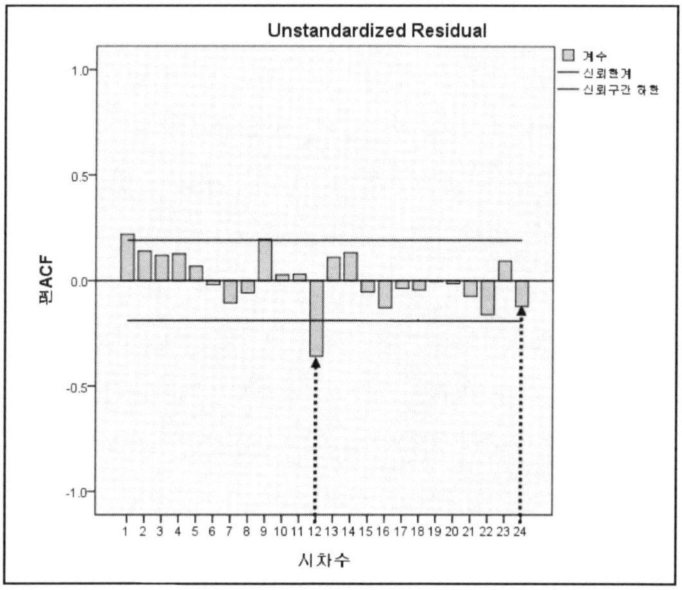

[그림 C4.20] 모형 [C4.5]식의 잔차 편자기상관함수

다음 단계는 모형 [C4.5]식에 근거하여 추정된 ν 가중값들$(\widehat{\nu_0}, \widehat{\nu_1}, \cdots, \widehat{\nu_{10}})$을 참고하여 전이함수를 지정해야 할 것이다. $\hat{\nu}$ 가중값들은 바로 앞에서 실행한 선도표회귀모형 절차에서 11개 입력변수를 추정한 계수들이 된다(0.765, ⋯, 0.137).

[표 C4.21] 모형 [C4.5]식의 추정결과

계수[a,b]

모형		비표준화 계수		표준화 계수		
		B	표준오차	베타	t	유의확률
1	SDIFF(xt,1,12)	.765	.163	.427	4.687	.000
	SDIFF(xt_1,1,12)	.707	.206	.394	3.439	.001
	SDIFF(xt_2,1,12)	.172	.206	.096	.835	.406
	SDIFF(xt_3,1,12)	.268	.202	.153	1.325	.188
	SDIFF(xt_4,1,12)	-.145	.201	-.083	-.719	.474
	SDIFF(xt_5,1,12)	-.126	.197	-.073	-.642	.523
	SDIFF(xt_6,1,12)	-.150	.196	-.087	-.763	.447
	SDIFF(xt_7,1,12)	.056	.194	.032	.288	.774
	SDIFF(xt_8,1,12)	.025	.194	.015	.131	.896
	SDIFF(xt_9,1,12)	.231	.194	.133	1.188	.238
	SDIFF(xt_10,1,12)	.137	.155	.079	.885	.378

a. 종속변수: SDIFF(yt,1,12)

b. 원점을 통한 선형 회귀

두 개의 가중값들($\hat{\nu}_0, \hat{\nu}_1$) 모두가 5% 유의수준에서 유의하기 때문에 (p값$=0.000, 0.001$), 무반응시간인 b는 '0'이 된다. [표 C4.21]에 주어진 $\hat{\nu}$ 가중값의 패턴에서 두 가지 가능성을 유추할 수 있다. 첫 가능성은 통계적으로 유의한 가중값들은 단지 두 개(시차 0과 1)만 존재하며, '시차 1' 이후의 가중값들은 절단형태로 간주할 수 있다($r=0$). 3장의 실전적 분석전략에서 살펴본 바와 같이, $r=0$이면 통계적으로 유의한 ν 가중값들의 수가 u가 된다. 이 경우 '시차 0'과 '시차 1'에서 해당하는 가중값만이 유의하므로 $u=2$가 된다. 따라서 $h=u+r-1=1$이 된다. 즉, 3장의 [그림 3.8(*b*)]와 흡사한 형태이며 전이함수의 구성요소인 (b,r,h)를 (0,0,1)로 고려할 수 있다. 이를 전이함수로 표현하면 $(\omega_0 + \omega_1 B)\nabla_{12} X_t$ 가 된다.

두 번째 가능성은 $\hat{\nu}$ 가중값들의 패턴을 '시차 0'부터 단순 지수적으로 감소하는 형태로 식별할 수 있다($r=1$). 이를 정당화하기 위해서는 통계적으로 유의하지 않은 $\hat{\nu}$ 가중값들은 패턴에 포함시켜야 하며, 표집변동을 참작해야만 한다. 따라서 '시차 0'부터 감소형태가 시작하는 바로 앞 시차까지 '0'이 아닌 ν 가중값의 수는 '0'이므로 $u=0$이 된다. 즉, $h=u+r-1=0$이 된다. 이는 3장의 [그림 3.8(*a*)]와 흡사한 형태이며, 전이함수의 구성요소인 (b,r,h)는 (0,1,0)이 된다. 이를 전이함수로 표현하면

$$\frac{\omega_0}{1-\delta_1 B}\nabla_{12} X_t \text{ 가 된다.}$$

C4.4 최종모형

C4.3.2절에서 제시한 두 전이함수 중 어느 것을 선택할지 여부는 다소 주관적이다. 모수절약의 원칙에 근거하여 판단하면, C4.3.2절에서 고려한 두 전이함수 모두 두 개의 모수만을 포함하기 때문에 동등하다. C4.3.2절에서 식별한 첫 번째 전이함수를 우선적으로 고려해보자. 오차항계열(N_t)에 대한 ARIMA모형은 ARIMA(1,0,1)(0,1,1)$_{12}$이며, 전이함수의 구성요소가 $(b,r,h)=$

(0,0,1)인 동적회귀모형은 다음과 같이 표현할 수 있다.

$$\nabla_{12} Y_t = (\omega_0 + \omega_1 B) \nabla_{12} X_t + \eta_t \qquad [C4.6]$$

여기에서 $\eta_t = \dfrac{(1-\Theta_{12} B^{12})(1-\theta_1 B)}{1-\phi_1 B} \epsilon_t$ 이다.

[C4.6]식을 알기 쉽게 다르게 표현하기 위해서 전개하면,

$$\nabla_{12} Y_t = \omega_0 \nabla_{12} X_t + \omega_1 \nabla_{12} X_{t-1} + \eta_t \qquad [C4.7]$$

가 된다.

모형 [C4.6]식을 PASW 17.0(또는 18.0)에 적용하기 위해서는, 팝업메뉴에서 분석(A) ▸ 예측 ▸ 모형생성(C)... 을 선택한 후, "시계열 모형 생성기" 대화상자가 나타나면, '주택착공량(yt)'을 '종속변수(D):' 란으로, '주택매매량(xt)'을 '독립변수(I):' 란으로 각각 이동시키고, '방법(M):' 란에서 ARIMA 를 선택한다.

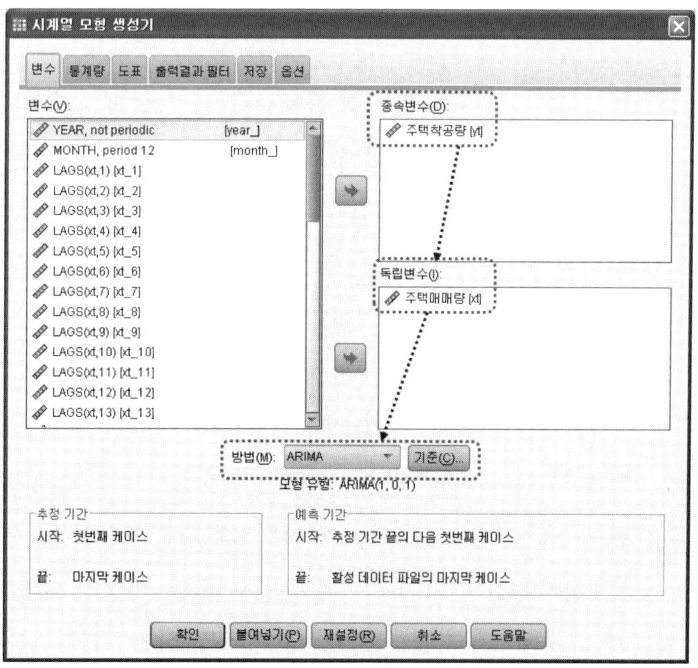

그리고, [기준(C)...] 단추를 누른 후, 아래와 같이 "시계열 모형 생성기: ARIMA 기준" 대화상자의 좌측상단의 '모형' 단추를 누른다. 그리고, 앞에서 식별한 오차항계열의 ARIMA(1,0,1)(0,1,1)$_{12}$모형의 요소인 '1 0 1 0 1 1'을 차례로 입력한다.

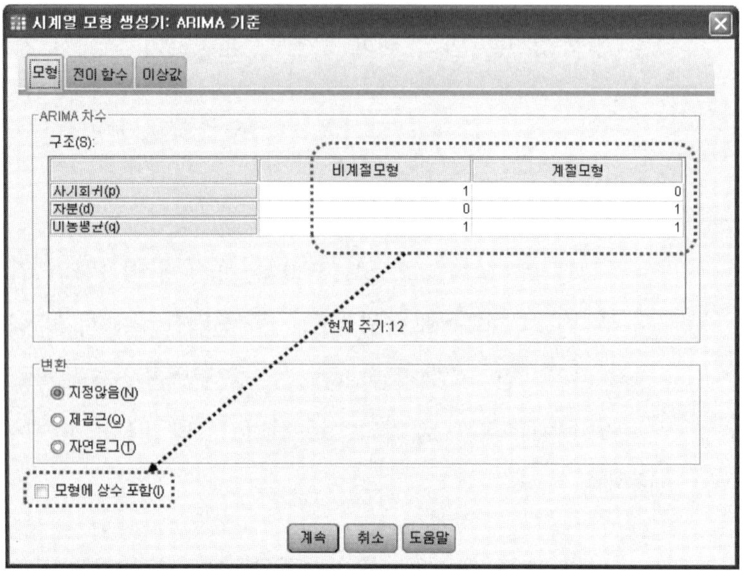

추가로 [□모형에 상수 포함(I)] 란에 체크표시를 제거한 이유는, 아래 주어진 전이함수요소까지 모형에 추가시킨 후 추정한 결과 상수항이 통계적으로 유의하지 않았기 때문이다(p값 = 0.641). 물론 모형을 추정할 때 우선적으로 상수항을 모형에 포함시킨 후 그 유의성을 점검해야 할 것이다.

이미 [C4.6]식의 전이함수요소 (b, r, h)=(0,0,1)을 PASW 17.0(또는 18.0)에 적용시키기 위해서 "시계열 모형 생성기: ARIMA 기준" 대화상자의 좌측상단의 '전이함수' 단추를 누른 후, 3가지 요소를 하나씩 입력한다. 다시 말해서, '보류(D):' 란에 '$b=0$'을, 분자는 $(\omega_0 + \omega_1 B)$이기 때문에 '분자' 란에 '$h=1$'을, 분모는 '1'이기 때문에 '$r=0$'을 입력한다. 마지막으로 [C4.6]식에서 출력변수와 입력변수 모두 계절적 1차 차분($D=1$)을 취하였기 때문에 '차분'과 '계절모형'이 교차하는 란에 '1'을 입력한다.

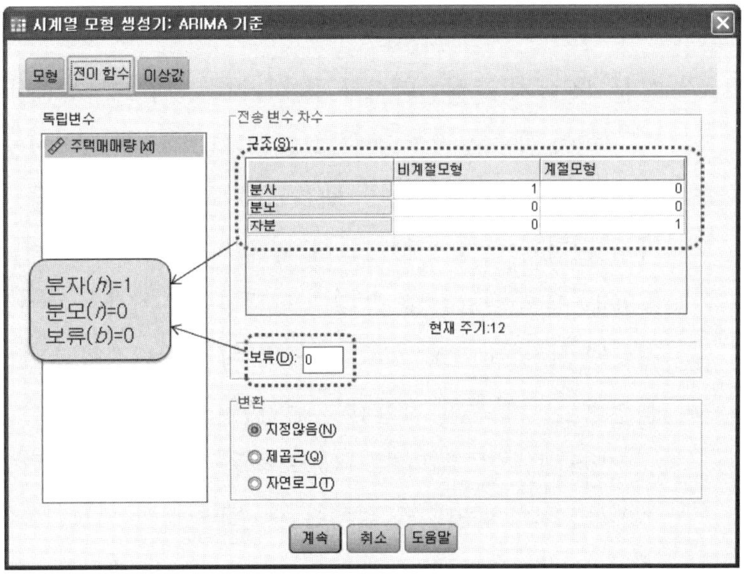

[표 C4.22] 동적회귀모형 [C4.6]식의 추정결과

ARIMA 모형 모수								
					추정값	SE	t	유의확률
주택착공량-모형_1	주택착공량	변환 안 함	AR	시차 1	.931	.051	18.438	.000
			MA	시차 1	.609	.103	5.899	.000
			계절차분		1			
			MA, 계절	시차 1	.889	.171	5.212	.000
	주택매매량	변환 안 함	분자	시차 0	.523	.146	3.571	.001
				시차 1	-.846	.146	-5.784	.000
			계절차분		1			

모형 [C4.6]식을 추정한 결과, 추정계수 모두가 유의수준 5%에서 매우 유의하며, 가역성조건과 정상성조건을 모두 만족시킴을 확인할 수 있다. 이는 [C4.7]식의 입력변수들 중 현재시점 또는 과거시점에 해당하는 출력변수항을 포함하고 있지 않기 때문에, C4.3.2절에서 오차항계열(η_t)에 대해 식별한 ARMA(1,1)(0,1)$_{12}$모형이 타당할 수 있음을 시사한다. 즉, 출력변수($\nabla_{12} Y_t$)와 두 개의 입력변수($\nabla_{12} X_t$, $\nabla_{12} X_{t-1}$) 간의 선형회귀모형을 적합시킨 후에 생성된 잔차는 당연히 ARMA(1,1)(0,1)$_{12}$모형으로 식별될 것이다. 잔차 자기상관함수와 잔차 편자기상관함수를 이용하여 이를 점검하는 작업은 독자의 몫으로 남긴다.

C4.4.1 잔차상관점검

본문 4장에서 모형진단도구 중 하나로 잔차 교차상관함수를 소개한 바 있다. 즉, 이 함수는 오차항계열($\eta_t = \nabla_{12} N_t$)에 대한 ARMA(1,1)(0,1)$_{12}$모형(또는 오차항계열(N_t)에 대한 ARIMA(1,0,1)(0,1,1)$_{12}$모형)을 포함한 동적회귀모형 [C4.6]식에 근거하여 생성된 잔차들과 입력변수인 주택매매량(X_t)을 ARIMA모형 [C4.2]식으로 적합한 후 생성된 현재시점의 시차와 과거시점에 해당하는 시차들의 잔차들($\hat{\alpha}_t, \hat{\alpha}_{t-1}, \hat{\alpha}_{t-2}, \cdots$) 간의 상관관계이다. 잔차 교차상관함수는 특정적 전이함수의 적절성을 점검한다.

이를 PASW 17.0(또는 18.0)로 적용하기 위해서는 팝업메뉴에서 분석(A) ▸ 예측 ▸ 교차상관(R)을 선택한 후, "교차상관 도표" 대화상자의 생성된 두 개의 잔차(xt-모형_1의 잡음잔차와 yt-모형_1의 잡음잔차)를 '변수' 란으로 동시에 이동시킨다.

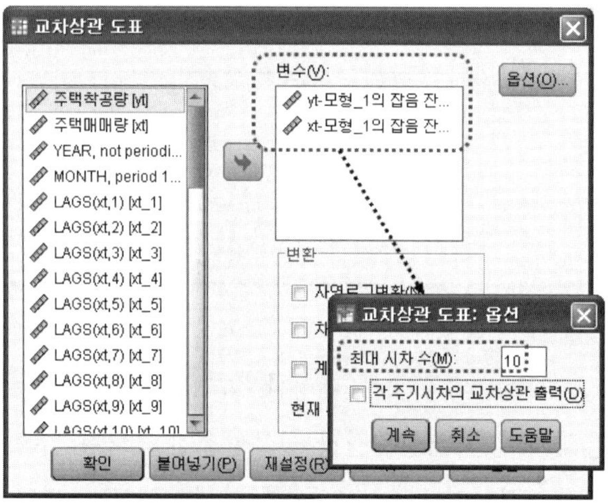

그 결과 [그림 C4.23]과 같이, 의심되는 '시차 7'을 제외하고 신뢰한계선 밖으로 튀어나온 잔차 교차상관계수는 하나도 발견할 수 없기 때문에, [C4.6]식에서 고려한 동적회귀모형의 전이함수가 주택매매량(X_t)에 대한 반응을 적절하게 포착하였다고 말할 수 있다.

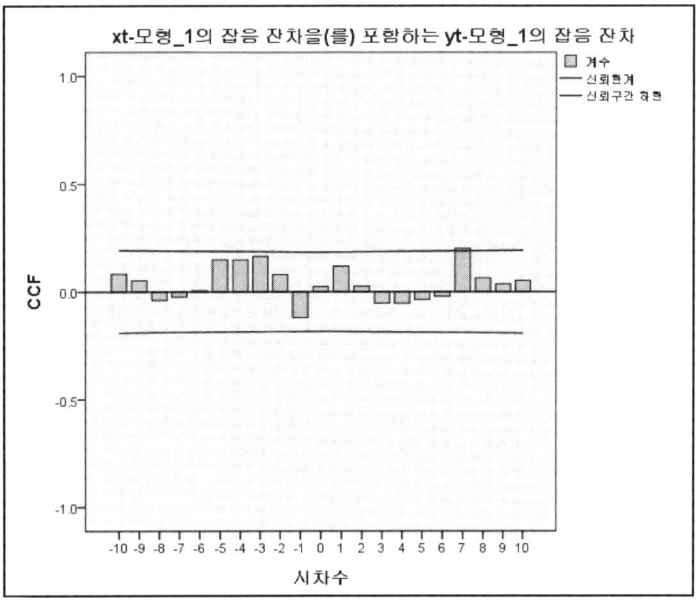

[그림 C4.23] 주택매매량 및 주택착공량에 대한 교차상관함수

단기시차(1, 2, 3, 4 등)와 계절시차(12, 24)에 해당하는 두 개의 잔차 상관함수에서 신뢰한계선 밖으로 튀어나온 스파이크를 발견할 수 없다([그림 C4.24]과 [그림 C4.25] 참고). 그리고, 특히 잔차 자기상관함수에 나타난 Box-Ljung통계량의 p값 모두가 5% 유의수준보다 월등히 크다([표 C4.26] 참고). 즉, 백색잡음 간의 독립성이 만족함을 알 수 있다. 따라서 오차항계열에 대한 ARIMA모형이 적절하다.

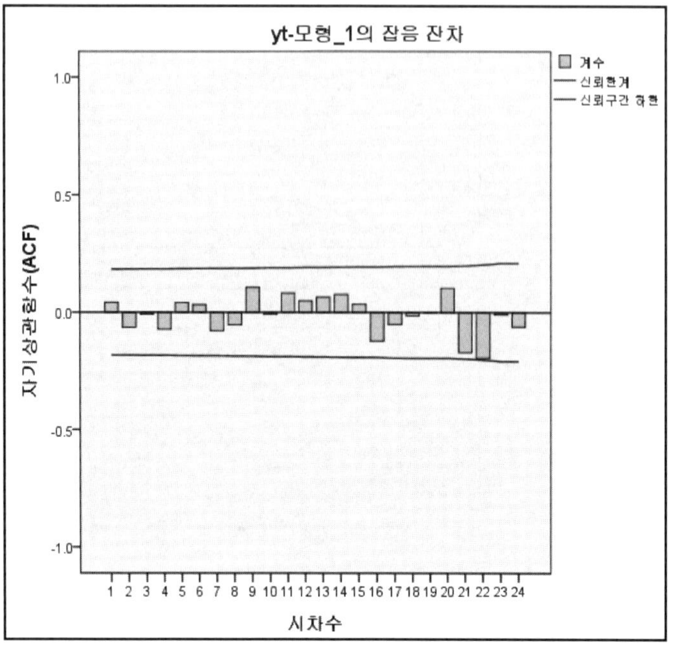

[그림 C4.24] 모형 [C4.6]식에 근거한 잔차 자기상관함수-1

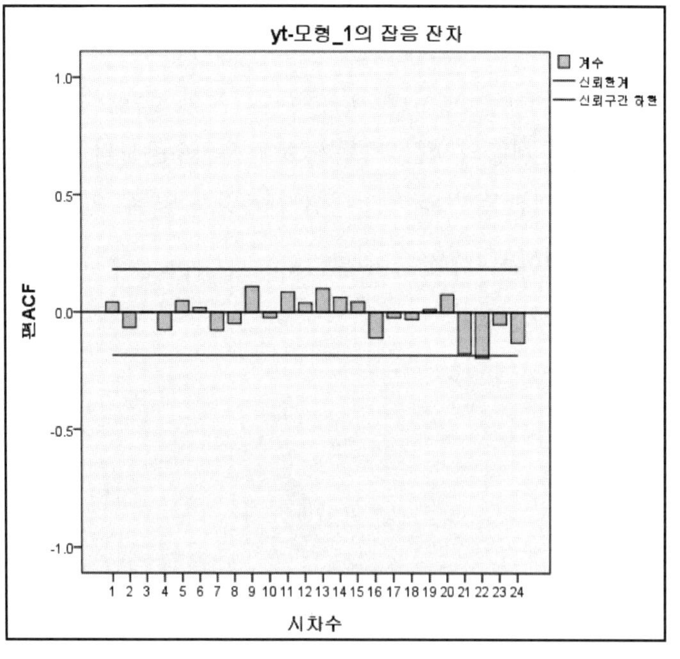

[그림 C4.25] 모형 [C4.6]식에 근거한 잔차 편자기상관함수

[표 C4.26] 모형 [C4.6]식에 근거한 잔차 자기상관함수-2

자기상관

계열:yt-모형_1의 잡음 잔차

시차			Box-Ljung 통계량		
	자기상관	표준오차	값	자유도	유의확률
1	.042	.092	.214	1	.643
2	-.063	.092	.710	2	.701
3	-.007	.092	.717	3	.869
4	-.071	.092	1.354	4	.852
5	.041	.093	1.568	5	.905
6	.033	.093	1.705	6	.945
7	-.079	.093	2.504	7	.927
8	-.052	.093	2.860	8	.943
9	.106	.094	4.327	9	.889
10	-.008	.095	4.335	10	.931
11	.082	.095	5.227	11	.920
12	.049	.095	5.551	12	.937
13	.065	.096	6.129	13	.941
14	.077	.096	6.932	14	.937
15	.035	.096	7.104	15	.955
16	-.123	.097	9.231	16	.904
17	-.052	.098	9.610	17	.919
18	-.014	.098	9.638	18	.943
19	.002	.098	9.639	19	.961
20	.103	.098	11.195	20	.941
21	-.171	.099	15.511	21	.796
22	-.195	.101	21.176	22	.510
23	-.009	.105	21.189	23	.570
24	-.063	.105	21.781	24	.592

또한 백색잡음이 갖는 가정들 중 정규성을 점검해보자. PASW 17.0(또는 18.0)을 사용하여 정규성을 검정하기 위해서는, 팝업메뉴에서 분석(A) ▸ 기술통계량 ▸ 데이터탐색(E)... 을 선택한 후, “데이터 탐색” 대화상자가 나타나면, ‘yt-모형_1의 잡음잔차’를 ‘종속변수(D):’로 이동시킨다. 그리고 ‘도표’ 단추를 누른 후, ☑ 검정과 함께 정규성도표(O) 를 체크하면 된다.

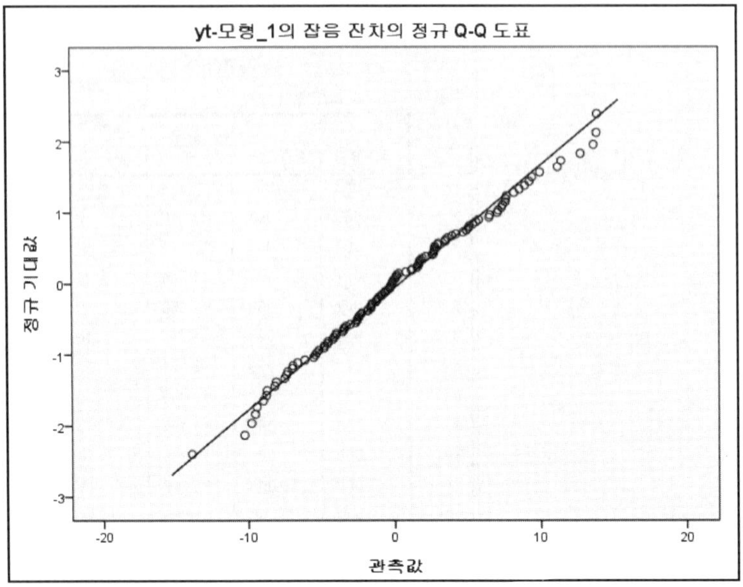

[그림 C4.27] 모형 [C4.6]식에 근거한 정규Q-Q도표

[표 C4.28] 모형 [C4.6]식에 근거한 정규성 검정

정규성 검정	Kolmogorov-Smirnov[a]			Shapiro-Wilk		
	통계량	자유도	유의확률	통계량	자유도	유의확률
yt-모형_1의 잡음 잔차	.065	119	.200*	.989	119	.472

a. Lilliefors 유의확률 수정

*. 이것은 참인 유의확률의 하한값입니다.

그 결과 [그림 C4.27]의 정규Q-Q도표는 거의 직선형태이며, 두 개의 검정통계량에 대한 p값(0.200, 0.472) 모두가 유의수준 5%보다 월등하게 크기 때문에 백색잡음의 정규성이 만족됨을 확인할 수 있다([표 C4.28] 참고).

추가로 다음에 주어진 잔차도표를 통해서 잔차 간에 뚜렷한 패턴을 발견할 수 없으며, 임의로 퍼져 있는 형태임을 알 수 있다. 이는 잔차의 독립성과 등분산성을 시각적으로 재확인하는 것이다. 그리고, 눈에 띄게 작거나 큰 잔차는 발견할 수 없고, 주어진 모형통계량([표 C4.30])의 '이상값 수'가 '0'이기 때문에 이상값은 존재하지 않는 것으로 판단할 수 있다.

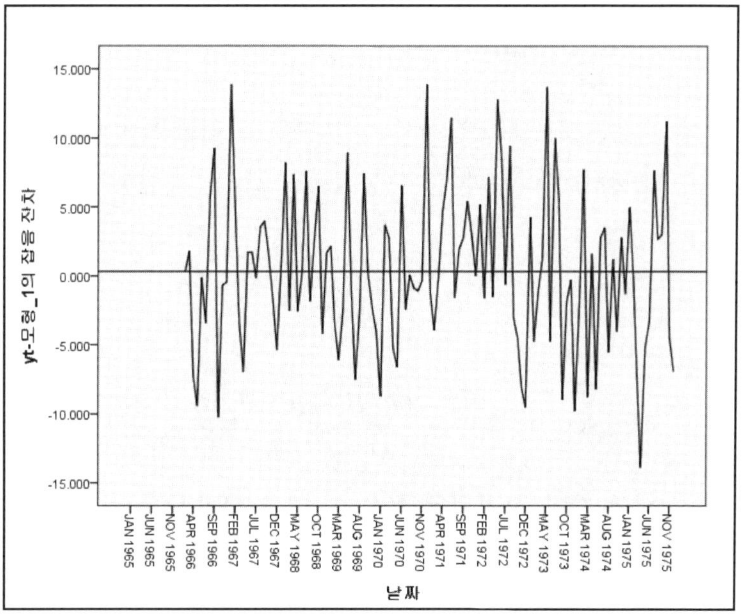

[그림 C4.29] 모형 [(C4.6]식에 근거한 잔차도표

[표 C4.30] 모형 [C4.6]식에 근거한 모형통계량

모형 통계량						
모형		모형적합 통계량	Ljung-Box Q(18)			
	예측변수 수	정상 R 제곱	통계량	자유도	유의확률	이상값 수
주택착공량-모형_1	1	.893	9.638	15	.842	0

따라서, 고려한 전이함수모형인 [C4.6]식에 [표 4.22]의 추정결과를 대입하면 다음과 같은 동적회귀모형을 얻을 수 있다.

$$\nabla_{12} Y_t = (0.523 - 0.846\,B)\nabla_{12} X_t + \eta_t \qquad \text{[C4.8]}$$

여기에서 $\eta_t = \dfrac{(1-0.889\,B^{12})(1-0.609\,B)}{1-0.931B}\epsilon_t$ 이다.

C4.5 대체모형

다음으로 C4.3.2절에서 두 번째로 고려한 Koyck모형 즉, (b,r,h)=(0,1,0)을 조합하여 다음과 같은 동적회귀모형을 식별해보자.

$$\nabla_{12} Y_t = \frac{\omega_0}{1-\delta_1 B} \nabla_{12} X_t + \eta_t \qquad [C4.9]$$

여기에서 $\eta_t = \dfrac{(1-\Theta_{12} B^{12})(1-\theta_1 B)}{(1-\phi_1 B)} \epsilon_t$ 이다. 즉, C4.3.2절에서 언급한 바와 같이, 오차항계열(N_t)에 대한 ARIMA(1,0,1)(0,1,1)$_{12}$모형이다. [C4.9]식을 알기 쉽게 이해하도록 전개하면,

$$(1-\delta_1 B) \nabla_{12} Y_t = \omega_0 \nabla_{12} X_t + \eta_t^*$$

$$\nabla_{12} Y_t = \delta_1 \nabla_{12} Y_{t-1} + \omega_0 \nabla_{12} X_t + \eta_t^* \qquad [C4.10]$$

가 된다. 이때 η_t^* 는 재조정된 오차항계열이다. 물론 모형 [C4.5]식에 근거하여 생성된 잔차를 통해 더 이상의 계절적 차분 및 비계절적 차분을 행할 필요가 없음을 알았다.

[C4.9]식을 PASW 17.0(또는 18.0)에 적용하기 위해서는, C4.4절과 동일하게 팝업메뉴에서 분석(A) ▸ 예측 ▸ 모형생성(C)... 을 선택한 후, "시계열 모형 생성기" 대화상자가 나타나면, '주택착공량(yt)'을 '종속변수(D):' 란으로, '주택매매량(xt)'을 '독립변수(I):' 란으로 각각 이동시키고, '방법(M):' 란에서 [ARIMA ▾]를 선택한다. 그리고, [기준(C)...] 단추를 누른 후, 아래와 같이 "시계열 모형 생성기: ARIMA 기준" 대화상자의 좌측상단의 '모형' 단추를 누른다. 그리고, 앞에서 식별한 오차항계열의 ARIMA(1,0,1)(0,1,1)$_{12}$모형의 요소인 '1 0 1 0 1 1'을 차례로 입력한다. C4.4절과 단지 차이점은 [C4.9]식의 전이함수요소 (b,r,h)=(0,0,1) 대신에 (0,1,0)을 "시계열 모형 생성기: ARIMA 기준" 대화상자에 하나씩 입력하는 것이다.

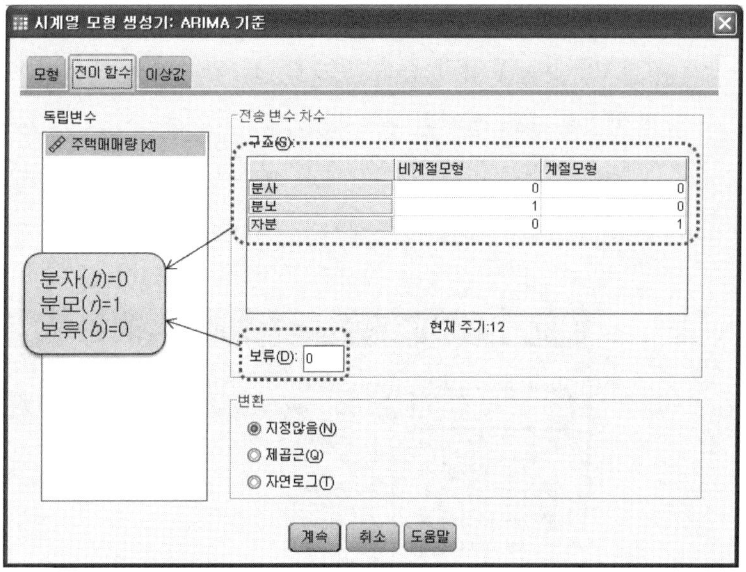

[표 C4.31] ARIMA(1,0,1)(0,1,1)$_{12}$모형을 포함한 모형 [C4.9]식의 추정결과

ARIMA 모형 모수

					추정값	SE	t	유의확률
주택착공량-모형_1	주택착공량	변환 안 함	AR	시차 1	.817	.119	6.885	.000
			MA	시차 1	.531	.165	3.221	.002
			계절차분		1			
			MA, 계절	시차 1	.987	1.485	.665	.507
	주택매매량	변환 안 함	분자	시차 0	.657	.097	6.808	.000
			분모	시차 1	.640	.056	11.333	.000
			계절차분		1			

그러나 ARIMA모형에 포함된 계절형 이동평균계수가 5% 유의수준에서 유의하지 않고(p값 $= 0.507$)이며, 추정계수(0.987)가 거의 '0'에 가깝기 때문에 가역성 조건을 만족하지 않는다. 따라서 고려한 [C4.9]식은 적절하지 않을 듯싶다. 참고로 [C4.9]식에서 계절형 이동평균항만을 제외시키고 모형을 추정하였을 때, 비계절형 이동평균계수(−0.996)의 절대값이 거의 '1.0'에 가깝기 때문에 역시 가역성 조건을 심각하게 어기게 된다.

그렇다면, 오차항계열에 대한 ARIMA모형을 어떤 방법으로 재식별해야 할까? 동적회귀모형의 오차항계열(η_t^*)에 대한 ARIMA모형을 식별하기 위해서는 우선 [C4.9]식에서 오차항을 제외한 식을 선형회귀모형으로 적합한 후 생성된 잔차를 근거로 한 ARIMA모형을 식별한다. 다시 말해서, [C4.10]식에 주어진 종속변수($\nabla_{12} Y_t$)와 독립변수($\nabla_{12} Y_{t-1}$, $\nabla_{12} X_t$) 간의 선형회귀분석을 실시한다.

우선 독립변수 중 $\nabla_{12} Y_{t-1}$ 를 생성하기 위해서는, 다음과 같이 "시계열 변수 생성" 대화상자에서 'yt_1D'라는 이름으로 저장한다.

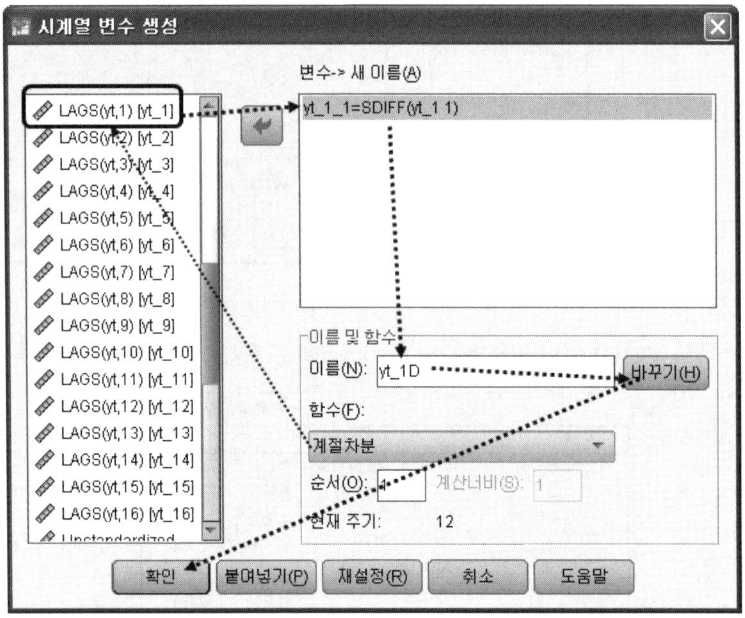

이제 팝업메뉴에서 분석(A) ▸ 회귀분석(R) ▸ 선형(L)을 선택한 후, "선도표 회귀 모형" 대화상자에서 '종속변수' 란에 'yt_D'($\nabla_{12} Y_t$)를, '독립변수' 란에 'yt_1D'와 'xt_D'($\nabla_{12} Y_{t-1}$, $\nabla_{12} X_t$)를 입력한다. 물론 [C4.10]식에 상수항을 포함하지 않음에 유의한다. 잔차를 생성하는 이유는 다음 주어진 잔차 자기상관함수와 잔차 편자기상관함수를 통해 오차항에 대한 ARIMA 모형을 식별하기 위함이다.

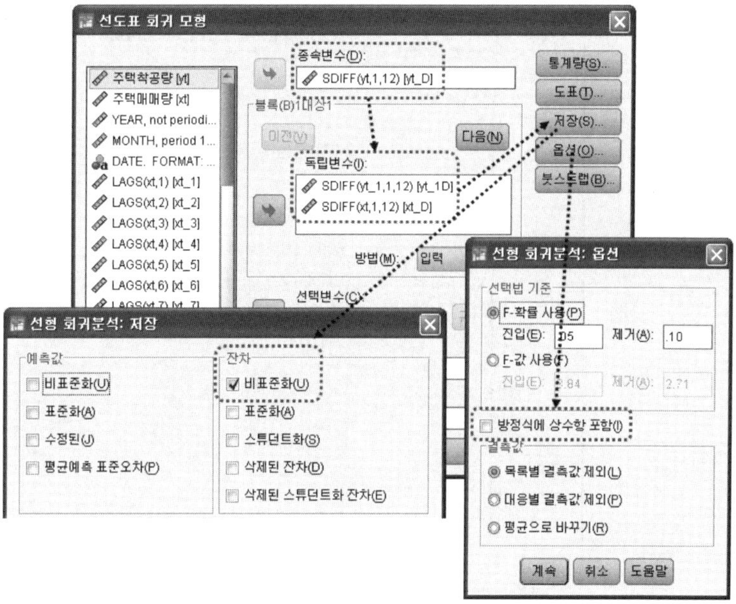

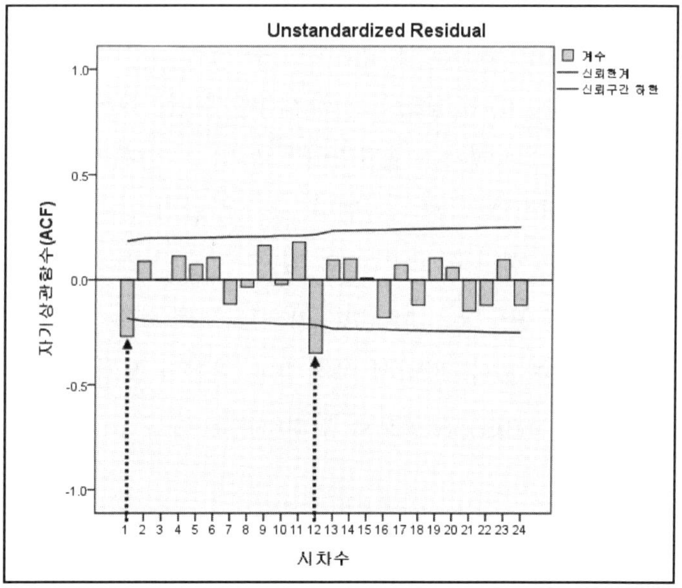

[그림 C4.32] 잔차 자기상관함수

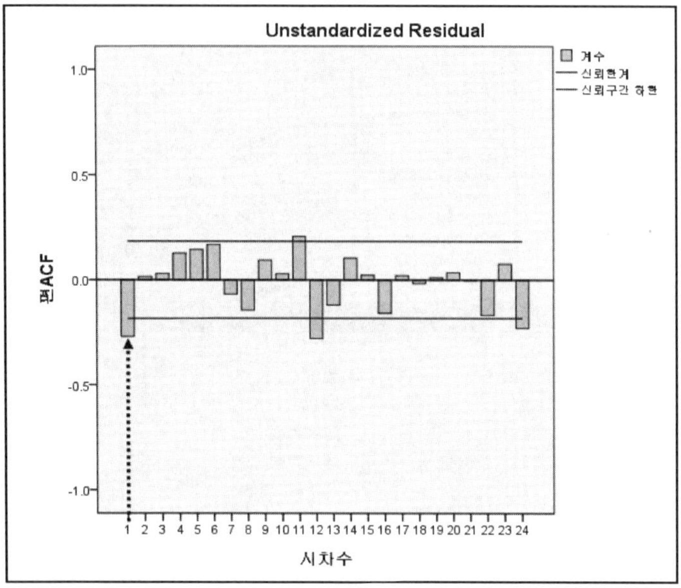

[그림 C4.33] 잔차 편자기상관함수

계절시차(12, 24)에 해당하는 두 개의 편자기상관계수는 감소형태인 반면에 '시차 12'에 해당하는 자기상관계수는 유의하며, '시차 12' 이후의 계절시차인 '24'에서는 절단형태라고 할 수 있다. 이는 ARIMA모형의 계절적 요소가 $MA(1)_{12}$임을 나타낸다. 추가로 단기시차의 패턴을 보면 AR(1) 또는 MA(1) 중 하나로 고려할 수 있다. 이를 종합하면 오차항계열(η_t^*)에 대한 ARIMA모형식별은 $ARMA(1,0)(0,1)_{12}$모형 또는 $ARMA(0,1)(0,1)_{12}$모형으로 고려할 수 있다. 따라서 우선 [C4.10]식의 오차항계열(η_t^*)을 다음과 같은 $ARMA(1,0)(0,1)_{12}$모형으로 고려하도록 한다.

$$\eta_t^* = \frac{1-\Theta_{12}B^{12}}{1-\phi_1 B}\epsilon_t \qquad [C4.11]$$

오차항계열이 [C4.11]식을 포함하는 동적회귀모형 [C4.7]식을 PASW 17.0(또는 18.0)에 실행하기 위해서는, 팝업메뉴에서 분석(A) ▸ 예측 ▸ 모형생성(C)... 을 선택한 후, "시계열 모형 생성기" 대화상자의 상단의 '변수' 단추를 누른 후 앞과 동일하게 실행한다. 단지 차이점은 전이함수의 요소 (b,r,h)=(0,1,0)에서 ARIMA(1,0,1)(0,1,1)$_{12}$모형 대신 ARIMA(1,0,0)(0,1,1)$_{12}$ 모형을 적합시킨다.

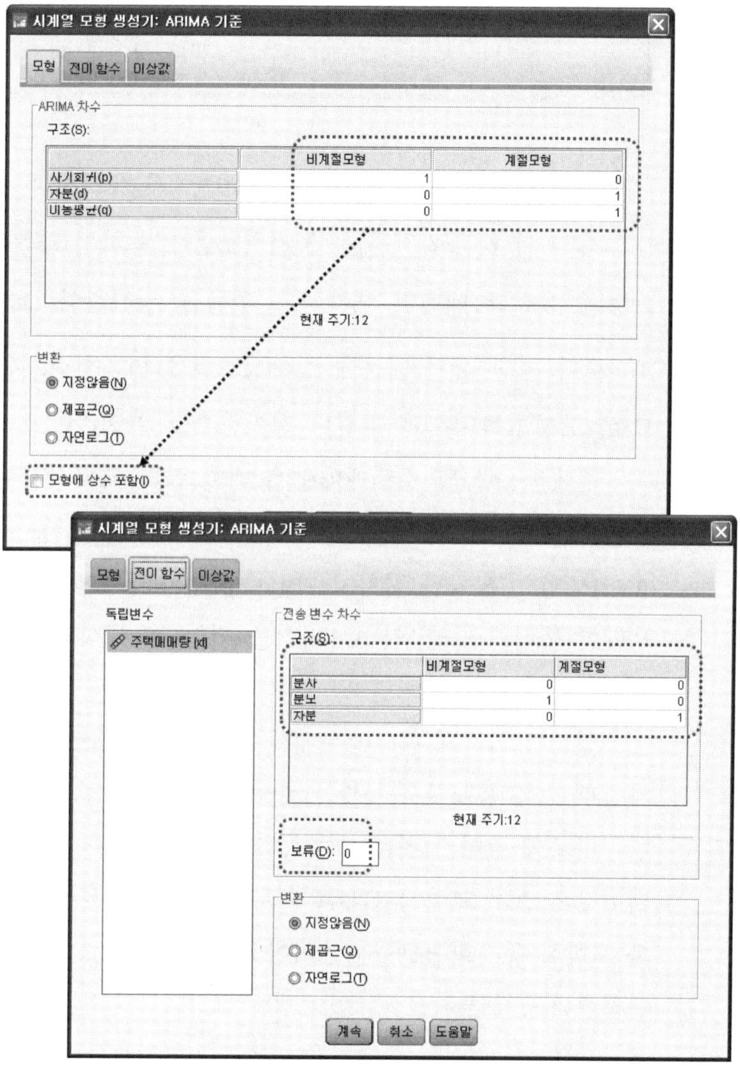

다음은 [C4.11]식을 포함한 동적회귀모형을 추정한 결과이다.

[표 C4.34] ARIMA(1,0,0)(0,1,1)$_{12}$모형을 포함한 모형 [C4.9]식의 추정결과

ARIMA 모형 모수

					추정값	SE	t	유의확률
주택착공량-모형_1	주택착공량	변환 안 함	AR	시차 1	.378	.089	4.226	.000
			계절차분		1			
			MA, 계절	시차 1	.963	.520	1.852	.067
	주택매매량	변환 안 함	분자	시차 0	.690	.093	7.387	.000
			분모	시차 1	.631	.052	12.073	.000
			계절차분		1			

추정된 계수 모두가 10% 유의수준에서 유의하다. $\hat{\Theta}_{12}$ 의 절대값(0.963)이 '1.0'에 매우 가깝기 때문에 가역성을 만족하지 않는다. 이는 자료 내에 고정된 계절적 패턴이 내재하고 있음을 시사한다. $\hat{\phi}_1$ 의 절대값(0.378)이 '1.0'보다 훨씬 작기 때문에 정상성조건을 만족한다. $|\hat{\delta}_1| \approx 0.631 < 1.0$ 이므로, 모형 [C4.9]식의 추정된 전이함수는 안정하다.

주택착공량 및 주택매매량에 대한 잔차 교차상관함수를 구하기 위해서는 입력변수인 주택매매량을 ARIMA(1,0,0)(0,0,2)$_{12}$모형으로 적합한 후 ([C4.2]식 참고) 생성된 잔차(xt-모형의 잡음잔차)와 ARIMA(1,0,0)(0,1,1)$_{12}$모형을 포함한 동적회귀모형인 [C4.9]식을 적합 후 생성된 잔차(yt-모형의 잡음잔차) 간의 상관계수를 구하면 된다.

앞과 동일하게 팝업메뉴에서 분석(A) ▸ 그래프(G) ▸ 시계열도표(T) ▸ 교차상관(R)을 선택하고, '변수' 란에 두 개의 잔차를 동시에 입력시킨다.

다음에 주어진 잔차 교차상관함수([그림 C4.35])에서 신뢰한계선 밖으로 튀어나온 잔차 교차상관계수는 하나도 없기 때문에, 오차항계열 [C4.11]식을 포함한 동적회귀모형 [C4.9]이 주택매매량(X_t)에 대한 반응을 적절하게 포착한다고 결론지을 수 있다.

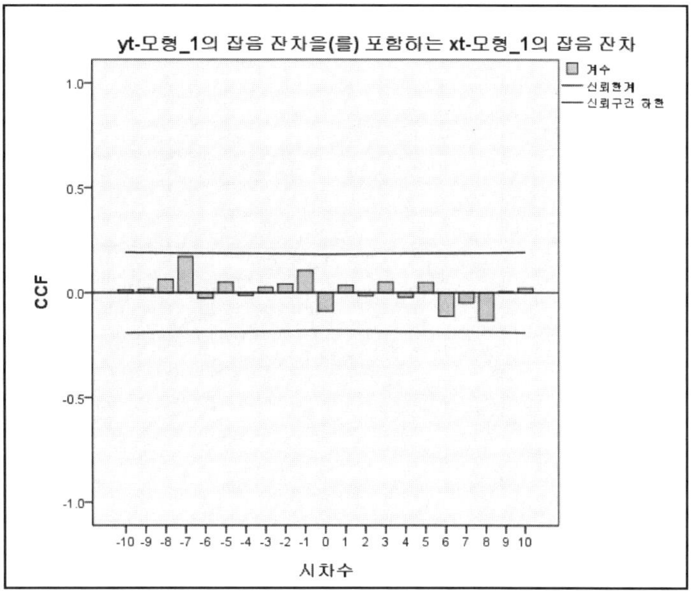

[그림 C4.35] 잔차 교차상관함수

ARIMA(1,0,0)(0,1,1)12모형을 포함한 동적회귀모형 [C4.9]식에 근거한 잔차 자기상관함수와 잔차 편자기상관함수를 통하여 오차항계열에 대한 ARIMA모형이 타당하다는 것을 알 수 있다([그림 C4.36]와 [그림 C4.37] 참고). 왜냐하면 모든 시차에 해당하는 자기상관계수와 잔차 편자기상관계수 모두가 신뢰한계선 안에 존재하기 때문이다. 다른 시차들에 비해 '시차 22'에 해당하는 자기상관계수가 다소 크지만, 어느 패턴에도 적합될 것 같지 않다. 때때로 부적절한 잔차 자기상관함수는 부적절한 전이함수를 반영한다. 그러나, 이미 잔차 교차상관함수를 통해 ARIMA(1,0,0)(0,1,1)12모형을 포함한 동적회귀모형 [C4.9]식이 타당하다고 결론지었다. 아마도 첫 번째 고려한 오차항계열은 ARIMA(1,0,1)(0,1,1)12모형, 전이함수요소 $(b,r,h)=(0,0,1)$을 고려한 동적회귀모형이 자료를 훨씬 잘 적합시킬 수 있다.

[표 C4.38]에 주어진 Box-Ljung통계량의 모든 p값이 5% 유의수준보다 월등히 크기 때문에 백색잡음 간의 독립성이 보장됨을 확인할 수 있다.

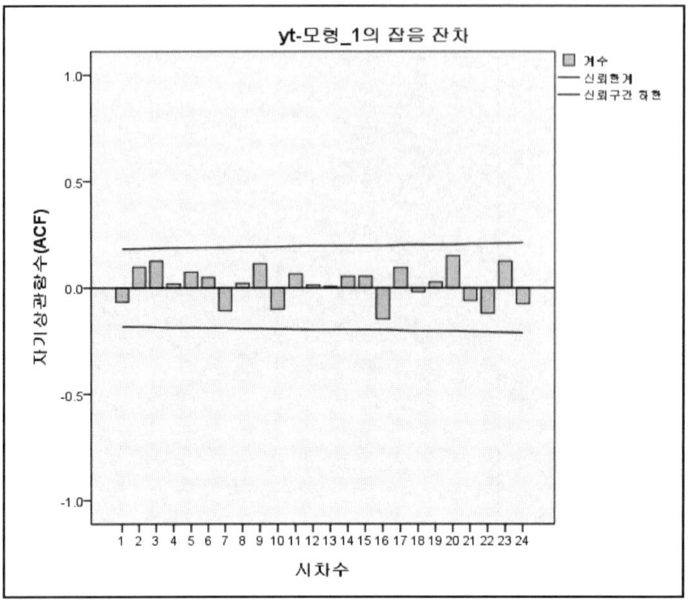

[그림 C4.36] 잔차 자기상관함수

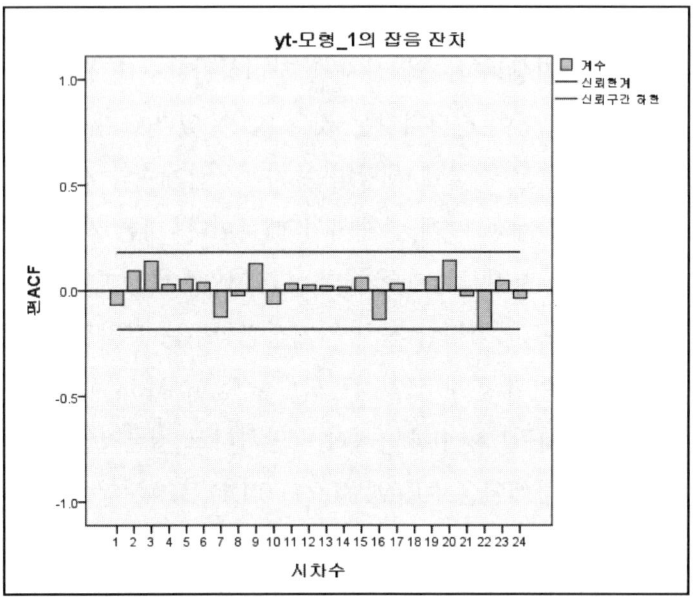

[그림 C4.37] 잔차 편자기상관함수

[표 C4.38] 잔차 자기상관함수와 Box-Ljung통계량

자기상관

계열:yt-모형_1의 잡음 잔차

시차	자기상관	표준오차[a]	Box-Ljung 통계량 값	자유도	유의확률[b]
1	-.067	.092	.551	1	.458
2	.098	.092	1.724	2	.422
3	.127	.093	3.715	3	.294
4	.019	.094	3.759	4	.440
5	.075	.094	4.461	5	.485
6	.049	.095	4.770	6	.574
7	-.109	.095	6.287	7	.507
8	.021	.096	6.344	8	.609
9	.114	.096	8.046	9	.529
10	-.101	.097	9.403	10	.494
11	.066	.098	9.976	11	.533
12	.013	.099	10.000	12	.616
13	.006	.099	10.005	13	.694
14	.055	.099	10.414	14	.731
15	.055	.099	10.828	15	.765
16	-.148	.099	13.878	16	.608
17	.095	.101	15.150	17	.585
18	-.018	.102	15.196	18	.648
19	.028	.102	15.309	19	.703
20	.151	.102	18.639	20	.545
21	-.061	.104	19.180	21	.574
22	-.120	.104	21.331	22	.500
23	.126	.105	23.702	23	.420
24	-.076	.106	24.566	24	.430

a. 가정된 기본 공정은 시차 수에서 1을 뺀 것과 같은 차수인 MA입니다. Bartlett 근사가 사용되었습니다.

b. 점근 카이제곱 근사를 기준으로 합니다.

그 결과 [그림 C4.39]의 정규Q-Q도표는 거의 직선형태이며, 두 개의 검정통계량에 대한 p값 (0.200, 0.530) 모두가 유의수준 5%보다 월등하게 크기 때문에 백색잡음의 정규성이 만족됨을 확인할 수 있다([표 C4.40] 참고).

C4.4절과 마찬가지로 다음에 주어진 잔차도표를 통해서 잔차 간에 뚜렷한 패턴을 발견할 수 없으며, 임의로 퍼져 있는 형태이기 때문에 잔차의 독립성과 등분산성을 시각적으로 만족한다.

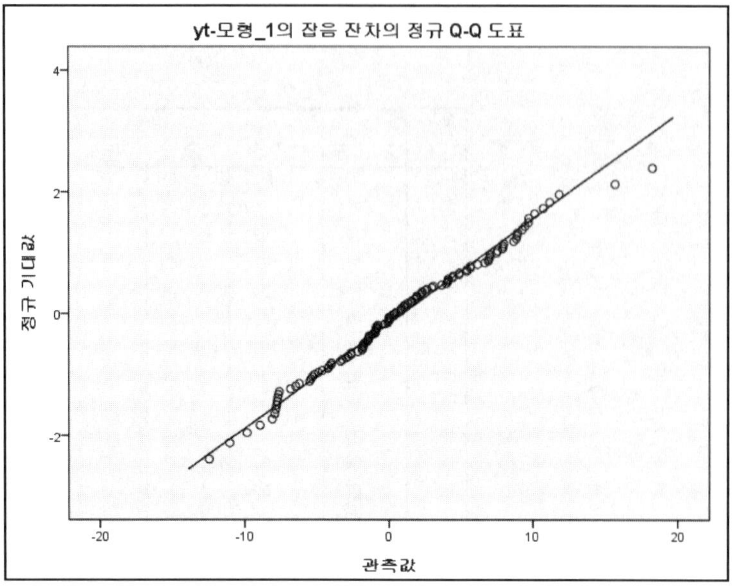

[그림 C4.39] [C4.11]식을 포함한 모형 [C4.9]식에 근거한 정규Q-Q도표

[표 C4.40] [C4.11]식을 포함한 모형 [C4.9]식에 근거한 정규성 검정

정규성 검정

	Kolmogorov-Smirnov[a]			Shapiro-Wilk		
	통계량	자유도	유의확률	통계량	자유도	유의확률
yt-모형_1의 잡음 잔차	.054	119	.200*	.990	119	.530

a. Lilliefors 유의확률 수정

*. 이것은 참인 유의확률의 하한값입니다.

따라서, 오차항계열 [C4.11]식을 포함한 동적회귀모형 [C4.9]식에 [표 C4.34]의 추정결과를 대입하면 다음과 같은 동적회귀모형을 얻을 수 있다.

$$\nabla_{12} Y_t = \frac{0.690}{1-0.631B} \nabla_{12} X_t + \eta_t \qquad [C4.12]$$

여기에서 $\eta_t = \dfrac{(1-0.963B^{12})}{(1-0.378B)} \epsilon_t$ 이다.

참고로, [그림 C4.32]와 [그림 C4.33]에서 오차항계열(η_t)에 대한

ARIMA모형을 식별할 때 대안으로 고려한 ARMA(0,1)(0,1)$_{12}$모형은 독자의 몫으로 한다.

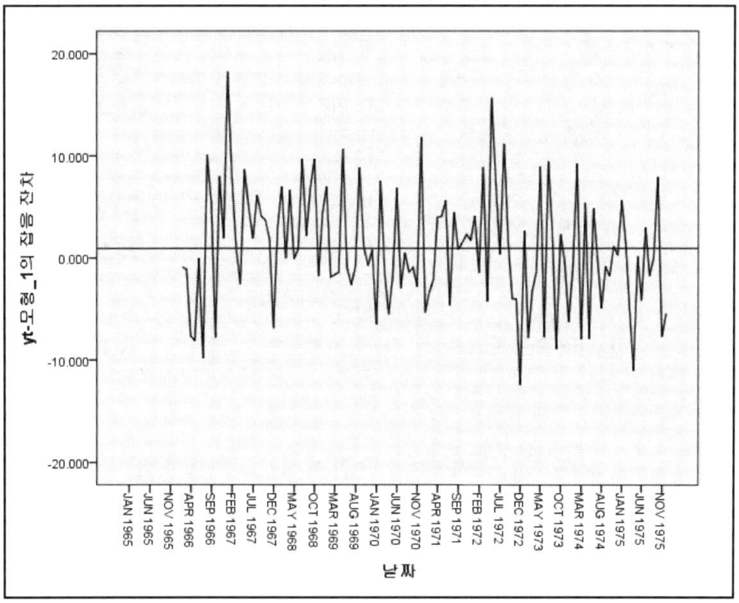

[그림 C4.41] [C4.11]식을 포함한 모형 [C4.9]식에 근거한 잔차도표

지금까지 C4.4절과 C4.5절에서 타당한 두 개의 동적회귀모형을 구축하였다. 그렇다면, 어느 모형을 최종적으로 선택해야 할까?

결론적으로 모형 [C4.8]식이 모형 [C4.12]식보다 여러 면에서 우월하다고 판단할 수 있다. 우선 다음에 주어진 모형적합도를 측정하는 8개의 통계량과 Box-Ljung통계량을 서로 비교함으로써 적합한 모형이 자료를 얼마만큼 설명하는지 비교할 수 있다(정동빈, 2009).[5]

5) 정동빈 (2009), ≪시계열 수요예측 I≫, 한나래아카데미, 76~79쪽.

[표 C4.42] 모형통계량을 이용한 ARIMA모형 비교

모형 통계량		모형 [C4.8]식	모형 [C4.12]식
모형적합통계량	정상 R 제곱	**0.893**	0.891
	R 제곱	**0.939**	0.938
	RMSE	**5.917**	5.948
	MAPE	**6.228**	6.344
	MAE	4.593	**4.581**
	MaxAPE	**34.646**	45.394
	MaxAE	**13.913**	18.229
	정규화된 BIC	3.757	**3.727**
Ljung-Box Q(18)	p값	**0.842**	0.510

모형적합통계량의 관점에서 모형 [C4.8]식이 모형 [C4.12]식보다 전반적으로 우위에 있다. 다시 말해서, 모형 [C4.8]식에 근거한 '정상 R제곱'과 'R제곱' 모두 모형 [C4.12]식에 근거한 것보다 크다. 또한 MAE와 정규화된 BIC를 제외한 나머지 모형통계량 값에 대해서 모형 [C4.8]식의 것들이 모형 [C4.12]식의 것보다 작기 때문이다. 무엇보다도 백색잡음항의 독립성을 정도를 나타내는 'Ljung-Box Q-통계량'에 대한 p값을 살펴보면 모형 [C4.8]식에 근거한 값이 모형 [C4.12]식의 것보다 크다[0.842 대 0.510]. 물론 [표 C4.26]에 나타난 p값이 [표 C4.38]의 것보다 전반적으로 큰 사실이 이를 구체적으로 지지해준다. 따라서 모형적합통계량에 관점에서 보면, 모형 [C4.8]식이 모형 [C4.12]식보다 우위에 있다고 판단할 수 있다.

모수절약의 원리의 관점에서 두 모형 모두 동일한 수의 모수를 사용하기 때문에 논할 필요는 없다.

[표 4.22]와 [표 4.34]에 나타난 추정결과를 살펴보면, 모형 [C4.12]식으로 추정된 계절적 이동평균계수의 p값(0.067)이 유의수준 5%보다 크며, 가역성조건을 만족시키지 못한다. 이러한 여러 점을 감안하면 역시 모형 [C4.8]식이 선호된다.

C4.6 예측

이 사례분석에서 최종으로 선택한 동적회귀모형이 [C4.8]식일 때, 이 모형에 근거하여 주택착공량에 대한 향후 1년(1976년 12월까지)의 점예측값을 구할 수 있다. 물론 출력변수에 대한 예측값을 산출하기 위해서 입력변수인 주택매매량(X_t)의 점예측값이 반드시 존재해야 한다. 다시 말해서, 출력변수의 예측값을 구하기 위해서는 출력변수에 영향을 주는 미래 입력변수의 값이 당연히 필요할 것이다. 따라서 우선 입력변수의 향후 1년간 예측값을 산출하기 위해서는, 이미 [C4.2]식에서 구축한 ARIMA(1,0,0)(0,0,2)$_{12}$모형을 사용하여 다음과 같은 절차를 밟으면 될 것이다.

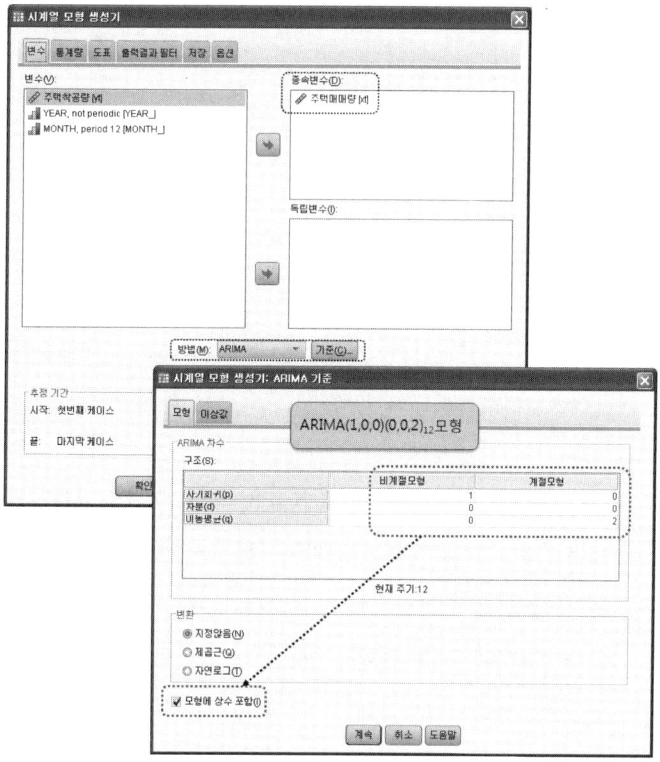

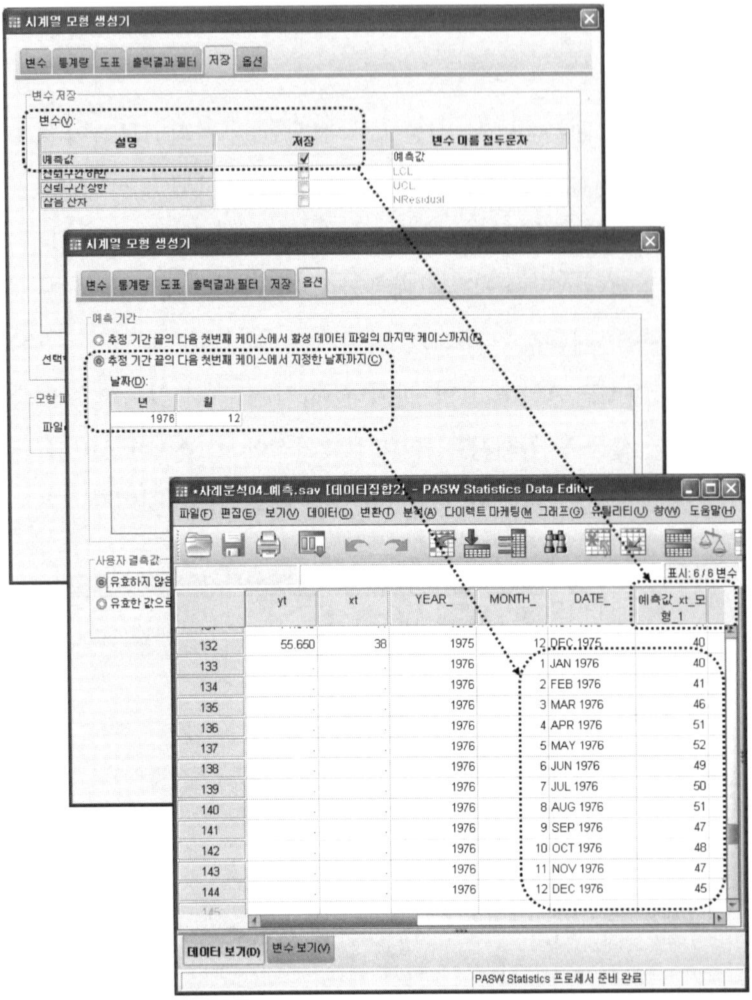

다음은 동적회귀모형 [C4.8]식을 추정할 것과 앞에서 입력변수에 대한 예측값을 구한 절차를 그대로 적용시켜 출력변수의 예측값(예측값_yt_모형_1)을 산출할 수 있다. 단지 주의할 점은 원래의 입력변수(xt) 대신 산출된 입력변수의 예측값(예측값_xt_모형_1)을 독립변수로 사용하는 것이다.

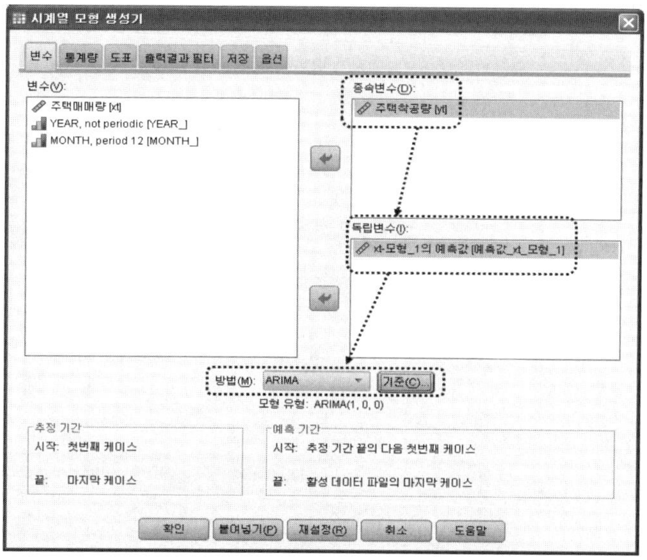

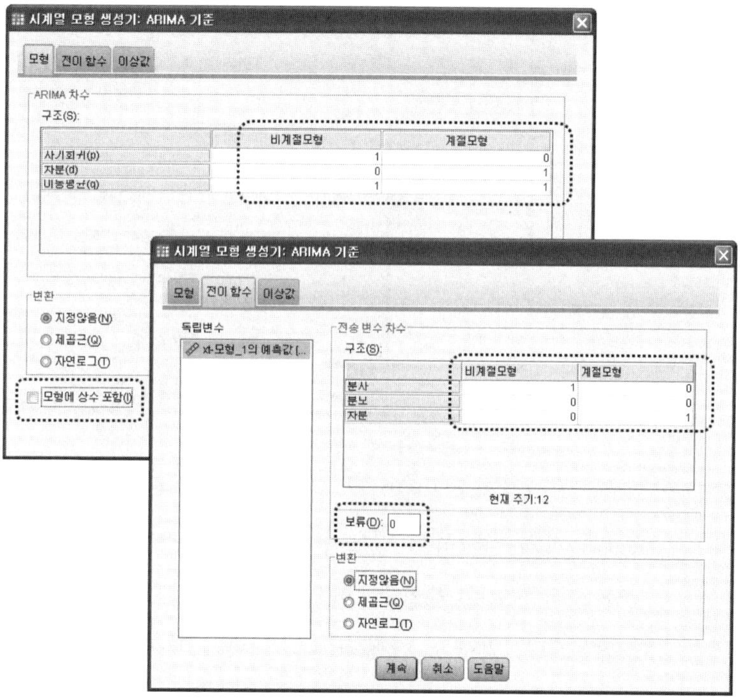

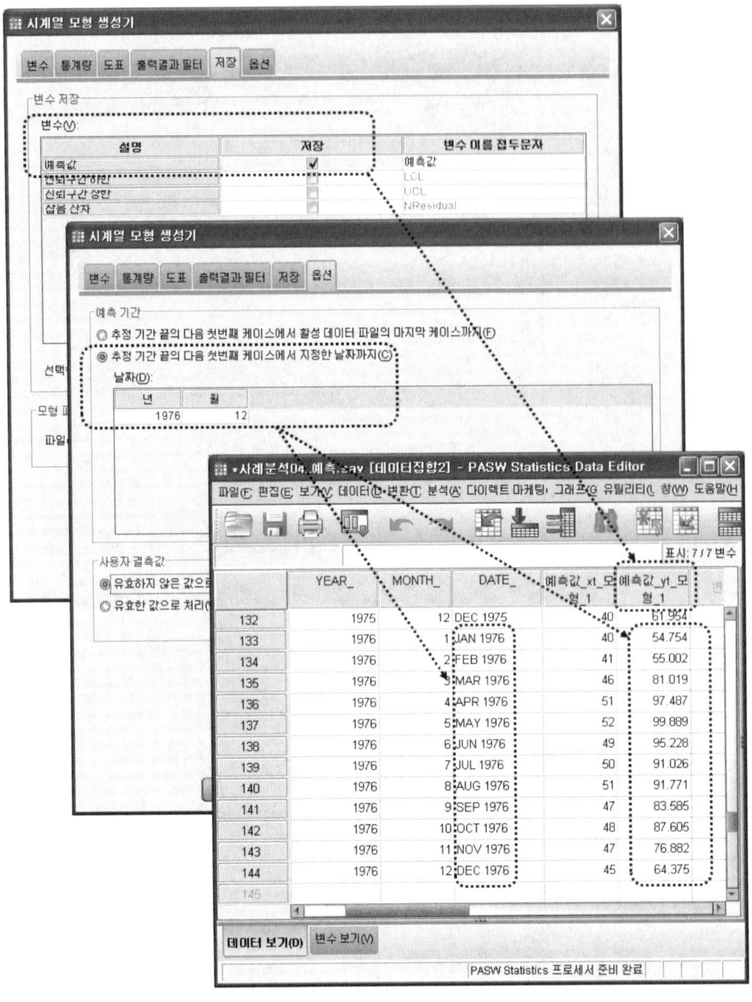

[그림 C4.43]에 주어진 시계열도표를 통해서, 산출된 적합값이 거의 관측값과 거의 일치하고 있으며, 이는 어느 정도 주어진 관측값에 잘 적합하는 지를 시각적으로 확인할 수 있다. 또한 직사각형으로 표시된 향후 1년간의 예측값 역시 앞에서 반복되는 패턴에 그대로 반영되고 있음을 알 수 있다.

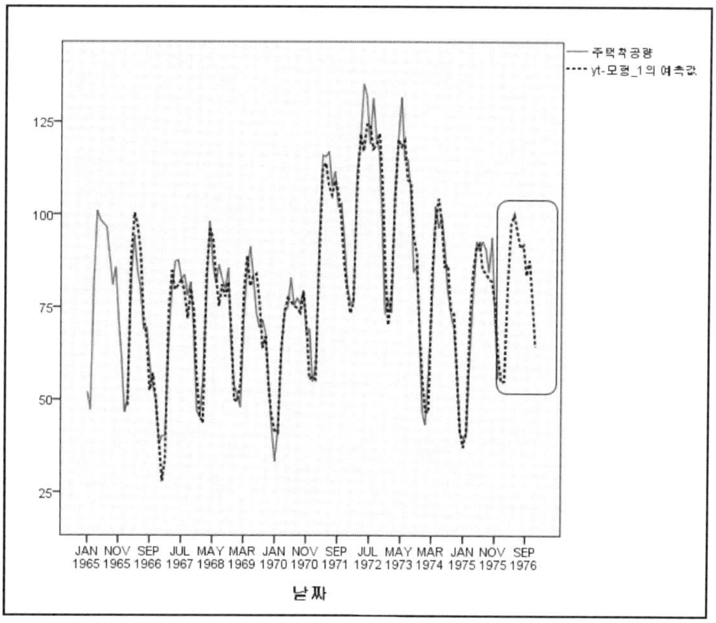

[그림 C4.43] [C4.8]식에 근거한 예측값

C4.7 [사례분석 4]를 마치며...

동적회귀모형은 크게 두 개의 부분 즉, 전이함수부분과 오차항부분으로 구분할 수 있으며, 적절한 동적회귀모형을 찾기 위해서는 ARIMA모형을 구축할 때와 마찬가지로, 한 개 이상의 모형을 식별한 후 각 모형에 대한 모수들을 추정하고 모형의 타당성을 검정하기 위해 주의 깊게 검진을 해야 한다. 동적회귀모형이 적절하지 않을 경우 일변량 ARIMA모형을 대안으로 사용할 수 있다. 물론 가장 중요한 모형의 사용기준은 예측력이다.

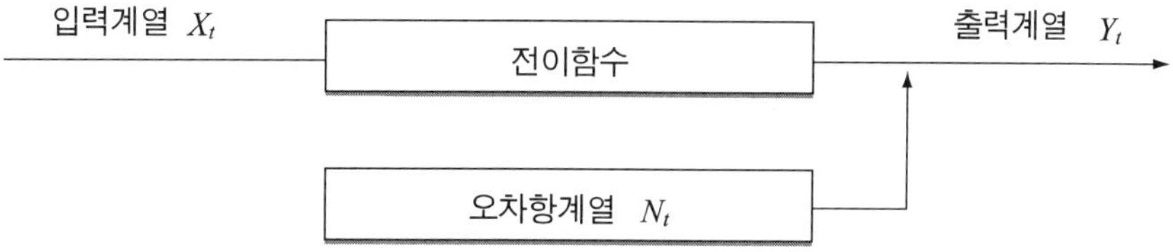

[전이함수의 개념]

[사례분석 5]

마케팅기획팀의 매출액 예측

Demand Forecasting of Time Series

C5.1 자료설명

이 사례분석에서 다룰 월별자료는 Makridakis 외 2인(1983)[1]에서 발췌한 것으로 광고비(X_t)와 매출액(Y_t)으로 이뤄져 있다. 마케팅기획팀에서 광고비가 어느 정도 매출액에 영향을 주고, 만일 영향을 준다면 향후 매출액은 어떻게 될지를 예측하고 싶어 한다. 물론 매출액자료만(일변량 시계열)을 고려하여 적절한 ARIMA모형 또는 다른 시계열모형을 찾을 수 있다. 그러나, 직관적으로 출력변수의 메커니즘을 이해하는데 현재시점의 시차와 과거시차들에 해당하는 입력변수들을 동시에 모형에 포함시켜 모형의 설명력 및 예측력을 높일 수 있다. 다시 말해서, 광고비를 지출한 해당시점뿐 아니라 어느 특정 시간이 경과한 시점에서 광고의 효과 즉, 매출액의 증가를 기대할 것이다. 이러한 면에서 기존 회귀모형보다는 동적회귀모형을 선호하게 될 것이다.

이 사례분석에서는 [사례분석 4]에서 제시한 오차항계열을 자기회귀요소로 대용하는 방법을 사용하는 대신 "사전백색화와 교차상관함수"를 이용한 전이함수 식별방법(3.4절 참고)을 단계적으로 자세하게 적용시켜 동적회귀모형을 구축해보자.

1) S. Makridakis, S. C. Wheelwright, & V. E. McGee (1983), *Forecasting Methods and Applications*, 2nd ed., New York: Wiley.

C5.2 동적회귀모형의 식별, 추정 및 검진

1단계: 입력변수(X_t)에 대한 ARIMA모형을 식별하고 입력변수와 출력변수(Y_t)를 사전백색화시킨다.

우선 입력변수(광고비)에 대한 ARIMA모형을 식별하기 위해서는 시계열도표와 자기상관함수를 사용하여 입력변수의 평균과 분산의 정상성을 점검해야 할 것이다. 다음 주어진 [그림 C5.1]의 시계열도표와 [그림 C5.2]의 자기상관함수를 통해 평균과 분산 각각 비정상적이라고 확신할 수 없다. 왜냐하면 시계열도표의 오른쪽 부분에 있는 몇 개의 작은 값을 제외하면 비정상적인 계열이라고 확신할 수 없으며, 자기상관함수 역시 서서히 감소한다고 단언할 수 없기 때문이다. 물론 계열 평균의 정상성은 단위근 검정(unit root test)을 사용하여 점검할 수 있지만 PASW 17.0(또는 18.0)은 이를 제공하지 않는다. 따라서 추정한 모형에 자기회귀(AR)항이 포함되어 있을 때 이 추정계수의 값을 통해 점검할 수 있다.

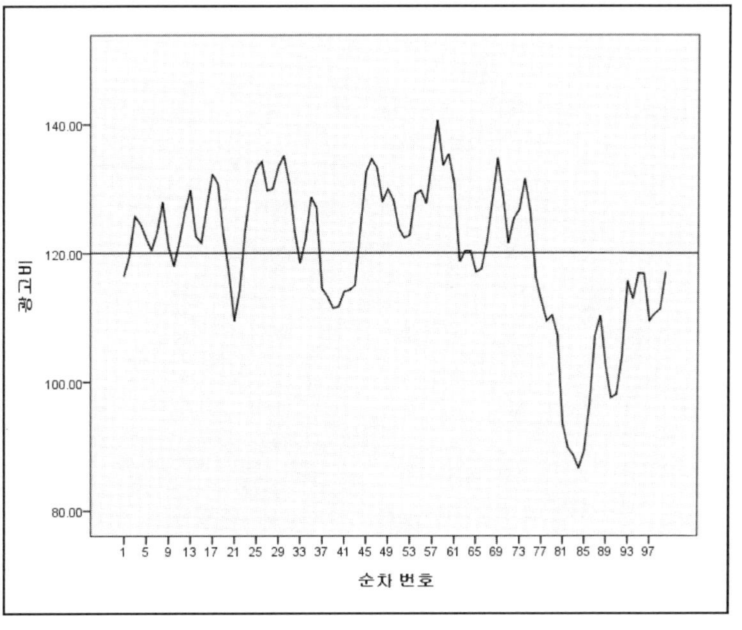

[그림 C5.1] 입력변수(광고비)에 대한 시계열도표

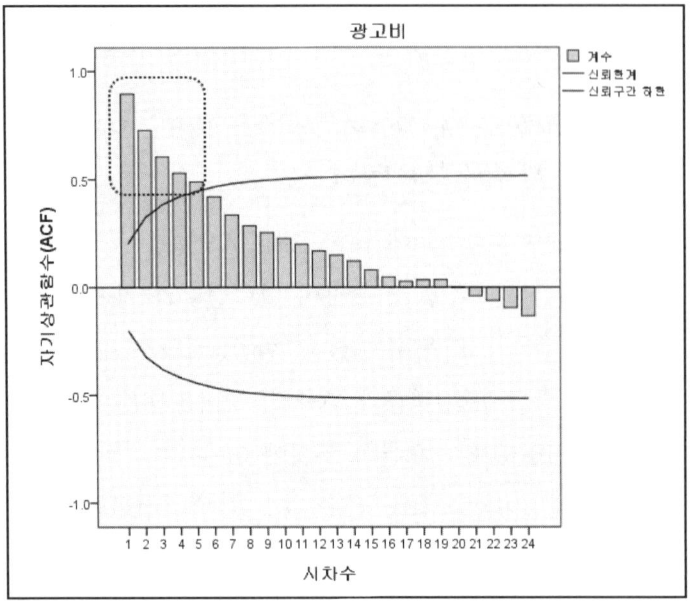

[그림 C5.2] 입력변수(광고비)의 자기상관함수

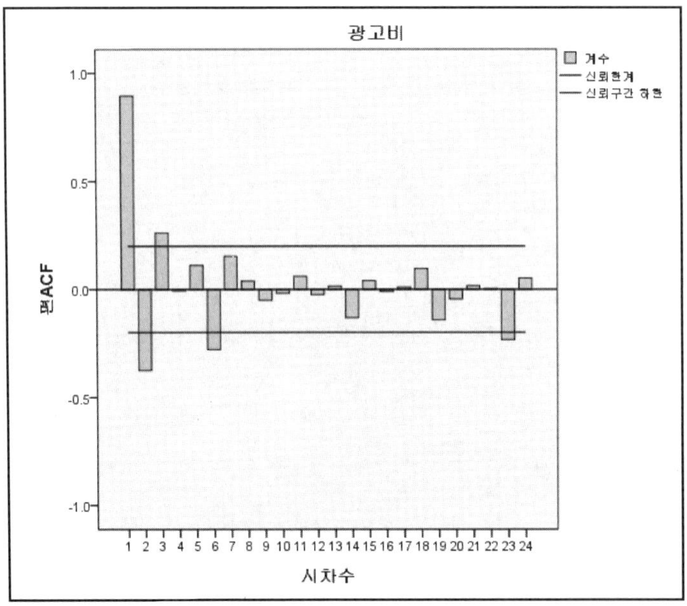

[그림 C5.3] 입력변수(광고비)의 편자기상관함수

앞에서 주어진 두 상관함수([그림 C5.2]와 [그림 C5.3])를 사용하여 모형을

식별하면 AR(1)모형이 된다. AR(1)모형을 추정한 결과([표 C5.4])와 이 모형에 근거한 잔차 자기상관함수([그림 C5.5])는 다음과 같다. 참고로 이때 잔차는 'NResidual_xt_모형_1'이란 변수명으로 저장된다.

[표 C5.4] AR(1)모형의 추정결과

ARIMA 모형 모수								
					추정값	SE	t	유의확률
광고비-모형_1	광고비	변환 안 함	상수항		119.594	4.288	27.891	.000
			AR	시차 1	.889	.045	19.864	.000

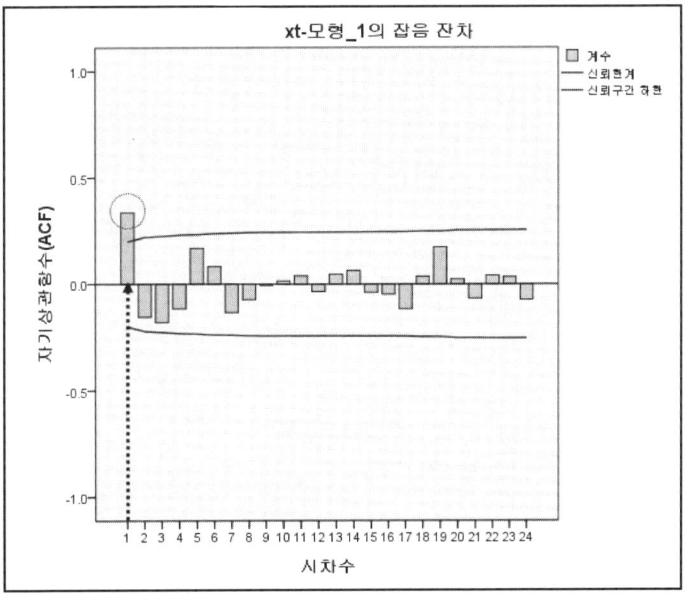

[그림 C5.5] AR(1)모형에 근거한 잔차 자기상관함수

잔차 자기상관함수의 '시차 1'에서 뚜렷한 스파이크를 발견할 수 있으며, 이는 모형에 MA(1)요소를 AR(1)모형에 추가시켜야 함을 제시한다. 즉, ARMA(1,1)모형을 재식별한다. 다음은 ARMA(1,1)모형을 추정한 결과와 이 모형에 근거한 잔차 자기상관함수이다. 참고로 이때 잔차는 'NResidual_xt_모형_1_A'란 변수명으로 저장된다.

[표 C5.6] ARMA(1,1)모형의 추정결과

ARIMA 모형 모수									
					추정값	SE	t	유의확률
광고비-모형_1	광고비	변환 안 함	상수항		119.982	3.317	36.174	.000
			AR	시차 1	.782	.066	11.936	.000
			MA	시차 1	-.644	.084	-7.680	.000

[표 C5.6]의 추정결과를 통해 계수들 모두가 5% 유의수준에서 유의하며, 정상성과 가역성의 조건을 동시에 만족함을 알 수 있다.

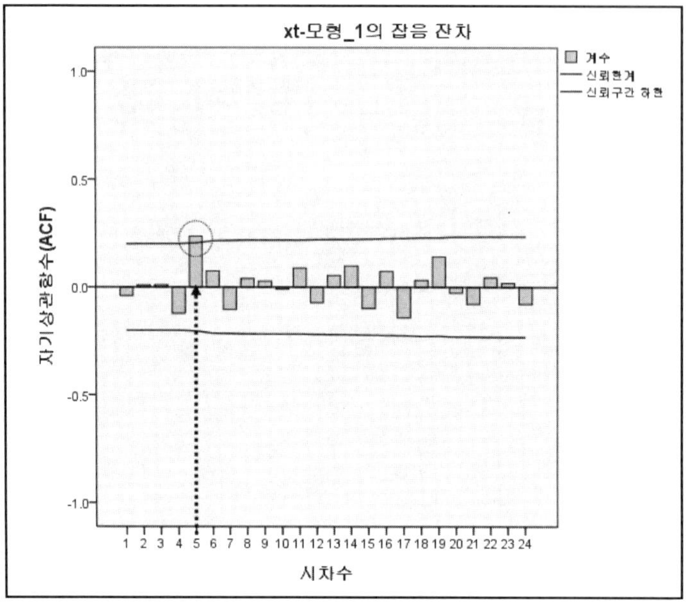

[그림 C5.7] ARMA(1,1)모형에 근거한 잔차 자기상관함수-1

게다가 잔차 자기상관함수([표 C5.8])의 모든 Box-Ljung통계량의 p값이 5% 유의수준보다 훨씬 크기 때문에 "백색잡음항이 서로 독립이다"는 가정을 채택할 수 있다. 그러나, [그림 C5.7]의 '시차 5'에 해당하는 스파이크가 신뢰한계선 밖으로 튀어나와 있다.

[표 C5.8] ARMA(1,1)모형에 근거한 잔차 자기상관함수-2

자기상관

계열:xt-모형_1의 잡음 잔차

시차	자기상관	표준오차[a]	Box-Ljung 통계량 값	자유도	유의확률[b]
1	-.039	.100	.160	1	.689
2	.010	.100	.170	2	.919
3	.010	.100	.180	3	.981
4	-.122	.100	1.756	4	.781
5	.235	.102	7.687	5	.174
6	.075	.107	8.293	6	.217
7	-.103	.107	9.460	7	.221
8	.039	.108	9.628	8	.292
9	.027	.109	9.707	9	.375
10	-.009	.109	9.717	10	.466
11	.087	.109	10.592	11	.478
12	-.072	.109	11.197	12	.512
13	.053	.110	11.531	13	.566
14	.098	.110	12.670	14	.553
15	-.098	.111	13.834	15	.538
16	.073	.112	14.485	16	.563
17	-.142	.112	16.965	17	.457
18	.031	.114	17.089	18	.517
19	.140	.114	19.553	19	.422
20	-.027	.116	19.649	20	.480
21	-.079	.116	20.445	21	.493
22	.044	.116	20.697	22	.539
23	.018	.117	20.741	23	.597
24	-.078	.117	21.566	24	.605

a. 가정된 기본 공정은 시차 수에서 1을 뺀 것과 같은 차수인 MA입니다. Bartlett 근사가 사용되었습니다.

b. 점근 카이제곱 근사를 기준으로 합니다.

이는 MA(5)요소를 모형에 추가로 포함시켜야 할 가능성이 있다는 사실을 암시한다. 즉, $\theta_2 = \theta_3 = \theta_4 = 0$ 인 ARMA(1,5)모형을 재식별해야 할 것이다.

이를 PASW 17.0(또는 18.0)에 적용하기 위해서는 우선 다음과 같이 "시계열 모형 생성기: ARIMA 기준" 대화상자에 차수를 차례로 '1 0 5'를 입력한 후, 다시 "시계열 모형 생성기" 대화상자로 다시 돌아온 후 붙여넣기(P) 단추를 누른다.

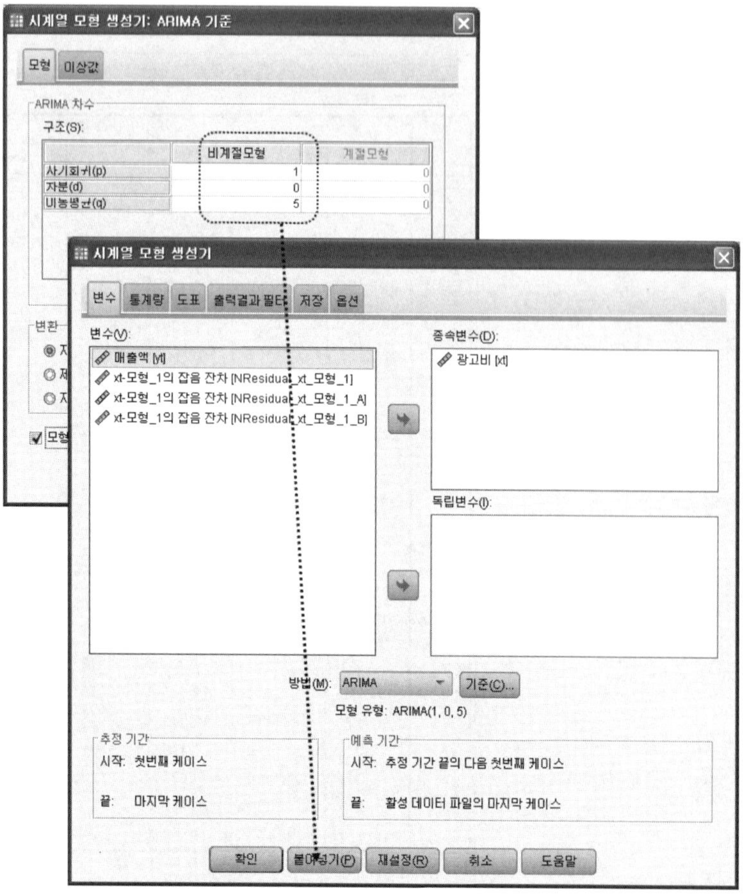

이와 같은 절차를 밟는 이유는 MA에 사용될 차수가 '1'과 '5'이기 때문에, 다음에 주어진 Syntax Editor에 주어진 명령문 중 'MA=[5,4,3,2,1]'을 'MA=[5,1]'로 수정한다. 그리고, 팝업메뉴의 실행(R) ▸ 모두(A)를 선택하여 실행한다.

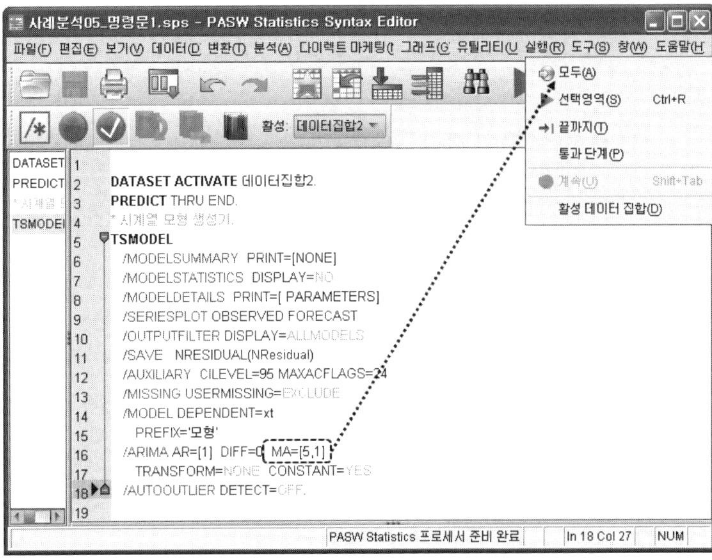

그 결과 다음 주어진 추정결과 [표 C5.9]를 살펴보면, 추정계수 θ_5는 5% 유의수준에서 유의하지 않다(p값=0.171). 결론적으로 입력변수인 광고비를 ARMA(1,1)모형으로 식별할 수 있다.

[표 C5.9] ARMA(1,5)모형의 추정결과

ARIMA 모형 모수

					추정값	SE	t	유의확률
광고비-모형_1	광고비	변환 안 함	상수항		119.865	3.473	34.518	.000
			AR	시차 1	.787	.066	11.975	.000
			MA	시차 1	-.580	.088	-6.572	.000
				시차 5	-.117	.085	-1.378	.171

Box 외 2인(1994)[2]은 일단 입력변수(X_t)에 대한 적절한 모형을 찾으면, 그 모형을 사용하여 X_t와 Y_t 값들을 사전백색화시켜야 한다고 제안하였다. 이러한 사전백색화는 X_t와 Y_t 사이의 관계를 결정하는 준비작업이다. 앞에서 추정한 ARMA(1,1)모형은 다음과 같이 표현할 수 있다.

2) G. E. P. Box, G. M. Jenkins, & G. C. Reinsel (1994), *TIME SERIES ANALYSIS: Forecasting and Control*, 3rd ed., Prentice Hall.

$$(1-0.782\,B)\widetilde{X}_t = (1+0.644\,B)\widehat{\alpha}_t\,,\quad \widetilde{X}_t = (X_t - 119.982) \qquad [C5.1]$$

[C5.1]식을 잔차계열($\widehat{\alpha}_t$)로 다시 표현하면,

$$\widehat{\alpha}_t = \frac{(1-0.782\,B)}{(1+0.644\,B)}\widetilde{X}_t \qquad [C5.2]$$

가 된다. 매출액(Y_t) 역시 광고비(X_t)와 마찬가지로, 차분을 취하지 않아도 정상적이 된다([그림 C5.10]과 [그림 C5.11] 참고). 일반적으로 계열의 평균을 정상적으로 만들기 위해 입력변수 또는 출력변수 또는 두 변수 모두에 고차(higher-order) 차분을 취할 필요가 있다. 이 경우 입력변수와 출력변수 모두 차분이 반드시 필요하지 않다.

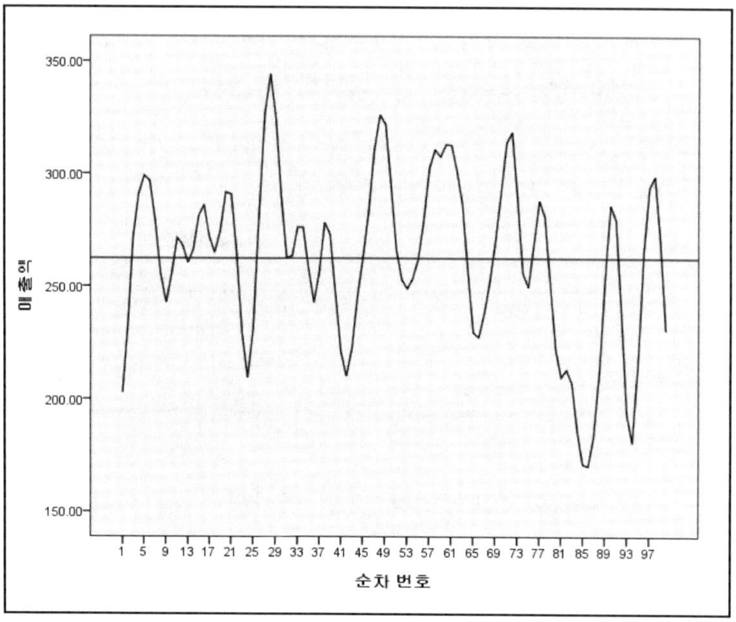

[그림 C5.10] 출력변수(매출액)에 대한 시계열도표

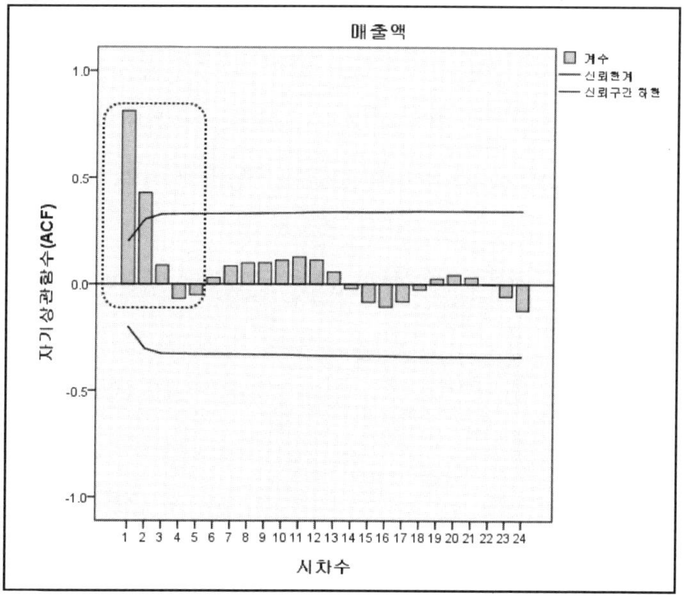

[그림 C5.11] 출력변수(매출액)의 자기상관함수

이제 동일한 필터(즉, ARMA(1,1)모형)를 Y_t 에 적용하면, 다음과 같이 다른 잔차계열$(\hat{a}_t)$을 얻을 수 있다.

$$\hat{a}_t = \frac{(1-0.782B)}{(1+0.644B)}\widetilde{Y}_t, \quad \widetilde{X}_t = (Y_t - 119.982) \qquad [C5.3]$$

그러나, PASW 17.0(또는 18.0) 절차에서는 추정된 두 모수값(0.782, −0.644)을 [C5.3]식에 대입시켜 정확한 잔차$(\hat{a}_t)$를 계산할 수 없으므로, ARMA(1,1)모형에 적합시킨 후 잔차(NResidual_yt_모형_1)를 생성한다. 실제로 ARMA(1,1)모형으로 적합시킨 후 추정한 계수는(0.760, −0.907)이다.

2단계: 두 개의 잔차계열$(\hat{\alpha}_t, \hat{a}_t)$ 간의 표본 교차상관함수를 계산하고, 임시로 고려할 임펄스 반응함수를 식별한다.

3.4절에서 살펴본 바와 같이, 교차상관함수는 두 변수 간의 선형관계를 측정하는 도구이다. 다음은 광고비의 사전백색화된 값들과 매출액의 사전백색화

된 값들 간의 표본 교차상관함수이다. 물론 이를 PASW 17.0(또는 18.0)에 적용하기 위해서는 광고비와 매출액을 각각 ARMA(1,1)모형으로 적합시킨 후, 각각 생성된 두 개의 잔차($\hat{\alpha}_t$, $\hat{a}_t$)를 사용하면 된다. 여기에서 사용되는 잔차의 변수명은 각각 NResidual_xt_모형_1_A와 NResidual_yt_모형_1이다.

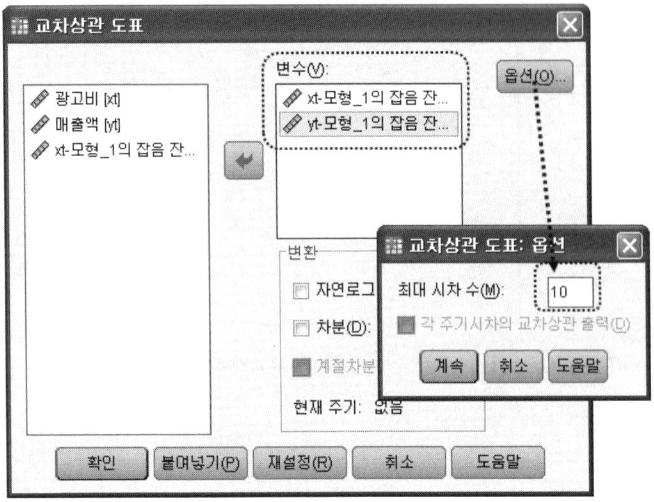

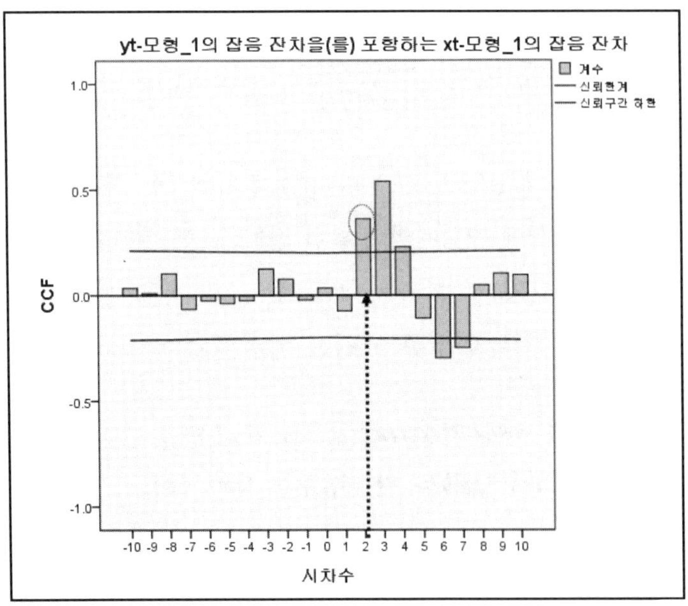

[그림 C5.12] 교차상관함수

우선 표본 교차자기상관함수를 전이함수에 사용하는 데 필요조건은 '시차 0' 미만에서 뚜렷한 스파이크가 발견되면 안 된다는 것이다. 이를 이해하기 위해, 예를 들어 '시차 -1'에서 뚜렷한 스파이크가 있다고 하자. 이는 $\hat{\alpha}_t$ 값들이 $\hat{a}_{t-1}$값들과 관련이 있음을 의미한다. 따라서 X_t의 값들이 Y_{t-1}값들과 관련이 있게 된다. 즉, 현재시점의 광고비가 한 달 전 매출액과 관련이 있다고 판단할 수 있다. 그러나, X_t의 현재시점의 값들이 Y_t의 과거값들과 관련이 있다는 것은 전이함수모형을 적용하기 위한 가정에 위배된다. 다시 말해서 전이함수모형은 Y_t의 현재시점의 값들은 X_t의 현재시점의 값들과(또는) 과거값들과 관련이 있다고 가정한다. 이 경우 '시차 0'에서도 스파이크가 두드러지지 않으며 이는 같은 시점에서 X_t와 Y_t는 서로 관련되어 있지 않음을 의미한다. 반면에 '시차 2'에서 두드러진 스파이크를 발견할 수 있으며, 이는 현재시점의 매출액이 두 달 전의 광고비와 관련이 있음을 시사한다. '시차 2'에서 첫 스파이크가 뚜렷이 나타났기 때문에 광고비가 매출액에 영향을 주는 데 두 달이 소요된다고 요약할 수 있다.

다음은 표본 교차자기상관함수를 통해 임펄스 반응함수의 구성요소인 (b,r,h)를 식별하는 방법에 대해 간략히 살펴보도록 하자. 'b'는 입력계열(광고비)이 출력계열(매출액)에 영향을 주기 시작 전의 시점의 수 즉, 표본 교차상관함수에서 첫 스파이크가 발생하는 시차를 의미한다. 이 경우 광고비가 매출액에 영향을 주는 데 두 달이 소요되므로 $b=2$가 된다. '시차 2'에서 처음 스파이크가 발생하였고, 그 이후에는 진폭이 감소하는 사인곡선형태이므로 $r=2$이다. 즉, 임펄스 반응함수 분모는 $\delta(B)=(1-\delta_1 B-\delta_2 B^2)$가 된다. 다음은 패턴이 없는 ν 가중값의 수인 u를 결정해보자. $r(=2)>0$이므로, u는 '시차 0'부터 감소형태가 시작하는 바로 앞 시차까지 0이 아닌 ν 가중값들의 수가 된다. 즉, $u=1$이므로 $h(=u+r-1=1+2-1)=2$이다. 따라서 임펄스 반응함수의 분자는 $\omega(B)=(\omega_0+\omega_1 B+\omega_2 B^2)$가 된다. 전이함수의 3가지 구성요소인 $(b,r,h)=(2,2,2)$를 조합시켜 임펄스 반응함수 $\nu(B)$로 표현하면,

$$\nu(B) = \frac{(\omega_0 + \omega_1 B + \omega_2 B^2)}{(1 - \delta_1 B - \delta_2 B^2)} B^2 \qquad [C5.4]$$

이 된다. 이를 다시 동적회귀모형으로 표현하면,

$$Y_t = C + \frac{(\omega_0 + \omega_1 B + \omega_2 B^2)}{(1 - \delta_1 B - \delta_2 B^2)} B^2 X_t + N_t \qquad [C5.5]$$

가 된다. 수식전개 편의상 상수항을 '0'으로 놓고 [C5.5]식을 전개하면,

$$Y_t = \delta_1 Y_{t-1} + \delta_2 Y_{t-2} + \omega_0 X_{t-2} - \omega_1 X_{t-3} - \omega_2 X_{t-4} + N_t \qquad [C5.6]$$

가 된다.

3단계: 오차항계열(N_t)에 대한 ARIMA모형을 식별한 후 최종 동적회귀모형을 추정한다.

선형회귀모형 [C5.6]식을 적합시킨 후 생성된 잔차를 사용하여 오차항계열에 대한 ARIMA모형을 식별한다. 이를 PASW 17.0(또는 18.0)에 적용하기 위해서 우선 [C5.6]식에 포함된 5개의 독립변수(Y_{t-1}, Y_{t-2}, X_{t-2}, X_{t-3}, X_{t-4})를 다음과 같이 생성한다.

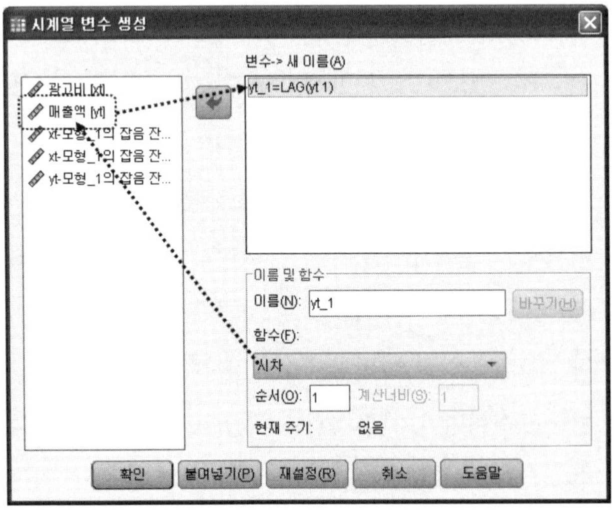

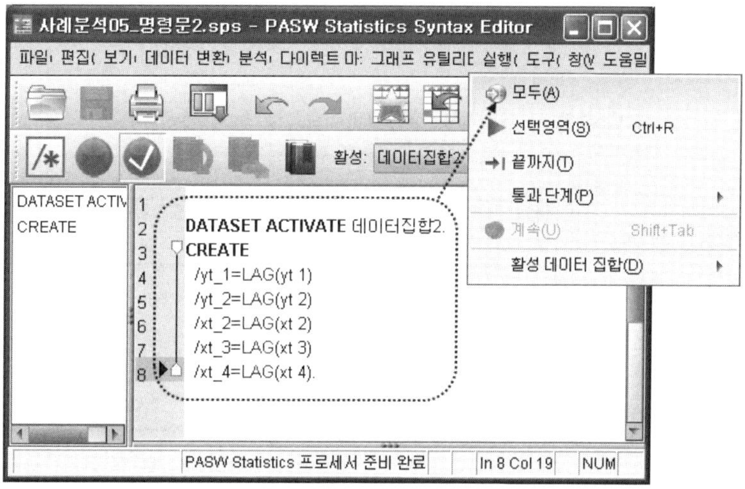

그리고, 팝업메뉴에서 분석(A) ▸ 회귀분석(R) ▸ 선형(L)을 선택한 후, "선도표 회귀 모형" 대화상자에서 다음과 같이 1개의 종속변수와 5개의 독립변수를 입력한다.

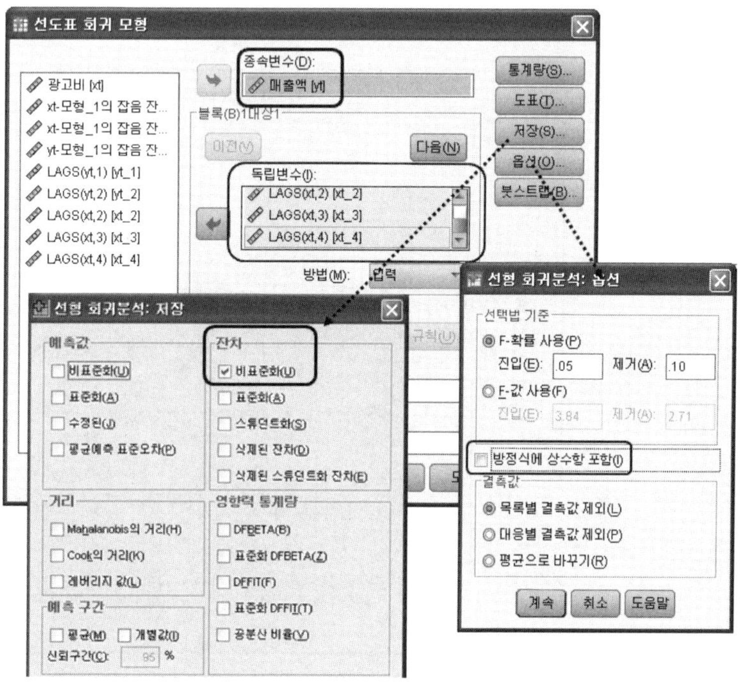

다음은 예비로 고려한 전이함수를 추정한 결과이다.

[표 C5.13] [C5.6]식의 추정결과

계수[a,b]

모형		비표준화 계수		표준화 계수	t	유의확률
		B	표준오차	베타		
1	LAGS(yt,1)	1.214	.010	1.217	118.419	.000
	LAGS(yt,2)	-.705	.010	-.707	-70.024	.000
	LAGS(xt,2)	1.287	.035	.585	36.853	.000
	LAGS(xt,3)	.599	.061	.273	9.792	.000
	LAGS(xt,4)	-.813	.042	-.370	-19.182	.000

a. 종속변수: 매출액

b. 원점을 통한 선형 회귀

다음으로 [C5.6]식에 근거하여 생성된 잔차(표준화되지 않음, 또는 표준화 또는 스튜던트화)를 ARIMA모형으로 식별하기 위해 먼저 잔차의 자기상관함수를 계산한다.

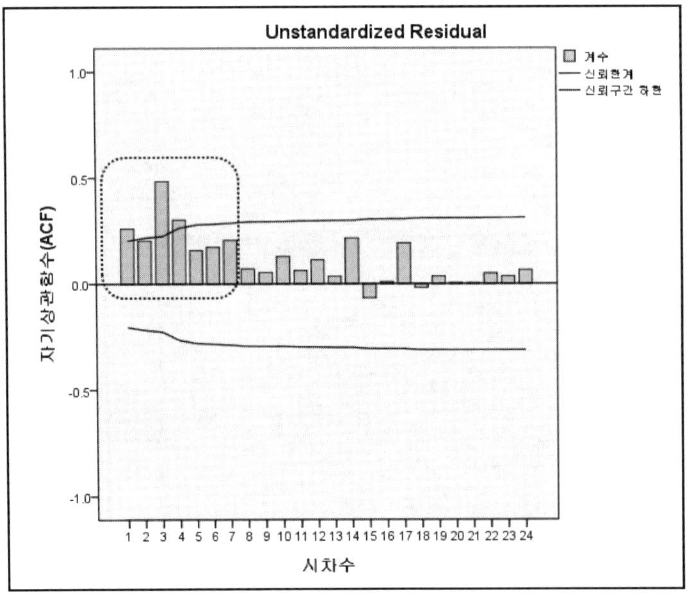

[그림 C5.14] 모형 [C5.6]식에 근거한 자기상관함수

단기시차에 해당하는 스파이크들이 급속히 감소하는 형태가 아니므로 ([그림 C5.14]의 직사각형 참고) 잔차계열($\widehat{N}_t$)의 평균이 정상적이 아니다. 즉, 비계절적 1차 차분($d=1$)을 행해야 할 것이다. 다음은 잔차계열을 비계절적 1차 차분을 행한 후 생성된 자기상관함수와 편자기상관함수이다.

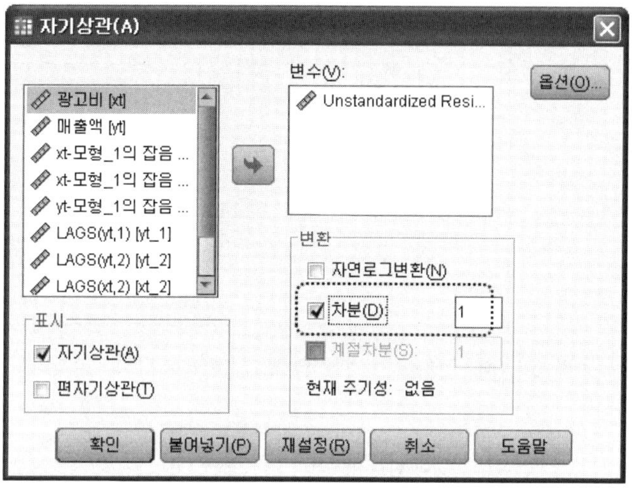

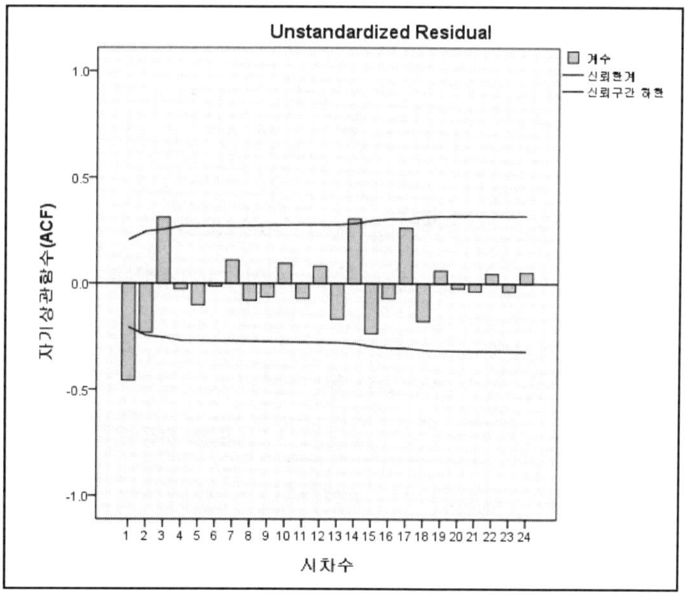

[그림 C5.15] 잔차의 비계절적 1차 차분($d=1$) 후 자기상관함수

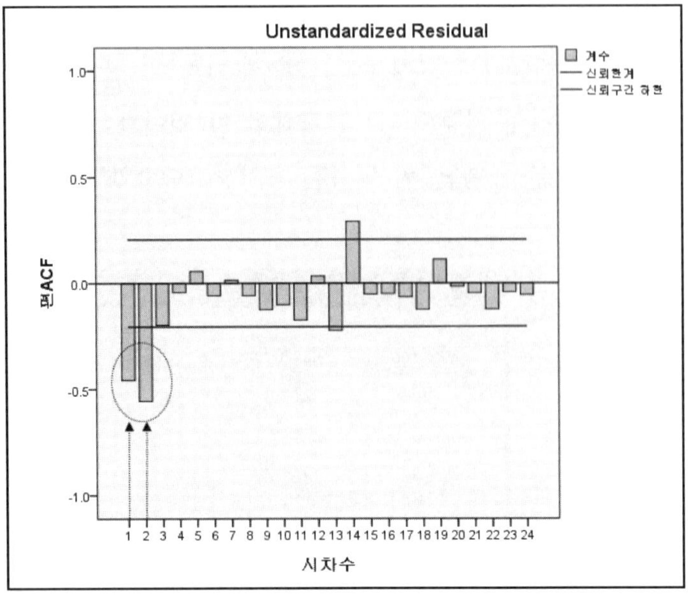

[그림 C5.16] 잔차의 비계절적 1차 차분($d=1$) 후 편자기상관함수

적절한 ARIMA모형의 구축단계(식별, 추정, 모형검진)를 거쳐 잔차계열에 대한 모형을 다음과 같은 ARIMA(2,1,0)모형으로 선택할 수 있다([그림 C5.16] 참고).

$$N_t = \frac{1}{(1-\phi_1 B - \phi_2 B^2)(1-B)}\epsilon_t \qquad [C5.7]$$

다음은 잔차계열을 ARIMA(2,1,0)모형으로 추정한 결과와 이 모형으로 적합한 뒤 새롭게 생성된 잔차의 자기상관함수 및 편자기상관함수이다.

[표 C5.17] 잔차의 비계절적 1차 차분($d=1$) 후 추정결과

ARIMA 모형 모수

				추정값	SE	t	유의확률
Unstandardized Residual-모형_1	변환안함	AR	시차 1	-.712	.086	-8.268	.000
			시차 2	-.553	.086	-6.438	.000
		차분		1			

추정된 두 개의 모수가 유의수준 5%에서 매우 유의하고 정상성 조건을 만족한다($|\hat{\phi}_2| = 0.553 < 1$, $\hat{\phi}_2 + \hat{\phi}_1 = -1.265 < 1$, $\hat{\phi}_2 - \hat{\phi}_1 = 0.159 < 1$). 모형 [C5.6]식에 근거하여 생성된 잔차를 ARIMA(2,1,0)모형으로 적합한 후, 새로 생성된 잔차 자기상관함수와 편자기상관함수의 단기시차 및 계절시차(12, 24)를 살펴본 결과, 뚜렷하게 신뢰한계선을 벗어난 스파이크를 발견할 수 없다. 이는 더 이상 잔차에서 추가시킬 자기회귀 및 이동평균의 요소를 찾을 수 없음을 의미한다. 참고로 생성된 잔차의 변수명은 'NResidual_RES_1_모형_1'이다.

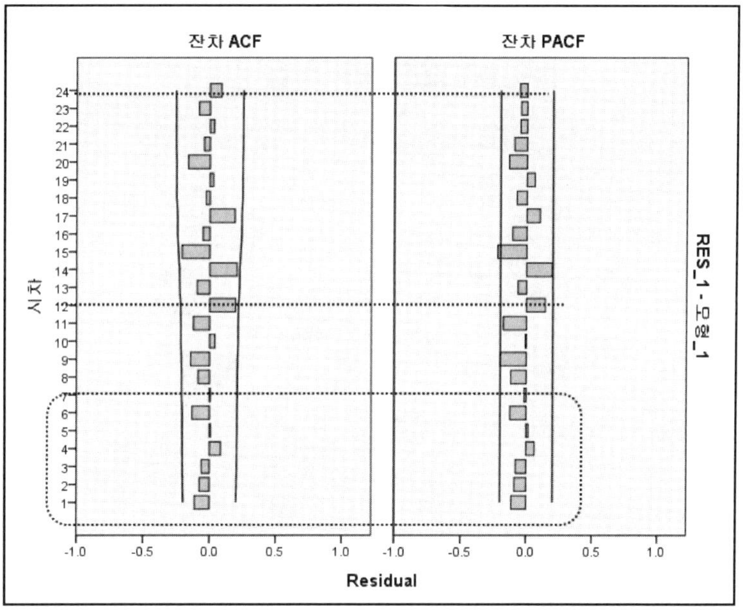

[그림 C5.18] 잔차를 ARIMA(2,10)모형으로 적합한 후 잔차 상관함수

지금까지 동적회귀모형의 두 부분 중 전이함수요소는 (b,r,h)=(2,2,2), 오차항부분은 ARIMA(2,1,0)모형으로 식별하였다. 이제 두 개의 요소를 결합시킨 최종 동적회귀모형을 적합시켜보자. 즉, [C5.7]식을 [C5.5]식에 대입하면,

$$Y_t = C + \frac{(\omega_0 + \omega_1 B + \omega_2 B^2)}{(1 - \delta_1 B - \delta_2 B^2)} B^2 X_t + \frac{1}{(1 - \phi_1 B - \phi_2 B^2)(1 - B)} \epsilon_t$$

[C5.8]

가 된다.

동적회귀모형 [C5.8]식을 추정하기 위해서는 팝업메뉴에서 분석(A) ▸ 예측 ▸ 모형생성(C)... 을 선택한 후, "시계열 모형 생성기" 대화상자의 상단의 '변수' 단추를 누른 후, '종속변수' 란과 '독립변수' 란에 각각 '매출액'과 '광고비'를 입력한다.

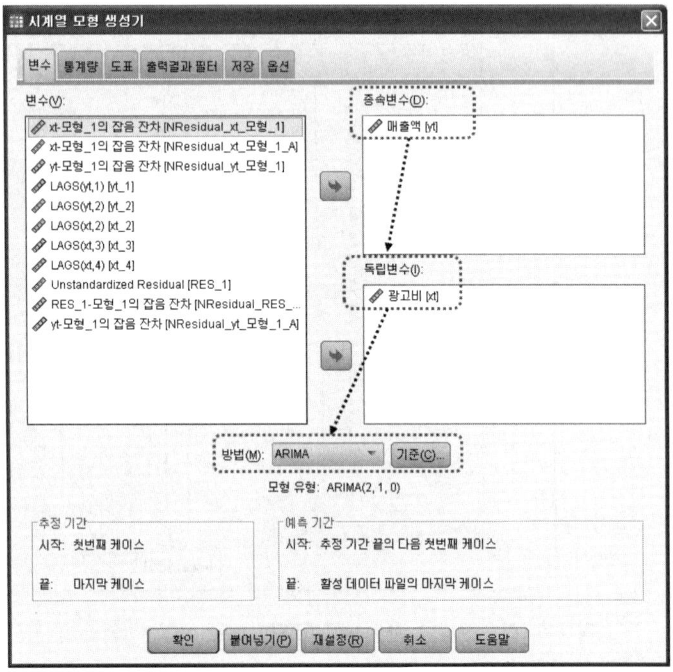

그리고, 다음과 같이 오차항계열을 ARIMA(2,1,0)모형으로 적합시키기 위해서 '비계절모형' 란에 차례로 '2 1 0'을, 전이함수부분에 해당하는 '분자(h)', '분모(r)', '보류(b)' 란에 각각 '2 2 2'를 입력시킨다. 참고로 오차항에 상수를 포함시켰을 때, 상수항은 유의수준 5%에서 유의하지 않았기 때문에 모형에서 제외시켰다. 참고로 상수항 대한 p값은 0.199이다.

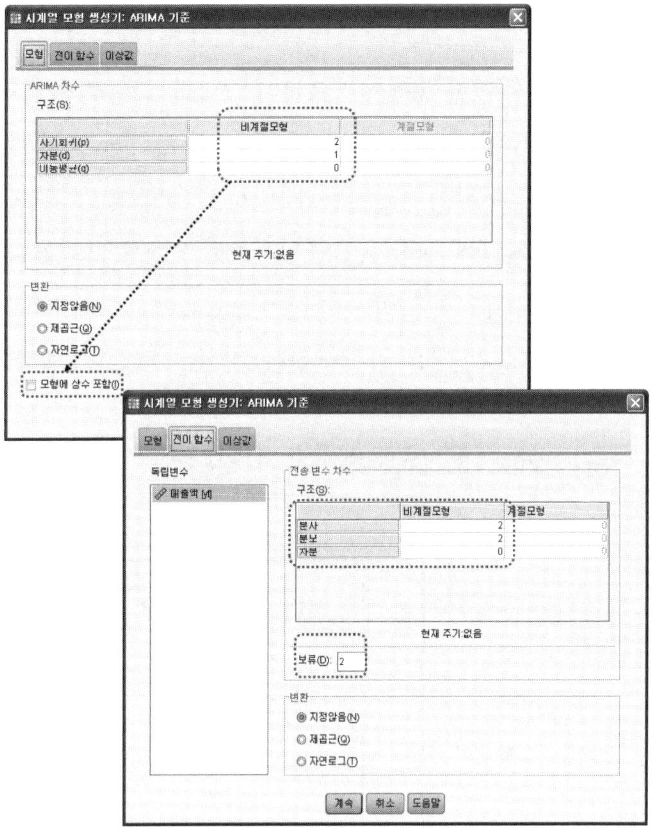

다음 추정결과를 통해 모든 계수들이 통계적으로 유의하며, 정상성을 만족하며 이에 대한 점검은 독자의 몫으로 남긴다.

[표 C5.19] 모형 [C5.8]식의 추정결과

ARIMA 모형 모수

					추정값	SE	t	유의확률
매출액-모형_1	매출액	변환 안 함	AR	시차 1	1.434	.068	21.194	.000
				시차 2	-.791	.066	-11.908	.000
			차분		1			
	광고비	변환 안 함	지연		2			
			분자	시차 0	1.365	.066	20.787	.000
				시차 1	.405	.107	3.785	.000
				시차 2	.961	.080	12.036	.000
			분모	시차 1	.921	.026	35.605	.000
				시차 2	-.536	.029	-18.760	.000

4단계: 추정된 동적회귀모형을 검진한다.

다음은 추정한 동적회귀모형이 타당한지 여부를 검진을 하도록 한다. 첫째, 바로 앞에서 다룬 동적회귀모형 [C5.8]식에 근거하여 생성된 잔차계열($\hat{\epsilon}_t$, NResidual_yt_모형_1_A)의 잔차 자기상관함수를 조사함으로써 동적회귀모형의 오차항계열에 대한 ARIMA모형의 적합성을 점검한다.

우선 [표 C5.20]에 주어진 Box-Ljung통계량의 모든 p값이 5% 유의수준보다 크기 때문에 백색잡음 간의 독립성이 보장됨을 확인할 수 있다.

[표 C5.20] 모형 [C5.8]식의 잔차 자기상관함수

자기상관

계열:yt-모형_1의 잡음 잔차

시차	자기상관	표준오차[a]	Box-Ljung 통계량 값	자유도	유의확률[b]
1	-.032	.102	.102	1	.749
2	-.062	.102	.485	2	.785
3	.212	.103	5.042	3	.169
4	-.132	.107	6.832	4	.145
5	-.025	.109	6.898	5	.228
6	.075	.109	7.487	6	.278
7	.010	.109	7.498	7	.379
8	-.126	.109	9.207	8	.325
9	.075	.111	9.814	9	.366
10	-.039	.111	9.985	10	.442
11	-.052	.112	10.281	11	.505
12	.046	.112	10.514	12	.571
13	-.088	.112	11.400	13	.577
14	.132	.113	13.412	14	.494
15	-.165	.114	16.556	15	.346
16	-.111	.117	18.010	16	.323
17	.173	.118	21.558	17	.202
18	-.119	.120	23.267	18	.181
19	-.008	.122	23.274	19	.225
20	.071	.122	23.897	20	.247
21	-.075	.122	24.606	21	.265
22	-.029	.123	24.710	22	.311
23	.153	.123	27.707	23	.227
24	-.010	.125	27.720	24	.272

a. 가정된 기본 공정은 시차 수에서 1을 뺀 것과 같은 차수인 MA입니다. Bartlett 근사가 사용되었습니다.

b. 점근 카이제곱 근사를 기준으로 합니다.

그러나, '시차 3'의 자기상관계수에 대한 t-통계량의 절대값(2.06 ≈

0.212/0.103)은 실전적 경고수준 '1.25'(정동빈, 2009)[3]를 초과하기 때문에, 추가로 차수가 '3'인 이동평균(MA(3))요소를 모형에 포함시킬 필요가 있다. 아래 주어진 잔차계열에 대한 두 개의 잔차 자기상관함수는 이러한 사실을 시각적으로 뒷받침해준다. 즉, 두 잔차 상관함수 모두 '시차 3'에 해당하는 스파이크가 95% 신뢰한계선 경계 또는 밖으로 튀어나와 있다.

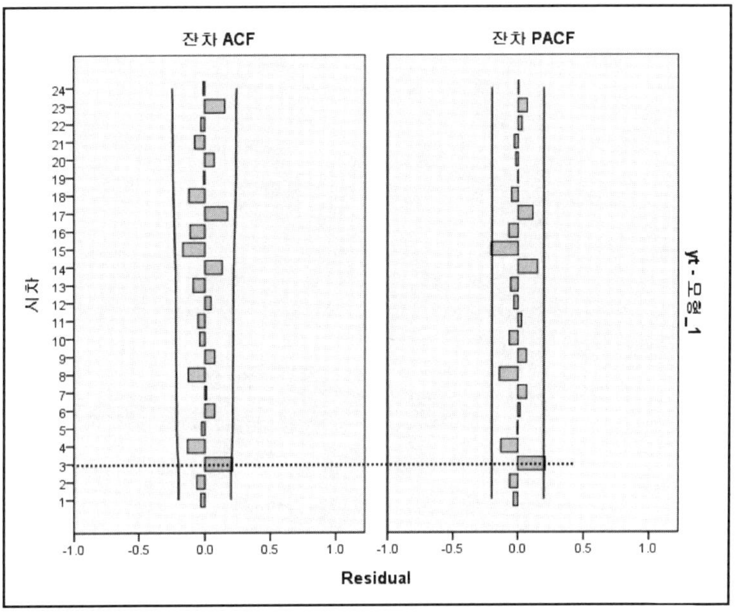

[그림 C5.21] 모형 [C5.8]식의 잔차 자기상관함수와 잔차 편자기상관함수

앞에서 고려한 동적회귀모형 [C5.8]식의 오차항 계열에 MA(3)요소를 추가시켜 다음과 같은 새로운 동적회귀모형을 재식별할 수 있다.

$$Y_t = C + \frac{(\omega_0 + \omega_1 B + \omega_2 B^2)}{(1 - \delta_1 B - \delta_2 B^2)} B^2 X_t + \frac{(1 - \theta_3 B^3)}{(1 - \phi_1 B - \phi_2 B^2)(1 - B)} \epsilon_t^* \qquad [C5.9]$$

이를 PASW 17.0(또는 18.0)에 적용하기 위해서는 우선 다음과 같이 "시

3) 정동빈 (2009), ≪시계열 수요예측 I≫, 한나래아카데미, 196쪽.

계열 모형 생성기: ARIMA 기준" 대화상자에 차수를 차례로 '2 1 3'을 입력한 후, 다시 "시계열 모형 생성기" 대화상자로 다시 돌아온 후 붙여넣기(P) 단추를 누른다. 참고로 나머지 절차는 모형 [C5.8]식을 추정할 때와 동일하기 때문에 생략하기로 한다.

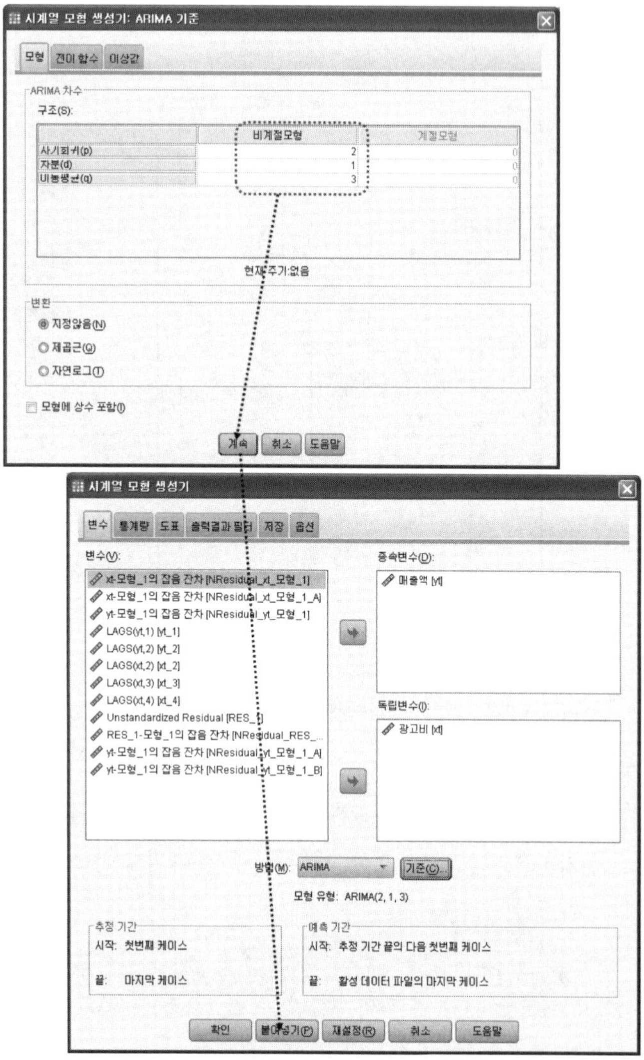

그리고, 다음에 주어진 Syntax Editor에 주어진 명령문 중 'MA=[3,2,1]'을 'MA=[3]'으로 수정한다. 그리고, 팝업메뉴의 실행(R) ▸ 모두(A)를 선택

하여 실행한다.

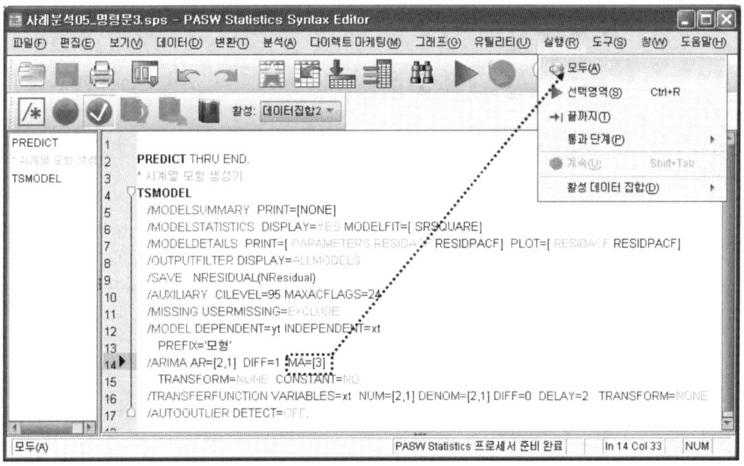

그 결과 다음 주어진 추정결과 [표 C5.22]를 살펴보면, 추정계수 모두가 5% 유의수준에서 유의하며, 정상성 조건과 가역성 조건을 모두 만족시킨다.

[표 C5.22] 모형 [C5.9]식의 추정결과

ARIMA 모형 모수

					추정값	SE	t	유의확률
매출액-모형_1	매출액	변환 안 함	AR	시차 1	1.439	.060	23.826	.000
				시차 2	-.850	.057	-15.031	.000
			차분		1			
			MA	시차 3	-.359	.119	-3.024	.003
	광고비	변환 안 함	지연		2			
			분자	시차 0	1.381	.064	21.449	.000
				시차 1	.469	.112	4.200	.000
				시차 2	.913	.080	11.362	.000
			분모	시차 1	.940	.023	41.692	.000
				시차 2	-.544	.026	-21.238	.000

재추정한 동적회귀모형 [C5.9]식의 타당성 여부를 검진하기 위해서, 모형 [C5.9]식에 근거하여 생성된 잔차계열($\hat{\epsilon}_t^*$, NResidual_yt_모형_1_B)의 잔차 자기상관함수와 잔차 편자기상관함수([그림 C5.23] 참고)를 조사하면, 모든 스파이크가 신뢰한계선 안에 놓여 있음을 알 수 있다. 이는 모형 [C5.9]식에

더 이상 포함시킬 자기회귀요소 또는 이동평균요소가 없음을 의미한다. 따라서 오차항계열에 대한 ARIMA모형이 잘 적합한다고 말할 수 있다.

또한 우선 [표 C5.24]에 주어진 Box-Ljung통계량의 모든 p값이 5% 유의수준보다 월등히 크며, 이는 모형 [C5.8]식에 해당하는 값([표 C5.20] 참고)보다 전반적으로 크다. 따라서 백색잡음 간의 독립성이 모형 [C5.8]식보다 보장됨을 확인할 수 있다.

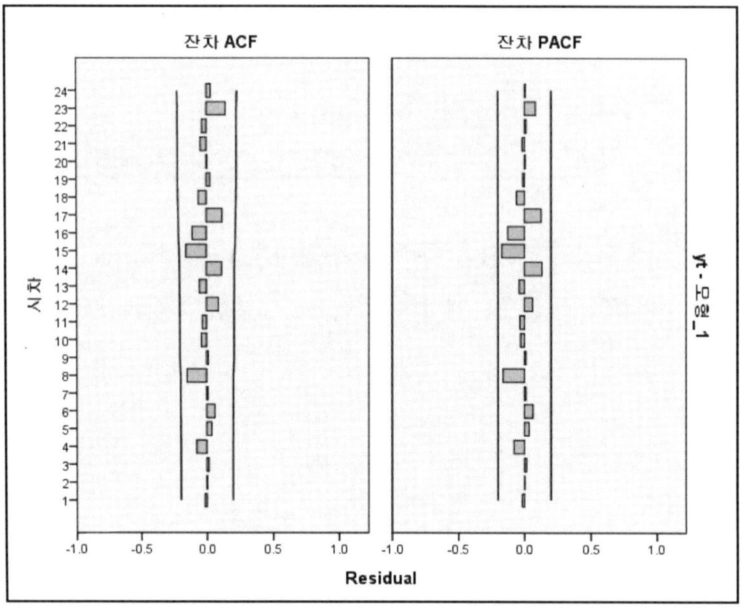

[그림 C5.23] 모형 [C5.9]식의 잔차 자기상관함수와 잔차 편자기상관함수

[표 C5.24] 모형 [C5.9]식의 잔차 자기상관함수

자기상관

계열:yt-모형_1의 잡음 잔차

시차	자기상관	표준오차[a]	Box-Ljung 통계량		
			값	자유도	유의확률[b]
1	-.017	.102	.028	1	.867
2	.003	.102	.029	2	.985
3	.015	.102	.051	3	.997
4	-.079	.102	.695	4	.952
5	.038	.103	.845	5	.974
6	.062	.103	1.250	6	.974
7	.008	.103	1.257	7	.990
8	-.153	.103	3.765	8	.878
9	.012	.106	3.782	9	.925
10	-.040	.106	3.957	10	.949
11	-.033	.106	4.077	11	.968
12	.090	.106	4.985	12	.958
13	-.054	.107	5.318	13	.968
14	.115	.107	6.831	14	.941
15	-.159	.108	9.756	15	.835
16	-.109	.111	11.159	16	.800
17	.118	.112	12.824	17	.748
18	-.061	.113	13.279	18	.775
19	.027	.113	13.369	19	.819
20	.005	.113	13.372	20	.861
21	-.045	.114	13.627	21	.885
22	-.034	.114	13.774	22	.909
23	.142	.114	16.359	23	.839
24	.031	.116	16.484	24	.870

a. 가정된 기본 공정은 시차 수에서 1을 뺀 것과 같은 차수인 MA입니다. Bartlett 근사가 사용되었습니다.

b. 점근 카이제곱 근사를 기준으로 합니다.

둘째, 동적회귀모형 [C5.9]식에서 생성된 잔차계열($\hat{\epsilon}_t^*$, $\hat{\epsilon}_{t-1}^*$, $\hat{\epsilon}_{t-2}^*$, $\cdots$)과 입력계열(광고비)을 [C5.2]식의 ARIMA(1,1)모형으로 모형화할 때 생성된 잔차($\hat{\alpha}_t$, $\hat{\alpha}_{t-1}$, $\hat{\alpha}_{t-2}$, $\cdots$) 사이의 관계를 살펴보기 위해서 다음과 같이 표본 교차상관함수를 고려한다. 이는 동적회귀모형의 입력변수(광고비)와 오차항계열이 서로 독립이라는 가정을 검진하기 위함이다.

교차상관함수 [그림 C5.25]의 왼편($k=-1,-2,$)을 살펴보면, Y의 과거시차값($Y_{t-10},\cdots, Y_{t-1}$)부터 X_t 까지 피드백에 대한 뚜렷한 단서를 찾을 수 없다. 반면에 교차상관함수의 오른편($k=0,1,2,$)을 살펴보면 Y_t 가 X의 과거시차값(X_{t-1}, X_{t-2}, $\cdots$, X_{t-14}) 및 현재시점 값(X_t)과 관계를 알 수 있다. 이

경우 시차수가 '4'에 해당하는 교차상관계수가 크기 때문에 Y_t 가 X_{t-4} 과 상관관계가 뚜렷이 존재하는 것을 확인할 수 있다.

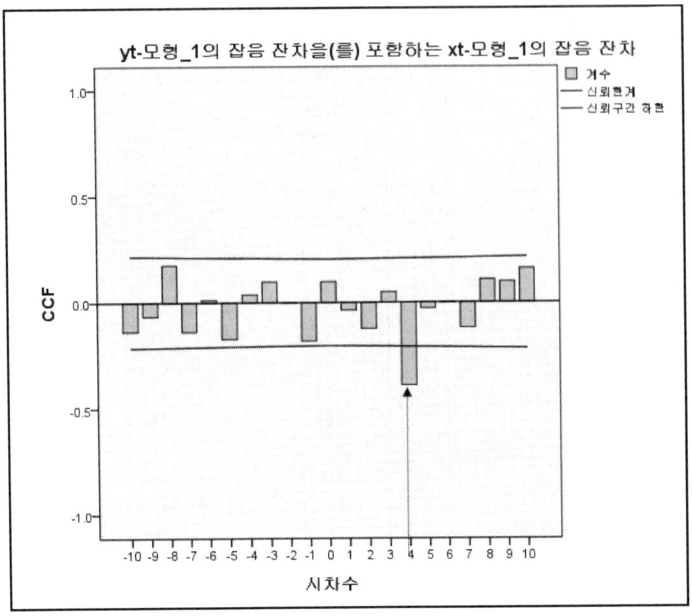

[그림 C5.25] 교차상관함수

셋째, 모형 [C5.9]식에 근거하여 생성된 잔차계열($\hat{\epsilon}_t^*$)을 플롯(잔차도표)함으로써, 잔차가 '0'을 중심으로 고루 잔차들이 퍼져 있으며(등분산 조건 만족) 특정적인 패턴을 발견할 수 없다(독립성 조건 만족).

다음 주어진 [그림 C5.26]은 최종 동적회귀모형 [C5.9]식에 근거하여 점선으로 나타낸 적합된 값(또는 예측값)과 실제로 관측된 매출액을 시계열도표에 함께 겹쳐 그린 것이다. 두 개의 계열들이 모든 시점에서 시각적으로 거의 일치하고 있음을 확인할 수 있으며, 직사각형으로 나타난 향후 10개 시점에 대한 예측값은 다소 변동의 폭이 작게 앞에서 반복된 패턴을 따르고 있음을 확인할 수 있다.

예측값을 산출하는 절차는 [사례분석 4]의 C4.6절과 마찬가지로 다음에 주어진 절차를 밟으면 된다.

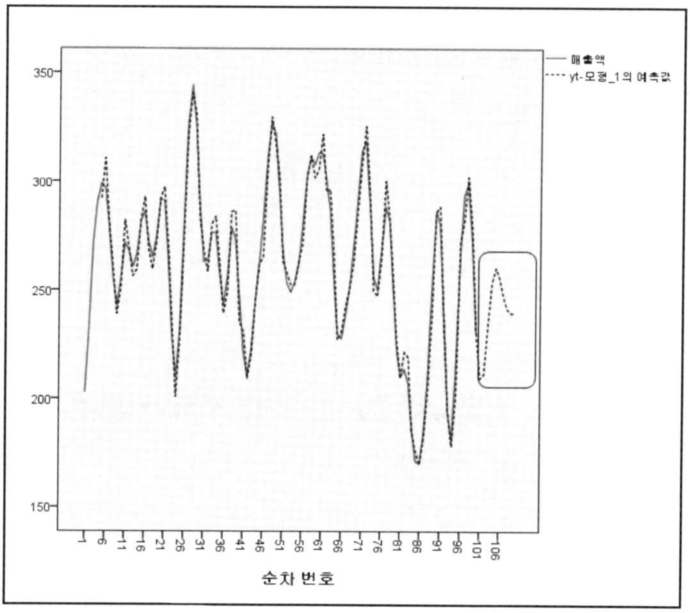

[그림 C5.26] 모형 [C5.9]식에 근거한 예측값과 관측값의 시계열도표

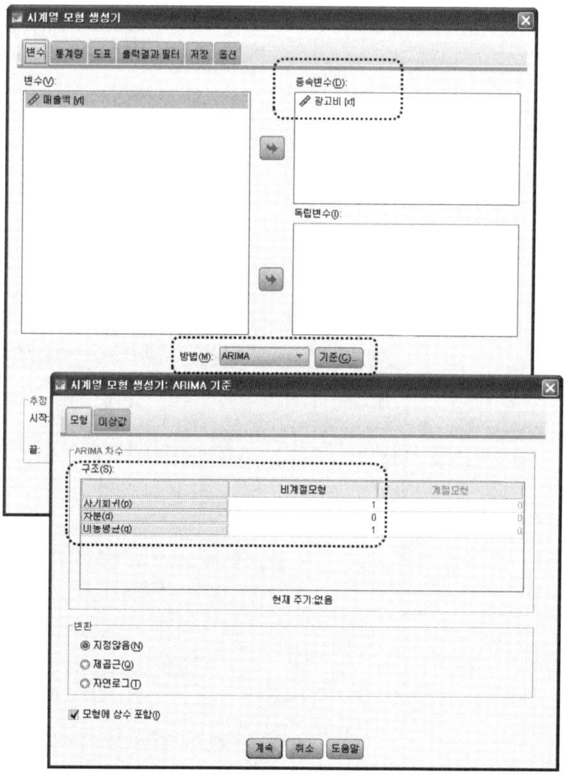

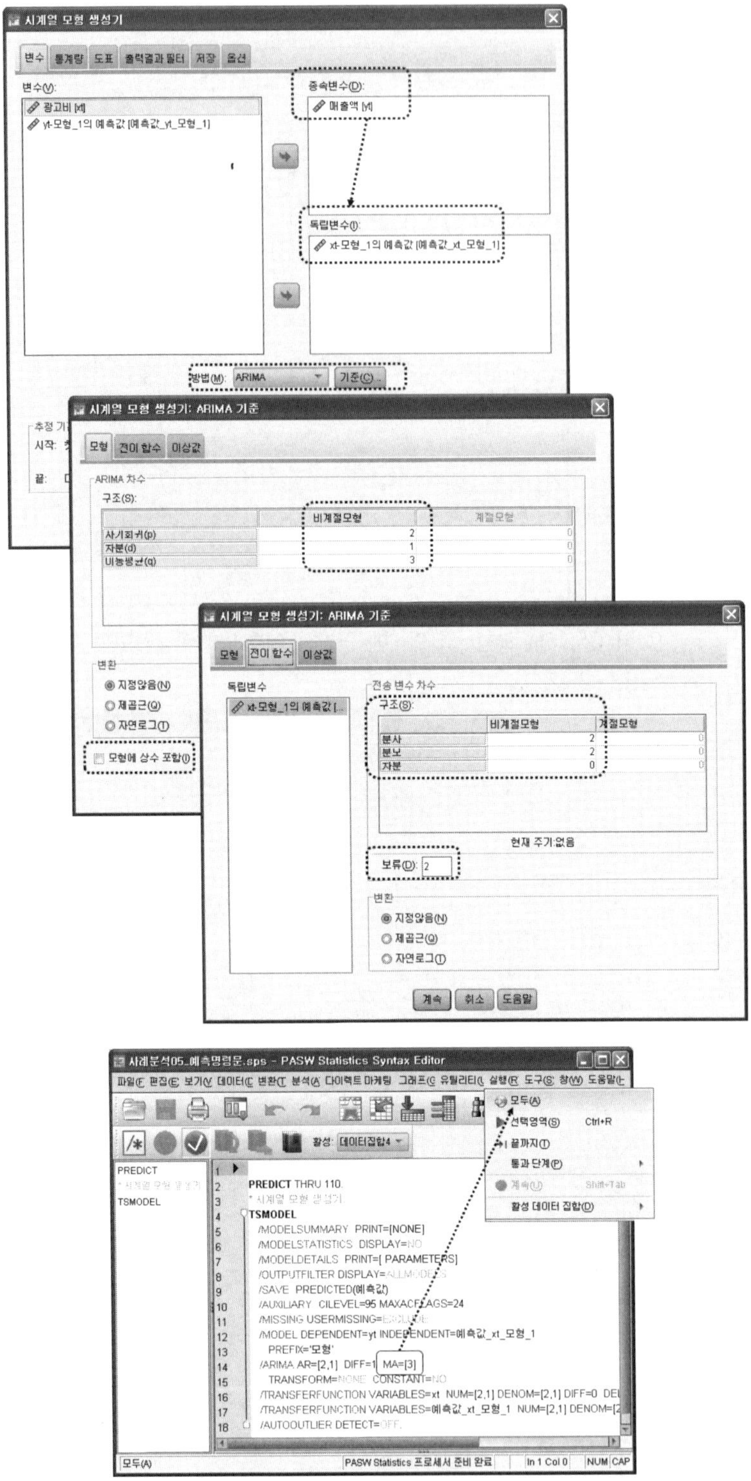

C5.3 [사례분석 5]를 마치며...

1) 이 사례분석에서는 [사례분석 4]와 달리 "사전백색화와 교차상관함수" 절차를 사용하여 전이함수를 식별하는 방법에 대해 살펴보았다. 이 방법은 오차항계열을 자기회귀요소로 지정하는 방법의 대안으로 사용할 수 있지만, 입력변수가 두 개 이상 존재하는 동적회귀모형에서는 적용할 수 없는 단점이 있다.
2) 이 사례분석에서는 사전백색화와 교차상관함수를 이용하여 최종 동적회귀모형을 구축하였다. 이를 크게 식별단계와 추정단계로 구분하여 다음과 같이 도식화하여 요약할 수 있다.

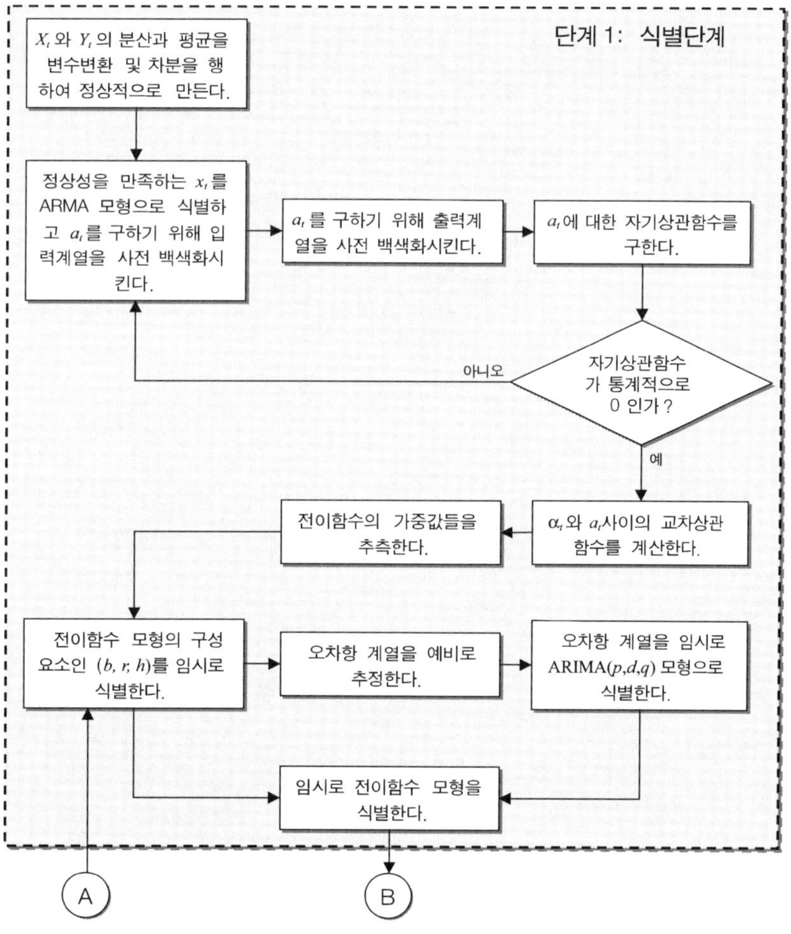

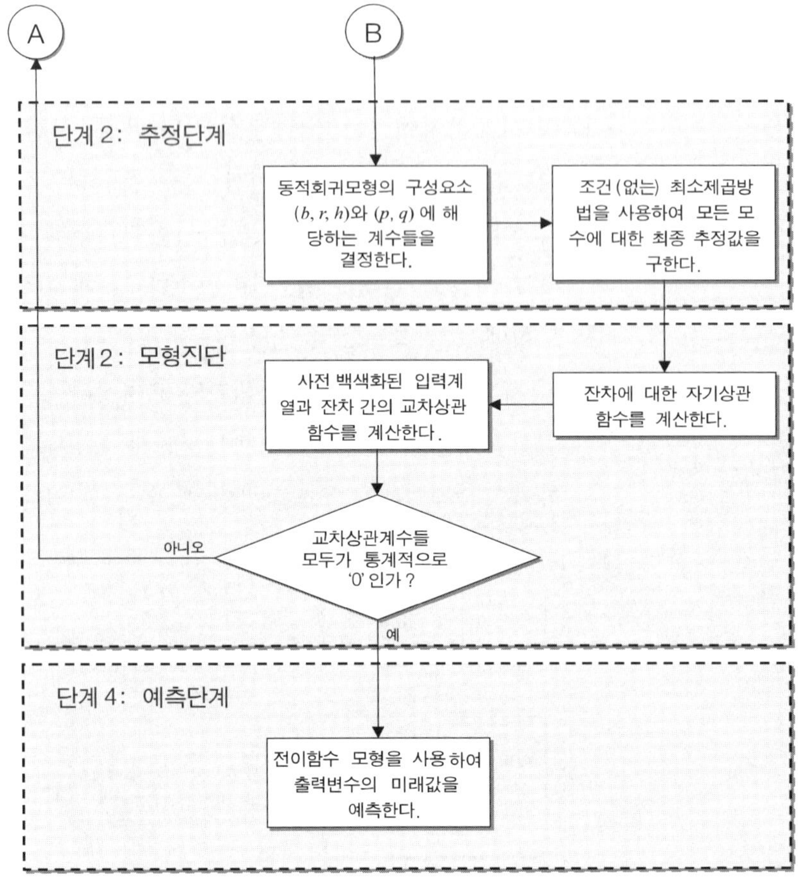
A
B
단계 2: 추정단계
동적회귀모형의 구성요소 (b, r, h)와 (p, q) 에 해당하는 계수들을 결정한다.
조건(없는) 최소제곱방법을 사용하여 모든 모수에 대한 최종 추정값을 구한다.
단계 2: 모형진단
사전 백색화된 입력계열과 잔차 간의 교차상관 함수를 계산한다.
잔차에 대한 자기상관 함수를 계산한다.
교차상관계수들 모두가 통계적으로 '0' 인가?
아니오
예
단계 4: 예측단계
전이함수 모형을 사용하여 출력변수의 미래값을 예측한다.

[사례분석 6]

선행지표를 이용한 산업생산예측

Demand Forecasting of Time Series

C6.1 자료설명

선행지표(leading indicator)는 경기의 동향을 표시하는 각종 경제통계 가운데 경기의 움직임에 선행해서 움직이는 변수를 말한다. 이 사례분석에서는 두 개의 선행지표를 입력변수로 하여 산업생산(출력변수)을 예측해보도록 한다. 산업생산지표는 실질경제활동을 측정하는 척도이며, 여기에서 다루는 두 개의 선행지표는 주가지수($X_{1,t}$)와 소매상의 백분율($X_{2,t}$)이다.

출력변수와 두 입력변수 사이에 양의 상관관계(비례관계)가 있을 것 같다. 우선 기본적인 경제학적 지식을 적용해보자. 투자가들이 더 많은 이윤을 기대하면 주가는 상승할 것이며, 이 때문에 판매량과 생산량의 수준이 상승할 것이다. 또한 소매상의 백분율이 증가함은 재화와 용역에 대한 주문의 수준이 증가하는 것을 반영하고 따라서 미래 생산과 판매의 수준을 높일 것이다.

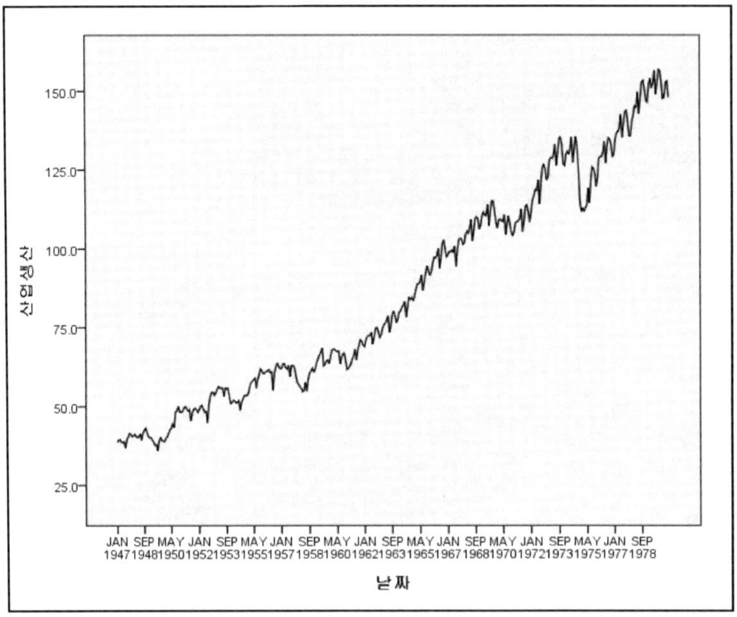

[그림 C6.1] 산업생산의 시계열도표

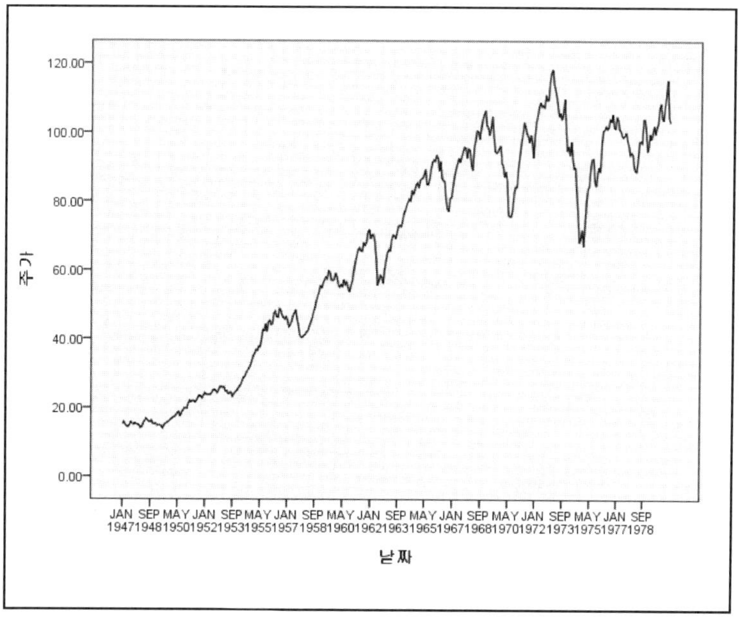

[그림 C6.2] 주가의 시계열도표

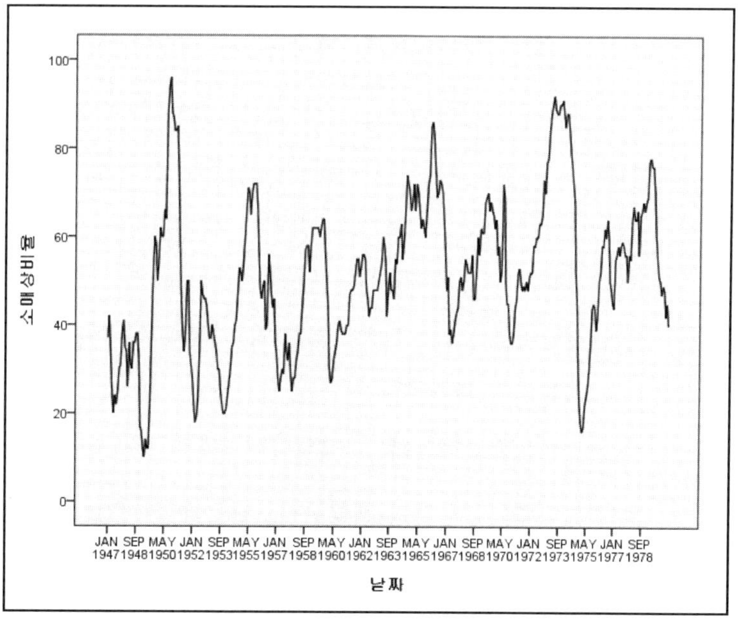

[그림 C6.3] 소비생산량의 시계열도표

이 사례분석에서 다루는 세 개의 계열은 1947년 1월부터 1980년 4월까지의 월별자료이다. 총 400개 관측값을 사용하여 [사례분석 4]와 [사례분석 5]와는 달리 입력변수가 두 개 이상인 다중입력변수가 포함된 동적회귀모형을 구축하도록 한다.

이 사례분석에서는 두 가지 점을 강조하기로 한다. 첫째 실제상황에서 발생한 자료가 동적회귀모형의 식별단계에서 이론적인 패턴과 완전히 일치하지 않는 통계량을 산출할 수 있다. 둘째 그럼에도 불구하고 상식적인 통계적 사고, 실전적 모형구축 전략 및 모형구축 단계에서 구한 정보를 바탕으로 타당성 있는 동적회귀모형을 찾을 수 있다는 점이다.

C6.2 준비작업

모형식별에 앞서 우선 집고 넘어갈 몇 가지 예비절차를 고려해보자.

C6.2.1 분산의 정상성을 만족시키는 변수변환

[그림 C6.1]과 [그림 C6.2]의 시계열도표를 살펴보면, 계열 Y_t와 $X_{1,t}$에 대한 분산이 일정해보이지 않는다. 따라서 두 개의 계열 분산을 정상적으로 만들기 위해 자연로그변환을 취해야 할 것이다. 변수변환된 두 개의 계열을 $Y'_t = \ln Y_t$, $X'_{1,t} = \ln X_{1,t}$로 표현할 수 있다. 여기에서, 소매상백분율 $X_{2,t}$는 이미 분산이 고정되어 있기 때문에 변수변환을 할 필요가 없다.

C6.2.2 입력변수들과 출력변수에 대한 ARIMA모형 구축

주가($X'_{1,t}$)와 소매상의 백분율($X_{2,t}$)에 대한 ARIMA모형을 구축해보자(사례분석06_과정1 참고). 우선 주가에 대한 시계열도표([그림 C6.2])와 단기시차의 스파이크가 서서히 감소형태를 갖는 자기상관함수([그림 C6.4])를 살펴보면, 비계절적 차분($d=1$)을 취해야 할 것이다.

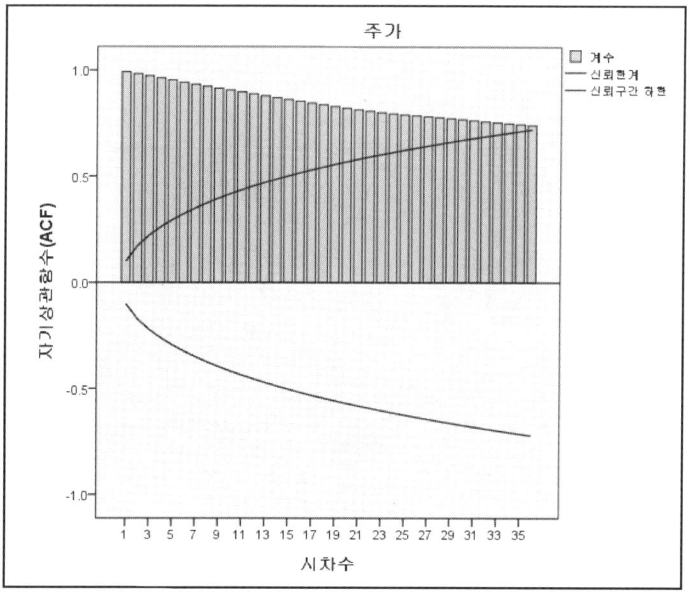

[그림 C6.4] 주가의 자기상관함수

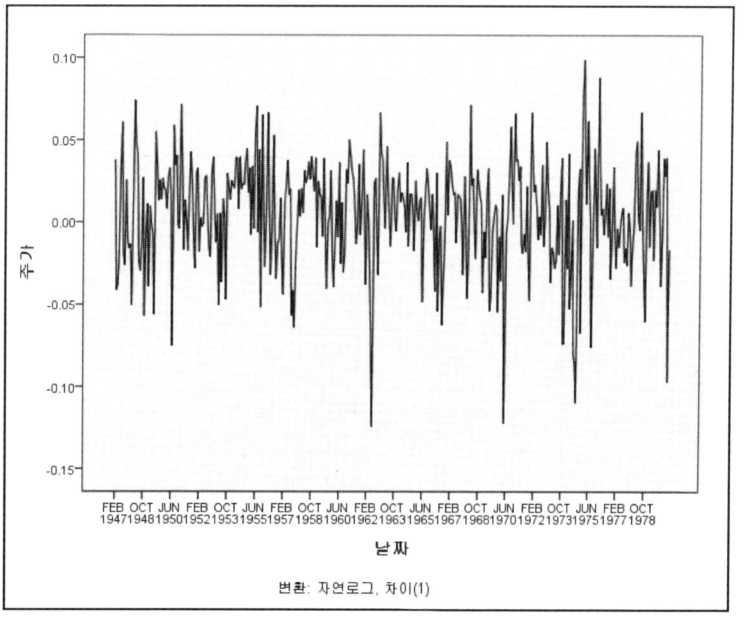

[그림 C6.5] 주가를 비계절적 1차 차분 후 시계열도표

비계절적 1차 차분 후 주가에 대한 시계열도표([그림 C6.5])와 자기상관

함수([그림 C6.6])를 살펴본 결과, 더 이상의 차분이 필요하지 않다. 물론 1차 차분 후 계산된 두 개의 상관함수([그림 C6.6]과 [그림 C6.7])의 계절시차(12, 24 등)에

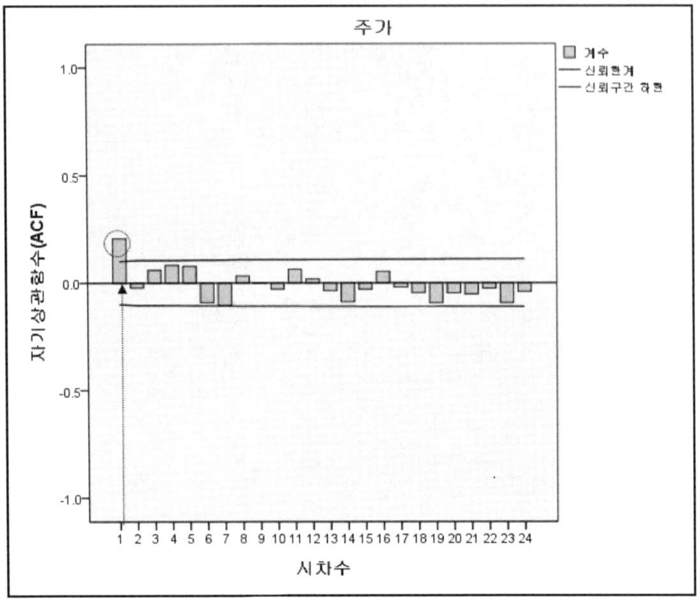

[그림 C6.6] 주가를 비계절적 1차 차분 후 자기상관함수

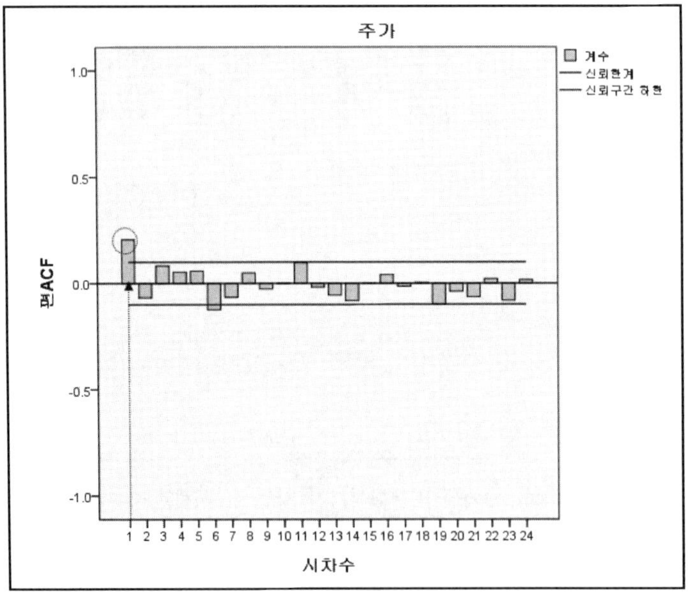

[그림 C6.7] 주가를 비계절적 1차 차분 후 편자기상관함수

해당하는 스파이크 모두가 신뢰한계선 안에 있기 때문에 계절적 변동이 존재하지 않으며, 또한 계절적 차분 역시 불필요함을 확인할 수 있다.

이제 두 개의 상관함수([그림 C6.6]과 [그림 C6.7])를 통해서 ARIMA모형을 식별한 결과, [그림 C6.6]에 대해서는 MA(1)모형을, [그림 C6.7]에 대해서는 AR(1)모형을 식별할 수 있다. 그러나, 시각적으로 단기사차의 스파이크의 절단형태의 정도에 초점을 맞추면 [그림 C6.6]의 자기상관함수에 더 힘을 실을 수 있다. 다시 말해서, 우선적으로 AR(1)모형보다는 MA(1)모형에 더 비중을 둘 수 있다. 다시 말해서 ARIMA(0,1,1)모형을 우선적으로 추정해야 할 것이다.

[표 C6.8] 주가에 대한 ARIMA(0,1,1)모형 추정결과

ARIMA 모형 모수

					추정값	SE	t	유의확률
주가-모형_1	주가	자연로그	상수항		.005	.002	2.408	.016
			차분		1			
			MA	시차 1	-.235	.049	-4.811	.000

[표 C6.8]의 추정결과를 통해서, 추정계수 모두 유의수준 5%에서 유의하며, 가역성 조건을 만족한다($|\hat{\theta}_1| = 0.235 < 1$). 그리고, ARIMA(0,1,1)모형에 근거하여 생성된 잔차의 자기상관함수와 편자기상관함수에서 95% 신뢰한계선으로 튀어나온 스파이크는 하나도 발견할 수 없다(출력결과 생략). 이는 더 이상의 자기회귀요소 또는 이동평균요소를 모형에 포함시킬 필요가 없음을 의미한다. 그리고 우선 [표 C6.9]에 주어진 Box-Ljung통계량의 모든 p값이 5% 유의수준보다 크기 때문에 백색잡음 간의 독립성이 보장됨을 확인 할 수 있다.

[표 C6.9] 주가에 대한 잔차 자기상관함수

자기상관

계열:x1t-모형_1의 잡음 잔차

시차	자기상관	표준오차[a]	Box-Ljung 통계량		
			값	자유도	유의확률[b]
1	-.011	.050	.046	1	.830
2	-.032	.050	.467	2	.792
3	.056	.050	1.719	3	.633
4	.051	.050	2.782	4	.595
5	.085	.050	5.738	5	.333
6	-.088	.051	8.857	6	.182
7	-.098	.051	12.750	7	.078
8	.055	.052	14.003	8	.082
9	-.005	.052	14.015	9	.122
10	-.043	.052	14.782	10	.140
11	.071	.052	16.882	11	.111
12	.007	.052	16.903	12	.153
13	-.020	.052	17.067	13	.196
14	-.077	.052	19.506	14	.146
15	-.026	.052	19.795	15	.180
16	.066	.052	21.589	16	.157
17	-.030	.053	21.958	17	.186
18	-.020	.053	22.129	18	.226
19	-.084	.053	25.128	19	.156
20	-.017	.053	25.249	20	.192
21	-.050	.053	26.289	21	.196
22	.006	.053	26.307	22	.239
23	-.092	.053	29.907	23	.152
24	-.014	.054	29.994	24	.185

a. 가정된 기본 공정은 시차 수에서 1을 뺀 것과 같은 차수인 MA입니다. Bartlett 근사가 사용되었습니다.

b. 점근 카이제곱 근사를 기준으로 합니다.

따라서, 주가($X_{1,t}$)에 대해 다음의 ARIMA(0,1,1)모형을 구축할 수 있다.

$$\nabla \widetilde{X}'_{1,t} = (1+0.235B)\hat{\alpha}_{1t}, \quad \nabla \widetilde{X}'_{1,t} = (\nabla X'_{1,t} - 0.005) \qquad [C6.1]$$

다음에 주어진 소매상 백분율의 자기상관함수([그림 C6.10])를 살펴보면, 단기시차의 스파이크가 서서히 감소형태를 갖는다. 비계절적 차분($d=1$)을 취해야 할 것이다.

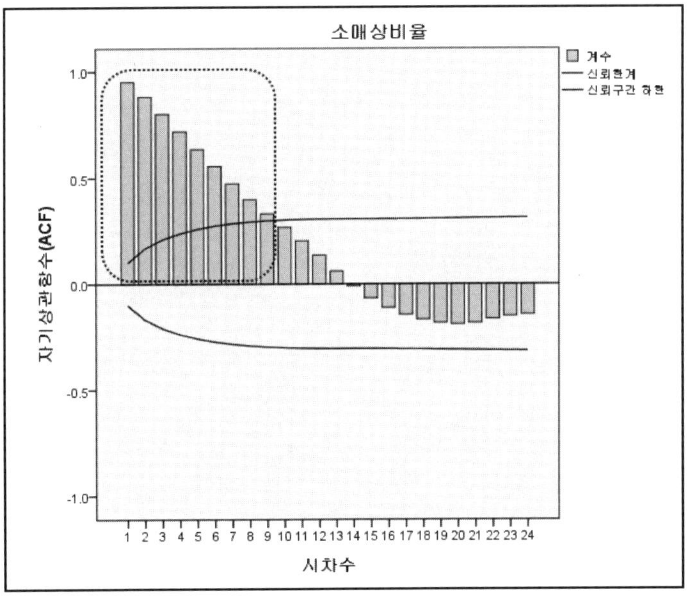

[그림 C6.10] 소매상 백분율의 자기상관함수

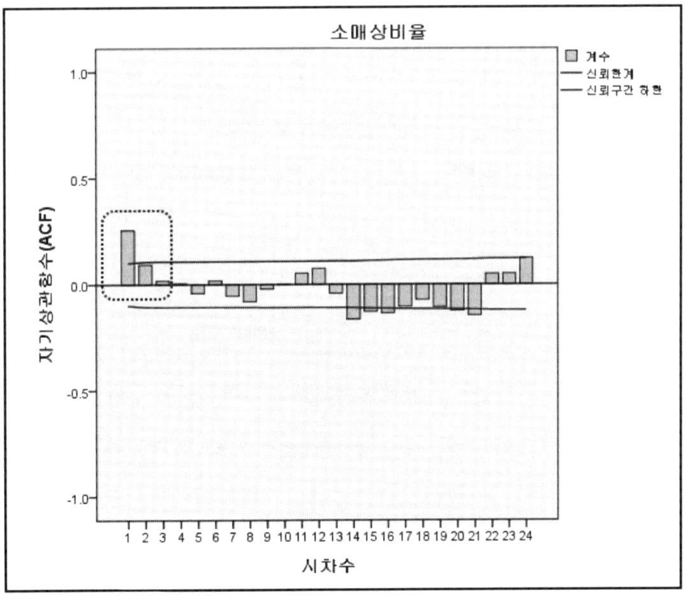

[그림 C6.11] 비계절적 1차 차분 후 자기상관함수

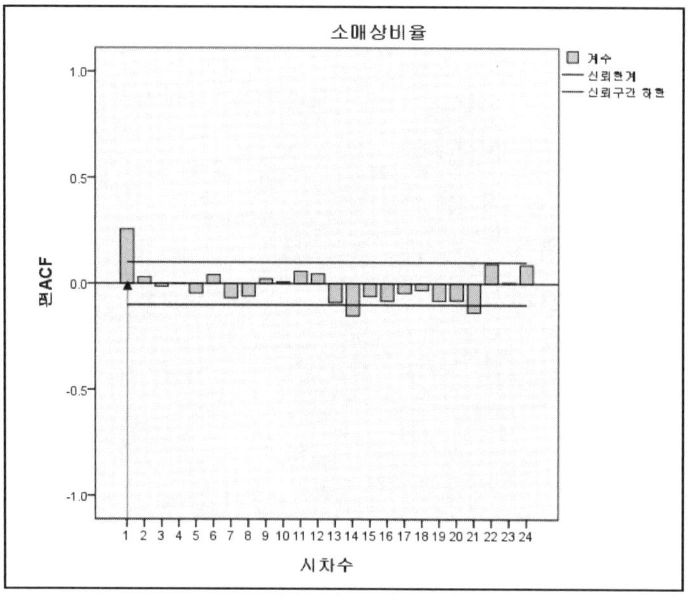

[그림 C6.12] 비계절적 1차 차분 후 편자기상관함수

단기시차에 해당하는 스파이크를 살펴보았을 때, 편자기상관함수([그림 C6.12])가 자기상관함수([그림 C6.11])에 비해 상대적으로 절단형태에 가깝다고 판정할 수 있다. 이는 우선적으로 차수가 '1'인 AR(1)모형을 식별할 수 있다. 따라서 ARIMA(1,1,0)모형을 추정해야 할 것이다.

[표 C6.13] ARIMA(1,1,0)모형의 추정결과

ARIMA 모형 모수

				추정값	SE	t	유의확률
소매상비율-모형_1	변환 안 함	AR	시차 1	.256	.049	5.274	.000
		차분		1			

[표 C6.13]에 나타난 추정계수는 유의수준 5%에서 유의하며 정상성 조건을 만족한다. 참고로 상수항은 유의하지 않기 때문에 모형에서 제외시켰다(p값 = 0.983). 추정한 ARIMA(1,1,0)모형이 타당한지 여부를 검진하기 위해서, ARIMA(1,1,0)모형을 적합한 후 생성된 잔차에 대한 두 개의 상관함수([그림 C6.14])를 살펴보자.

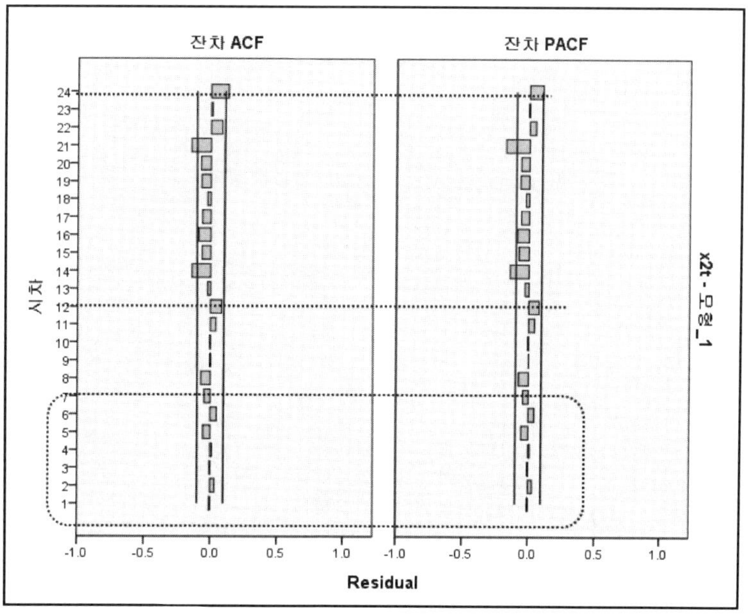

[그림 C6.14] ARIMA(1,1,0)모형 적합 후 잔차 상관함수

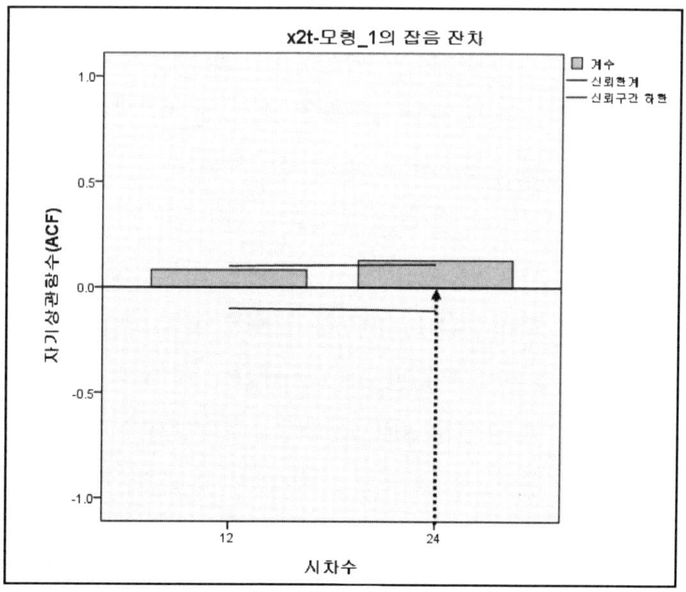

[그림 C6.15] 계절시차에 대한 잔차 자기상관함수

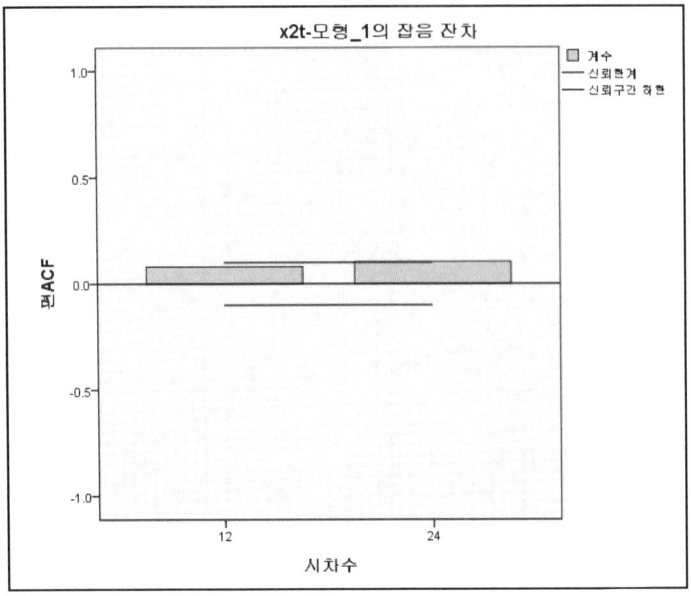

[그림 C6.16] 계절시차에 대한 잔차 편자기상관함수

두 잔차 상관함수 모두 단기시차에서 뚜렷한 스파이크를 발견할 수 없으나, 계절시차 '24'에 해당하는 스파이크가 95% 신뢰한계선 밖으로 튀어나와 있음을 발견할 수 있다. 이를 좀 더 확대시켜 표현하면([그림 C6.15]와 [그림 C6.16] 참고), '시차 24'에 해당하는 잔차 자기상관계수가 신뢰한계선 밖으로 튀어나올 만큼 상대적으로 잔차 편자기상관계수보다 유의한 것으로 판정할 수 있다. 이는 차수가 '24'인 이동평균항이 ARIMA(1,1,0)모형에 추가시켜 ARIMA(1,1,0)(0,0,2)$_{12}$모형으로 재식별함을 의미한다.

이를 PASW 17.0(또는 18.0)에 적용하기 위해서는 우선 다음과 같이 "시계열 모형 생성기: ARIMA 기준" 대화상자에 차수를 차례로 '1 1 0 0 0 2'를 입력한 후, 다시 "시계열 모형 생성기" 대화상자로 다시 돌아온 후 붙여넣기(P) 단추를 누른다.

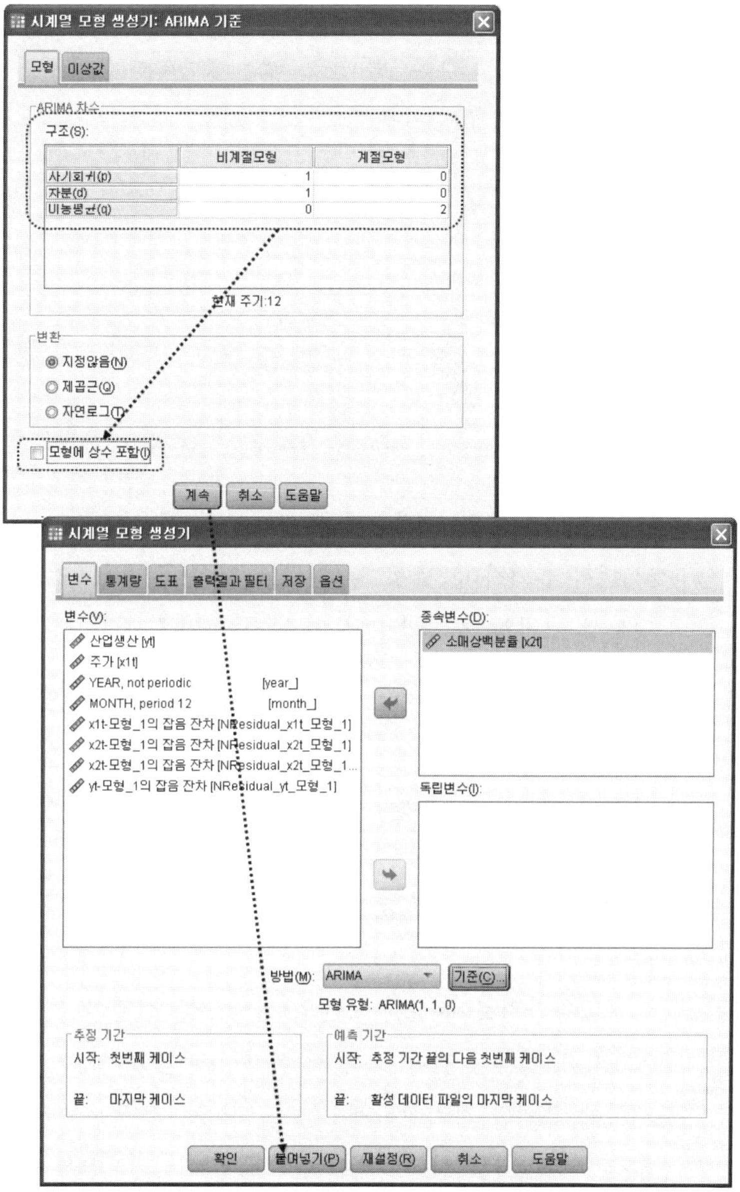

그리고, 다음에 주어진 명령문 중 'MASEASONAL=[2,1]'에서 '1'을 제거한 'MASEASONAL=[2]'로 수정한다. 그리고 팝업메뉴의 실행(R) ▸ 모두(A)를 선택하여 실행한다.

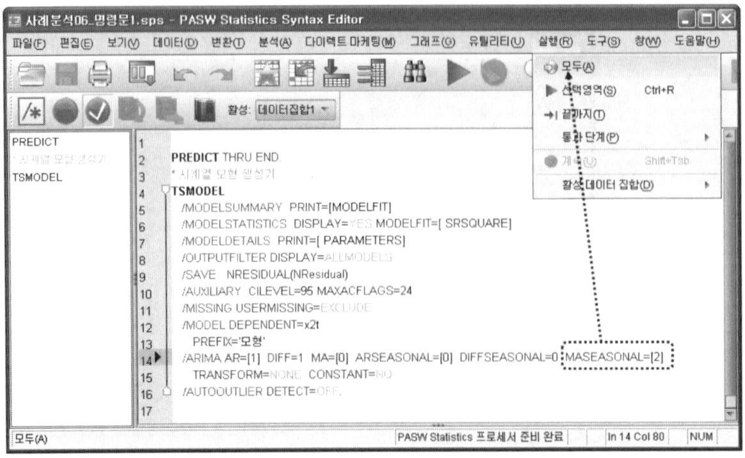

[표 C6.17]의 추정결과를 살펴보면, 두 개의 추정계수 모두 유의수준 5%에서 유의하며, 추정계수의 절대값 모두가 '1.0'보다 훨씬 작기 때문에 정상성 조건과 가역성 조건을 동시에 만족시킨다.

[표 C6.17] ARIMA(1,1,0)(0,0,2)$_{12}$모형의 추정결과

ARIMA 모형 모수

				추정값	SE	t	유의확률
소매상비율-모형_1	변환 안 함	AR	시차 1	.259	.049	5.343	.000
		차분		1			
		MA, 계절	시차 2	-.124	.051	-2.427	.016

마찬가지로 추정된 모형의 타당성을 점검하기 위해서, ARIMA(1,1,0)(0,0,2)$_{12}$모형에 근거한 두 개의 잔차 상관함수([그림 C6.18])를 살펴보자. 단기 시차에 유의한 자기상관계수는 존재하지 않지만, 시차 '14'와 '21'에 해당하는 스파이크는 신뢰한계선 밖으로 튀어나와 있다. 그러나, 이는 단기시차나 계절시차에 해당하는 시차가 아니기 때문에 무시할 수 있다.

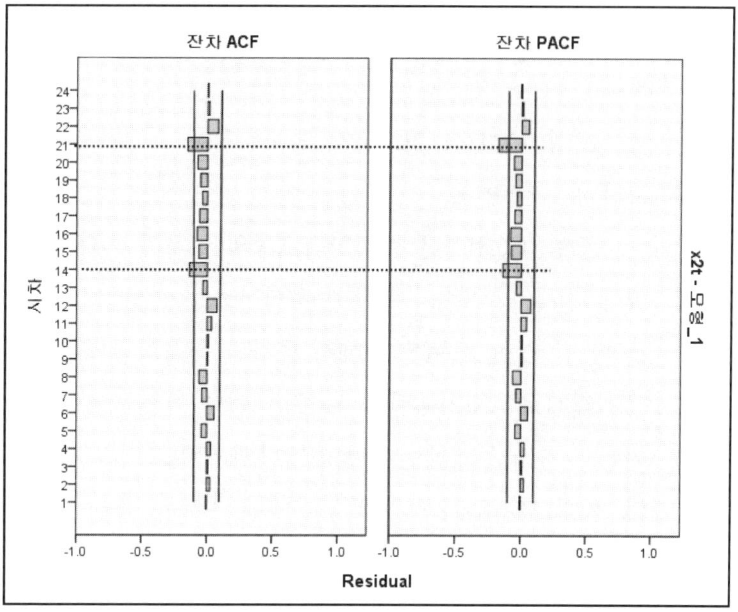

[그림 C6.18] ARIMA(1,1,0)(0,0,2)$_{12}$모형 적합 후 잔차 상관함수

따라서, 소매상백분율($X_{2,t}$) 대해 다음과 같은 ARIMA(0,1,1)(0,0,2)$_{12}$모형을 구축할 수 있다.

$$\nabla X_{1,t} = \frac{(1+0.124B^{24})}{(1-0.259B)}\alpha_{2,t} \qquad [C6.2]$$

모형 [C6.1]식과 [C6.2]식은 적어도 다음과 같은 면에서 유용하다.

1) 동적회귀모형을 구축하는 단계 중 모형진단단계에서 필요로 하는 입력변수에 대한 잔차계열($\hat{\alpha}_{1,t}, \hat{\alpha}_{2,t}$)를 구할 수 있다.
2) 입력변수에 대해 적합한 ARIMA모형들을 사용하여 입력계열들의 예측값을 생성할 수 있으며, 출력계열을 예측하는 데 필요하다.
3) 동적회귀모형을 근거로 한 출력계열의 예측값에 대한 표준오차와 신뢰구간을 계산하는 데 필요하다.

마지막으로, 자연로그가 취해진 산업생산계열의 적절한 ARIMA모형은 다음 주어진 ARIMA(2,1,0)(0,1,1)$_{12}$모형이다(구축과정은 생략).

$$(1-0.323B-0.123B^2)\nabla_{12}\nabla Y'_t=(1-0.808B^{12})\hat{a}_t \quad [C6.3]$$

모형 [C6.1]식~[C6.3]식을 구축하는 자세한 과정은 정동빈(2009)[1]을 참고하기를 바란다.

모형 [C6.3]식은 동적회귀모형의 결과와 비교하여 대안으로 사용할 수 있다. 만일 앞으로 구축할 동적회귀모형이 ARIMA모형 [C6.3]식보다 자료를 더 잘 적합 또는 예측하지 못하면 동적회귀모형을 고집할 이유는 없다.

때때로 AR(2)패턴과 AR(2)$_s$패턴에 확률적 주기요소가 포함되어 있다. 이런 확률적 주기패턴은 예측패턴에서 일그러진 사인곡선패턴으로 나타나며, 특히 경기주기 구성요소를 갖는 자료를 표현하는 데 유용하다. 그러나 모든 AR(2)모형과 AR(2)$_s$모형이 예측패턴에서 확률적 주기를 생성하는 것은 아니다. 비계절적 AR(2)모형의 경우, $\phi_1^2+4\phi_2<0$ 인 조건을 만족하면 확률적 주기를 생성하게 된다. 계절적 AR(2)$_s$모형의 경우는 비계절적 AR(2)모형과 같이, ϕ_1 대신에 Φ_s, ϕ_2 대신에 Φ_{2s} 를 대신 사용하여 이 조건에 적용하면 된다. 실제로 여기에 사용되는 계수들은 알려져 있지 않기 때문에 추정한 계수들을 사용하면 된다. 산업생산에 대한 ARIMA모형은 AR(2)요소를 포함하고 있지 않음에 유의한다. 왜냐하면 $\hat{\phi}_1^2+4\hat{\phi}_2\approx 0.60>0$ 이기 때문이다. 참고로, $\phi_1^2+4\phi_2<0$ 이 만족되면, AR(2)패턴의 평균주기는 $\dfrac{360^\circ}{\cos^{-1}[\phi_1/2(-\phi_2)^{1/2}]}$ 가 된다.

소매상백분율($X_{2,t}$)은 산업생산(Y_t)에 두드러지게 나타나는 상승추세가 존재하지 않는다. 따라서 비계절적 1차 차분($d=1$)이 취해진 산업생산계열을 소매상백분율계열의 수준과 결부시켜 고려할 수 있다. 그러나, 소매상백분율계열의 수준의 변화가 산업생산의 수준의 변화보다 선행할 수 있기 때문에 소매상백분율을 선형지표로 선택한다. 이런 면에서 고려하면 Y'_t

1) 정동빈 (2009), ≪시계열 수요예측 I≫, 한나래아카데미.

의 수준을 $X_{2,t}$ 의 수준과 결부시킬 수 있으며, 동적회귀모형의 오차항 또는 입력계열 주가($X'_{1,t}$)는 Y'_t 의 비정상적인 요소를 포착할 수 있게 된다.

C6.2.3 피드백점검

여기에서는 3장에서 다룬 선형회귀방법을 사용하여 Y'_t 부터 $X'_{1,t}$ 또는 $X_{2,t}$ 에 이르는 피드백을 점검하기로 한다. 만일 피드백이 존재하면, 동적회귀모형의 추정된 계수들이 불일치(inconsistent)하게 되며 동적회귀모형을 사용할 수 없을 것이다. 다음 주어진 두 개의 방정식을 추정함으로써 피드백 점검할 수 있다(사례분석06_과정2.sav 참고).

$$X'_{1,t} = C + b_1 X'_{1,t-1} + \cdots + b_{15} X'_{1,t-15} + c_1 X_{2,t-1} + \cdots + c_{15} X_{2,t-15} + d_1 Y'_{t-1} + \cdots + d_{15} Y'_{t-15} + \epsilon_t \quad [C6.4]$$

$$X_{2,t} = C + f_1 X_{2,t-1} + \cdots + f_{15} X_{2,t-15} + g_1 X'_{1,t-1} + \cdots + g_{15} X'_{1,t-15} + h_1 Y'_{t-1} + \cdots + h_{15} Y'_{t-15} + \epsilon_t \quad [C6.5]$$

$\hat{d}_k$ 와 $\hat{h}_k\,(k=1,2,,15)$ 는 Y'_t 부터 $X'_{1,t}$ 와 $X_{2,t}$ 에 이르는 피드백을 측정하기 때문에 특히 이 계수들에 관심을 기울인다. 우선 두 개의 입력변수와 출력변수에 대한 과거시차 관측값을 각각 15개씩 생성한다. 예를 들어, $X_{1,12}$ 를 생성하기 위해서는 Syntax Editor에 다음과 같은 명령문을 입력한다.

"/x1t_12=LAG[x1t 12]"

그다음 단계로, 입력변수 주가($X_{1,t}$)에 대한 15개의 과거시차 관측값과 출력변수 산업생산(Y_t)에 대한 15개의 과거시차 관측값에 대한 자연로그 변환된 값으로 전환해야 한다. 예를 들어, x1t_12(즉, $X_{1,12}$)에 자연로그변환을 하기 위해서는 "Syntax Editor"에 다음 주어진 명령문을 입력한다.

"COMPUTE lnx1t_12=LN[x1t_12]."

'사례분석06_명령문2.sps' 파일을 열어 이에 관련된 명령문을 한꺼번에 실행할 수 있다.

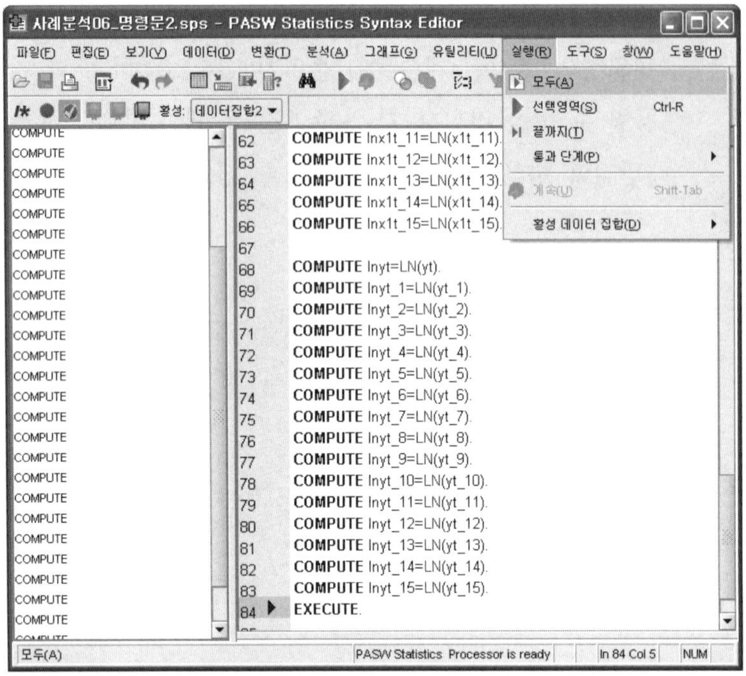

이제 [C6.4]식과 [C6.5]식을 적합시키기 위해서, 다음과 같이 "선도표 회귀 모형" 대화상자의 '독립변수' 란에 lnx1t_1,…, lnx1t_15, x2t_1, …, x2t_15, lnyt_1, …, lnyt_15(즉, $X'_{1,t-1},\cdots,X'_{1,t-15}, X_{2,t-1},\cdots,X_{2,t-15}, Y'_{t-1},\cdots, Y'_{t-15}$)를, '종속변수' 란에 lnx1t와 x2t(즉, $X'_{1,t}$ 와 $X_{2,t}$)를 번갈아 입력한다.

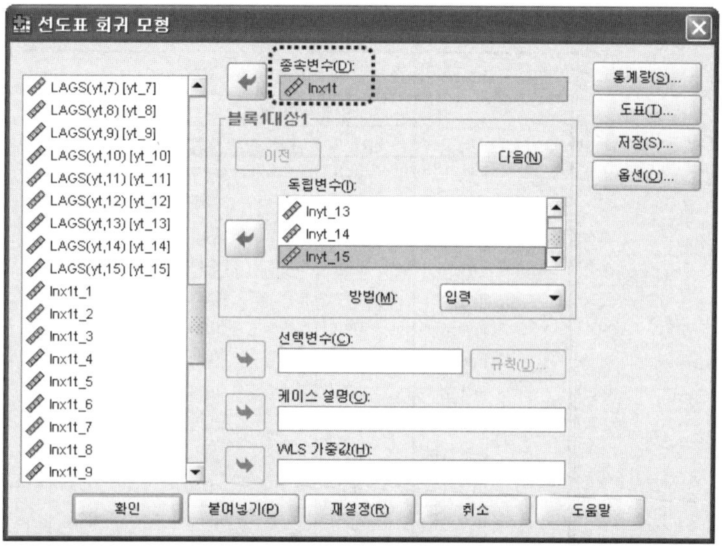

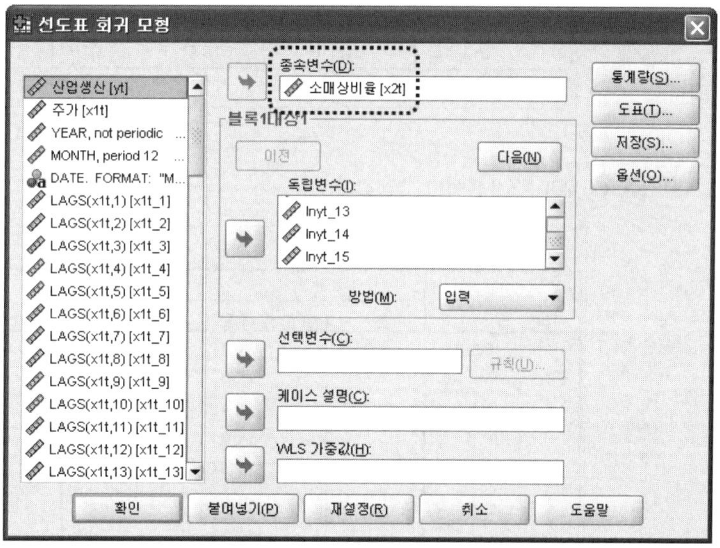

[표 C6.19]와 [표 C6.20]에 주어진 추정결과, d_k와 h_k, $k=1,\cdots,15$ 중 단지 h_{11}만이 유의하며(p값$=0.009$), 이는 표집변동에서 기인한 것으로 해석할 수 있다. 왜냐하면, 단기시차가 아닌 '장기시차 11'에서 발생하였기 때문이다. 따라서 출력변수부터 두 개의 입력변수에 이르는 피드백이 존재하지 않는 것으로 결론낼 수 있다. 이로써 단일식형태의 동적회귀모형을 구축할 수 있다.

[표 C6.19] [C6.4]식의 추정결과

계수[a]

모형		비표준화 계수 B	비표준화 계수 표준 오차 오류	표준화 계수 베타	t	유의확률
1	lnyt_1	-.066	.116	-.044	-.567	.571
	lnyt_2	-.009	.165	-.006	-.052	.958
	lnyt_3	.004	.123	.003	.030	.976
	lnyt_4	.064	.080	.043	.798	.425
	lnyt_5	.051	.080	.034	.635	.526
	lnyt_6	-.098	.080	-.066	-1.227	.221
	lnyt_7	.123	.080	.082	1.542	.124
	lnyt_8	-.071	.080	-.047	-.882	.378
	lnyt_9	-.064	.080	-.043	-.804	.422
	lnyt_10	-.013	.080	-.009	-.164	.869
	lnyt_11	.035	.079	.024	.445	.657
	lnyt_12	-.122	.080	-.082	-1.529	.127
	lnyt_13	.133	.127	.089	1.046	.296
	lnyt_14	.047	.164	.032	.290	.772
	lnyt_15	-.015	.107	-.010	-.143	.886

a. 종속변수: lnx1t

[표 C6.20] [C6.5]식의 추정결과

계수[a]

모형		비표준화 계수 B	비표준화 계수 표준 오차 오류	표준화 계수 베타	t	유의확률
1	lnyt_1	1.514	17.317	.035	.087	.930
	lnyt_2	-1.649	24.696	-.038	-.067	.947
	lnyt_3	-12.093	18.421	-.281	-.656	.512
	lnyt_4	9.479	11.983	.221	.791	.429
	lnyt_5	8.573	11.959	.200	.717	.474
	lnyt_6	3.275	11.938	.076	.274	.784
	lnyt_7	-15.827	11.926	-.369	-1.327	.185
	lnyt_8	5.035	11.970	.117	.421	.674
	lnyt_9	-19.103	11.895	-.446	-1.606	.109
	lnyt_10	5.803	11.955	.135	.485	.628
	lnyt_11	31.113	11.833	.727	2.629	.009
	lnyt_12	-14.192	11.936	-.332	-1.189	.235
	lnyt_13	1.239	18.991	.029	.065	.948
	lnyt_14	-18.288	24.473	-.427	-.747	.455
	lnyt_15	14.807	16.040	.346	.923	.357

a. 종속변수: 소매상비율

C6.3 동적회귀모형의 식별, 추정 및 모형진단

C6.3.1 초기 식별단계

이제 3장에서 다룬 선형전이함수의 식별방법을 적용해보자. 두 입력계열 각각에 대해 최대 15개월의 시차를 고려한 전이함수를 추정하고, 오차항에 대한 ARIMA구조를 $AR(1)(1)_{12}$로 우선 사용한다. 즉, 첫 번째 예비로 고려한 선형전이함수모형은 다음과 같다.

$$\begin{aligned} Y'_t &= C + \nu_1(B)X'_{1,t} + \nu_2(B)X_{2,t} + N_t \qquad [C6.6] \\ &= C + \nu_{1,0}X'_{1,t} + \nu_{1,1}X'_{1,t-1} + \cdots + \nu_{1,15}X'_{1,t-15} \\ &\quad + \nu_{2,0}X_{2,t} + \nu_{2,1}X_{2,t-1} + \cdots + \nu_{2,15}X_{2,t-15} + N_t \end{aligned}$$

여기에서 $i = 1,2$에 대해

$$\nu_i(B) = \nu_{i,0} + \nu_{i,1}B + \cdots + \nu_{i,15}B^{15}$$

$$N_t = \frac{1}{(1-\Phi_{12}B^{12})(1-\phi_1 B)}\epsilon_t$$

가 된다. 그러나, PASW 17.0(또는 18.0)에서 [C6.6]식을 적합시킬 절차는 존재하지 않기 때문에 [C6.6]식의 오차항계열(N_t)항을 자기회귀구조로 나타낼 수 없다. 따라서 32개의 독립변수($X'_{1,t}, X'_{1,t-1}, \cdots, X'_{1,t-15}, X_{2,t}, X_{2,t-1}, \cdots, X_{2,t-15}$)와 종속변수($Y'_t$) 간 선형회귀모형을 적합시킨 후에 생성된 잔차($\hat{N}_t$)를 사용하여 평균의 정상성 즉, 비계절적 및 계절적 차분 여부를 점검하기로 한다.

이를 PASW 17.0(또는 18.0)에 적용하기 위해서 팝업메뉴에서 분석(A) ▸ 회귀분석(R) ▸ 선형(L)을 선택한 후, "선도표 회귀 모형" 대화상자의 '종속변수' 란으로 'lnyt'를, '독립변수' 란으로 32개의 입력변수(lnx1t, lnx1t_1,⋯, lnx1t_15, x2t, x2t_1, ⋯, x2t15)를 이동시킨다. 최종적으로 잔차 자기상관함수를 계산하기 위해서는 잔차(res_1)를 저장해야 할 것이다.

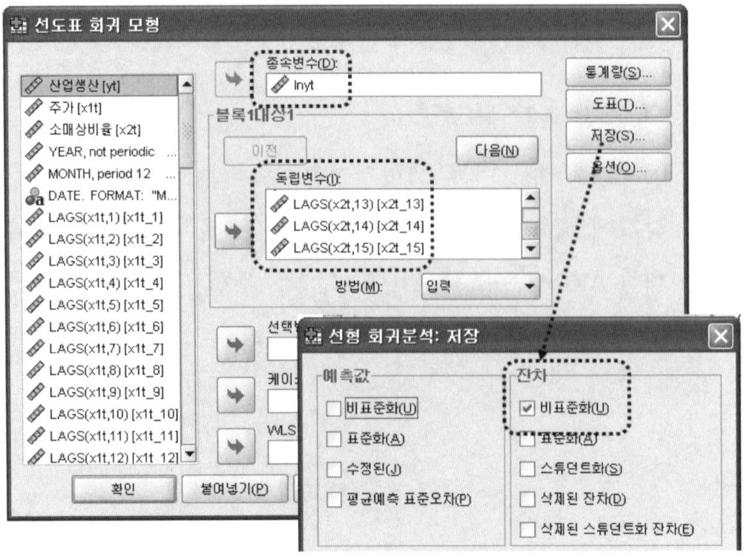

모형 [C6.6]식에 근거하여 생성된 잔차(res_1) 자기상관함수([그림 C6.21])는 서서히 감소하는 형태이기 때문에 비계절적 1차 차분($d=1$)이 필요함을 알 수 있다.

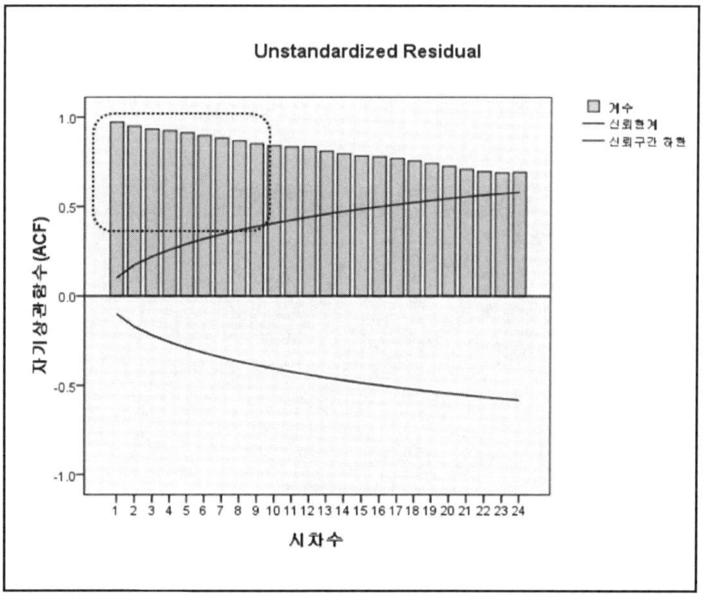

[그림 C6.21] 모형 [C6.6]식에 근거한 잔차 자기상관함수

따라서, 새로 고려할 예비 선형전이함수는 다음과 같다.

$$\begin{aligned}\nabla Y'_t &= C + \nu_1(B)\nabla X'_{1,t} + \nu_2(B)\nabla X_{2,t} + N_t \qquad [C6.7]\\ &= C + \nu_{1,0}\nabla X'_{1,t} + \nu_{1,1}\nabla X'_{1,t-1} + \cdots + \nu_{1,15}\nabla X'_{1,t-15}\\ &\quad + \nu_{2,0}\nabla X_{2,t} + \nu_{2,1}\nabla X_{2,t-1} + \cdots + \nu_{2,15}\nabla X_{2,t-15} + N_t^*\end{aligned}$$

여기에서 $\nu_1(B)$와 $\nu_2(B)$는 [C6.6]식에서 정의한 것과 동일하며, $N_t^* = \nabla N_t = \frac{1}{(1-\Phi_{12}B^{12})(1-\phi_1 B)}\epsilon_t$ 이다. 물론 [C6.7]식의 오차항에 대한 추정한 ARIMA모형의 자기회귀계수들과 상수항은 차분이 취해졌기 때문에 [C6.6]식의 것들과 다르게 된다.

모형 [C6.7]식을 통해서 추가적인 계절적 차분 및 비계절적 차분이 필요한지 여부를 점검하기 위해서는, 우선 주가계열에 자연로그를 취한 후 비계절 1차 차분을 취한 17개의 변수($\nabla Y'_t$, $\nabla X'_{1,t}$, $\nabla X'_{1,t-1}$, $\cdots$, $\nabla X'_{1,t-15}$)와 소매상백분율계열에 비계절적 차분을 취한 16개의 변수($\nabla X_{2,t}$, $\nabla X_{2,t-1}$,

$\cdots, \nabla X_{2,t-15}$)를 다음과 같이 생성한다. 참고로 $\nabla X'_{1,t-12}$(변수명은 'lnx1t_12d'로 지정)을 생성하기 위해서 Syntax Editor에 사용된 명령어는 "lnx1t_12d=DIFF (lnx1t_12 1)"이다(사례분석06_명령문3.sps 참고).

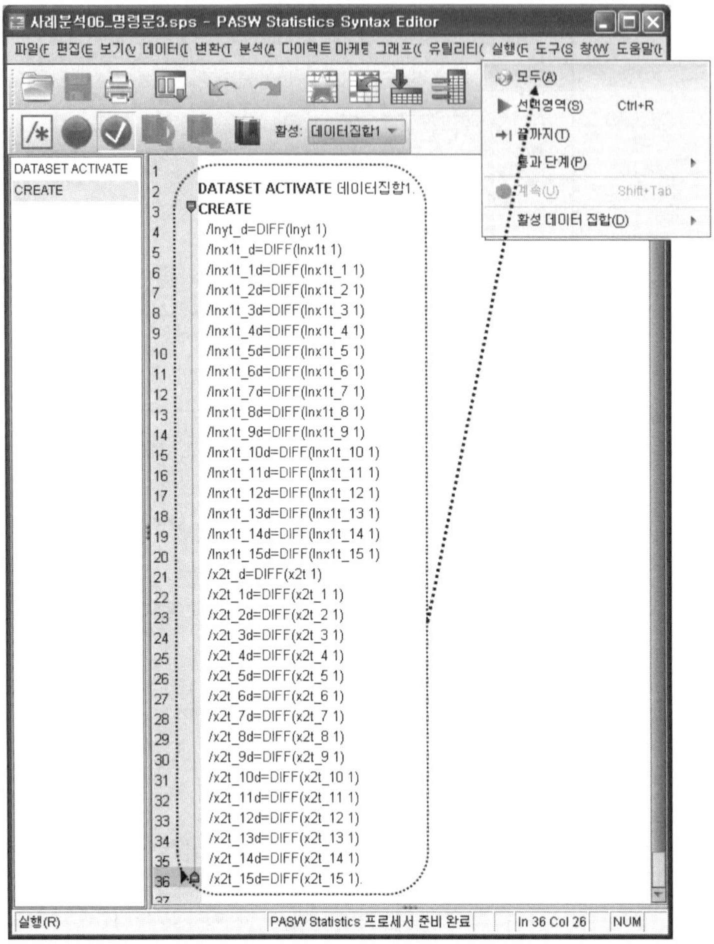

다음은 모형 [C6.7]식에 근거하여 생성된 잔차(RES_2)를 생성하기 위한 절차와 이 잔차에 대한 자기상관함수이다. 물론 이를 실행하기 위한 절차는 바로 앞 모형 [C6.7]식에서 다룬 것과 거의 흡사하다.

[그림 C6.22]에 주어진 잔차 상관함수를 살펴보면, 단기시차에 해당하는 자기상관계수들은 더 이상 서서히 감소하는 형태가 아니지만, 반면에 계절시차(12, 24)에 해당하는 자기상관계수는 95% 신뢰한계선으로 튀어 나와

있고 서서히 감소하는 패턴으로 판단된다. 이를 확장하여 3개의 계절시차에 대한 잔차 자기상관함수인 [그림 C6.23]을 살펴보면, 뚜렷하게 이를 재확인할 수 있을 것이다. 따라서 비계절적 차분은 더 이상 필요하지 않지만 계절적 1차 차분($D=1$)이 요구된다.

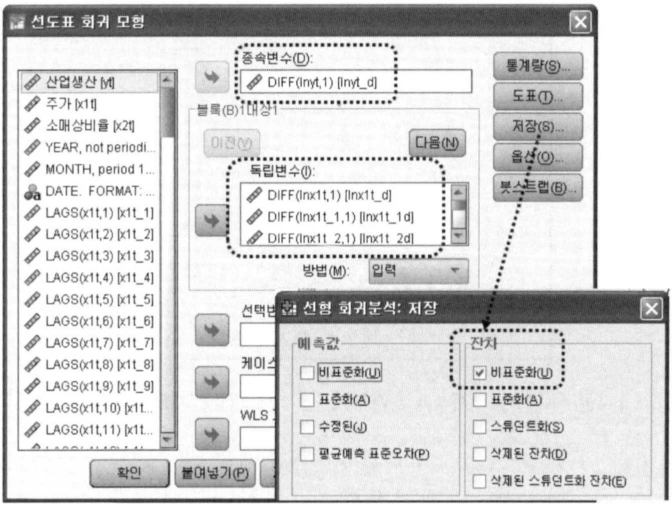

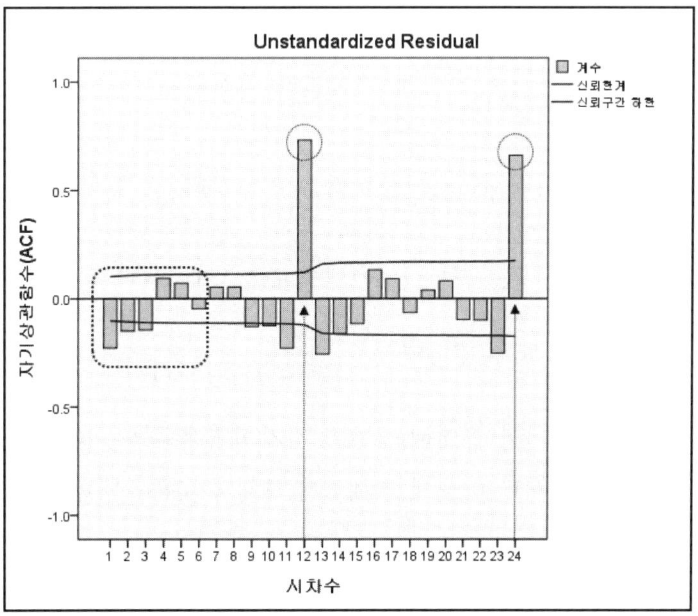

[그림 C6.22] 모형 [C6.7]식에 근거한 잔차 자기상관함수

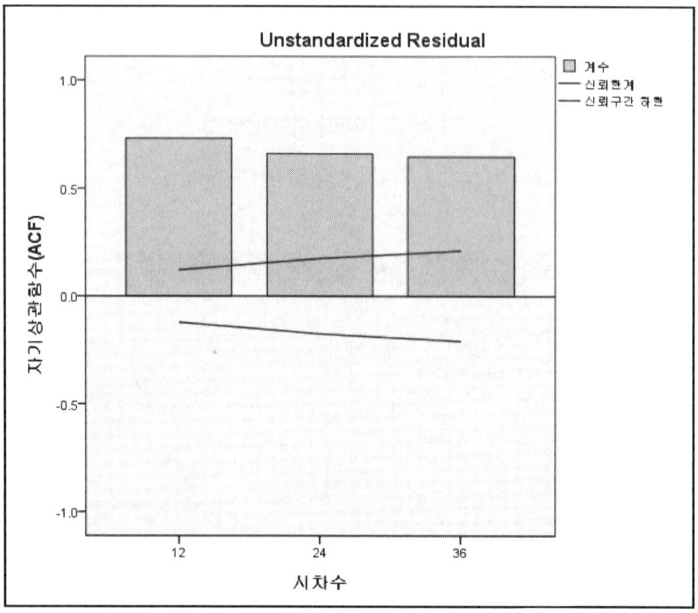

[그림 C6.23] 모형 [C6.7]식에 근거한 계절시차의 잔차 자기상관함수

따라서 비계절적 1차 차분과 계절적 1차 차분이 동시에 취해진 $(d=D=1)$ 또 다른 선형회귀모형 [C6.8]식으로 고려해야 할 것이다.

$$\begin{aligned}\nabla_{12}\nabla Y'_t &= \nu_1(B)\nabla_{12}\nabla X'_{1,t}+\nu_2(B)\nabla_{12}X_{2,t}+\eta_t \qquad [C6.8]\\ &= \nu_{1,0}\nabla_{12}\nabla X'_{1,t}+\nu_{1,1}\nabla_{12}\nabla X'_{1,t-1}+\cdots+\nu_{1,15}\nabla_{12}\nabla X'_{1,t-15}\\ &\quad+\nu_{2,0}\nabla_{12}\nabla X_{2,t}+\nu_{2,1}\nabla_{12}\nabla X_{2,t-1}+\cdots+\nu_{2,15}\nabla_{12}\nabla X_{2,t-15}+\eta_t\end{aligned}$$

여기에서 $\nu_1(B)$와 $\nu_2(B)$는 각각 [C6.6]식과 [C6.7]식에서 정의한 것과 동일하며, $\eta_t=\nabla_{12}\nabla N_t=\dfrac{1}{(1-\Phi_{12}B^{12})(1-\phi_1 B)}\epsilon_t$가 된다. 물론 [C6.8]식의 오차항에 대해 사용된 자기회귀계수들은 [C6.7]식에서 취해진 차분의 정도가 서로 다르게 취해졌기 때문에 [C6.6]식이나 [C6.7]식의 것들과 다르게 된다.

참고로 앞에서 언급한 바와 같이, PASW 17.0(또는 18.0)에서 [C6.8]식을 적합시킬 절차는 존재하지 않기 때문에 [C6.8]식의 오차항계열(N_t)항을 자기회귀구조로 나타낼 수 없다. 이제 [C6.7]식에서 생성된 33개의 비계절적 1차 차분된 변수 $(\nabla Y'_t, \nabla X'_{1,t}, \nabla X'_{1,t-1}, \cdots, \nabla X'_{1,t-15}, \nabla X_{2,t}, \nabla X_{2,t-1}, \cdots, \nabla X_{2,t-15})$ 모두에 다시 계절적 1차 차분(∇_{12})을 취해 [C6.8]식을 적합시킬 수 있다.

계절적 1차 차분을 취한 33개의 변수($\nabla_{12}\nabla Y'_t$, $\nabla_{12}\nabla X'_{1,t}$, $\nabla_{12}\nabla X'_{1,t-1}$, $\cdots$, $\nabla_{12}\nabla X'_{1,t-15}$, $\nabla_{12}\nabla X_{2,t}$, $\nabla_{12}\nabla X_{2,t-1}$, $\cdots$, $\nabla_{12}\nabla X_{2,t-15}$)를 다음과 같이 생성한다. 참고로 $\nabla_{12}\nabla X'_{1,t-12}$(변수명은 'lnx1t_12dD'로 지정)을 생성하기 위해서 "Syntax Editor"에 사용된 명령어는 "lnx1t_12dD=SDIFF(lnx1t_12d 1)"이다 (사례분석06_명령문4.sps 참고).

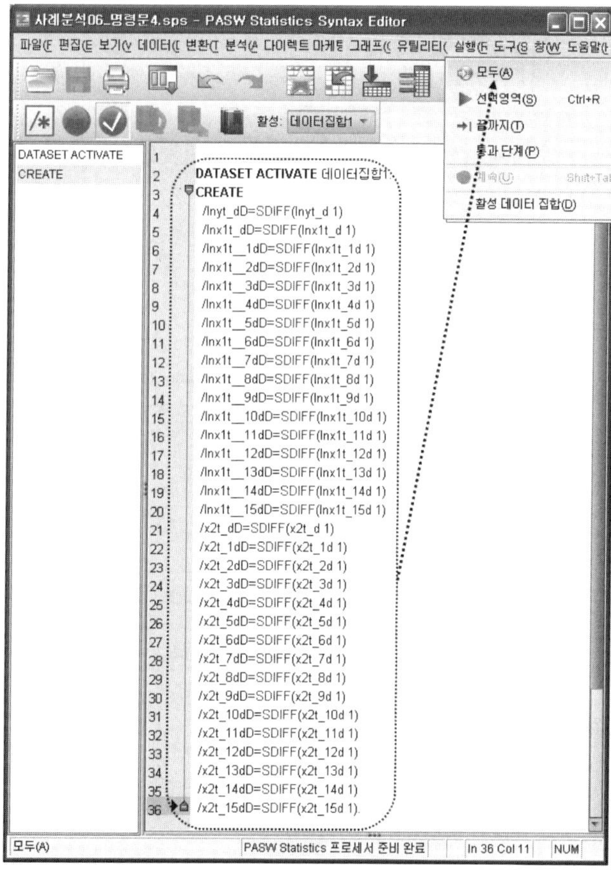

다음은 모형 [C6.8]식에 근거하여 생성된 잔차(RES_3)를 생성하기 위한 절차와 이 잔차에 대한 자기상관함수이다. 참고로 [C6.8]식에서 상수항은

포함되어 있지 않다(p값 $= 0.964$). 즉, 추가적으로 차분을 취한 결과 모형 내에서 상수항을 훨씬 덜 중요하게 고려되었다.

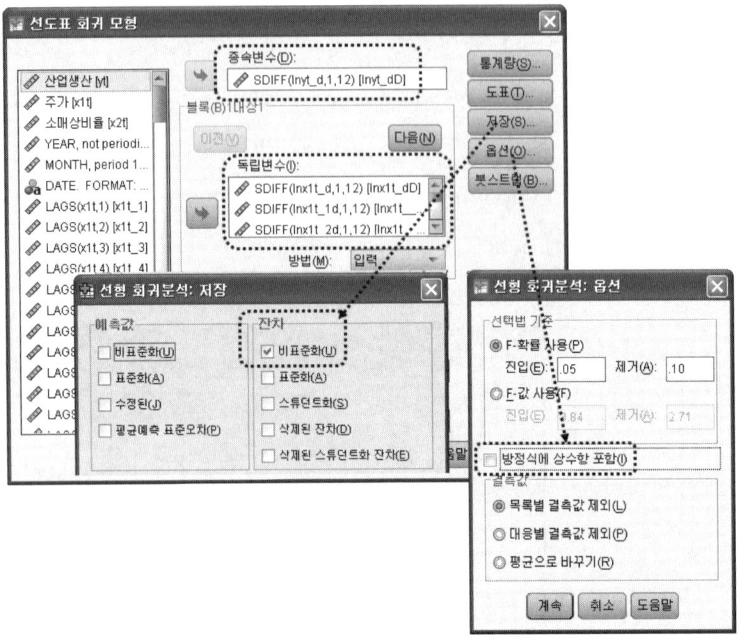

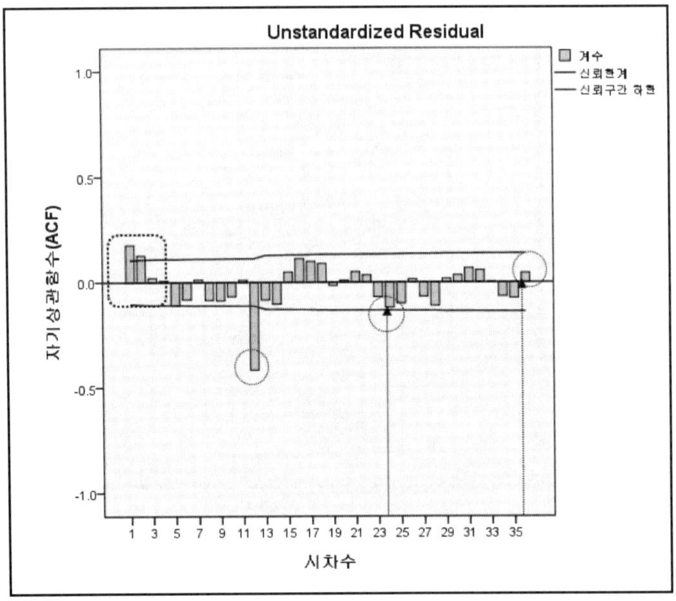

[그림 C6.24] 모형 [C6.8]식에 근거한 잔차 자기상관함수

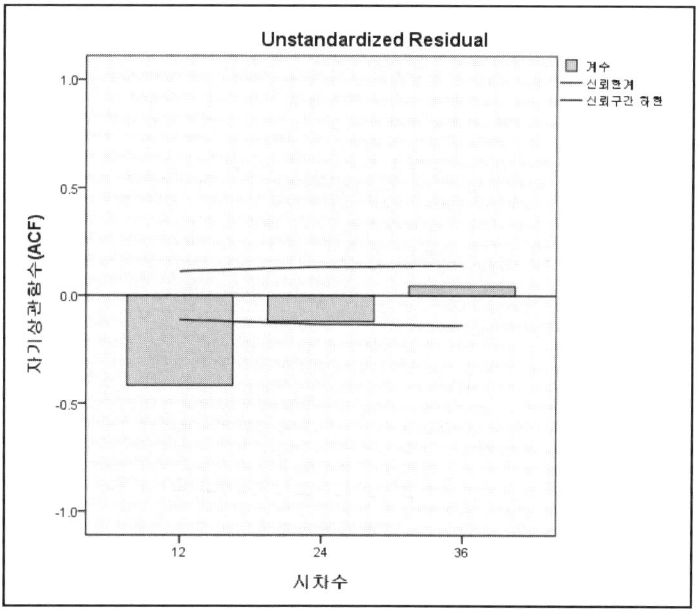

[그림 C6.25] 모형 [C6.8]식에 근거한 계절시차의 잔차 자기상관함수

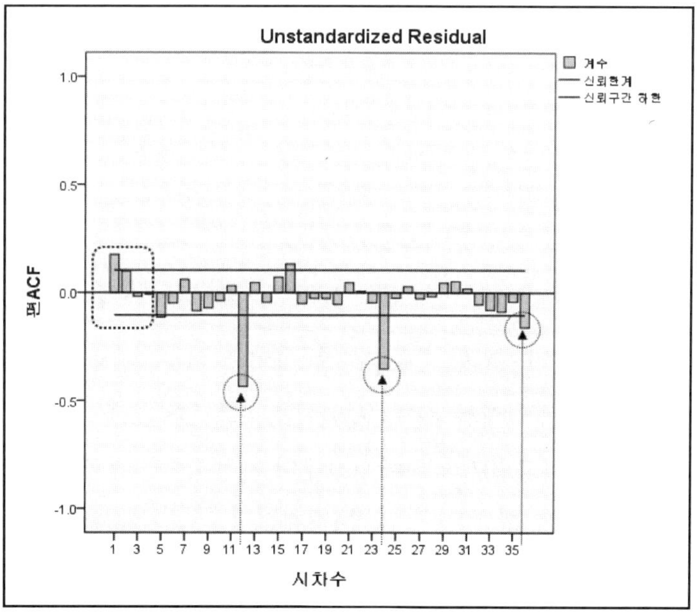

[그림 C6.26] 모형 [C6.8]식에 근거한 잔차 편자기상관함수

[그림 C6.24]와 [그림 C6.25]의 잔차 자기상관함수에서 단기시차들과

계절시차들에 각각 해당하는 자기상관계수들이 급격히 감소하는 형태이므로 오차항계열의 평균이 정상적임을 알 수 있다. 따라서 더 이상의 비계절적 차분과 계절적 차분이 필요없다. 다음은 모형 [C6.8]식에 근거한 잔차 자기상관함수와 잔차 편자기상관함수이다.

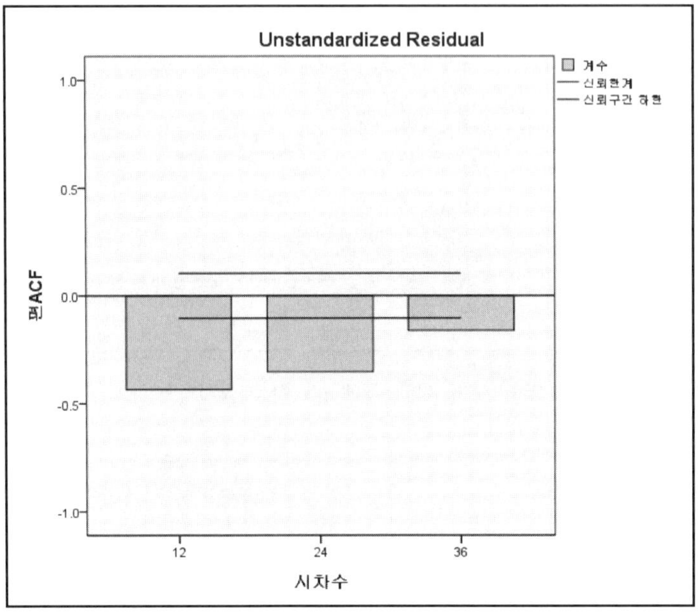

[그림 C6.27] 모형 [C6.8]식에 근거한 계절시차의 잔차 편자기상관함수

C6.3.2 오차항에 대한 ARIMA모형의 식별

우선 모형 [C6.8]식에 근거한 잔차 자기상관함수([그림 C6.25])를 살펴보면, 계절시차 중 '시차 12'를 제외한 '24'와 '36' 모두 통계적으로 유의하지 않고, 반면에 [그림 C6.27]에서 3개의 계절시차들에 해당된 편자기상관계수들은 감소하는 형태이다. 따라서 계절적 1차 차분($D=1$)과 비계절적 1차 차분($d=1$)이 동시에 취해진 오차항계열의 계절적인 부분은 $MA(1)_{12}$모형으로 식별할 수 있다.

오차항계열의 패턴에 대한 비계절적 부분은 계절적 부분에 비해 식별하기가 명확하지 않지만, 단기시차들에 해당하는 자기상관계수들과 편자기상관계수들을 동시에 고려하면([그림 C6.24]와 [그림 C6.26]의 점선으로 표시된 상자 참고), AR(1)모형 MA(1)모형 또는 MA(2)모형 또는 ARMA(1,1)모형 중 하나로 집약할 수 있다.

따라서 앞에서 식별한 계절적부분과 비계절적부분을 조합하면 오차항계열(N_t)에 대해서 ARIMA(1,1,0)(0,1,1)$_{12}$모형 또는 ARIMA(0,1,1)(0,1,1)$_{12}$모형 ARIMA(0,1,2)(0,1,1)$_{12}$모형 또는 ARIMA(1,1,0)(1,1,1)$_{12}$모형($\eta_t = \nabla_{12} \nabla N_t$에 대해 ARMA(1,0)(0,1)$_{12}$모형 또는 ARMA(1,0)(0,1)$_{12}$모형 또는 ARMA(0,2)(0,1)$_{12}$모형 또는 ARMA(1,1)(0,1)$_{12}$모형)을 임시로 식별할 수 있다.

그러나, 더 확실한 방법은 C6.3.3절에 주어진 전이함수의 요소를 식별한 후, 식별한 전이함수 요소인 (b,r,h)와 오차항계열에 취해진 차분 $(D=d=1)$만이 포함된 모형을 추정한다. 그리고, 생성된 잔차를 사용하여 오차항에 남겨진 자기회귀요소와 이동평균요소를 캐내어 모형에 하나씩 추가시킨다. 물론 이때 두 개의 잔차 상관함수를 사용하여 계절시차에서 계절적 변동이 발견되면, 우선 계절적 요소만을 모형에 포함시켜 적합시킨다. 그리고 다시 단기시차에 해당하는 두 개의 잔차 상관함수를 사용하여 유의한 상관계수를 발견하면 이에 해당하는 비계절적 요소를 모형에 추가시킨다. 이에 해당하는 구체적인 사항은 정동빈(2009)[2]을 참고하기 바란다.

C6.3.3 전이함수의 식별

입력변수 주가($X_{1,t}$)에 대한 식별

동적회귀모형을 구축하기 위해서는 오차항계열뿐만 아니라 두 개의 입력변수($X_{1,t}$, $X_{2,t}$)에 대한 전이함수를 각각 식별해야 할 것이다. 우선 주가($X'_{1,t}$)를 고려해보자. 모형 [C6.8]식을 근거로 하여 추정된 임펄스 반응가중값($\hat{\nu}_{1,k}$)은 다음 주어진 첫 16개의 추정계수가 된다(1.871E−3,⋯,3.542E−2). 이때 k는 0부터 15까지의 정수이다.

2) 정동빈 (2009), ≪시계열 수요예측 I≫, 한나래아카데미.

[표 C6.28] [C6.8]식의 추정결과

계수[a,b]

모형		비표준화 계수		표준화 계수		
		B	표준오차	베타	t	유의확률
1	SDIFF(LNX1TD,1,12)	1.871E-03	.023	.004	.082	.935
	SDIFF(LNX1TD1,1,12)	2.470E-02	.024	.057	1.051	.294
	SDIFF(LNX1TD2,1,12)	7.352E-02	.024	.167	3.103	.002
	SDIFF(LNX1TD3,1,12)	2.399E-03	.024	.005	.100	.921
	SDIFF(LNX1TD4,1,12)	4.470E-02	.021	.102	2.119	.035
	SDIFF(LNX1TD5,1,12)	6.367E-02	.021	.145	3.025	.003
	SDIFF(LNX1TD6,1,12)	2.148E-02	.021	.049	1.012	.312
	SDIFF(LNX1TD7,1,12)	-2.204E-02	.021	-.050	-1.038	.300
	SDIFF(LNX1TD8,1,12)	9.880E-03	.021	.022	.465	.642
	SDIFF(LNX1TD9,1,12)	2.877E-03	.021	.007	.135	.892
	SDIFF(LNX1TD10,1,12	-1.376E-02	.021	-.031	-.653	.514
	SDIFF(LNX1TD11,1,12	-5.936E-04	.021	-.001	-.028	.978
	SDIFF(LNX1TD12,1,12	-8.299E-03	.024	-.019	-.345	.731
	SDIFF(LNX1TD13,1,12	1.260E-02	.024	.029	.523	.602
	SDIFF(LNX1TD14,1,12	1.679E-02	.024	.039	.697	.486
	SDIFF(LNX1TD15,1,12	3.542E-02	.023	.082	1.516	.130
	SDIFF(X2TD,1,12)	8.051E-05	.000	.029	.513	.608
	SDIFF(X2TD1,1,12)	3.481E-04	.000	.125	2.168	.031
	SDIFF(X2TD2,1,12)	5.509E-04	.000	.199	3.448	.001
	SDIFF(X2TD3,1,12)	3.723E-04	.000	.134	2.327	.021
	SDIFF(X2TD4,1,12)	2.997E-04	.000	.108	2.178	.030
	SDIFF(X2TD5,1,12)	1.224E-04	.000	.044	.897	.370
	SDIFF(X2TD6,1,12)	9.246E-05	.000	.034	.680	.497
	SDIFF(X2TD7,1,12)	8.295E-05	.000	.030	.613	.540
	SDIFF(X2TD8,1,12)	2.203E-04	.000	.080	1.639	.102
	SDIFF(X2TD9,1,12)	-2.595E-04	.000	-.094	-1.916	.056
	SDIFF(X2TD10,1,12)	1.430E-04	.000	.052	1.056	.292
	SDIFF(X2TD11,1,12)	1.868E-04	.000	.068	1.381	.168
	SDIFF(X2TD12,1,12)	5.060E-05	.000	.018	.325	.745
	SDIFF(X2TD13,1,12)	1.035E-04	.000	.038	.672	.502
	SDIFF(X2TD14,1,12)	-1.257E-04	.000	-.046	-.811	.418
	SDIFF(X2TD15,1,12)	-1.081E-04	.000	-.040	-.718	.473

a. 종속변수: SDIFF(LNYTD,1,12)

b. 원점을 통한 선형 회귀

$\hat{\nu}$ 가중값들은 대부분 양의 값을 갖는다. 이는 산업생산이 주가($X'_{1,t}$)와 비례관계가 있음을 나타낸다. $\hat{\nu}$ 가중값들을 사용하여 전이함수를 식별하기 위해서는, 4장에서 언급한 5개의 실전적 분석전략을 앞에서 구한 16개 계수들의 패턴에 적용시킨다. 다음은 16개 추정계수의 패턴을 시각적으로 쉽게 파악하기 위해 나타낸 주가($X'_{1,t}$)에 대한 표본 임펄스 반응함수를 그래프로 나타낸 것이다.

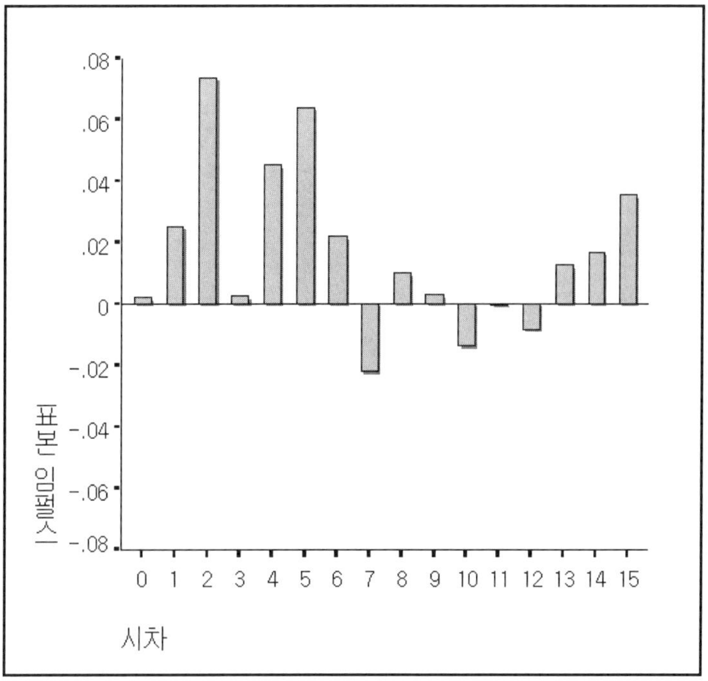

[그림 C6.29] 주가($X'_{1,t}$)에 대한 표본 임펄스 반응함수

1) 첫 두 개의 $\hat{\nu}$ 가중값($\hat{\nu}_{1,0}$, $\hat{\nu}_{1,1}$)은 5% 유의수준에서 유의하지 않다(각 p값은 0.935, 0.294이다). 이는 무반응시간($b1$)이 '2'임을 나타낸다.

2) 나머지 $\hat{\nu}$ 가중값들에 불규칙 변동이 다소 많아 보이지만, 시차 2, 4, 6, 8, 11의 윗부분을 연결하면 단순 지수적인 감소형태로 식별할 수 있다. 반면에 시차 2, 4, 5에서 유의한(p값이 각각 0.002,0.035,0.003) $\hat{\nu}$ 가중값들을 모두 패턴이 없는 항으로 간주하면 '$r1=0$'으로 판단할 수 있다. $X'_{1,t}$ 에 대한 임펄스 반응함수가 명확히 감소패턴이라고 단정지을 수 없지만, 반면에 시차 2, 4, 5에서 다른 시차들과 일정한 패턴관계가 없으면서 특별히 중요하게 다루어야 할 근거는 찾을 수 없다.

당분간 임펄스 반응함수에 나타난 $\hat{\nu}$ 가중값 패턴을 감소하는 형태로 간주해보자. 물론 이런 형태의 감소하는 패턴은 3장에서 다룬 이론적인 임펄스 반응함수들과 같이 명확하지 않다. 표본 임펄스 반응함수를 평가할 때는 표본오차를 어느 정도 감안하면서 주요패턴에 초점을 맞춘다. 임시로 감소하는 패턴을 고려할 때, 패턴 내에 포함된 몇몇 $\hat{\nu}$ 가중값들이 유의하지 않더라도 이들을 무시해서는 안 된다. 즉, 이 경우 '시차 5' 이후의 모든 $\hat{\nu}$ 가중값은 5% 유의수준에서 유의하지 않지만, 지수적으로 감소하지 않는다고 과도하게 판정할 수는 없다. 임펄스 반응함수의 감소형태가 단순 지수적인 패턴보다 더 복잡할 수 있지만, 단순한 대안으로 시작하는 것이 최선일 수 있다. 당분간 '$r1 = 1$'을 선택하면 '$\delta_1(B) = 1 - \delta_{1,1}B$'가 된다.

3) $r1$은 전이함수의 분모부분의 차수이며 동시에 분자부분의 감소가 시작하는 항의 수와 동일하다. $r1 = 1$을 선택하였기 때문에 감소가 시작항을 하나 찾는다. 3장의 [실전적 분석전략 3]에서 언급한 바와 같이, max$|\nu|$은 감소가 나타나는 $\hat{\nu}$ 가중값들 중 $\hat{\nu}$ 가중값이 가장 큰 것을 선택한다. 이 경우 max$|\nu|$는 '시차 2'에서 발생한다.

4) 다음은 패턴이 없는 $\hat{\nu}$ 가중값들의 수를 나타내는 $u1$을 고른다. $r1 > 0$이므로 u는 '시차 0'부터 감소형태가 시작하는 바로 앞 시차까지 '0'이 아닌 (유의한) $\hat{\nu}$ 가중값의 수가 된다. 즉, 감소가 시작하는 항은 단지 $\hat{\nu}_{1,2}$이며, $\hat{\nu}_{1,2}$의 왼쪽에 있는 가중값들 중 유의한 것은 하나도 없기 때문에 '$u1 = 0$'이다.

5) 마지막으로 '$h1 = u1 + r1 - 1 = 0 + 1 - 1 = 0$'이다. 따라서 전이함수의 분자부분에 단지 하나의 항($\omega_{1,0}$)만을 고려한다.

주가($X'_{1,t}$)에 대한 전이함수의 차수인 $(b1, r1, h1)$을 임시로 (2,1,0)으로 식별하였다. 만일 모형을 추정 및 점검한 결과 임시로 고려한 모형이 적절하지 않으면, 다시 임펄스 반응함수를 재검토함으로써 $(b1, r1, h1)$에 대한 추가 정보를 얻어야 할 것이다.

소매상백분율($X_{2,t}$)에 대한 전이함수 식별

다음은 나머지 입력변수 소매상백분율($X_{2,t}$)에 대한 추정된 임펄스 반응가중값들($\hat{\nu}_{2,k}$)을 고려해보자. 모형 [C6.8]식을 근거로 하여 추정된 임펄스 반응가중값($\hat{\nu}_{2,k}$)은 [표 C6.28]에서 구한 나머지 첫 16개의 추정계수가 된다 (8.051E-5, …, -1.08E-4). 이를 그래프로 나타내면 다음과 같다.

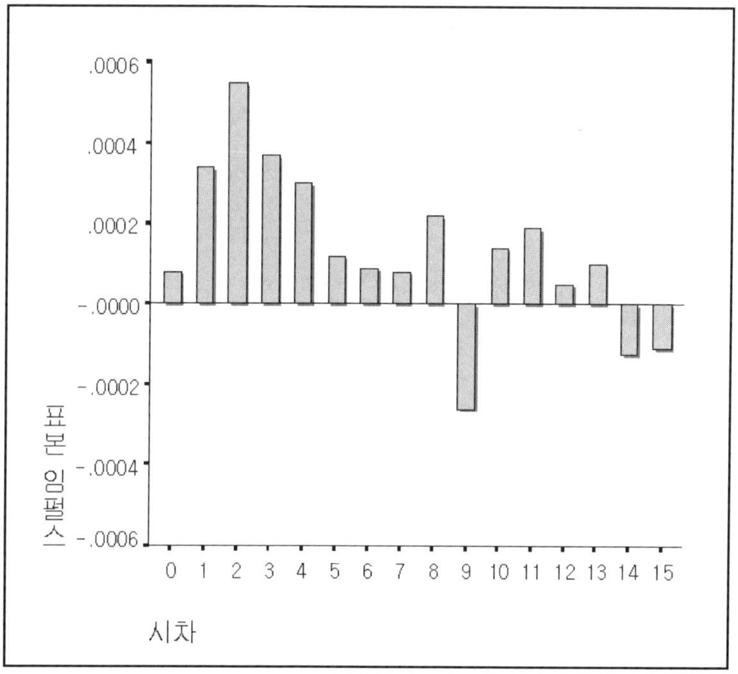

[그림 C6.30] 소매상 백분율($X_{2,t}$)에 대한 표본 임펄스 반응함수

특히 5% 유의수준에서 통계적으로 유의한 계수($\nu_{2,1}, \nu_{2,2}, \nu_{2,3}, \nu_{2,4}$) 모두가 양의 값을 갖는다. 이는 예상한 대로 Y_t와 $X_{2,t}$ 사이에 비례관계가 있음을 알려준다. '시차 0'부터 시작할 때 유의하지 않은 계수는 단지 $\nu_{2,0}$ 하나이다. 이는 무반응시간($b2$)이 '1' 즉, 한 달임을 의미한다. 어떤 형태의 감소패턴이 $\hat{\nu}$ 가중값들을 특징짓는지를 결정해보자. 다음 주어진 가능성들을 고려해볼 수 있다.

1) 아마 감소하는 패턴이 없으면 '$r2=0$', '$\delta_2(B)=1$'이 된다. 따라서 '시차 1'부터 '시차 4'까지 유의한 항들에 초점을 두면,

$$\omega_2(B)B = (\omega_{2,0}+\omega_{2,1}B+\omega_{2,2}B^2+\omega_{2,3}B^3)B$$

를 지정할 수 있다. 나머지 $\hat{\nu}$ 가중값은 유의하지 않고 매우 불규칙적이다. 즉, 전이함수의 구성요소를 '$(b2,r2,h2)=(1,0,3)$'으로 식별한다.

2) 만일 단순 지수적인 감소형태라면 '$r2=1$', '$\delta_2(B)=(1-\delta_{2,1}B)$'가 된다. $r2=1$인 상황에서 감소가 시작하는 항은 하나이다. 3장에서 언급한 '실전적 분석전략 3'을 그대로 적용하면, 감소가 시작하는 항을 $\max|\nu|=\hat{\nu}_{2,2}$로 선택할 수 있다. $\hat{\nu}_{2,2}$는 다른 $\hat{\nu}$ 가중값들보다 절대값이 크며, '시차 2' 이후 $\hat{\nu}$ 가중값들은 감소하는 형태이다. '시차 2'의 앞 시차들 중 '시차 1'에서 유의한 값을 가지므로 '$u2=1$'이 된다. 따라서 '$h2=u2+r2-1=1+1-1=1$'이 되며, 임시로 식별한 전이함수는 $\dfrac{(\omega_{2,0}+\omega_{2,1}B)B}{(1-\delta_{2,1}B)}\nabla_{12}\nabla X_{2,t}$가 된다. 다시 말해서, 전이함수의 구성요소를 '$(b2,r2,h2)=(1,1,1)$'로 식별한다.

3) $r2=1$을 고려한 상황에서 $\max|\nu|=\hat{\nu}_{2,1}$을 $\hat{\nu}_{2,2}$ 대신 감소가 시작하는 항으로 선택할 수 있다. 이는 3장에서 언급한 '실전적 분석전략 3'에 위배된다. 그러나, 실전적 분석전략은 단지 생각하는 방향을 제시하는 것에 불과하다. $\hat{\nu}_{2,1}$은 $\hat{\nu}_{2,2}$와 큰 차이가 없으며, '시차 1' 이후 $\hat{\nu}$ 가중값들이 근사적으로 지수적으로 감소한다고 생각할 수 있다(아마도 $\hat{\nu}_{2,2}$가 $\hat{\nu}_{2,1}$보다 큰 이유를 표본오차의 탓으로 돌릴 수 있다). 즉, 전이함수의 구성요소를 $(b2,r2,h2)=(1,1,0)$으로 고려할 수 있다. 이 모형은 패턴이 없는 항이 없고, 감소가 시작하는 항은 '시차

1'에서 발생한다. 이를 전이함수로 표현하면 $\frac{\omega_{2,0}B}{(1-\delta_{2,1}B)}\nabla_{12}\nabla X_{2,t}$ 가 된다.

4) 마지막으로 $r2>0$인 상황에서 감소하는 패턴이 더 복잡하다고 가정할 수 있다. 그러나 실제 이런 형태의 전이함수는 거의 발생하지 않고 더 이상 이를 전개하지 않기로 한다.

어떤 전이함수를 어떻게 선택해야 하나? 가장 좋은 방법은 가장 단순한 형태의 전이함수부터 시작하는 것이다. 즉, 단지 두 개의 모수($\omega_{2,0}, \delta_{2,1}$) 만을 추정하는 세 번째 전이함수인 '$(b2,r2,h2)=(1,1,0)$'을 선택한다.

지금까지 두 입력변수에 대한 전이함수를 각각 식별하였다. 이를 동적회귀모형으로 표현하기 위해서는 다음과 같이 두 입력변수에 대해 식별한 각각의 전이함수를 가법적인 형태로 나타낼 수 있다.

$$\nabla_{12}\nabla Y'_t = \frac{\omega_{1,0}B^2}{(1-\delta_{1,1}B)}\nabla_{12}\nabla X'_{1,t} + \frac{\omega_{2,0}B}{(1-\delta_{2,1}B)}\nabla_{12}\nabla X_{2,t} + \eta_t$$

[C6.9]

여기에서 차분된 오차항계열($\eta_t=\nabla_{12}\nabla N_t$)에 대한 ARIMA모형은 C6.3.2절에서 식별한 4개 모형 중 하나를 선택할 수 있다. 그러나, 보다 단계적인 모형구축을 위해서 차분된 오차항계열(η_t) 즉, ARIMA(0,1,0)(0,1,0)$_{12}$모형과 전이함수 [C6.9]식을 조합한 동적회귀모형을 적합한 후, 생성된 잔차를 이용하여 오차항계열에 숨어있는 자기회귀요소 또는 이동평균요소를 탐색하여 모형 [C6.9]식에 추가시키는 방향으로 분석을 진행하기로 한다.

C6.4 재식별, 추정 및 모형검진

[사례분석 4]와 마찬가지로 모형 [C6.9]식을 전개하여 시차가 동일한 입력변수와 출력변수로 정리하면 다음과 같다.

$$(1-\delta_{1,1}B)(1-\delta_{2,1}B)\nabla_{12}\nabla Y'_t=\omega_{1,0}B^2(1-\delta_{2,1}B)\nabla_{12}\nabla X'_{1,t}$$
$$+\,\omega_{2,0}B(1-\delta_{1,1}B)\nabla_{12}\nabla X_{2,t}+\eta_t^*$$
$$\nabla_{12}\nabla Y'_t=(\delta_{1,1}+\delta_{2,1})\nabla_{12}\nabla Y'_{t-1}-\delta_{1,1}\delta_{2,1}\nabla_{12}\nabla Y'_{t-2}$$
$$+\,\omega_{1,0}\nabla_{12}\nabla X'_{1,t-2}-\omega_{1,0}\delta_{2,1}\nabla_{12}\nabla X'_{1,t-3}$$
$$+\,\omega_{2,0}\nabla_{12}\nabla X_{2,t-1}-\omega_{2,0}\delta_{1,1}\nabla_{12}\nabla X_{2,t-2}+\eta_t^*$$

[C6.10]

여기에서 η_t^*는 η_t를 재조정된 오차항계열이다. 참고로 [C6.8]식에 더 이상의 계절적 차분 및 비계절적 차분이 필요없음을 이미 확인한 바 있다.

모형 [C6.10]식을 PASW 17.0(또는 18.0)에 적용하기 위해서는, 팝업메뉴에서 분석(A) ▸ 예측 ▸ 모형생성(C)... 을 선택한 후, "시계열 모형 생성기" 대화상자가 나타나면, '산업생산(yt)'을 '종속변수(D):' 란으로, '주가(x1t)'와 '소매상백분율(x2t)'를 '독립변수(I):' 란으로 각각 이동시키고, '방법(M):' 란에서 ARIMA 를 선택한다.

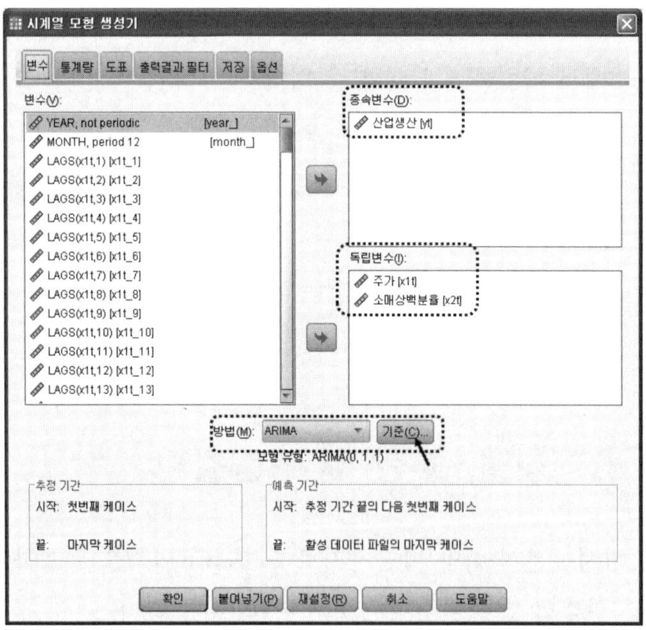

그리고, [기준(C)...] 단추를 누른 후, 아래와 같이 오차항계열 부분에 해당하는 요소를 지정하기 위해서 “시계열 모형 생성기: ARIMA 기준” 대화상자의 좌측상단의 ‘모형’ 단추를 누른다. 그리고, 모형 [C6.9]식에서 비계절적 및 계절적 1차 차분을 동시에 취한 오차항계열(η_t)의 ARIMA(0,1,0)(0,1,0)$_{12}$ 모형의 요소인 ‘0 1 0 0 1 0’을 차례로 입력한다. 물론 C6.2.1절에서 출력변수인 산업생산계열(Y_t)의 분산을 정상적으로 만들기 위해 자연로그변환을 취하였기 때문에 ‘자연로그(T)’를 체크한다.

추가로 [□모형에 상수 포함(I)] 란에 체크표시를 제거한 이유는 아래 주어진 “전이함수”요소까지 모형에 추가시킨 후 추정한 결과, 상수항이 5% 유의수준에서 유의하지 않았기 때문이다(p값 = 0.893). 즉, 고려한 모형에서 제외시켰다. 물론 모형을 추정할 때 우선적으로 상수항을 모형에 포함시킨 후 그 유의성을 점검해야 할 것이다.

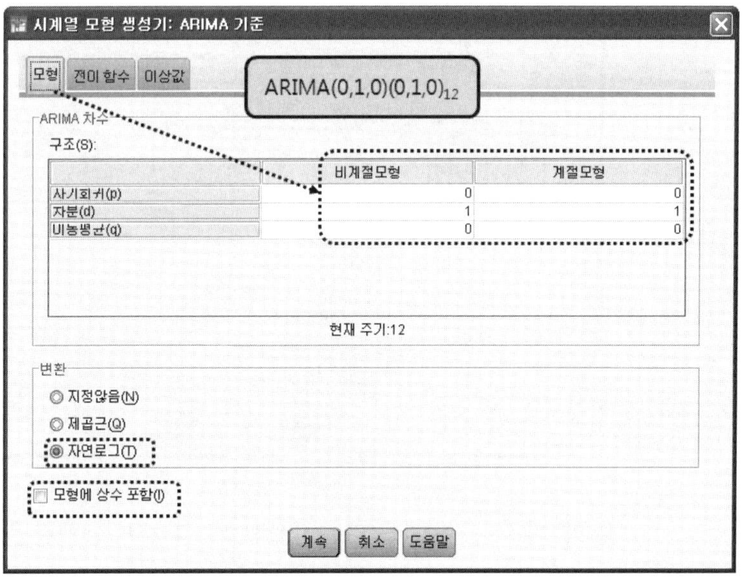

다음으로 동적회귀모형인 [C6.9]식의 전이함수부분에 해당하는 요소를 두 개의 입력변수($X'_{1,t}$, $X_{2,t}$)를 PASW 17.0(또는 18.0)에 입력하기 위해서, 하나씩 3개의 구성요소를 입력한다. 우선 모형 [C6.9]식에서 주가계열($X_{1,t}$)

에 해당하는 요소인 $\dfrac{\omega_{1,0}B^2}{(1-\delta_{1,1}B)}\nabla_{12}\nabla X'_{1,t}$ 즉, $(b1,r1,h1)=(2,1,0)$를 입력하기 위해서, "시계열 모형 생성기: ARIMA 기준" 대화상자에서 '전이함수' 단추를 누른 후, '독립변수' 목록상자의 '주가$(X_{1,t})$'를 선택한 후 세 가지 요소를 하나씩 입력한다. 다시 말해서, '보류(D):' 란에 '$b=2$'를, 분자는 $\omega_{1,0}$이기 때문에 '분자' 란에 '$h=0$'을, 분모는 $(1-\delta_{1,1}B)$이기 때문에 '$r=1$'을 입력한다. 마지막으로 [C6.9]식에서 입력변수 '주가$(X_{1,t})$'는 자연로그변환, 비계절적 1차 차분 및 계절적 1차 차분이 취해졌기 때문에, '자연로그(T)'를 체크하고 '차분'과 '비계절모형' '계절모형'이 교차하는 란에 각각 '1'을 입력한다.

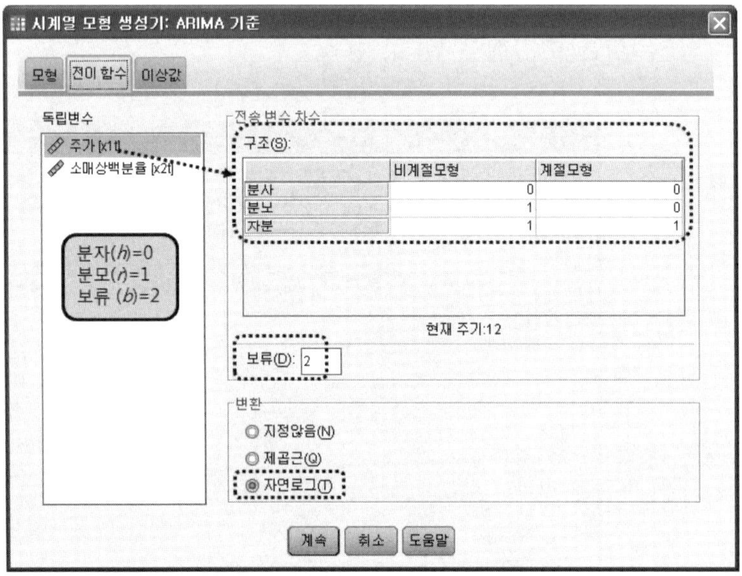

앞과 마찬가지로 또 다른 입력변수인 소매상백분율$(X_{2,t})$의 전이함수 부분에 해당하는 요소인 $\dfrac{\omega_{2,0}B}{(1-\delta_{2,1}B)}\nabla_{12}\nabla X_{2,t}$ 즉, $(b2,r2,h2)=(1,1,0)$를 입력하기 위해서, '보류(D):' 란에 '$b=1$'을, 분자는 $\omega_{1,0}$이기 때문에 '분자' 란에 '$h=0$'을, 분모 역시 $(1-\delta_{2,1}B)$이기 때문에 '$r=1$'을 입력한다.

[C6.9]식에서 입력변수 소매상백분율($X_{2,t}$)는 역시 비계절적 1차 차분 및 계절적 1차 차분이 취해졌기 때문에, '차분'과 '비계절모형' '계절모형'이 교차하는 란에 각각 '1'을 입력한다. 물론 여기에서 오차항계열(η_t)을 ARIMA(0,1,0)(0,1,0)$_{12}$모형으로 추정할 동적회귀모형 [C6.9]식이 완전할 것으로 기대하지 않을 것이다. 왜냐하면, 이 모형에 근거하여 생성된 잔차에

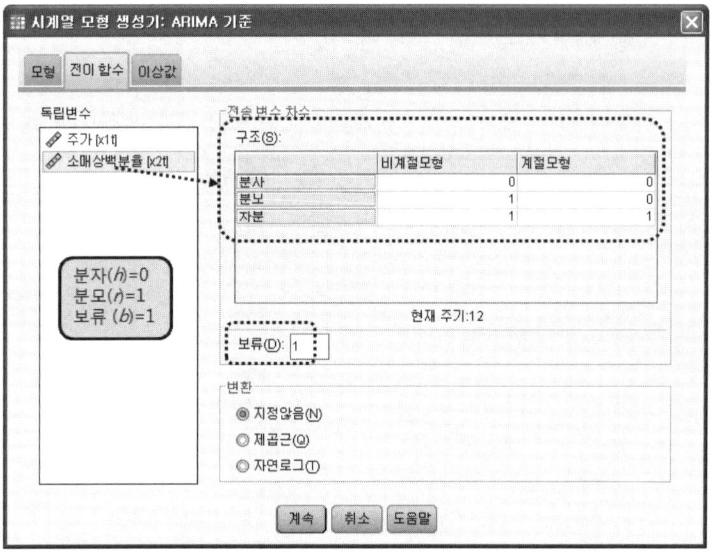

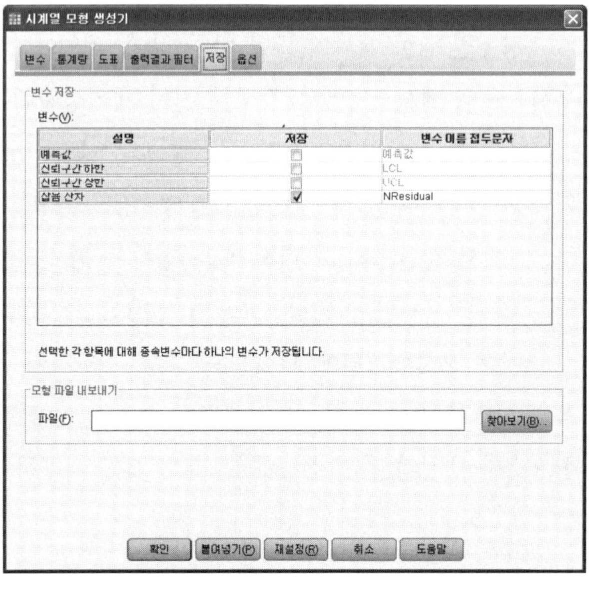

자기회귀요소 또는 이동평균요소가 내재되어 있을 것이라고 예상하기 때문이다. 따라서, "시계열 모형 생성기" 대화상자의 '저장' 단추에서 '잡음잔차'에 해당하는 란을 체크함으로써 잔차(NResidual_yt_모형_1)를 저장할 수 있다.

오차항계열이 ARIMA(0,1,0)(0,1,0)$_{12}$모형인 [C6.9]식을 추정한 결과, 추정계수 모두가 유의수준 5%에서 매우 유의하다. 이제 [표 C6.31]에 근거하여 생성된 잔차 자기상관함수와 편자기상관함수를 조사함으로써 오차항계열에 추가적으로 필요한 요소를 식별해보자.

[표 C6.31] 오차항계열이 ARIMA(0,1,0)(0,1,0)$_{12}$모형인 [C6.9]식의 추정결과

ARIMA 모형 모수

					추정값	SE	t	유의확률
산업생산-모형_1	산업생산	자연로그	차분		1			
			계절차분		1			
	주가	자연로그	지연		2			
			분자	시차 0	.053	.014	3.641	.000
			차분		1			
			분모	시차 1	.716	.101	7.079	.000
			계절차분		1			
	소매상벽분율	변환 안 함	지연		1			
			분자	시차 0	.001	8.015E-5	7.269	.000
			차분		1			
			분모	시차 1	.757	.046	16.526	.000
			계절차분		1			

정동빈(2009)[3]에서 언급한 바와 같이, 계열에 계절적인 변동이 존재할 때 우선적으로 계절시차에 해당하는 잔차 자기상관함수와 잔차 편자기상관함수를 조사하여 자기회귀요소 및 이동평균요소를 식별한다. 다음에 주어진 두 개의 잔차 상관함수([그림 C6.32]와 [그림 C6.33])를 살펴본 결과, 자기상관함수는 '시차 12'에서 절단형태로, 편자기상관함수는 감소하는 형태로 판단할 수 있다. 이는 차수가 '1'인 이동평균요소인 MA(1)$_{12}$구조로 식별할 수 있다.

이는 오차항계열에 MA(1)$_{12}$구조를 추가시켜 ARIMA(0,1,0)(0,1,1)$_{12}$모형을 재식별할 수 있다. 물론 비계절적 요소는 이와 같이 재식별된 모형을 추정함으로써 생성된 잔차(NResidual_yt_모형_1)를 사용하여 탐색할 수 있을 것이다.

3) 정동빈 (2009), ≪시계열 수요예측 I≫, 한나래아카데미, 198쪽.

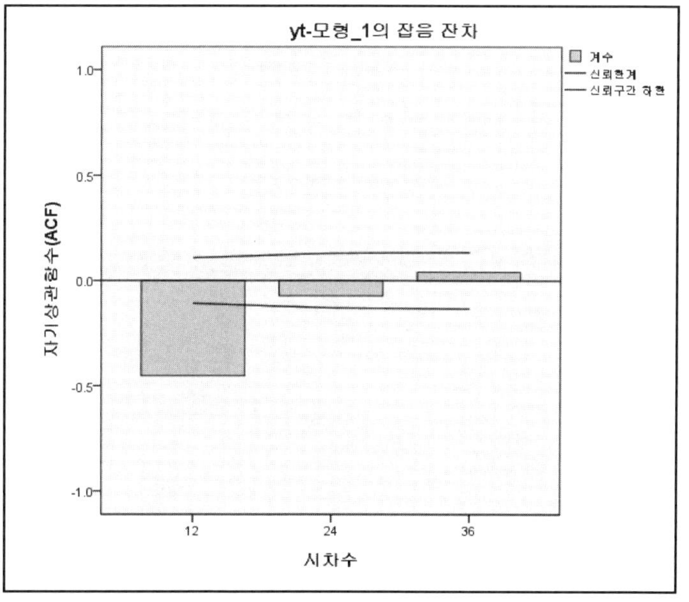

[그림 C6.32] 오차항계열이 ARIMA(0,1,0)(0,1,0)$_{12}$모형인 [C6.9]식에 근거한 (계절시차의) 잔차 자기상관함수

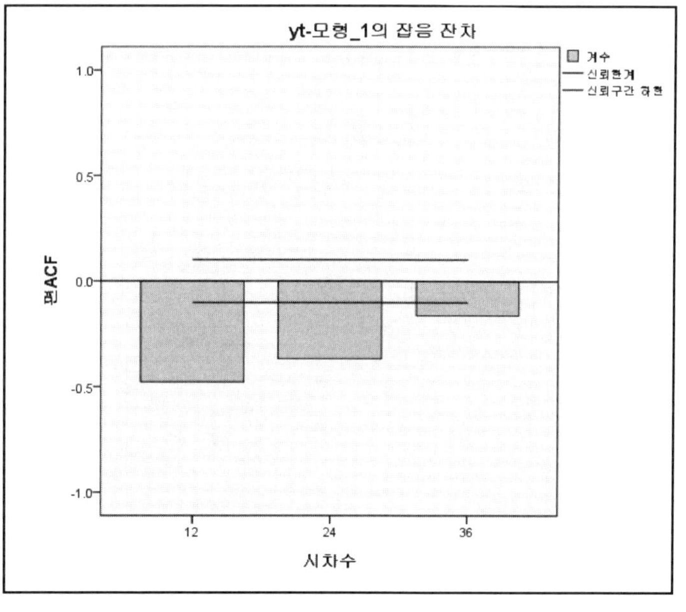

[그림 C6.33] 오차항계열이 ARIMA(0,1,0)(0,1,0)$_{12}$모형인 [C6.9]식에 근거한 (계절시차의) 잔차 편자기상관함수

따라서, 재식별한 오차항계열 부분을 ARIMA(0,1,0)(0,1,1)$_{12}$모형으로 추정하기 위해서는, 다음에 주어진 "시계열 모형 생성기: ARIMA 기준" 대화상자의 '계절모형'과 '이동평균' 교차되는 란에 '1'로 대치하는 것을 제외하고는 앞과 동일한 절차를 따른다.

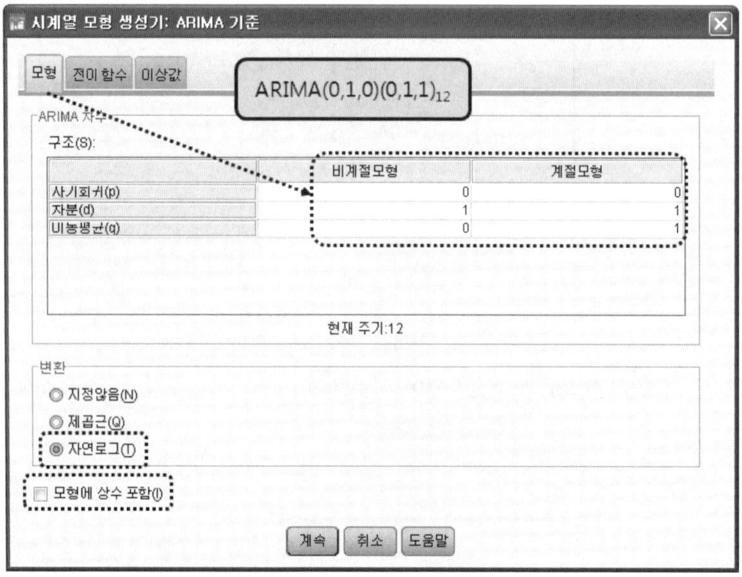

[표 C6.34]의 추정결과를 살펴보면, 추정계수 모두가 유의수준 5%에서 매우 유의하며 가역성 조건을 만족한다($|\hat{\Theta}_{12}| = 0.818 < 1.0$).

[표 C6.34] 오차항계열이 ARIMA(0,1,0)(0,1,1)$_{12}$모형인 [C6.9]식의 추정결과

ARIMA 모형 모수

					추정값	SE	t	유의확률
산업생산-모형_1	산업생산	자연로그	차분		1			
			계절차분		1			
			MA, 계절	시차 1	.818	.035	23.484	.000
	주가	자연로그	지연		2			
			분자	시차 0	.052	.013	3.850	.000
			차분		1			
			분모	시차 1	.759	.075	10.109	.000
			계절차분		1			
	소매상백분율	변환 안 함	지연		1			
			분자	시차 0	.001	9.176E-5	5.773	.000
			차분		1			
			분모	시차 1	.726	.065	11.218	.000
			계절차분		1			

바로 앞에서 언급한 바와 같이, 오차항계열을 ARIMA(0,1,0)(0,1,1)$_{12}$모형으로 추정한 동적회귀모형 [C6.9]식에 추가적으로 비계절적 요소가 필요한지 여부를 가늠하기 위해서, 잔차 자기상관함수와 편자기상관함수를 조사해보자. 참고로 여기에서 생성된 잔차의 이름은 'NResidual_yt_모형_1_A'이다.

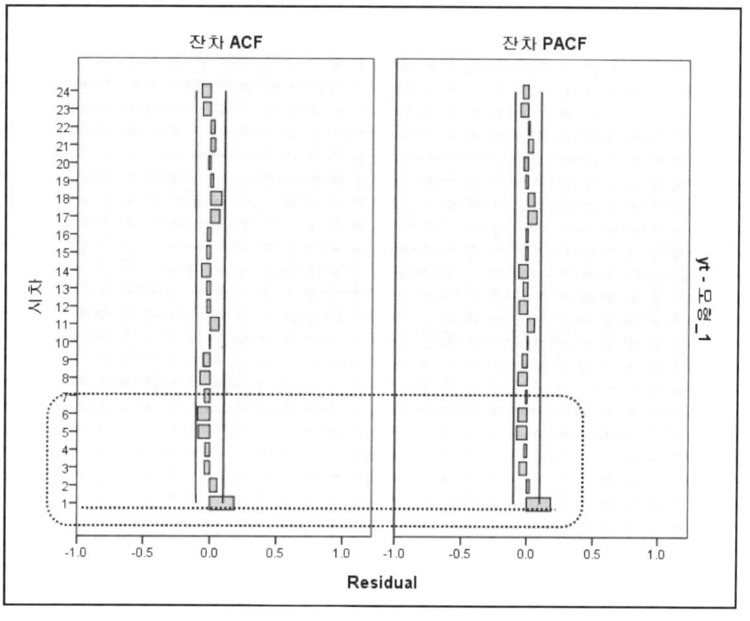

[그림 C6.35] 오차항계열이 ARIMA(0,1,0)(0,1,1)$_{12}$모형인 [C6.9]식에 근거한 잔차 자기상관함수와 잔차 편자기상관함수

계절시차(12, 24, 36)에 해당하는 스파이크가 신뢰한계선 밖으로 튀어나온 것은 하나도 발견할 수 없으며, 단기시차 중 '시차 1'에 해당하는 두 개의 스파이크가 모두 밖으로 튀어나와 있다([그림 C6.35] 참고). 이는 추가적으로 고려할 계절적 요소는 더 이상 존재하지 않지만, 비계절적 요소 중 차수가 '1'인 자기회귀요소(잔차 PACF 참고) 또는 차수가 '1'인 이동평균요소(잔차 ACF 참고)가 앞에서 고려한 모형에 추가시켜야 함을 의미한다. 즉, 오차항계열이 ARIMA(1,1,0)(0,1,1)$_{12}$모형 또는 ARIMA(0,1,1)(0,1,1)$_{12}$모형인 동적회귀모형 [C6.9]식을 재식별해야 할 것이다. 여기에서 잔차 PACF가 잔차

ACF에 비해서 '시차 1'이후 절단형태에 더 가깝기 때문에 ARIMA(1,1,0)(0,1,1)$_{12}$모형을 선호한다.

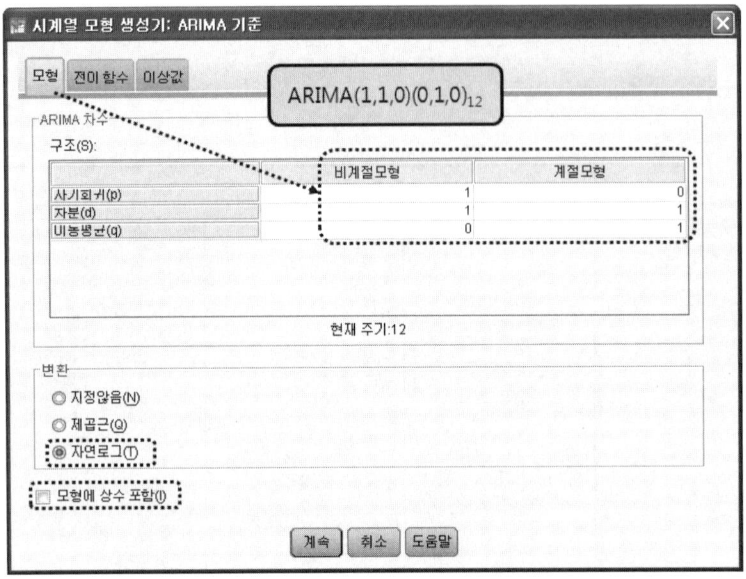

[표 C6.36]의 추정결과를 통해서 5개의 추정계수 모두 유의수준 5%에서 유의하며, 정상성 조건과 가역성 조건을 동시에 만족하는 것을 알 수 있다.

[표 C6.36] 오차항계열이 ARIMA(0,1,0)(0,1,1)$_{12}$모형인 [C6.9]식의 추정결과

ARIMA 모형 모수

					추정값	SE	t	유의확률
산업생산-모형_1	산업생산	자연로그	AR	시차 1	.190	.051	3.708	.000
			차분		1			
			계절차분		1			
			MA, 계절	시차 1	.808	.035	22.955	.000
	주가	자연로그	지연		2			
			분자	시차 0	.049	.015	3.262	.001
			차분		1			
			분모	시차 1	.761	.091	8.383	.000
			계절차분		1			
	소매상백분율	변환 안 함	지연		1			
			분자	시차 0	.001	9.975E-5	5.174	.000
			차분		1			
			분모	시차 1	.737	.073	10.132	.000
			계절차분		1			

따라서 [표 C6.36]에 근거한 동적회귀모형은 다음과 같다.

$$\nabla_{12}\nabla Y'_t = \frac{0.049\,B^2}{(1-0.761\,B)}\nabla_{12}\nabla X'_{1,t} + \frac{0.001\,B}{(1-0.737\,B)}\nabla_{12}\nabla X_{2,t} + \eta_t^+$$

[C6.11]

여기에서 $\eta_t^+ = \dfrac{(1-0.808\,B^{12})}{\nabla_{12}\nabla(1-0.190\,B)}N_t$이다.

[그림 C6.37]에서 계절시차(12, 24, 36)와 단기시차에 해당하는 스파이크가 신뢰한계선 밖으로 튀어나온 것은 하나도 발견할 수 없기 때문에, 추가적으로 고려할 계절적 요소 및 비계절적요소가 없다. 참고로 여기에서 생성된 잔차의 이름은 'NResidual_yt_모형_1_B'이다.

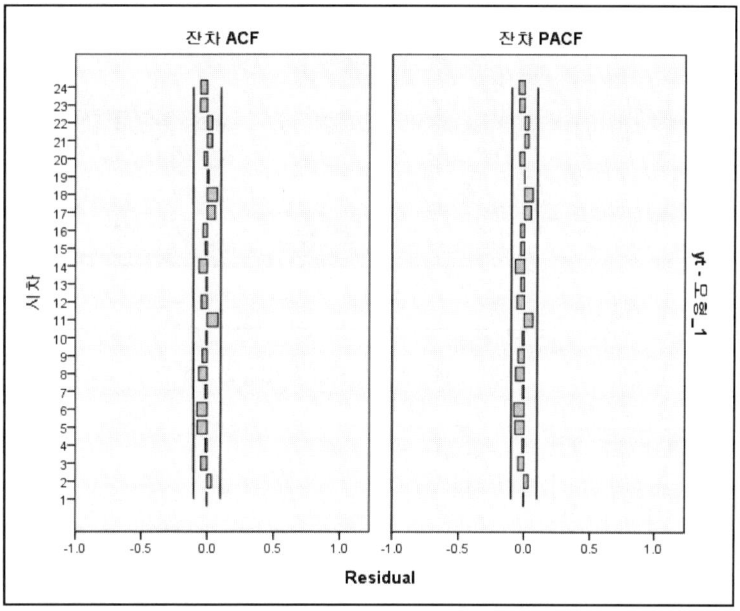

[그림 C6.37] 오차항계열이 ARIMA(1,1,0)(0,1,1)$_{12}$모형인 [C6.9]식에 근거한 잔차 자기상관함수와 잔차 편자기상관함수

이제 잔차를 사용하여 추정한 동적회귀모형 [C6.11]식이 타당한지 여부를 점검해보자. 우선 이 사례분석에서는 고려하는 입력변수가 두 개이기 때문에 전이함수의 적절성을 점검하기 위해서는 두 개의 교차상관함수가 필요하다. 즉, 오차항계열이 ARIMA(0,1,0)(0,1,1)$_{12}$모형인 동적회귀모형 [C6.9]식

즉, [C6.11]식에 근거하여 생성된 잔차(NResidual_yt_모형_1_B)와 입력변수 주가 (X_{1t})를 ARIMA모형 [C6.1]식으로 모형화할 때 생성된 잔차($\hat{\alpha}_{1,t}$, $\hat{\alpha}_{1,t-1}$, $\hat{\alpha}_{1,t-2}$, $\cdots$ 또는 NResidual_x1t_모형_1) 간의 관계를 나타내는 교차상관함수와 나머지 하나는 [C6.11]식에 근거하여 생성된 잔차와 입력변수 소매상백분율 (X_{2t})을 ARIMA모형 [C6.2]식으로 모형화할 때 발생하는 잔차($\hat{\alpha}_{2,t}$, $\hat{\alpha}_{2,t-1}$, $\hat{\alpha}_{2,t-2}$, $\cdots$ 또는 NResidual_x1t_모형_1) 간의 관계를 나타내는 것이다.

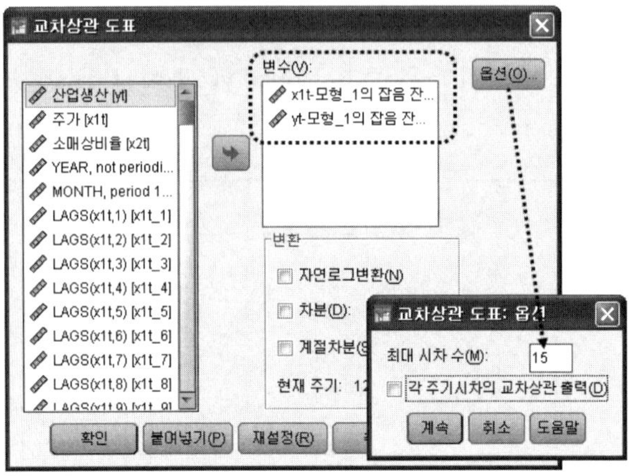

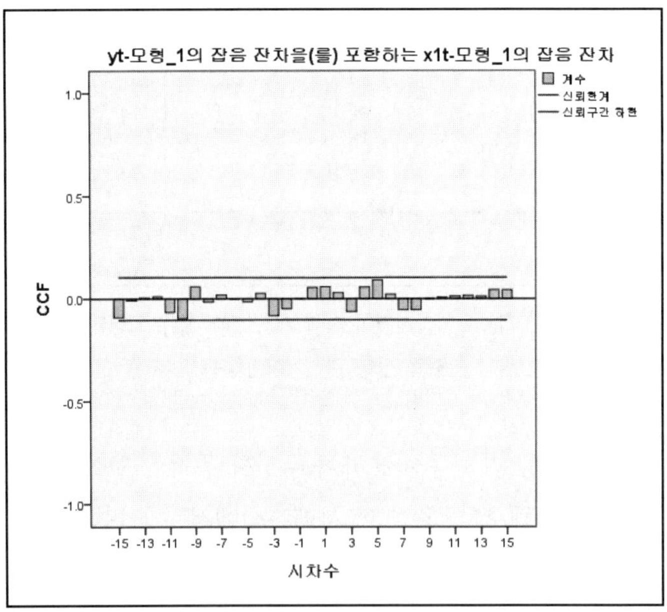

[그림 C6.38] 교차상관함수-1

우선 앞에서 언급한 첫 번째 교차상관함수([그림 C6.38])를 살펴보면 눈에 두드러지게 신뢰한계선 밖으로 튀어나온 스파이크는 발견할 수 없다(유의하지 않다). 이는 입력변수 주가($X_{1,t}$)가 출력변수에 대한 반응을 적절히 포착하였음을 의미한다. 두 번째 교차상관함수 역시 앞과 거의 흡사한 형태이기 때문에 역시 입력변수 소매상백분율($X_{2,t}$)가 출력변수에 대한 반응을 적절히 포착한다고 해석할 수 있다([그림 C6.39] 참고).

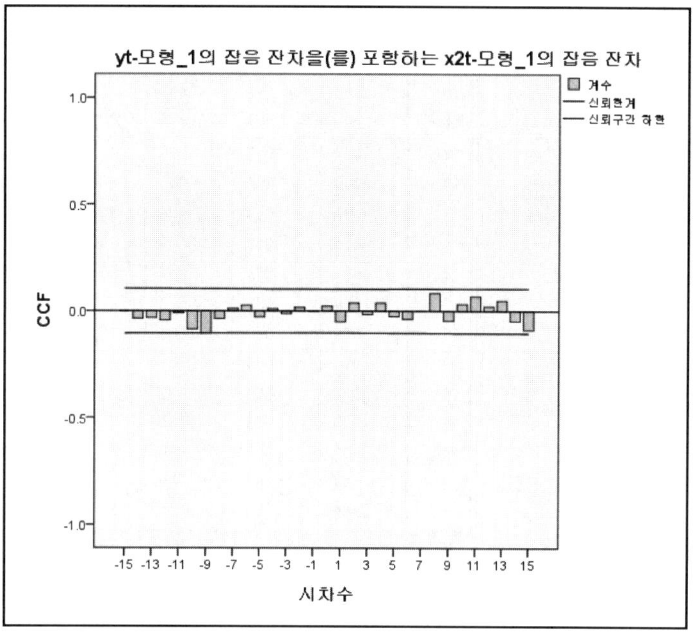

[그림 C6.39] 교차상관함수-2

아래 주어진 잔차 자기상관함수([표 C6.40])에서 신뢰한계선 밖으로 튀어나온 스파이크를 발견할 수 없다. 또한 모든 Box-Ljung통계량의 p값이 5% 유의수준보다 월등히 크기 때문에 백색잡음이 갖는 독립성가정을 만족시킨다. 이를 통해 오차항에 대한 ARIMA모형이 타당함을 알 수 있다.

[표 C6.40] 모형 [C6.11]식에 근거한 잔차 자기상관함수-2

자기상관

계열:yt-모형_1의 잡음 잔차

시차	자기상관	표준오차	Box-Ljung 통계량		
			값	자유도	유의확률
1	-.005	.051	.009	1	.925
2	.033	.051	.430	2	.807
3	-.046	.051	1.244	3	.742
4	-.012	.051	1.301	4	.861
5	-.072	.051	3.355	5	.645
6	-.075	.051	5.571	6	.473
7	-.014	.052	5.650	7	.581
8	-.062	.052	7.158	8	.520
9	-.036	.052	7.669	9	.568
10	-.008	.052	7.696	10	.659
11	.081	.052	10.273	11	.506
12	-.043	.052	11.018	12	.527
13	-.008	.052	11.043	13	.607
14	-.061	.052	12.516	14	.565
15	-.014	.053	12.600	15	.633
16	-.032	.053	13.009	16	.672
17	.058	.053	14.372	17	.641
18	.075	.053	16.663	18	.546
19	.010	.053	16.706	19	.610
20	-.024	.053	16.933	20	.657
21	.037	.053	17.484	21	.681
22	.037	.053	18.049	22	.703
23	-.052	.053	19.158	23	.692
24	-.050	.053	20.170	24	.687

[그림 C6.41]의 잔차도표를 살펴보면, 임의로 흩어져 있으며 특이할 만한 패턴을 발견할 수 없다. 몇 개의 작은 원으로 표시된 잔차를 제외하고는 분산이 일정해 보인다. 다시 말해서 잔차의 등분산성과 독립성을 시각적으로 판정할 수 있지만, 이상값들에 관련된 문제가 내포하고 있음을 시사한다. 이러한 면은 잔차에 대한 정규P-P도표인 [그림 C6.42]에서 나타난다. 전반적으로 직선의 모양에 가깝지만 양끝부분에 각각 두 개의 극단값이 존재하는 형태이기 때문이다. 이 경우 자료를 잘못 입력되었는지 여부 또는 실제 이상값(들)이 나타난 시점(들)에서 발생한 특수한 사건들에 대해 조사해야 할 것이다. 일단 이상값(들)이 감지되면, 모형 [C6.11]식에 개입효과를 추가시켜 보다 확장된 개입전이함수를 고려할 수 있다. 이에 관한 사항은 제

1부의 1장을 참고하며 독자의 몫으로 한다.

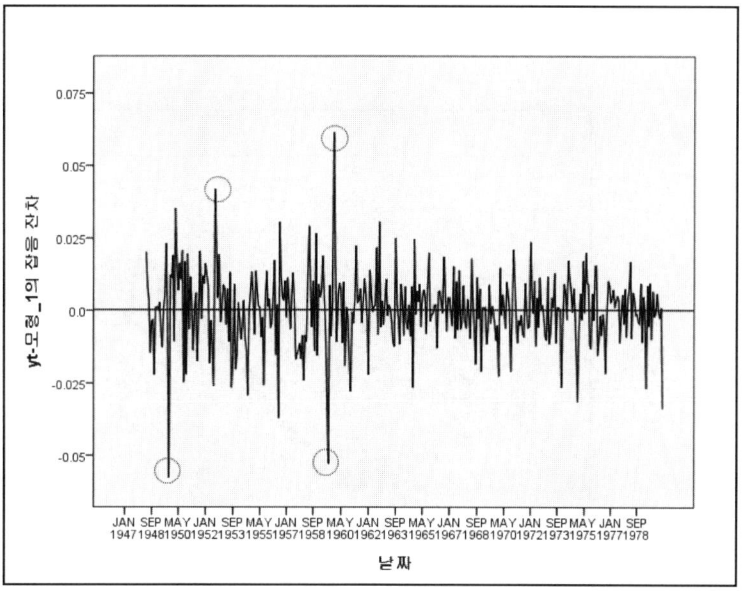

[그림 C6.41] 잔차도표

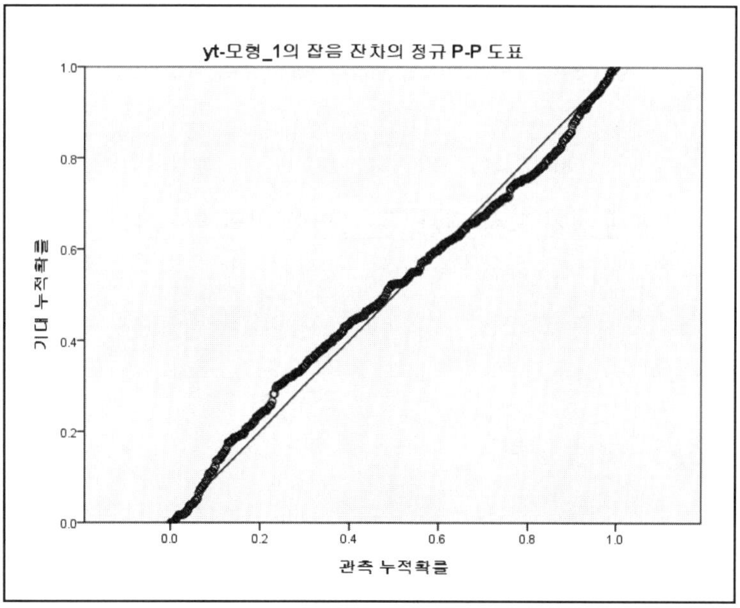

[그림 C6.42] 잔차의 정규P-P도표

400개의 관측값과 모형 [C6.11]식의 적합된 값을 시계열도표에 겹쳐 그려 모형 [C6.11]식이 어느 정도 산업생산계열(Y_t)을 잘 설명하는지를 시각적으로 판단할 수 있다.

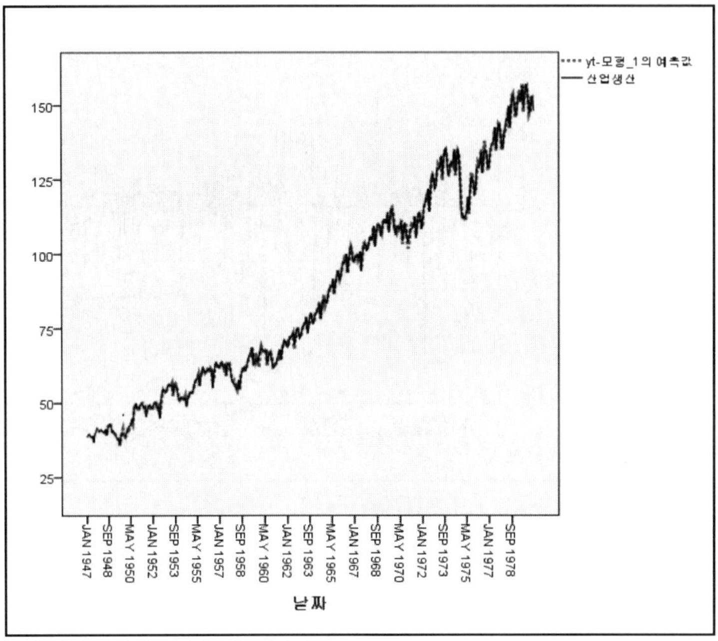

[그림 C6.43] 모형의 적합된 값과 출력변수의 관측값

모형 [C6.11]식의 적합된 값(점선)과 출력변수(직선)를 동시에 시계열도표에 겹쳐 그린 결과, 두 계열이 거의 일치하고 있음을 시각적으로 확인할 수 있다([그림 C6.43] 참고).

C6.5 최종모형

앞에서 오차항계열이 ARIMA(0,1,0)(0,1,1)$_{12}$모형인 [C6.9]식에 근거한 잔차 자기상관함수와 잔차 편자기상관함수를 사용하여 모형을 식별하는 과정 중에서([그림 C6.26] 참고), 추가로 오차항계열이 ARIMA(0,1,1)(0,1,1)$_{12}$모형인 동적회귀모형을 재식별한 바 있다. 이 동적회귀모형 [C6.12]식에 대한 추정식은 다음과 같다. 이에 관련된 PASW 17.0(또는 18.0) 절차는 C6.4절과 거의 동일하기 때문에 생략하기로 한다.

$$\nabla_{12}\nabla Y'_t = \frac{0.050\,B^2}{(1-0.758\,B)}\nabla_{12}\nabla X'_{1,t} + \frac{0.001\,B}{(1-0.736\,B)}\nabla_{12}\nabla X_{2,t} + \eta_t^{++} \quad [C6.12]$$

여기에서 $\eta_t^{++} = \dfrac{(1-0.809\,B^{12})(1+0.172\,B)}{\nabla_{12}\nabla} N_t$ 이다. 여기에서 추정계수 모두 5% 유의수준에서 유의하고, 가역성 조건을 만족한다.

물론 이 동적회귀모형에 대해 추정 및 모형진단을 실시하여 C6.4절에서 구한 동적회귀모형 [C6.11]식과 그 우위를 따져보아야 할 것이다. 이 경우 이미 [사례분석 4]의 C4.5절에서 다룬 바와 같이, 모형적합도를 측정하는 8개 통계량과 Box-Ljung통계량을 비교함으로써 적합된 모형이 자료를 얼마나 잘 설명하는지 비교할 수 있을 것이다. 물론 '모수절약의 원리'의 관점에서 두 모형 모두 동일한 수의 모수를 가지므로 논의할 필요는 없을 것이다.

[표 C6.44] 모형통계량을 이용한 동적회귀모형 비교

모형 통계량		모형 [C6.11]식	모형 [C6.12]식
모형적합통계량	정상 R 제곱	0.586	0.584
	R 제곱	0.999	0.999
	RMSE	1.045	1.046
	MAPE	0.940	0.944
	MAE	0.764	0.766
	MaxAPE	5.959	5.924
	MaxAE	5.101	5.128
	정규화된 BIC	0.181	0.183
Ljung-Box Q(18)	p값	0.408	0.303

모형적합통계량의 관점에서 모형 [C6.11]식이 모형 [C6.12]식보다 전반적으로 각 통계량에서 근소한 차이로 우위에 있음을 확인할 수 있다. 그러나, 백색잡음항의 독립성을 정도를 나타내는 'Ljung–Box Q–통계량'에 대한 p값을 살펴보면 모형 [C6.11]식에 근거한 값이 모형 [C6.12]식의 것보다 크다(0.408 대 0.303). [표 C6.40]에 나타난 p값이 [표 C6.45]의 것보다 전반적으로 큰 사실이 이를 구체적으로 지지해준다. 따라서 모형적합통계량에 관점에서 보면, 모형 [C6.11]식이 모형 [C6.12]식보다 다소 우위에 있다고 판단할 수 있으며 최종모형으로 선택할 수 있다.

[표 C6.45] 모형 [C6.12]식에 근거한 잔차 자기상관함수

자기상관

계열:yt-모형_1의 잡음 잔차

시차	자기상관	표준오차	Box-Ljung 통계량		
			값	자유도	유의확률
1	.012	.051	.056	1	.813
2	.063	.051	1.573	2	.455
3	-.047	.051	2.445	3	.485
4	-.014	.051	2.527	4	.640
5	-.075	.051	4.727	5	.450
6	-.078	.052	7.141	6	.308
7	-.020	.052	7.294	7	.399
8	-.065	.052	8.983	8	.344
9	-.036	.052	9.492	9	.393
10	-.012	.052	9.546	10	.481
11	.077	.052	11.897	11	.371
12	-.043	.053	12.643	12	.395
13	-.008	.053	12.668	13	.474
14	-.063	.053	14.265	14	.430
15	-.014	.053	14.345	15	.500
16	-.031	.053	14.725	16	.545
17	.059	.053	16.115	17	.516
18	.074	.053	18.361	18	.432
19	.013	.053	18.434	19	.494
20	-.020	.053	18.601	20	.548
21	.035	.053	19.092	21	.579
22	.034	.053	19.561	22	.611
23	-.053	.053	20.736	23	.597
24	-.049	.054	21.728	24	.595

마지막으로, 동적회귀모형 [C6.11]식에 근거하여 예측값을 산출하는 작업은 독자의 몫으로 돌린다.

C6.6 [사례분석 6]을 마치며...

이 사례분석에서는 다중입력변수(즉, 입력변수가 두 개 이상) 포함된 동적회귀모형에 대해 살펴보았다. 이는 단지 입력변수가 하나인 동적회귀모형을 확장시킨 것에 불과하다. 다시 말해서, 각 입력변수에 대한 전이함수를 독립적으로 식별하여 가법(additive)형태로 전이함수를 만들면 된다. 물론 동적회귀모형에서 여러 입력변수들 중 일부를 추가 및 제거하면 모형에 포함된 나머지 입력변수들에 대한 각각의 추정된 임펄스 반응변수를 크게 변화시킬 수 있다.

[사례분석 7]

남성기성복 매출액 예측

Demand Forecasting of Time Series

C7.1 자료설명

개입모형을 포함한 동적회귀모형에 대한 이해가 부족한 독자라도 PASW 17.0(또는 18.0) 시계열 모형 생성기의 '자동 모형 생성기'와 '시계열 모형 적용'의 기능을 사용하여 비교적 손쉽고 정확도 있는 모형을 구축 및 예측값을 산출할 수 있다. 물론 동적회귀모형에 대한 충분한 지식을 가지고 있거나 이 책의 2부까지 내용을 충실하게 이해한 독자에게는 이 사례분석은 참고자료로 사용하길 권한다. 왜냐하면, 이 사례분석에서 명시한 절차에 따라서 구축한 모형과 예측값이 1부와 2부에서 언급한 방법에 근거한 것들에 비해서 반드시 최적의 예측값을 얻는다는 보장이 없기 때문이다.

이제 PASW 17.0(또는 18.0)에서 데이터세트(catalog_seasfac.sav)를 자동 모형 생성기와 시계열 모형 적용 기능에 적용시켜 그 쓰임도를 살펴보도록 하자. 1989년 1월부터 1998월 12월까지에 해당하는 남성복 매출액(men, 출력변수)이다. 추가로 같은 시점에 해당하는 남성기성복 매출액에 영향을 미칠지 모르는 5개의 입력변수 즉, '우편으로 보낸 카탈로그 수(mail),' '카탈로그 쪽 수(page),' '주문을 받는 대표전화 수(phone),' '광고출판경비(print)' 및 '고객서비스 담당직원 수(service)'를 고려하였다. 참고로 PASW 17.0(또는 18.0)에서는 입력변수를 독립변수라고 명명하며, 데이터세트는 "PASW Forecasting 18.0" 매뉴얼에서 발췌하였다.

이 분석의 목적은 5개의 입력변수 중 통계적으로 매출액에 영향을 미치는 변수(들)를 선택한 후, 이를 동적회귀모형에 적합시켜 향후 6개월 동안(1999년 1월부터 6월까지) 매출액을 예측하는 것이다.

[그림 C7.1]의 시계열도표를 얼핏 살펴보면, 시간이 흐름에 따라서 전반적인 수준과 분산이 증가한다. 그리고 일정한 주기에 규칙적인 패턴을 발견할 수 있으며, 이는 계절적 변동이 존재할 수 있음을 암시한다. 또한 다른 관측값에 비해서 상대적으로 매우 작거나 큰 몇 개의 이상값이 눈에 띈다.

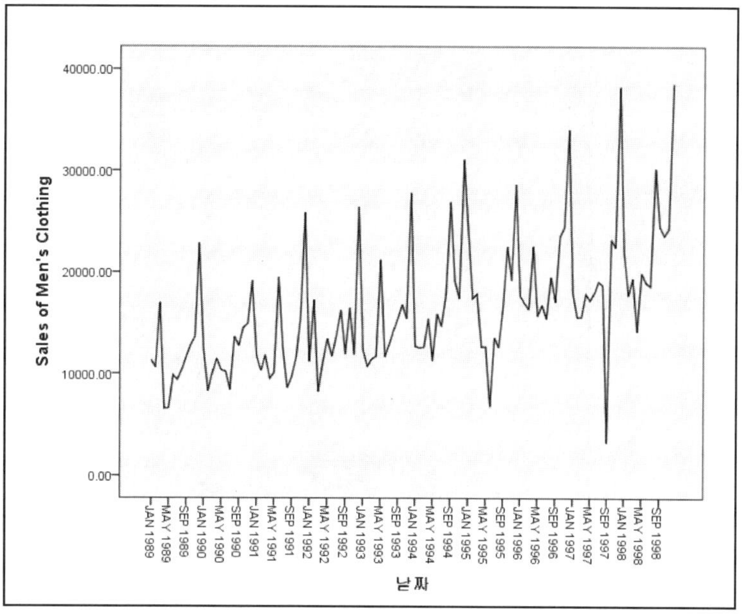

[그림 C7.1] 남성기성복 매출액의 시계열도표

C7.2 자동 모형 생성기를 사용한 입력변수 선택하기

C7.1절에서 언급한 바와 같이, 출력변수(남성복 매출액)에 영향을 줄지도 모르는 5개의 입력변수를 고려하였는데, 과연 입력변수 모두 매출액의 변동을 설명하는 데 도움이 될까? 예를 들어, 우편으로 우송된 카탈로그 수를 늘일수록 잠재적 고객수가 증가할 수 있기 때문에 이 입력변수는 적절한 독립변수가 될 수 있다. 출력변수를 가장 잘 설명할 수 있는 입력변수(들)를 선택하고 모형을 구축하는 작업은 다음과 같이 절차를 사용하여 쉽게 할 수 있다.

"시계열 모형 생성기" 대화상자의 왼쪽 변수목록에서 'men'을 '종속변수(D)' 란으로, 5개의 입력변수(mail, page, phone, print, service)를 '독립변수(I)' 란으로 각각 이동시킨다.

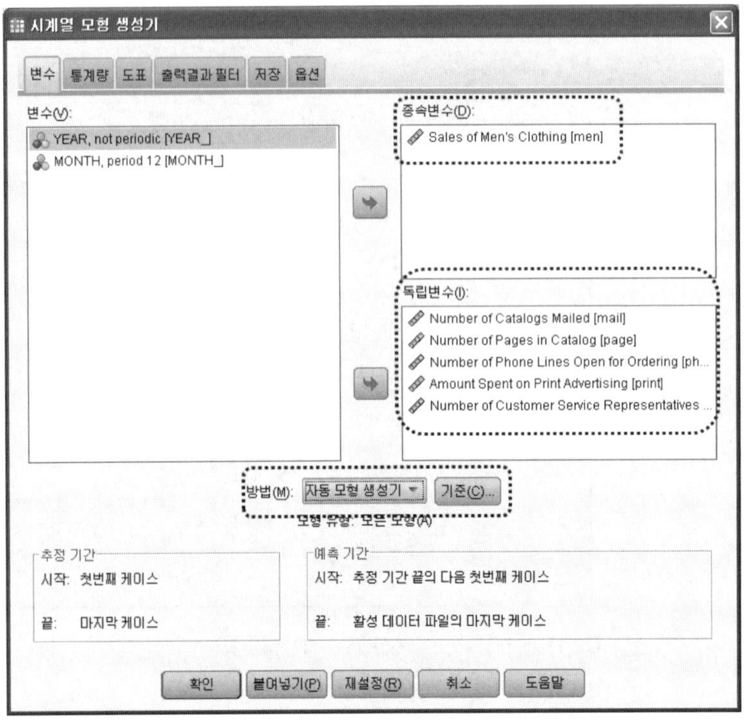

그리고, '방법(M):'에서 [자동 모형 생성기] 단추를 선택함으로써 사용자 의지가 아닌 PASW 17.0(또는 18.0) 자체 알고리즘에 근거하여 동적회귀모형을 자동적으로 구축하도록 한다. 바로 오른쪽 옆의 [기준(C)...] 단추를 눌러 다음과 같이 2개의 절차 즉, 모형유형과 이상값 탐색여부를 지정한다.

여기에서 유의할 점은 왼쪽 대화상자 '독립변수(I):' 란에서 5개의 '사건'열에 아무것도 체크를 하지 않았다는 점이다. 이는 전적으로 모형구축에 필요한 독립변수를 PASW 17.0(또는 18.0)에 의존하여 선택한다는 의미이다. 만일 5개의 '사간' 중 3개만을 체크한다면, 이는 모형을 구축하는 데 체크된 3개의 독립변수를 반드시 모형에 포함시켜야 한다는 사용자의 의지를 반영하게 된다. 그리고, [그림 C7.1]에서 여러 개의 이상값이 존재할 것으로 의심되기 때문에 디폴트로 지정된 두 개의 이상값의 유형(가법, 수준이동)을 모형을 구축하는 요소에 추가시킨다.

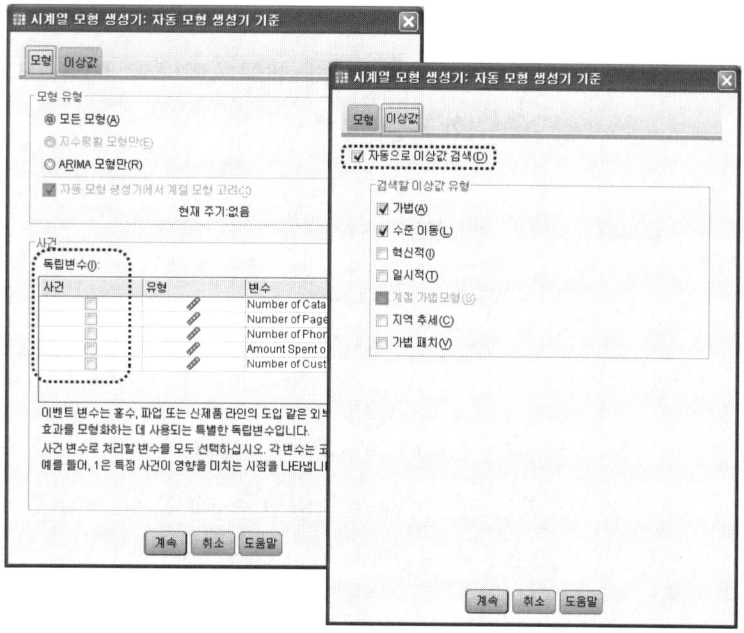

다음 주어진 "시계열 모형 생성기" 대화상자에서 '통계량' 단추를 누른 후, '모수 추정값(P)'을 추가로 선택한다.

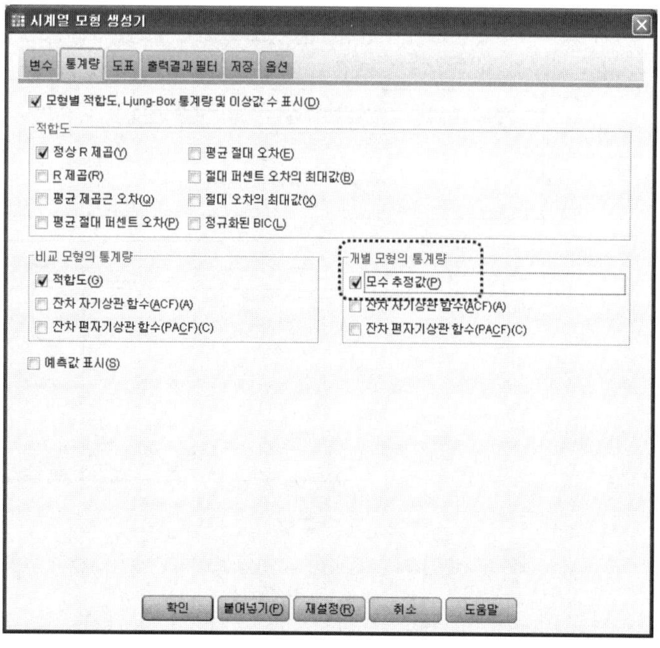

우선 [표 C7.2]에 나타난 결과를 살펴보면, 동적회귀모형을 구축하는 두 개의 요소 중 오차항계열에 대해 ARIMA(0,0,0)(0,1,0)$_{12}$모형 즉, 계절적 1차 차분만을 취한 것으로 추정하였다.

[표 C7.2] 자동 모형 생성기를 사용하여 얻은 추정결과-1

모형 설명

			모형 유형
모형 ID	Sales of Men's Clothing	모형_1	ARIMA(0,0,0)(0,1,0)

다음으로 [표 C7.3]에 나타난 결과를 살펴보면, 첫째 출력변수인 매출액을 예측하는 데 두 개의 독립변수(mail, phone)만이 필요한 것으로 나타났다. 그리고, 9개의 시점에서 이상값을 탐색하여 모형에 개입효과를 포함시켰다.

[표 C7.3] 자동 모형 생성기를 사용하여 얻은 추정결과-2

모형 통계량

모형		모형적합 통계량	Ljung-Box Q(18)			
	예측변수 수	정상 R 제곱	통계량	자유도	유의확률	이상값 수
Sales of Men's Clothing-모형_1	2	.948	7.589	18	.984	9

ARIMA 모형 모수

					추정값	SE	t	유의확률
Sales of Men's Clothing-모형_1	Sales of Men's Clothing	변환 안 함	계절차분		1			
	Number of Catalogs Mailed	변환 안 함	분자	시차 0	1.549	.071	21.943	.000
			계절차분		1			
	Number of Phone Lines Open for Ordering	변환 안 함	분자	시차 0	315.262	15.298	20.607	.000
			계절차분		1			

이상값

			추정값	SE	t	유의확률
Sales of Men's Clothing-모형_1	3월 1990	가법	-3885.059	823.769	-4.716	.000
	6월 1991	가법	8469.741	825.525	10.260	.000
	2월 1992	가법	6859.653	823.614	8.329	.000
	5월 1993	가법	7128.555	825.766	8.633	.000
	9월 1994	가법	7928.823	834.977	9.496	.000
	1월 1995	가법	6839.020	825.915	8.281	.000
	6월 1995	가법	-6477.267	834.983	-7.757	.000
	4월 1996	가법	9150.431	825.800	11.081	.000
	8월 1998	가법	8770.683	1167.905	7.510	.000

둘째 동적회귀모형을 구축하는 두 개의 요소 중 전이함수에 해당하는 부분의 추정결과, 두 개의 추정계수가 통계적으로 유의하였다.

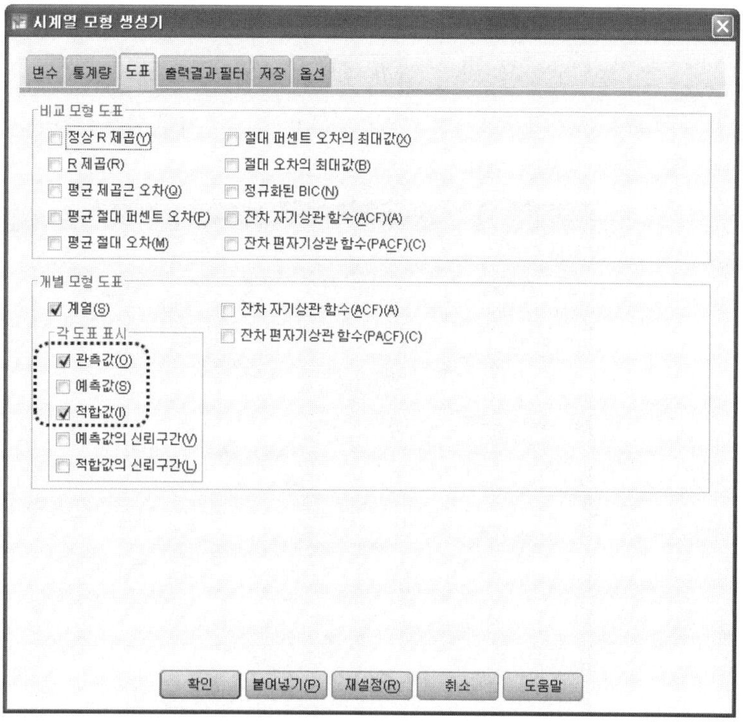

'도표'를 누른 후 '관측값'과 '적합값'을 선택함으로써, 다음과 같이 [그림 C7.4]에 근거하여 계산된 적합값과 관측값을 겹쳐 그리게끔 한다. 모든 시점에서 관측값과 적합값(점선 표시)이 거의 일치함을 확인할 수 있다.

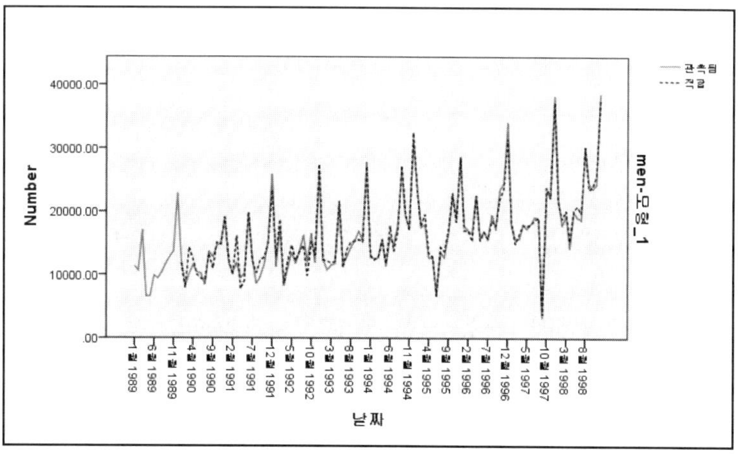

[그림 C7.4] 관측값과 적합값(점선)

그리고, 다음과 같이 '저장' 단추를 누른 후 '모형 파일 내보내기' 란에 추정한 모형을 외부 XML파일로 저장하도록 파일명과 저장할 장소를 지정한다. 이 경우 '사례분석07.XML'이란 이름으로 드라이버 C에 저장된다.

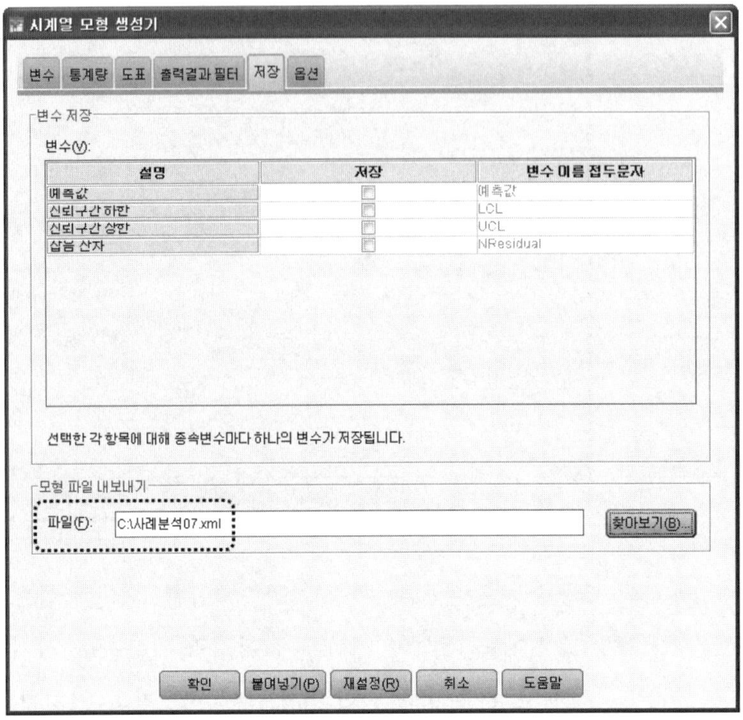

이와 같은 작업을 하는 이유는 되풀이하여 모형을 다시 구축하지 않고 C7.3절에서 다룰 '시계열모형적용' 절차를 밟아 예측값을 구하기 위함이다.

C7.3 선택된 입력변수의 예측값 산출

C7.2절에서 '자동 모형 생성기'를 사용하여 두 개의 유의한 예측변수(mail, phone)를 선택 및 모형을 구축하였으며, 추정한 모형을 외부파일(사례분석 07.XML)로 저장시켰다.

궁극적으로 출력변수(매출액)에 대한 향후 6개월의 예측값을 구하기 위해서는, 우선 선택된 2개의 입력변수의 예측값이 반드시 필요할 것이다. 입력변수에 대한 예측값은 두 가지 방법으로 구할 수 있다. 첫째는 두 개의 입력변수를 각각 일변량 시계열분석(ARIMA모형 또는 지수평활법 등)으로 모형화하기 위해서 '자동 모형 생성기'를 사용하는 방법이다. 다시 말해서, 각 입력변수가 가지고 있는 패턴에 근거한 예측값을 구한다. 두 번째 방법은 이 카탈로그 회사의 정책에 따라 입력변수를 결정할 수 있을 것이다. 예를 들면, 향후 6개월간 '주문을 받는 대표전화 수(phone)'를 회사입장에서 고려한 일정한 양(예: 55대)로 고정할 수 있다는 것이다. 우선 첫 번째 방법에 근거하여 예측값을 구해보도록 하자.

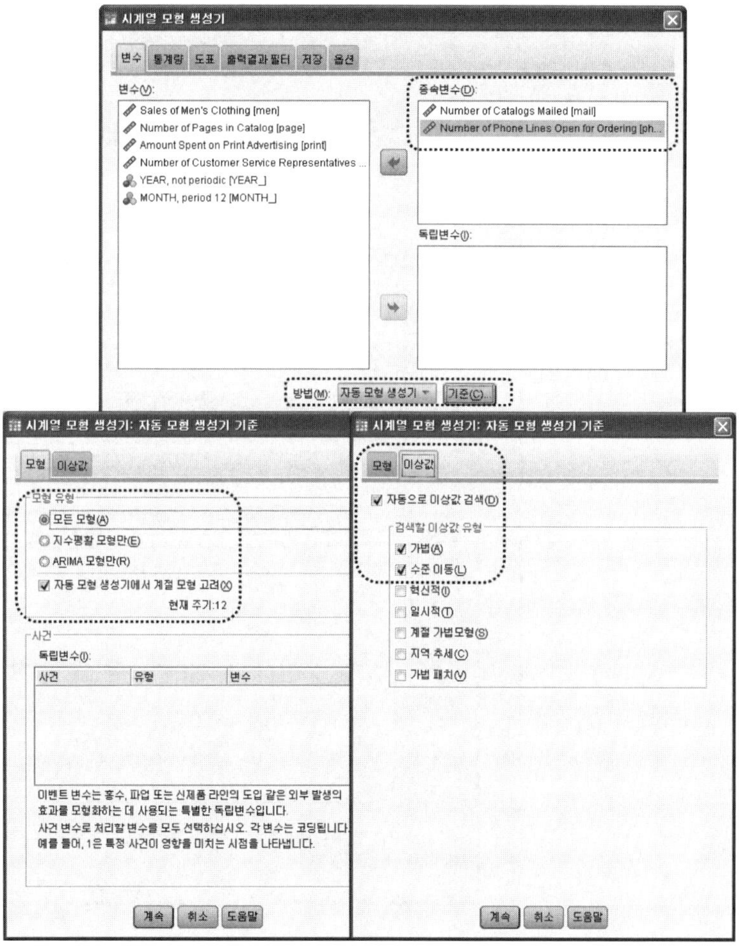

우선 ARIMA모형과 지수평활법을 동시에 고려하여 최적모형을 구축하기 위해서는, "시계열 모형 생성기" 대화상자에서 두 개의 입력변수 'mail'과 'phone'을 '종속변수(D):' 란으로 이동시키고, '방법(M):' 란에서 [자동 모형 생성기 ▾]를 선택한다. 바로 오른쪽 옆의 [기준(C)...] 단추를 눌러 "시계열 모형 생성기: 자동 모형 생성기 기준" 대화상자의 '모형유형' 란에서 '모든 유형(A)'을 선택하며, '자동 생성기에서 계절 모형 고려(X)'를 체크한다. 물론 자동으로 이상값을 검색하도록 지정한다.

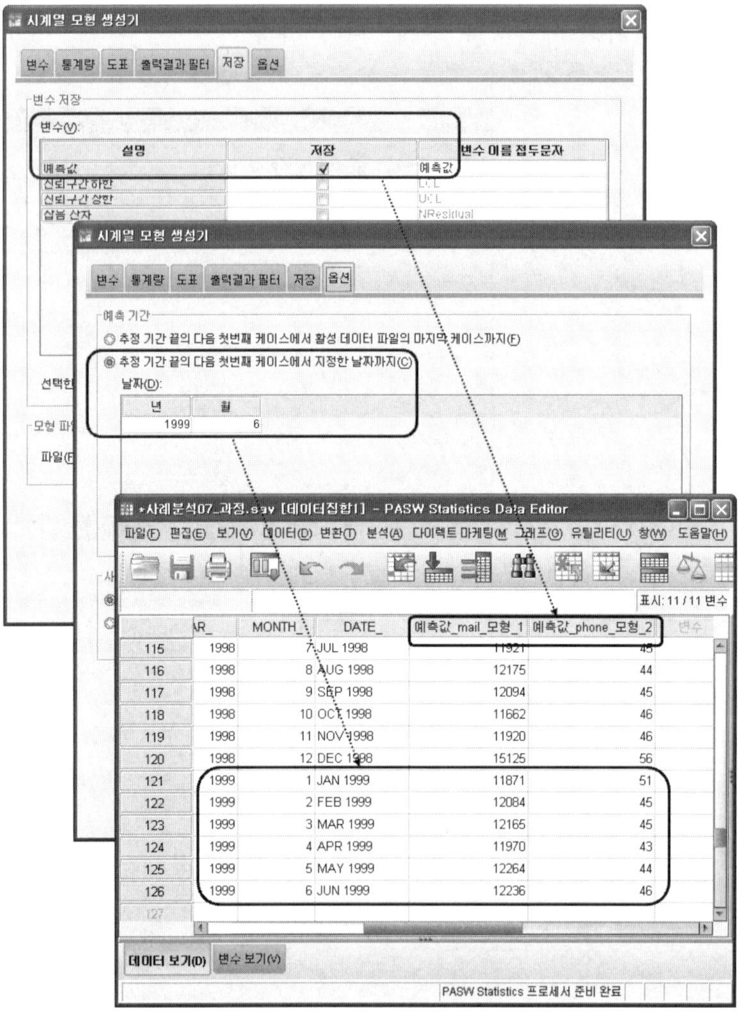

그리고, 다음과 같이 Data Editor에서 예측값을 출력하도록 '예측값'을 저장시키고, 예측할 마지막 시점인 '1999 6'을 입력한다. 그 결과 두 개의 변수(예측값_mail_모형_1, 예측값_phone_모형_2)가 생성된다. 이 두 변수의 값들 중 1999년 1월부터 6월에 해당하는 6개의 예측값을 복사하여 각각 변수 'mail'과 'phone'의 1999년 1월부터 6월에 해당하는 칸에 추가입력한다. 이로써 향후 6개월간의 예측값이 생성된 것이다.

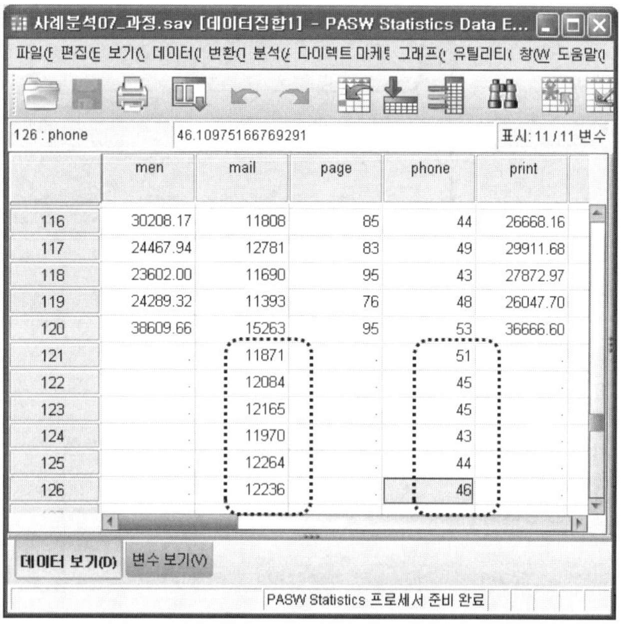

C7.4 시계열 모형 적용을 사용한 출력변수의 예측값 산

C7.2절에서 두 개의 입력변수(mail, phone)를 포함한 동적회귀모형을 추정하여 '사례분석07.XML'이라는 파일로 저장한 바 있다. 이제 이 파일을 불러들여 최종적으로 예측값을 산출해야 할 것이다.

팝업메뉴에서 분석(A) ▸ 예측 ▸ 모형적용(A)을 선택하여 "시계열 모형 적용" 대화상자를 연다. 그리고, 찾아보기(B)... 단추를 눌러 '사례분석07.XML'을 찾는다. 그리고, 예측할 마지막 시점을 입력한다.

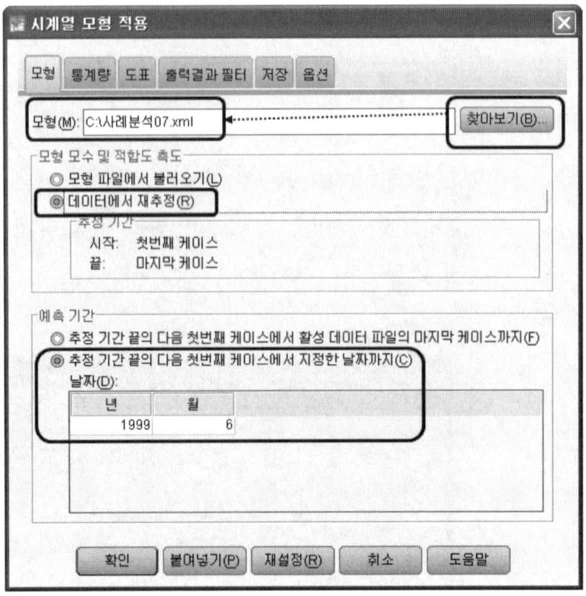

그리고, 다음과 같이 3가지 다른 형태(표, 그림, Data Editor의 값)로 예측값을 산출할 수 있다.

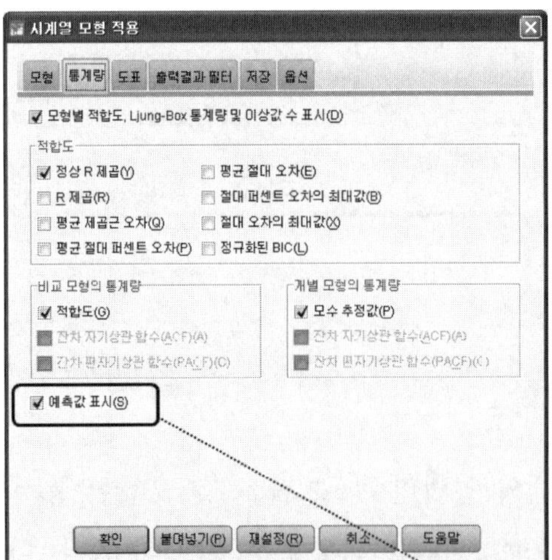

예측

모형		1월 1999	2월 1999	3월 1999	4월 1999	5월 1999	6월 1999
Sales of Men's Clothing-모형_1	예측	22381.12	19324.05	18791.86	18288.20	19584.73	18911.81
	UCL	24692.83	21635.76	21103.57	20599.90	21896.43	21223.51
	LCL	20069.42	17012.35	16480.16	15976.49	17273.03	16600.10

각 모형에서 예측은 적용한 모형의 추정에 사용된 마지막 기록 주기 다음에 시작하고 모든 예측변수의 결측이 없는 값의 마지막 주기 또는 요청한 예측 주기의 끝 날짜 중 먼저 나온 시점에서 끝납니다.

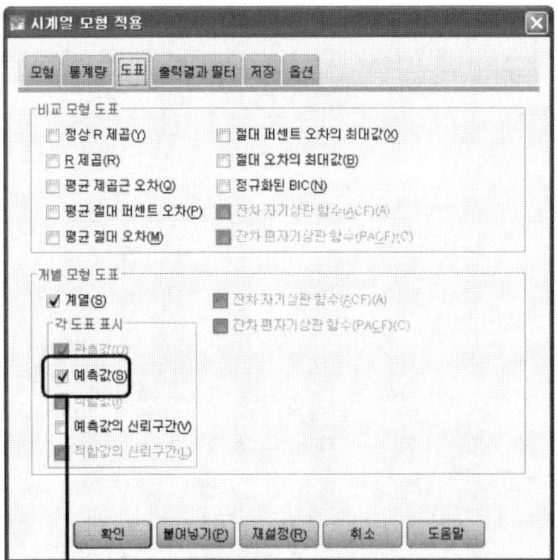
시계열 모형 적용
모형 통계량 도표 출력결과 필터 저장 옵션
비교 모형 도표
정상 R 제곱(Y)
R 제곱(R)
평균 제곱근 오차(Q)
평균 절대 퍼센트 오차(P)
평균 절대 오차(M)
절대 퍼센트 오차의 최대값(X)
절대 오차의 최대값(B)
정규화된 BIC(N)
개별 모형 도표
계열(S)
각 도표 표시
예측값(S)
예측값의 신뢰구간(V)
확인 붙여넣기(P) 재설정(R) 취소 도움말

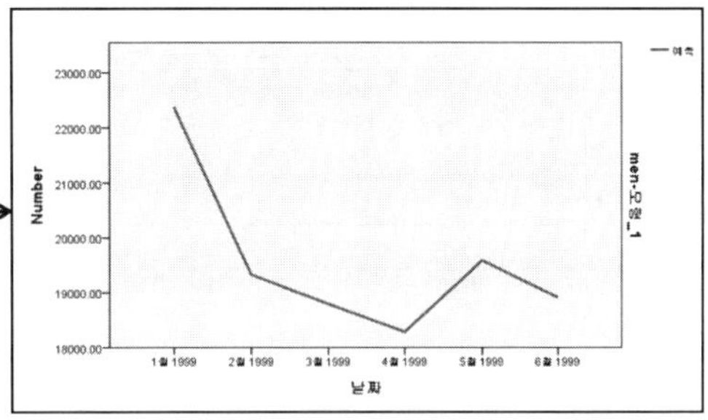
Number
men-모형_1
날짜
1월 1999
2월 1999
3월 1999
4월 1999
5월 1999
6월 1999

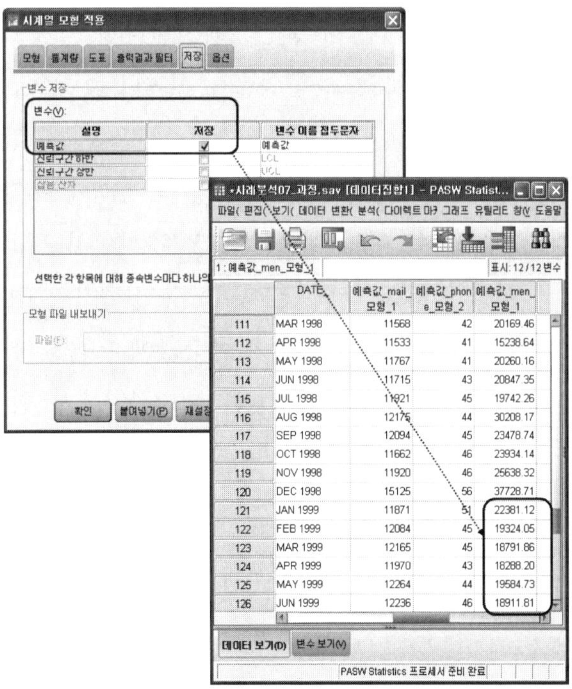
시계열 모형 적용
모형 통계량 도표 출력결과 필터 저장 옵션
변수 저장
변수(V):
설명 저장 변수 이름 접두문자
예측값 예측값
신뢰구간 하한 LCL
신뢰구간 상한 UCL
모형 파일 내보내기
*사례분석07_과정.sav [데이터집합1] - PASW Statist...
1 : 예측값_men_모형_1
표시: 12 / 12 변수
DATE_ 예측값_mail_모형_1 예측값_phone_모형_2 예측값_men_모형_1
121 JAN 1999 11871 51 22381.12
122 FEB 1999 12084 45 19324.05
123 MAR 1999 12165 45 18791.86
124 APR 1999 11970 43 18288.20
125 MAY 1999 12264 44 19584.73
126 JUN 1999 12236 46 18911.81
데이터 보기(D) 변수 보기(V)
PASW Statistics 프로세서 준비 완료

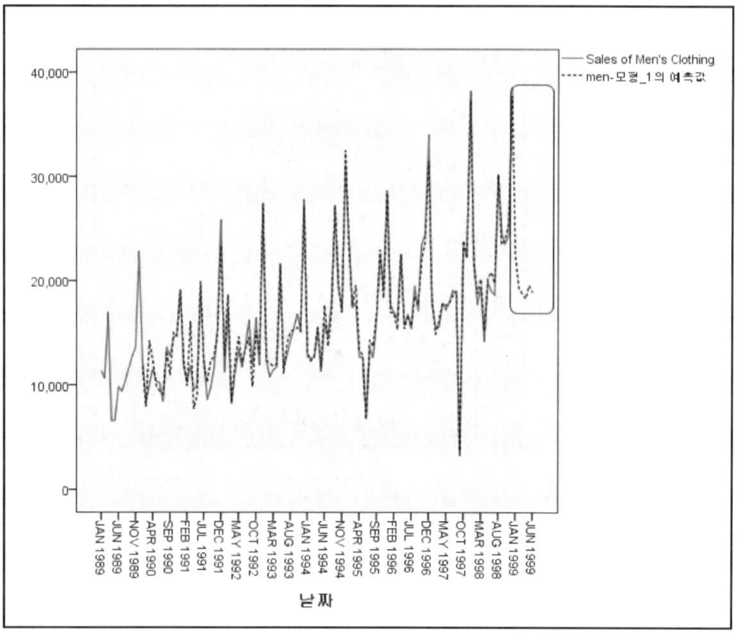

[그림 C7.5] 매출액의 관측값, 적합값(점선) 및 예측값(직사각형)

그 결과 향후 매출액이 가파르게 감소함을 알 수 있다. 따라서 회사 담당부서에서 이러한 예측값을 감안한다면, 매출액에 유의하게 영향을 미치는 입력변수(mail, phone)의 양을 늘리거나 줄임으로써 매출액을 좀 더 늘리려 안간힘을 쓸 것이다. 예를 들면, '주문을 받는 대표전화 수(phone)'의 예측값(51, 45, ..., 46)에 일정량(예: 10)의 값을 동시에 추가 또는 감소시켜 매출액을 다시 예측하여 어느 매출액이 많은지를 비교할 수 있을 것이다.

이를 PASW 17.0(또는 18.0)에서 실행하기 위해서는, 다음과 같이 Data Editor에서 입력변수(phone)의 예측값에 10을 더한 값(61, 55, ..., 56)으로 수정한 후, 앞 "시계열 모형 적용" 대화상자에서 취한 절차를 그대로 밟는다.

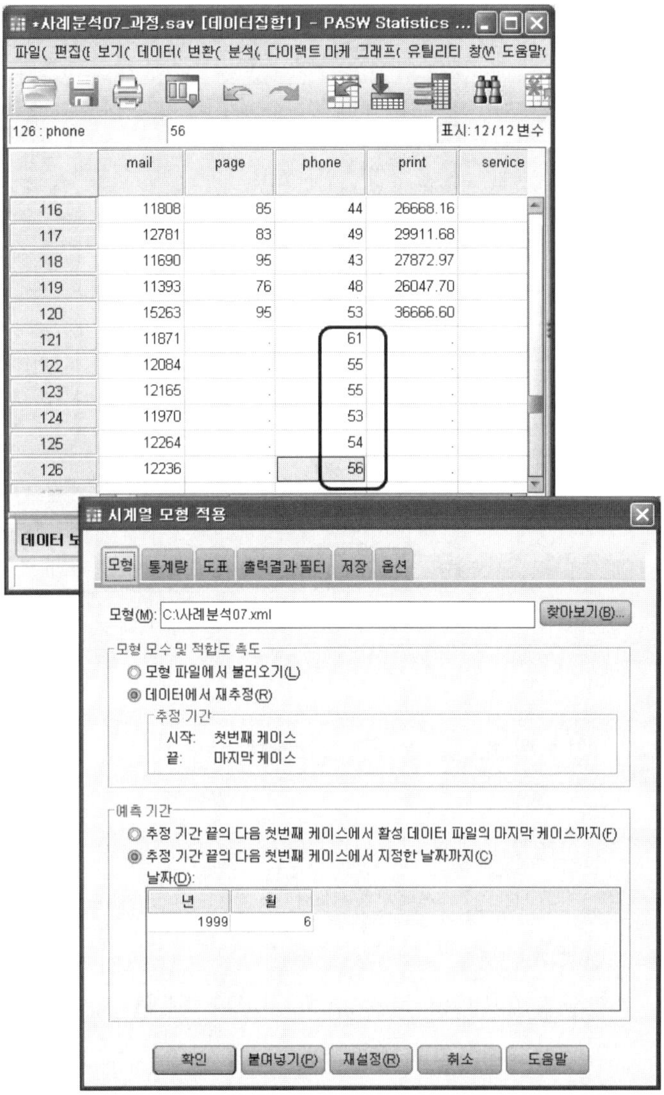

그 결과, 향후 6개월 동안의 원래의 예측값(22381.12, 19324.05, ..., 18911.81)보다 모든 시점에서 큰 값(25467.42, 22378.84, ..., 22029.82)을 가지는 것을 알 수 있다. 마찬가지로, 또 다른 입력변수(mail)의 6개의 예측값에 일정량의 값을 동시에 감소 및 증가시켜 예측값을 산출할 수 있다. 또는 가능한 최대의 매출액을 올릴 수 있는 두 개의 입력변수(mail, phone) 예측값의 조합을 찾을 수 있을 것이다. 다시 말해서, 시나리오분석을 행할 수 있다.

C7.5 [사례분석 7]을 마치며...

이 사례분석에서는 PASW 17.0(또는 18.0)의 '자동 모형 생성기'와 '시계열 모형 적용'의 기능을 사용하여 손쉽게 동적회귀모형을 구축하여 예측값을 산출하였다. 무엇보다도 '시계열 모형 적용' 기능을 주어진 수요예측 데이터 세트에 적용시켜 여러 형태의 시나리오를 시도함으로써, 궁극적으로 출력변수의 예측값을 최적화하기 위한 방법을 모색할 수 있었다. 그러나, '자동 모형 생성기'가 갖는 기능에 전적으로 의존하여 선택된 입력변수나 또한 선택된 입력변수(들)에 근거하여 생성된 예측값이 반드시 최적이라고 장담할 수 없을 것이다. 왜냐하면, 이 두 개의 요소에 따라서 추정할 동적회귀모형과 출력변수의 예측값이 판이하게 달라질 수 있기 때문이다. 따라서 '자동 모형 생성기'의 기능에 전적으로 의존하기보다는 되도록 본문에서 저자가 제시한 모형구축방법에 근거로 하여 최적의 모형을 찾기를 권장한다.

수|요|예|측

찾아보기

ㅁ

ㅂ

ㅅ

O

P

Q

R

S

T